Alexander Schmidt
Geschichte des Baltikums

Zu diesem Buch

Die Balten sind für Mitteleuropäer »Leute von nebenan« und doch ganz und gar Fremde. Über Jahrzehnte gehörten die baltischen Staaten zur Sowjetunion und wurden damit nicht geographisch, aber sozial zu einer fernen terra incognita. Trotz jahrhundertealter Bindungen der Balten an Mitteleuropa weiß man hierzulande doch wenig über Riga und Reval (Tallin), über Wilna (Vilnius) und Dorpat (Tartu). Lange Jahre gab es kaum persönliche Verbindungen, kaum Reisen in die Länder an der Ostsee. Mit der Unabhängigkeit der drei baltischen Staaten 1991 hat sich das grundlegend geändert. Alexander Schmidt erzählt die Geschichte der Litauer, Letten und Esten von den Anfängen bis zur Gegenwart und beschreibt ihre schwierige Stellung zwischen Deutschen, Russen, Polen und Schweden. Er zeigt, wie sie dennoch ihre nationale Kultur und Identität entwickeln und bewahren konnten.

Alexander Schmidt wurde 1929 geboren und wuchs zweisprachig in Riga auf. Studium der Slawistik, Baltistik und Germanistik in Hamburg, Frankfurt am Main und München. Ausbildung am Goethe-Institut. Hochschullehrer in Rangun, Athen, Thessaloniki, Leeuwarden und Hamburg. Rundfunkfeatures und Übersetzungen aus dem Russischen und aus dem Lettischen.

Alexander Schmidt
Geschichte des Baltikums
Von den alten Göttern bis zur Gegenwart

Piper München Zürich

Erweiterte Neuausgabe
1. Auflage September 1992
3. Auflage April 1999
© 1992 Piper Verlag GmbH, München
Umschlag: Büro Hamburg, Andreas Rüthemann
Foto Umschlagvorderseite: Bildagentur Schuster/Layda
Gesamtherstellung: Clausen & Bosse, Leck
Printed in Germany   ISBN 3-492-21518-1

Inhalt

Vorwort 11

Die alten Götter 13
Bei den Letten, Litauern und alten Preußen 13 – Die
Dämonen der Esten 21

Das Baltikum und die Balten 27

Die Alte Zeit 33

Die Ritterzeit 49
Bischöfe und Ordensritter 49 – Die Kreuzfahrer 56 –
Semgallen 58 – Die Kuren und der Orden 60 – König
Mindaugas 63 – Die »klassische« Zeit Litauens 65 – Der
Livländische Krieg 74 – Die letzten Ordensritter 77

Die Polenzeit 81

Die Schwedenzeit 89

Das Herzogtum Kurland und Semgallen 97

Die Russenzeit 105
Das Ende des »Großen Nordischen Krieges« 106 – Die
Bauern 107 – Der Geist der Aufklärung 109 – Die
Deutschbalten in Petersburg 112 – Die Agrarfrage 113 –
Die Universität Dorpat 115 – Die Jungletten 116 – Die
Esten 119 – Die »Neue Strömung« 120 – Die
Russifizierung 121 – Litauen 122

Die Revolution 1905 127
Der Blutsonntag 127 – Streiks 128 – Die Gutshäuser
brennen 132 – Das Oktobermanifest 135 – Die Zeit der
Kongresse 138 – Die Revolution in Litauen 141 – Das
Nachspiel 145

Reaktion und Reformen. Der Erste Weltkrieg.
Die lettischen Schützenregimenter 149
Die Duma 149 – Die Soldatendemokratie 153 – Das
baltische Deutschtum 156 – Geistige Aktivität: Esten
und Letten 161 – Wirtschaft und Macht 163 – Der Erste
Weltkrieg 165 – Litauen unter deutscher Besatzung 170 –
Die Lettischen Schützen 177

Die Freiheitskriege 187
Estland: Der Maapäev 187; Unter deutscher
Besatzung 193; Der estnische Krieg 199 – *Lettland*: Die
Staatsgründung 203; Der Freiheitskrieg 208; Der
»Putsch« 219; Die Rückeroberung Rigas 221; Der
falsche Krieg 223; Bermondt 225 – *Litauen* 227 – Die
Friedensverträge 229

Die Republiken 233
Der Streit um Wilna 234 – Das Memelgebiet 238 – Die
Republik Litauen 241 – Das Ende der Demokratie in
Litauen 250 – Der Freistaat Estland 252 – Die
Verfassungskrise in Estland 258 – Lettland 260 – Der
Ulmanis-Putsch 267 – Das Minderheitenrecht 268 – Die
baltische Entente 274

Das »Jahr des Grauens« 277
Der Hitler-Stalin-Pakt 277 – Die baltischen Staaten als
Spielball der Großmächte 280 – Estland 286 –
Lettland 288 – Litauen 290 – Finnland 293 –

Die Umsiedlung der Deutschbalten 294 – Die
Okkupation 1940 300 – Der 14. Juni 1941 309

Unter deutscher Besatzung 313
Einmarsch der Deutschen 313 – Die Juden in Riga 317 –
Die Legionen 323

Noch einmal Russenzeit 329
Nach dem Einmarsch 329 – Der Widerstand im
Untergrund 331 – Die Kollektivierung 333 – Noch
einmal Deportationen 335 – Tauwetter 336 –
»Stagnation« 338 – Wieder Russifizierung 340

Von der Helsinki-Konferenz zu den
Volksfronten 343

Wieder unabhängig 351
Die Sprachen 353 – Der Abzug der Armee 354 –
Staatsangehörigkeit 356 – NATO und Europäische
Union 359 – Währung – Wirtschaft 363 – Die baltischen
Staaten und Rußland 366 – Die Staaten 368

Zeittafel. 377
Bibliographie. 383
Namenregister 389

Meinem Großvater
Fricis Aleksandrs Lasmanis.
Er wurde aus Riga deportiert am 14. Juni 1941,
in seinem 80. Lebensjahr.

Vorwort

Wer wagt, gewinnt – sagt das Sprichwort. Wer die vielschichtige und verzweigte Geschichte der baltischen Völker auf knappem Raum aufzeichnet, wagt viel. Er muß aus der Fülle des Materials eine Auswahl treffen. Vieles wird unerwähnt bleiben. Anderes kann nur angedeutet werden. Eine ausführliche Darstellung, die nach wie vor aussteht, wird Bände füllen und sollte einem Autorenkollegium vorbehalten sein, dem Wissenschaftler aus allen drei baltischen Staaten angehören und womöglich auch aus den angrenzenden Ländern.

So lange können wir nicht warten. Zu lange schon ist die Geschichte der baltischen Länder, die Geschichte Estlands, Lettlands und Litauens aus dem Bewußtsein der Menschen in Ost und West geschwunden.

Eine große Schwierigkeit ergab sich aus der Tatsache, daß das »Baltikum« aus drei verschiedenen Ländern besteht, mit drei unterschiedlichen Sprachen, drei Völkern, von denen jedes seine eigene schwierige Geschichte hat, eine Geschichte, die lange schon begonnen hatte, ehe die Ordensritter kamen und alles veränderten.

Für das 19. und teilweise für das 18. Jahrhundert sind im Text für jedes Ereignis zwei Daten angegeben: das eine nach dem damals im Russischen Reich geltenden Julianischen Kalender – es ist jeweils das frühere Datum – und das andere nach dem im übrigen Europa und seit dem 14. Februar 1918 auch im Gebiet des ehemaligen Russischen Reiches geltenden Gregorianischen Kalender.

In Estland und Lettland, teilweise auch in Litauen haben Ortsnamen, Flußnamen etc. zwei Varianten, eine in der jeweiligen Landessprache, Estnisch, Lettisch bzw. Litauisch, und eine deutsche.

Die lettische und die litauische Rechtschreibung bedient sich sogenannter diakritischer Zeichen. »š« ist das deutsche »sch«,

»č« ist »tsch« und »ž« entspricht dem »g« in französisch »plage«. Ein waagerechter Strich über einem Vokal und im Litauischen auch das »Komma« unter einem Vokal machen diesen lang. Im Lettischen stehen die Zeichen ģ, ķ, ļ, ņ dafür, daß der betreffende Konsonant mit einem j-Nachschlag gesprochen wird.

Danken möchte ich meiner Frau, Heide Lydia Schmidt, die mir mit Verständnis und tätiger Kritik beigestanden hat, sowie Juris Baltputnis, der bei der Endredaktion und der Kürzung des viel zu langen Manuskripts hilfreich zur Seite stand.

Die alten Götter

Bei den Letten, Litauern und alten Preußen

In einem lettischen Märchen wird von einem Bauern erzählt, ein reicher Bauer war es, der Hochzeit feiern wollte. Alle Gäste waren schon geladen. Da erschien der Teufel beim Bauern. Er wolle auch auf der Hochzeit des Bauern tanzen. Dem Bauern war das höchst unangenehm. Er redete auf den Teufel ein, versuchte, ihn von seiner Absicht abzubringen. Er schmeichelte dem Teufel, er drohte, es half alles nichts. Die Jungfrau Maria sei unter den geladenen Gästen. Da freue er sich aber, meinte der Teufel, die Jungfrau Maria sei eine sehr freundliche und liebenswerte Frau. Gottvater selber habe sein Erscheinen auf der Hochzeit zugesagt, erklärte der Bauer. Doch auf den Teufel machte auch dies keinen Eindruck. Mit dem alten Herrn habe er sich erst vorgestern unterhalten und beraten. Mit ihm habe er sich bisher immer einigen können, auch bei sehr schwierigen Fragen. »Und Pērkons kommt!« rief der Bauer. Da erschrak der Teufel, suchte das Weite und erschien nicht auf der Hochzeit.

Pērkons, litauisch Perkunas, altpreußisch Perkunis, ist der Donnergott der baltischen Völker, wohl verwandt mit dem germanischen Thor, mit Zeus und Jupiter. Geklärt ist der Zusammenhang von den Forschern allerdings noch nicht endgültig. Eine Verbindung zu dem slawischen Gott Perun scheint, trotz des ähnlich klingenden Namens, nur bedingt zu bestehen (vgl. Biezais, 1972, S. 169f.).

Bis ins späte 18. Jahrhundert hinein klagen Vertreter der Kirche über den unter den Letten immer noch lebendigen Pērkons-Kult. Die christlichen Pastoren und Priester sahen ihre Aufgabe darin, das Bekenntnis zu diesem Gott und zu den anderen »heidnischen Göttern« auf das schärfste zu bekämpfen und auszurotten. Inwieweit dieser Kampf erfolgreich war, ist bislang nicht mit Sicherheit zu sagen. Das eingangs zitierte Märchen jedenfalls wird in Lettland heute noch erzählt. Die alten Lieder, die Dainas, in denen Pērkons, Laima, Saule und Dievs lebendig sind, werden auch heute noch tradiert – man schreibt ihre Verse auf Weihnachts-, Neujahrs- und Glückwunschkarten.

In Litauen scheinen sich, auf den ersten Blick wenigstens, die vorchristlichen religiösen Bräuche weniger lebendig erhalten zu haben. Das mag daran liegen, daß dort das Christentum nicht mit Gewalt und nicht von Fremden eingeführt wurde. Die katholischen Priester waren von Anfang an Einheimische, ihre Muttersprache war die der Gemeinde und sie hatten den gleichen gesellschaftlichen und kulturellen Hintergrund wie ihre Pfarrkinder. In Lettland hingegen waren die Pastoren noch im 19. Jahrhundert mit wenigen Ausnahmen Deutsche, Baltendeutsche. Sie hatten zwar Lettisch gelernt, ihre Muttersprache aber war das Deutsche, und ihr kultureller Hintergrund war deutsch. Innerlich standen sie den Gutsherren in der Regel näher als ihren lettischen Gemeindegliedern, sie waren gewissermaßen Vertreter der anderen Seite. Allerdings gab es im Laufe der Jahrhunderte immer wieder Ausnahmen. Das Verdienst einzelner deutscher Geistlicher an der kulturellen Entwicklung der Letten und Esten wird allgemein anerkannt und gewürdigt.

Pērkons – Perkunas – Perkunis – ist eine der mächtigsten Gestalten in der baltischen Götterwelt. Er ist vor allem zuständig für Donner und Blitz. *Pērkons* ist auch das lettische Wort für Donner. Er ist auch zuständig für Regen und damit für Fruchtbarkeit. Außerdem ist er der Himmelsschmied, er schmiedet die Waffen und die Schmuckstücke für die anderen Götter und Göttinnen, übernimmt also zum Teil auch Funktionen des griechischen Hephaistos. Seine Waffe ist die Axt oder, häufiger, Kugeln, runde Steine. Der ihm zugeordnete Baum ist die Eiche.

Sein Kult war ein Festmahl. Das wichtigste fand im Herbst statt, nach der Ernte. Geopfert wurde ihm Roggen, Gerste, Hopfen, ein schwarzer Hahn, ein Bock. Getrunken wurde auf diesen Festen Bier, von dem ebenfalls der Gott seinen Teil erhielt. *Saberi* wurden diese Feste genannt, von *sabert* – »zusammenschütten« – den Roggen, die Gerste, den Hopfen.

»Reformatio Gentis Letticae in Ducatu Curlandiae. Ein christlicher Unterricht, wie man die Letten oder Vnteutschen im Fürstenthumb Churland vnd Semgallen von jhrer alten Heydnischen Abgötterey vnd Aberglauben zum rechten Gottesdienst, wahrer Gottesfurcht, vnd ernster meidung alles Heydnischen Gottlosen wesens, bringen müge« – so der Titel einer Schrift des kurländischen Superintendenten Paul Einhorn, erschienen in Riga 1636. Dort heißt es im zweiten Kapitel:

So haben sie auch einer so viel wie der ander an Getreyde zusammen geschüttet, davon gebrawet vnd gebacken vnd alsdenn zusammen abergläubiger weise mit jhren heydnischen ceremonien GOtt angeruffen, das er die Pestilentz abwenden wolte; wann das geschehen, haben sie ein convivium mit einander gehalten vnd die zu hauff gebrachte Speise vnd Tranck mit einander verfressen vnd versoffen. Dieser Gebrauch wird noch bey vielen in acht genommen, denn ob sie schon nicht öffentlich thun dürffen, so thun sie es doch heimlich. (Einhorn 1636/1857, S. 54)

Eine ebenso zentrale Stelle am baltischen Götterhimmel nimmt Saule ein, die Sonnengöttin. Das Wort für Sonne ist in den baltischen Sprachen weiblich, wie im Deutschen, im Gegensatz zu anderen indogermanischen Sprachen wie Griechisch oder Französisch.

Saule fährt in einem Wagen über den Himmel – im Gegensatz zu den anderen Gottheiten, die zumeist reiten. Und am Abend besteigt sie ein goldenes Boot, denn im Westen ist das Meer. Um ihren täglichen Kreis zu vollenden, muß sie das Meer überqueren.

Mehr noch als Pērkons ist sie zuständig für die Fruchtbarkeit. So geht sie über die Felder und sorgt für Wachstum. Sie ist die Brotgeberin.

Saule trägt wie die Bäuerinnen ein wollenes Umschlagtuch. Sie besitzt unendlich viele davon, auch silberne und goldene. Ebenso ist ihr Rock, meist aus Seide oder Samt, wenn sie im

Kreise der Götter auftritt, golden. Begibt sie sich hingegen zu den Bauern, ist ihre Kleidung aus grauem Stoff, wie die der Bauern. Als Schmuck trägt sie einen Kranz, eine große Fibel, wie sie die lettischen und litauischen Frauen trugen, und einen Ring.

Die Stoffe für ihre Kleidung stellt sie selber her. Sie spinnt und webt. Dabei helfen ihr die Sonnentöchter.

Der wichtigste Kult für Saule ist das Fest der Sommersonnenwende. Noch heute ist es für die Letten das größte Fest des Jahres, bedeutender als Weihnachten oder Ostern. Infolge der Christianisierung wurde dieses Fest dem Heiligen Johannes zugeordnet. *Jāņu nakts* – »Johanninacht« – ist die Nacht vom 23. auf den 24. Juni.

Zu diesem Fest gibt es einen besonderen Käse und ein besonderes, mit Honig gebrautes Bier. Mittelpunkt des Festes ist das Feuer. Die Feiernden tanzen um das Feuer. Sie tragen Kränze aus Johannikräutern und Eichenlaub auf dem Kopf. Es heißt, die Göttin selber tanze im Reigen um das Feuer mit. Die Feuer werden vor allem auf Anhöhen und Hügeln entzündet. In neuerer Zeit sind es oft mit Pech gefüllte Fässer, die auf einer Stange stehen und deren Feuer weithin leuchtet. Weithin klingen die Lieder dieses Festes, vor allem der Refrain in langgezogener Melodie: *Līgo – līgo*. Es ist ein geheimnisvolles Wort, niemand weiß sicher, was es einmal bedeutete. Heute ist es Ausdruck des Gefühls für dieses Fest, Anruf der Saule. Einige Sprachwissenschaftler weisen auf das Verb *līgot* – »schaukeln, schwanken« – hin, doch hat *līgot* eine zweite Bedeutung: »Līgo-Lieder singen«.

Singen und Tanzen beherrschen dieses Fest. Aber noch ein weiterer Brauch wird in dieser Nacht geübt. Die jungen Leute ziehen sich paarweise in den Wald zurück, um Farnblüten – *papardes ziedi* – zu suchen, die nur in dieser einen Nacht blühen sollen, wobei der Botaniker weiß, daß Farn nicht blüht.

Mit diesem Aspekt der Saule haben auch ihre Töchter zu tun, die *Saules meitas* – »Sonnentöchter«. Die Forschung rückt sie in die Nähe von Eos, der griechischen Göttin der Morgenröte. Wie diese reiten die Sonnentöchter, oder sie fahren im goldenen Wagen über den Himmel. Sie tragen goldene Kleider, goldene Kränze auf den Köpfen. Wie Eos können sie die Zeit verlängern.

Wo die Sonnentöchter sind, da sind auch die *Dieva dēli* – »Gottessöhne« zur Stelle. Wenn die Sonnentöchter an einer Quelle baden, erscheinen die Gottessöhne. Sie fahren mit den Sonnentöchtern am Himmel spazieren, tanzen und spielen und vergnügen sich miteinander. Doch bei aller Heiterkeit, bei allen Liebesspielen gibt es zuweilen auch Ärger. Dann heißt es, die Sonnentöchter hätten den Gottessöhnen die Schwerter zerbrochen, diese hätten wiederum den Sonnentöchtern die Ringe von den Fingern gezogen. Der Streit kann so heftig werden, daß beide Elternteile, die Sonnengöttin Saule und der Himmelsgott Dievs, sich einmischen und nun ihrerseits in Streit geraten. Im allgemeinen dauert so ein Streit drei Tage.

Dievs, litauisch Dievas, altpreußisch Deivas, war einst wohl neben Saule der wichtigste Gott, der Vater des Himmels. Deshalb wurde sein Name – dessen indogermanische Entsprechungen auch in anderen Sprachen leicht zu erkennen sind – als Wort für die Gattung »Gott« im allgemeinen übernommen, und der christliche Gott erhielt ebenfalls diesen Namen: Dievs (lett.) bzw. Dievas (lit.).

Dievs trägt die Kleidung der Bauern. Doch sein Mantel ist silbern. Silbern ist auch sein Bart. Auch er ist vor allem ein Förderer der Fruchtbarkeit. Er ist aber auch der Helfer bei der Landarbeit, er rodet, bewässert die Felder, sät, erntet, drischt. Bei einer Sache, und das ist gewissermaßen seine Spezialität, kann nur er helfen: bei der Bekämpfung des Unkrauts. Auch er geht über die Felder, aber dort, wo er ging, wächst »reiner Roggen«, das Unkraut verschwindet. Der Fürsorge von Dievs untersteht auch der Gartenbau und der Anbau des Hopfens. Natürlich steht auch das Bierbrauen unter seiner Obhut. Eine weitere Funktion von Dievs ist das Vorbestimmen des Schicksals. Doch vertritt er hier mehr einseitig das Prinzip des Guten, kann sich damit allerdings nicht immer durchsetzen.

Seine Söhne, die *Dieva dēli* – »Gottessöhne«, sind auch für die Seefahrt von Bedeutung, vor allem helfen sie in Seenot. Daß diese Gottessöhne mit dem christlichen Gottessohn Jesus keinerlei Verbindung haben, dürfte offensichtlich sein. So wie die Gottessöhne mit den Sonnentöchtern meist gemeinsam auftreten, so kann man sagen, daß der eigentliche »Partner« der Saule Dievs ist, wenn beide auch im allgemeinen ihre eigenen Wege gehen.

Ein wenig abseits zu stehen scheint Mēness, der Mond – wie im Deutschen männlich. Mal reitet er, mal fährt er mit dem Wagen über den Himmel, auch er besteigt, wie Saule, ein goldenes Boot, um im Westen über das Meer zu fahren. Im Gegensatz zu allen anderen indogermanischen Religionen hat Mēness nichts mit der Fruchtbarkeit zu tun. Seine Diener sind der Morgen- und der Abendstern. Er zählt jede Nacht die Sterne, denn die Sterne sind seine Heerschar. Mēness ist der baltische Kriegsgott. Er beschützt die Kämpfenden in der Schlacht und greift zuweilen mit seinem Heer selber in das Kriegsgeschehen ein.

Der jüngste in der Götterwelt ist Auseklis, der Morgenstern. Zwar ist der Planet Venus in seinen beiden Erscheinungsformen auch als Diener des Mēness personifiziert, er tritt aber auch als eigenständige Gottheit auf. Im Gegensatz zu allen anderen Gottheiten am Himmel besitzt Auseklis nur ein Pferd. An irgendwelchen Arbeiten beteiligt er sich nicht, er spielt nur, denn er ist ja der jüngste unter den Göttern. An den himmlischen Festen nimmt er teil, und man findet ihn auch im himmlischen Bad. Das lettische Bad (*pirts*) ist ein Dampfbad, vergleichbar der finnischen Sauna. Das Badehaus steht meist an einem Fluß, einem See oder einer Quelle. Es ist die Domäne der Frauen. Dort wird nicht nur gebadet, sondern auch geboren. Dort wird wahrgesagt und geopfert, der Schicksalsgöttin Laima – sie hilft auch bei der Geburt eines Kindes – und den Hausgeistern. Das Badehaus ist ein zentraler heiliger Ort. Am häufigsten finden wir im himmlischen Dampfbad Saule. Aber auch ihre Töchter, die Saules meitas, sind dort nicht selten anzutreffen. Dann ist Auseklis mit ihnen. Er gießt das Wasser auf die heißen Steine.

Das Symbol des Auseklis, ein achtzackiger Stern, gebildet

von zwei kreuzweisen Balken, oft in den lettischen Landesfarben dunkelrot und weiß, wurde während des Ringens um die Wiederherstellung der Unabhängigkeit 1986–91 zum Symbol der Freiheit.

Außer den Himmelsgöttern spielen in der lettischen Götterwelt noch einige andere Gestalten eine nicht unwichtige Rolle.

Als erstes ist hier Laima zu nennen, die Glücks- und Schicksalsgöttin. Lettisch *laime* heißt heute »Glück«. Laima als Schicksalsgöttin tritt vor allem bei den drei wichtigsten Stationen im Leben eines Menschen auf: Geburt, Heirat, Tod. Bei der Geburt legt Laima das Schicksal des Neugeborenen fest. Auch Dievs ist bei der Verhängung des Schicksals oft zugegen. Er wünscht immer das Gute, doch Laima widerspricht ihm, oft weint sie sogar dabei – dennoch, was sie bestimmt, geschieht. Bei der Heirat steht Laima eindeutig auf der weiblichen Seite. Sie bestimmt, wann ein Mädchen heiratet, sie sucht für das Mädchen den geeigneten Mann. Das ist oft mühsam. Laima muß deshalb viel herumfahren, bis ihre Pferde schließlich in Schweiß gebadet sind.

Die Todesstunde eines Menschen hat Laima längst bestimmt, bei der Verhängung des Schicksals zu seiner Geburt. Was Laima einmal beschlossen hat, kann von niemandem geändert werden, auch von ihr selbst nicht. Sie selber bringt den Tod zur bestimmten Stunde. Mit ihr erscheint dann auch Dievs.

Dievs ist neben dem erst spät nachzuweisenden Pferdegott Ūsiņš der Hüter der Pferde, Laima die Hüterin der Kühe. Zu keiner Gottheit wird so viel gebetet wie zu Laima, keine steht den Menschen so nah wie sie. Im Zentrum von Riga, gegenüber dem Freiheitsdenkmal, steht eine Normaluhr. Vor dem Krieg stand auf der Säule in großen Buchstaben »LAIMA«. Das war eine Schokoladenmarke. Während der sowjetischen Zeit trug die Säule politische Parolen, zuletzt »Miers« – »Frieden«. Auf Wunsch der Bevölkerung wurde Ende der achtziger Jahre die Aufschrift wieder geändert, in »LAIMA«, ohne daß die Schokoladenfirma, die es noch gibt, eine Gebühr dafür zahlte.

Sein Leben lang, auch in den kleinen Dingen des Alltags, wird der Mensch von den »Müttern« begleitet – *mātes*. Ihre

Zahl ist unbestimmt, zuweilen taucht eine neue »Mutter« auf, wenn sie gebraucht wird, und verabschiedet sich danach wieder. Forscher haben etwa 70 »Mütter« nachgewiesen. *Dabas māte* – »Naturmutter«; *vēju māte* – »Windmutter«; *jūras māte* – »Meeresmutter«; *Daugavas māte* – »Dünamutter«; *Gaujas māte* – »Gaujamutter«; *mūža māte* – »Lebensmutter«; *nāves māte* – »Todesmutter«. Neben diesen universalen Bereichen tragen die Mütter auch Sorge für kleinere Dinge: *dārza māte* – »Gartenmutter«; *mēslu māte* – »Düngermutter«; *diegu māte* – »Garnmutter«. Sogar die Reklame (in den dreißiger Jahren) bemühte eine solche Mutter: die *Burbuļu māte* – »Schaumbläschenmutter« – warb da für ein Waschmittel.

Neben den universal angelegten, den allgegenwärtigen Göttern bestimmen unzählige kleine, erdgebundene Geister das Leben der Menschen. Am wichtigsten sind und am besten gepflegt werden müssen die Hausgeister, deren es verschiedene gibt. Von manchen kennt man den Wohnsitz: hinter dem Ofen, unter der Türschwelle, ein Stein oder ein Aschehaufen im Hof. Besonders der Platz hinter dem Ofen ist ein wichtiger Aufenthaltsort der Hausgeister. Neben der täglichen Verehrung, die er genießt, freut sich ein Hausgeist auch immer über gelegentliche Opfergaben: ein wenig Fleisch, ein Löffel voll Suppe und natürlich immer wieder ein paar Tropfen Bier. Verbreitet ist auch der Brauch, ausgefallene Milchzähne hinter den Ofen zu werfen.

Häufig werden Hausgeister in Gestalt eines Tieres verehrt: die Kröte, das Huhn, die Kuh... An erster Stelle steht hier die Verehrung der Schlange, speziell der Ringelnatter, litauisch *žaltys*, lettisch *zalktis*. Besonders in Litauen wird die Natter sehr hoch geschätzt. Sie sorgt für den Schutz des Hauses, sie gibt Heirat und Geburt ihren Segen und auch dem erotischen Leben der Hausbewohner. Die Natter lebt unter der Schwelle des Hauses, aber auch in der Stube. Gern gesehen ist sie unter dem Bett der Eheleute. Wer im Felde auf eine Natter trifft, begegnet ihr mit Ehrfurcht. Wer beim Mähen des Korns eine Natter entdeckt, wird an dieser Stelle das Korn stehen lassen und darum herummähen. Wer eine tote Natter findet, der wird ihr ein kleines Grab schaufeln. Beim Anblick einer toten

Natter weint die Sonne. Es ist *žaltys*, die in den verschiedenen Schlingungen, wie ein stilisiertes S, als Spirale, als Schleife an unzähligen Kreuzen am Wegesrand oder neben den Häusern in Litauen erscheint, überall, im ganzen Land, so auch auf dem »Berg der Kreuze« – *Kryžių kalnas* – in der Nähe von Šiauliai.

Die Dämonen der Esten

Zwei Informationsquellen stehen zur Verfügung, wenn wir uns ein Bild machen wollen von den vorchristlichen Religionen im Baltikum. Das eine sind die Aufzeichnungen, meist von deutschen Geistlichen, die sich über den Unglauben ihrer Gemeinde nicht beruhigen konnten. Die zweite, reichhaltigere Quelle ist die überlieferte Volksdichtung. In kaum einem Land Europas ist die aus vorchristlicher Zeit überlieferte Volksdichtung so reichhaltig wie in Litauen und Lettland.

Bei den Esten sind zwar auch beide Quellen vorhanden, in gleicher Fülle, wie in den beiden anderen baltischen Ländern, nur ist ihre Auswertung schwieriger. Die überlieferten Lieder der Esten sind in ihren Darstellungen nicht so konkret wie die der Litauer und Letten, sie sind gewissermaßen archaischer, voll dunkler Metaphern. Hinzu kommt, daß die Esten nicht wie die Letten und Litauer, die Indogermanen überhaupt, eine in sich geordnete Götterwelt hatten, sie kannten keinen Olymp oder Himmel. Das überirdische Leben spielt sich hier mehr auf der Ebene von Dämonen und Geistern ab, deren Zahl sehr groß ist und deren Erscheinungsformen in den einzelnen Gegenden Estlands unterschiedlich sind.

Jeder Mensch hat seinen eigenen »Dämon« – *haldijas*. Die Eigenschaften dieses Dämonen sind konkreter als die der christlichen Schutzengel. Wird ein Kind geboren, so kommt kurz darauf sein Dämon und nimmt es in seine Obhut. Meistens ist der Dämon bei seinem Menschen, aber nicht immer. Manchmal, wenn der Mensch unterwegs ist, kommt er vor diesem nach Hause, macht sich durch Geräusche bemerkbar, wie Poltern oder Stimmen. Wenn dem Menschen etwas zustößt, erscheint der Dämon den Angehörigen und gibt ihnen ein Zeichen. Der Dämon spricht zu seinem Menschen im Traum. Er berät ihn und belehrt ihn. Doch meist versteht der Mensch diese Ratschläge nicht, beachtet sie nicht. Wer aber lernt, die Belehrungen der Dämonen zu hören und zu befolgen, dem kann großes Glück zuteil werden.

Auch mit dem Hausdämon – *majahaldijas* – hat der Mensch es täglich zu tun. Schon beim Einzug bittet man ihn um Erlaubnis, hier zu wohnen. Ein Geräusch im Haus, ein Knacken, ein Knarzen etwa ist die positive Antwort, und man kann mit dem Einräumen beginnen. Meist handelt es sich bei dem Hausdämon um einen früheren, inzwischen verstorbenen Hausherrn. Deshalb kennt er das Haus sehr genau und kann den neuen Bewohnern wertvolle Ratschläge geben. Der Hausdämon ist ein ausgesprochen guter Geist. Das jedoch ist in der estnischen Mythologie selten, meist sind Geister und Gottheiten ambivalent. Auch der Hausdämon ist leicht verärgert oder beleidigt. Besonders Zank und Streit im Haus liebt er nicht. Wenn er deswegen das Haus verläßt, sollte er schleunigst versöhnt werden, sonst gibt es leicht ein Unglück. Man versucht, ihn verschiedenen Opfern zu begütigen und zur Heimkehr zu bewegen: Man legt Brot und Fleisch auf den Fußboden, gießt Bier in eine Ecke. Und natürlich müssen Zank und Streit aufhören.

Der Walddämon oder der Waldalte – *metsavana* – ist ein eigenartiger Geselle. Wer ihn sieht – meist hört man ihn nur gehen oder sieht seine Spuren –, erkennt ihn an seinem Hut aus Birkenrinde und seinem Umhang aus Moos. Auch sein Bart ist wie Moos.

Wer den Spuren des Walddämons folgt, der verirrt sich. Oft führt der Dämon einen Menschen zur Strafe in die Irre, wenn er etwas Böses getan hat. Dann aber lädt der Waldgeist den verirrten Wandersmann auch zu sich ins Haus. Dort sind seine Töchter und Söhne. Er bewirtet den Menschen bei sich und bringt ihn auf den rechten Weg nach Hause. Doch zu Hause angelangt, wird der verirrte und bewirtete Wanderer gewahr, daß während seines scheinbar kurzen Besuchs beim Walddämon in der Welt viele Jahrzehnte vergangen sind.

Um durchaus freundliche Dämonen handelt es sich auch bei der Rasenalten *murueit* und ihren Töchtern. Sie ist, wie der Name sagt, eine ältere Frau, hat immer einen Stock in der Hand. Ihr Bereich sind die grasbewachsenen Lichtungen im Wald. Ihre Töchter nehmen den Menschen die Sorgen und flößen ihnen Hoffnung und Freude ein. In hellen Mondnächten tanzen sie auf der Lichtung. Dabei schweben sie über das Gras, sie tragen weiße, duftige Kleider und sind so schön, wie irdische Mädchen niemals sein können. Im Sommer baden sie gerne in Waldseen und Bächen. Doch, und hier finden wir auch bei ihnen ein Moment der Gefahr, wer sie dabei beobachtet, erzürnt die Rasenalte. Diese macht den Betreffenden in schweren Fällen stumm oder gar blind. Zuweilen gerät ein junger Mann unversehens zwischen die schwebenden Töchter der Rasenalten und sieht sie aus der Nähe. Die Sehnsucht nach ihnen wird ihn sein Leben lang verzehren.

Natürlich gibt es in der estnischen Mythologie auch Wassergeister. Sie heißen *Näkk* und sind sowohl weiblichen als auch männlichen Geschlechts. Die Näkk sind aus den Seelen Ertrunkener entstanden, vor allem solcher, die sich selber ertränkt haben, und auch solcher, die durch einen Näkk ertrunken sind. Die Näkk lieben es zu musizieren, meist im Wasser, ein wenig vom Ufer entfernt. Dabei spielt der männliche Näkk die Geige oder die Harfe, während die weibliche singt. Der Mensch ist fasziniert von der Musik, geht auf sie zu, gerät dabei ins Wasser und ertrinkt. So wird er selber zum Näkk. Manchmal sieht man einen Näkk, am ehesten die Näkkjungfrauen. Sie sollen sehr schön sein. Sie sitzen auf einem Stein im Wasser und trocknen ihr Haar. Das Haar ist hellblond. Näkkjungfrauen tragen zuweilen eine blaue Jacke und rote Strümpfe, mal auch ein weißes Kleid, goldenen Schmuck – oder auch nur Schmuck, manchmal sind sie ganz nackt.

Marras, auch *Mardus* genannt, ist der geheimnisvollste von den Geistern. Wenn er erscheint, dann entweder in Menschengestalt oder als Tier, als Vogel vielleicht. Eigentlich aber sieht man ihn gar nicht, man hört ihn nur: ein Poltern, Stöhnen, Schritte. Auch seine Funktion kennt eigentlich niemand. Es heißt, Marras sei der Verkünder des Todes. Wo er aufgetaucht sei, da würde bald jemand sterben. Andererseits sagen die Leute aber auch, der Tod eines Menschen sei ein Zeichen dafür, daß Marras dagewesen sei.

Wer Landwirtschaft betreibt, ist auf das Gedeihen von Korn und Vieh angewiesen. Da im alten Estland praktisch jeder mit Ackerbau und Viehzucht beschäftigt war, spielte *Metsik* eine außerordentlich wichtige Rolle. Ursprünglich kam Metsik aus dem Wald – *mets* heißt auf estnisch »Wald«. Vielleicht haben die Esten in den ganz alten Zeiten ihr Vieh einfach im Wald, zwischen den Bäumen grasen lassen. Die Waldgottheit Metsik jedenfalls läßt Korn und Vieh gedeihen. Verehrt wird Metsik im besonderen zu Neujahr oder zu Fastnacht. Aus Stroh wird eine große Puppe gefertigt und mit einem Männerrock bekleidet. Im Jahr darauf wird Metsik ein Frauenrock angezogen. Metsik ist also von Jahr zu Jahr abwechselnd weiblich oder männlich. Metsik gilt als gute Gottheit. Doch sollten die Bitten der Bauern einmal nicht genügend erhört, das Korn nicht üppig, das Vieh viel krank gewesen sein, dann muß Metsik sich von den Menschen ausschimpfen lassen.

Nicht im Rang eines Geistes oder Dämons, schon gar nicht in dem einer Gottheit stehen die »Hundeschnäuzigen«. Fast stehen sie auf einer Stufe mit den Menschen. Fast. Wie ihr Name sagt, haben sie die Schnauze von Hunden. Sonst sind sie – den meisten Schilderungen nach – halb Hund, halb Mensch: eine Menschenhand, eine Hundepfote, ein Menschenauge, ein Hundeauge. Sie scheinen ein häusliches Leben zu führen, doch eigentlich weiß man darüber kaum etwas. Sie sollen virtuose Geigenspieler sein. Die Finger der Menschenhand spielen auf den Saiten, die Hundepfote führt den Bogen. Die Hundeschnäuzigen wohnen am Ende der Welt, dort, wo die Erde an den Himmel stößt. Sie sorgen dafür, daß kein Unbefugter von der Erde in den Himmel geht. Mit den Menschen stehen sie sich nicht gut, sie liegen in ständigem Streit mit ihnen. Wo immer sie können, beißen sie sie, mit Vorliebe in die Kehle. Es ist schwer, sich vor ihnen zu schützen. Sie sind sehr schnell und dringen durch verschlossene Türen. Wälder bieten ihnen kein Hindernis, selbst Wassergräben nicht. Erst wenn man in einem Schiff auf das Meer entfliehen kann, können sie einen nicht mehr erreichen und nicht mehr finden, denn das Wasser überträgt den Geruch des Menschen nicht. Weil die Hundeschnäuzigen auf ihren Geruch angewiesen sind, gibt es für den Menschen noch eine Möglichkeit, sich vor ihnen zu schützen: Faulbäume. Ihr Duft ist so stark, daß er den Geruch der Menschen überdeckt und die Hundeschnäuzigen in die Irre führt. Deshalb werden in Estland, auch in Lettland, vor den Häusern und an den Gräben Faulbäume gepflanzt. Von den Hundeschnäuzigen erzählt man sich nämlich auch in Lettland.

Das Baltikum und die Balten

Von allen Gegenden Europas blieb das Baltikum am längsten unbekannt, unerforscht. Lange auch, bis ins 13. und 14. Jahrhundert hinein, verehrten seine Bewohner ihre alten heidnischen Götter, bis schließlich das Christentum bei ihnen schlecht und recht Fuß fassen konnte, obwohl es, geographisch zumindest, die Mitte Europas darstellt. Der geographische Mittelpunkt des Kontinents liegt einige Kilometer nordwestlich von Vilnius, der Hauptstadt Litauens. Heute scheint es, als müßten wir die drei baltischen Staaten Estland, Lettland und Litauen von neuem entdecken und erforschen, nachdem sie fünfzig Jahre lang hinter dem Eisernen Vorhang verschwunden waren.

Gaius Secundus Plinius, der Ältere (23–79 n. Chr.), Schriftsteller im alten Rom, war, soweit sich das heute noch feststellen läßt, der erste, der die Länder am Ostufer der Ostsee bei ihrem jetzt üblichen Namen nannte. Ein wenig verworren allerdings noch heißt es da:

Mehrere Inseln sollen sich in dieser Gegend finden, von einer derselben, die vor dem Scythischen Land, welches Raunonia heißt, liegt, berichtet Timäus, daß sie eine Tagreise vom Festlande entfernt sey, und daß während des Frühlings die Fluten auf sie den Bernstein auswerfen.

Einige Zeilen weiter lesen wir noch:

Xenophon von Lampsacus erzählt, daß man nach einer dreitägigen Schiffahrt von der scythischen Küste nach Baltia, einer Insel von ungeheurer Größe komme.

Das ist es auch schon. Es folgen noch vage Berichte über Menschen, die sich von Vogeleiern und Hafer ernähren, über solche, die mit Pferdefüßen geboren werden, »Hippopoden« genannt, oder von solchen, die »den sonst völlig nackten Körper mit ihren übermäßig großen Ohren ganz bedecken...«.

Konkreter, jedoch nicht weniger knapp ist da Tacitus (etwa 55 – nach 116 n. Chr.). Er war übrigens mit dem Stiefsohn von Plinius, Plinius dem Jüngeren, befreundet. Tacitus berichtet im vorletzten Kapitel seiner »Germania« von den »Aestii«, die dem Aussehen nach und auch in ihren Sitten den Germanen ähnlich seien, deren Sprache aber dem Britannischen nahestehe. Das Britannische gehörte zu den keltischen Sprachen, ist also verwandt mit dem heutigen Gälisch in Schottland oder dem Irischen. Der Gewährsmann des Tacitus war im ersten Jahrhundert n. Chr. bei baltischen Stämmen gelandet, bei den Vorfahren der jetzigen Litauer und Letten und der alten Preußen, auch Prußen genannt, die seinerzeit in Ostpreußen und Westpreußen siedelten. Es ist durchaus vorstellbar, daß ein römischer Reisender eine baltische Sprache mit dem Keltischen vergleicht, im Gegensatz zum Germanischen, das er den ganzen langen Weg über gehört hatte. Tacitus erwähnt zudem, daß die Aestii *matrem deum venerantur*, d. h. eine »Mutter der Götter« verehren.

Tacitus kommt anschließend, wie auch schon Plinius, auf ein besonderes Merkmal der baltischen Küsten zu sprechen, den Bernstein. Schon zu Tacitus' Zeiten exportierten die baltischen Völker ihren Bernstein nach Italien, nach Rom. Sicher ist übrigens, daß die »Aestii« des Tacitus nicht mit den heutigen Esten identisch sind, denn diese sprechen keine baltische Sprache, nicht einmal indogermanisch ist ihre Sprache, sondern sie gehört zur finno-ugrischen Gruppe, ist verwandt mit dem Finnischen und mit dem Ungarischen. Dem Finnischen steht das Estnische so nahe, daß die Esten finnisches Fernsehen, das sie auch schon vor der Glasnost empfangen konnten – nur 80 km trennen die beiden Länder –, zum größten Teil verstehen. Estland wird dennoch zu den baltischen Staaten gezählt, zum »Baltikum«, einmal wegen seiner geographischen Lage, vor allem aber wegen des historischen Schicksals, das die Esten mit den anderen beiden Völkern des Baltikums, den Letten und Litauern, streckenweise teilten, besonders in diesem Jahrhundert.

Erst nach 1918, nachdem die drei Republiken Estland, Lettland und Litauen gegründet waren, sprach man von den baltischen Staaten, meinte alle drei Länder, wenn man vom Baltikum sprach. Auch die Geschichte dieser Länder verläuft erst seit 1918 und noch mehr seit 1940 parallel. Allenfalls wäre noch das Jahr 1795 zu nennen als der Beginn einer für das gesamte Baltikum mehr oder minder gemeinsam verlaufenden Geschichte. Insofern nämlich, als mit der dritten Polnischen Teilung, 1795 also, alle drei baltischen Länder zum ersten Mal in das Russische Reich einverleibt waren.

Letten und Litauer sprechen einander verwandte Sprachen. Lettisch und Litauisch gehören zu den baltischen Sprachen und sind ein Zweig des Indogermanischen. Seit dem Ende des vorigen Jahrhunderts gebraucht die Wissenschaft den Ausdruck »baltisch« für diese Sprachgruppe. Ebenfalls zu den baltischen Sprachen gehört das ausgestorbene Altpreußisch – es wurde vor der Eroberung durch deutsche Ordensritter in West- und Ostpreußen gesprochen. Analog spricht man heute von den baltischen Völkern: Letten, Litauer und die ausgestorbenen Preußen, auch Pruzzen oder Prußen genannt. Das Estnische gehört nicht zu den baltischen Sprachen, die Esten nicht zu den baltischen Völkern in diesem Sinne. Estnisch zählt zur finnougrischen Gruppe, ist also nicht indogermanisch.

»Balten« – mit diesem Wort bezeichneten sich die Deutschen, die seit dem 13. Jahrhundert in Estland und Lettland ansässig waren. Sie sprachen vom Baltikum und meinten diese beiden Länder. Obwohl zahlenmäßig nicht so sehr ins Gewicht fallend – sie machten im Laufe der Geschichte nie mehr als zehn Prozent der Bevölkerung aus –, war ihre Rolle in der Geschichte dieses Teiles von Europa in höchstem Maße bedeutend, zeitweise bestimmend.

Vereinfachend zusammengefaßt:
- Das **Baltikum** bezeichnet nach heutigem Sprachgebrauch das Gebiet der drei **baltischen Staaten** Estland, Lettland und Litauen.
- **Balten** sind nach wissenschaftlichem Sprachgebrauch, »korrekt«, die Angehörigen der **Baltischen Völker**, d. h. der Völker, die eine **baltische Sprache** sprechen resp. sprachen: Letten, Litauer und Altpreußen.

- **Balten** werden in der Umgangssprache auch die namengebenden Völker der drei baltischen Staaten genannt.
- **Balten**, so bezeichnen sich schon seit dem neunzehnten Jahrhundert die Deutschen, die seit Jahrhunderten in Estland und Lettland ansässig waren, die **Baltendeutschen** also beziehungsweise **Deutschbalten**, wie sie sich selber auch nennen, und welches die ältere Bezeichnung ist.

Das Baltikum liegt in Europas Mitte. Ein Durchgangsland für die Wanderungen ganzer Völker war es dennoch nicht. Die großen Völkerwanderungen hielten sich weiter südlich, zogen durch die Gebiete, in denen heute Polen und Deutschland liegen. Denn die baltischen Länder grenzen im Westen an die Ostsee, und Völkerwanderungen wählen, mit wenigen Ausnahmen, den Landweg. Andererseits heißt es, Meere verbinden. Und so wurde das Baltikum doch zum Durchgangsland, und zwar für die, die mit dem Schiff kamen: deutsche und dänische Kaufleute, Wikingerheerscharen, ab und an auch ein dänisches Heer. Die Wikinger kamen von Schweden herüber. Sie alle segelten die Flüsse aufwärts, die Memel, die Düna, oder sie fuhren an der Nordküste Estlands entlang, durch den Finnischen Meerbusen. Alle drei Wege führen tief nach Rußland hinein, nach Nowgorod, nach Smolensk. Am wichtigsten aber war die Möglichkeit, nach Überwindung relativ schmaler Landstriche an den Oberlauf von Wolga und Dnjepr zu gelangen. So erschloß sich den Kaufleuten und eben auch den Wikingern die ganze osteuropäische Landmasse, bis hin zu den Petschenegen, bis zum Schwarzen Meer, zum Kaspischen Meer.

Hier trafen sich die Kaufleute aus Deutschland und Dänemark mit denen aus Persien und aus der damals, im 10. und 11. Jahrhundert in kultureller Hochblüte stehenden islamischen Welt. Kein Wunder also, daß Archäologen im Baltikum immer wieder auch auf offensichtlich arabische Schmuckstücke stoßen. Die Wikinger gelangten über diese Route bis nach Byzanz. Von den Wikingern oder Dänen setzte sich, zunächst wenigstens, niemand auf die Dauer im Baltikum fest. Wohl war der eine oder andere Landstrich zeitweise Wikingern oder Dänen tributpflichtig, aber auch das nie von Dauer. Erst um die Wende vom 12. zum 13. Jahrhundert änderte sich das. Da begannen deutsche Missionare und Ordensritter das Land zu christianisieren, mit Waffengewalt. In Lettland und Estland gelang ihnen das, in Litauen nicht.

Die Letten und Esten sehen ihre Geschichte, wenn jemand im Gespräch auf die eine oder andere historische Epoche verweisen möchte, in »Zeiten« eingeteilt: »Die alte Zeit«, »die Ritterzeit«, »die Polenzeit«, »die Schwedenzeit«, »die Russenzeit«. Dann kommen die kurzen Jahrzehnte der Unabhängigkeit. Darauf folgte die »zweite Russenzeit«, die nun zu Ende gegangen ist. Sie gliedern ihre Geschichte nach den jeweiligen fremden Herrschern im Land, nach der jeweiligen Besatzungsmacht gewissermaßen. Die Esten, Letten und Litauer sehen sich als die »eingesessenen Völker«. Sie waren immer schon da, in historischer wie in prähistorischer Zeit.

Die Alte Zeit

Vor der »Ritterzeit« gab es die Epoche der einzelnen Völker, der verschiedenen Stämme, die Zeit, von der wir aus den Sagen und uralten Volksliedern wissen, aber auch aus archäologischen Funden. Die »Alte Zeit«, die sich, schaut man rückwärts, bald im Nebel der Vergangenheit verliert.

Das Jahr 1200 etwa können wir als den Zeitpunkt nennen, da die baltischen Länder endgültig in das Licht der Geschichte traten – als letzte in Europa. Was davor war, können wir von heute her nur erschließen, aus einzelnen Mosaiksteinchen rekonstruieren, die Lücken mit Vermutungen, mit Spekulationen füllen. Für den Historiker, genauer den Prähistoriker, ist dies eine faszinierende Aufgabe, denn noch lange nicht sind alle Mosaiksteinchen gefunden.

Erstens sind es, vor allem für die rein prähistorische Zeit, archäologische Funde. Besonders intensiv wurde auf diesem Gebiet während der Jahrzehnte der Unabhängigkeit gearbeitet, zwischen den beiden Weltkriegen also. Die baltischen Völker wollten, verständlicherweise, mehr über ihre eigene Vergangenheit erfahren, während ihre Herren, vorher die Deutschen und nachher die Russen, d. h. die Sowjets, weniger Interesse an einer zu genauen Durchleuchtung der eigenständigen Vergangenheit dieser Völker hatten. Das bedeutet nicht, daß Russen und vor allem Deutsche keinen Anteil an der vor- und frühgeschichtlichen Erforschung des Baltikums gehabt hätten. Im Gegenteil, gerade deutsche Sprachforscher und Historiker haben einen inspirierenden Anteil an dieser Forschungsarbeit geleistet. Konservative deutschbaltische Kreise allerdings hätten noch zu Beginn dieses Jahrhunderts die Letten und Esten gerne als »Eingeborene«, als mehr oder minder Wilde auf niederer Kulturstufe gesehen, denn nur so waren Herrschaftspolitik und Besitzansprüche zu rechtfertigen. Die Russen andererseits, auch in sowjetischer Zeit, sehen die baltischen Völker gerne als einen Seitenzweig slawischer Stämme, um für ihre Assimilationspolitik eine Rechtfertigung zu finden.

Zweitens helfen sprachwissenschaftliche Untersuchungen, den einen oder anderen Zusammenhang zu erhellen. So konnte zum Beispiel die größte Ausdehnung des baltischen Siedlungsraumes durch die Analyse von Ortsnamen und besonders von Flußnamen genauer abgesteckt werden. Dies ist insbesondere ein Verdienst des Berliner Slawisten Max Vasmer (1886–1962). Dieser Siedlungsraum der Balten erstreckte sich in den ersten Jahrhunderten unserer Zeitrechnung viel weiter als heute, vor allem nach Osten hin, fast bis vor die Tore Moskaus. Daraus wiederum lassen sich Rückschlüsse auf die Wanderung slawischer Stämme ziehen.

Drittens, das sind nun schon konkretere Quellen, geben skandinavische Runeninschriften mehr oder minder klar zu entschlüsselnde Hinweise, vor allem auf Berührungen zwischen Germanen – in diesem Falle den Wikingern – und Balten.

Die vierte Informationsquelle sind die Schriften der Geschichtsschreiber und die Chroniken, also das wichtigste und eigentliche Material des Historikers. Nur sprudeln diese Quellen spärlich für dieses Gebiet, für die Zeit vor 1200. Die Mehrzahl der Autoren solcher früher Beschreibungen hat die baltischen Länder, das Ostufer der Ostsee, niemals selbst bereist. Sie erwähnen die baltische Region auch nur am Rande, bezeichnen sie zum Teil sogar direkt als Rand der bekannten Welt.

Als ältester Autor, der die Gegend des Baltikums, wenn auch nur indirekt, erwähnt, kann **Herodot** genannt werden. Bei ihm gibt es zwar noch keine Aestii, keine Preußen und Litauer, er spricht von einem Volk der Neuroi – der Neurier. Ihre Wohnsitze lassen sich nur ungenau rekonstruieren, denn die Angaben Herodots sind auch widersprüchlich. So lesen wir von einem großen See, aus dem der Dnjestr – Tyris – entspringe. Im Quellgebiet des Dnjestr befindet sich aber weit und breit kein größerer See. Dieser Fluß, heißt es weiter bei Herodot, der Dnjestr dürfte es wohl sein, berühre sowohl das Land der Skythen als auch das der Neurier. Vertreten läßt sich die Annahme, daß das Land der Neurier etwa im heutigen Polen und in der westlichen Ukraine zu suchen wäre. Doch wer waren die Neurier? Waren es Slawen? Oder Balten?

Einen Ausweg bietet die Theorie, daß es sich um »Baltoslawen« handelte. Sieht man die Entwicklung der indoeuropäischen Sprachen wie einen Stammbaum – trotz aller Einwände halte ich diese Vorstellung zumindest für ein brauchbares Denkmodell –, dann scheint die Aufsplitterung der Satemsprachen – im Gegensatz zu den Kentumsprachen Griechisch, Romanisch, Germanisch u. a. – in zwei Stufen vor sich gegangen zu sein. Der erste Schritt wäre in der Trennung der indoiranischen Sprachen, und somit der betreffenden Völker, von den baltoslawischen Sprachen und Völkern zu sehen. Danach erst trennten sich Inder von Iranern einerseits und Slawen von Balten andererseits. Herodot lebte im fünften vorchristlichen Jahrhundert, zeitlich gesehen ließe sich die baltoslawische Theorie also vertreten. Zumal wenn man bedenkt, daß die germanische Lautverschiebung, die Trennung des Germanischen also von den übrigen Kentumsprachen, damals gerade erst abgeschlossen gewesen sein dürfte.

Interessant könnte diese Theorie bei der Beobachtung des folgenden Phänomens werden: ein Reisender, der zum ersten Mal nach Griechenland kommt, wird, sofern er des Litauischen oder Lettischen mächtig ist, mit Erstaunen im Griechischen, auch im heutigen Neugriechischen, einige Übereinstimmungen oder auffallende Ähnlichkeiten mit dem Baltischen bemerken, sowohl bei grammatikalischen Formen als auch im Wortschatz. Es ließe sich da spekulieren über eine sprachliche Brücke von den Griechen über die Thraker zu den Neuriern. Bei einem Vergleich Griechisch-Slawisch lassen sich zwar auch Ähnlichkeiten und Übereinstimmungen beobachten, sie liegen allerdings woanders. Stellt man dann lettisch *vīri* – »Männer« dem lateinischen *viri* für »Männer« gegenüber, dann erscheinen alle diese Ähnlichkeiten mehr wie allgemein indogermanische Übereinstimmungen. Dennoch, die griechisch-baltische Verbindung erscheint zumindest nachprüfenswert.

Zu den Esten allerdings führt keinerlei sprachliche Brücke. Der Reisende, der von Lettland kommend die Grenze nach Estland überschreitet, spürt sogleich, daß er den indoeuropäischen Sprachraum verlassen hat. Beim Anblick der Aufschriften an den Geschäften findet man keine vertraute Silbe mehr. Die Esten, etwa gleichzeitig mit den Finnen, waren zur Zeit Herodots wohl gerade dabei, ihre heutigen Wohnsitze einzunehmen, in einem Gebiet, das nach Herodot wild und menschenleer gewesen sein soll, das Land nördlich von den Neuriern nämlich.

Der griechische Geograph **Strabo** (etwa 63 v. Chr. – nach 26 n. Chr.) schreibt:

Was jenseits der Elbe liegt, zum Ozean hin, ist uns vollkommen unbekannt, denn wir haben keinen getroffen, der diese Küsten befahren hätte.

Damit beschreibt er eindeutig den damaligen Stand der geographischen Kenntnisse.

Und doch gab es eine Verbindung von der antiken Welt zum Baltikum, stetig, durch die Jahrhunderte hindurch: den Bernsteinhandel. Bernstein war ein in Griechenland und besonders in Rom geschätztes Material, es ließen sich damit hohe Preise erzielen. Der Handel lohnte sich für alle Beteiligten. Archäologische Funde halfen, die Bernsteinroute zu rekonstruieren. Ausgangspunkt war vor allem die preußische Küste, zwischen Danzig und Memel. Dort wurde das Material gewonnen. Erstverkäufer waren die dort wohnenden preußischen Stämme, Balten also. Der Handel nahm dann seinen Weg die Weichsel aufwärts, wandte sich anschließend direkt nach Süden, durch die Mährische Pforte, weiter rechts vorbei an der Stelle, wo heute Wien liegt. Die Alpen wurden auf dem Semmeringpaß überwunden. Endpunkt und letzter Umschlagplatz war die Stadt Aquilea am Adriatischen Meer. Präzise Nachrichten jedoch über die Bernsteinküste, über die baltischen Völker, die Lieferanten des Bernsteins scheinen nur spärlich über diese Handelsroute geflossen zu sein, sie sind uns jedenfalls nicht überliefert.

In späterer Zeit, im ersten nachchristlichen Jahrtausend, bietet sich dem Betrachter schon ein gefestigteres Bild. Zu Beginn dieses Zeitraumes sehen wir die Balten noch ein weites Gebiet bevölkern, das im Osten bis nach Tula reicht und nördlich von Moskau den Oberlauf der Wolga mit einschließt. Die Südgrenze dieses Siedlungsraumes dürfte nördlich der Pripetsümpfe verlaufen sein, dann aber, östlich von diesen, weiter nach Süden gereicht haben, bis zur ukrainischen Stadt Tschernigow etwa.

Allmählich verkleinert sich dieser Raum unter dem Druck slawischer Stämme von Süden her. In den ersten nachchristlichen Jahrhunderten scheint ein Durchbruch der Slawen in nördlicher Richtung erfolgt zu sein, als erstes wohl den Oberlauf des Dnjepr entlang, so daß die im Osten siedelnden Balten von den anderen abgeschnitten wurden.

Die Hypathiuschronik – eine Weiterführung der Nestorchronik – berichtet aus dem Jahre 1147 von einem Feldzug des Fürsten Swjatoslaw gegen das Volk der »Goljadj«, die, wie es in der Chronik heißt, »oberhalb der Protwa« wohnten. Die Protwa ist ein Nebenfluß der Oka, nördlich von Kaluga, im Südwesten von Moskau. Der russifizierte Völkername »Goljadj« läßt sich leicht in das baltische »Galindi« überführen. *Gals* heißt im Lettischen heute noch »Ende«, auch für »weiter entfernt gelegene Gegenden« gebraucht. Daran, daß es sich um einen baltischen Stamm handelte, bestehen heute kaum mehr Zweifel. Was aus den »Goljadj« geworden ist, wissen wir nicht. Wahrscheinlich ist, daß sie allmählich im russischen Volk aufgingen.

In der zweiten Hälfte des ersten Jahrtausends sind die Wohnsitze der Balten bereits festgelegt, etwa in den Grenzen von heute. Nur die Preußen sind derweil ausgerottet, vertrieben, germanisiert worden. Und ihre germanisierten Nachkommen wurden wiederum vertrieben, diesmal in westlicher Richtung, am Ende des Zweiten Weltkrieges, 1945.

Als die drei Länder, die wir heute Estland, Lettland und Litauen nennen, um die Wende vom 12. zum 13. Jahrhundert endgültig in das Licht der Geschichte traten, hatten weder die Esten noch die Letten noch die Litauer einen jeweils die ganze Nation umfassenden Staat gegründet.

Wie tatsächlich die gesellschaftlichen Verhältnisse und die staatliche Organisation bei diesen Völkern ausgesehen haben, läßt sich nur annähernd ermitteln, durch Vermutungen andeuten, durch Rückschlüsse rekonstruieren. Keines von den Völkern des baltischen Raumes, Preußen, Litauer, Letten, Liven, Esten, besaß eine Schrift, schriftliche Dokumente jedenfalls sind nicht überliefert.

Das »Chronicon Livoniae« des Heinrich von Lettland dürfte die genaueste und wohl auch sicherste Informationsquelle über die baltischen Verhältnisse vor und während der Eroberung durch deutsche Ordensritter und Missionare sein. Für die Zuverlässigkeit spricht die Tatsache, daß der Chronist praktisch sein ganzes Leben im Lande, das heißt in Lettland und Estland, verbracht hat. Heinrich stammt mit Sicherheit aus Norddeutschland. Für die Annahme, er sei ein getaufter Lette gewesen, der zur Ausbildung nach Deutschland gebracht worden war, spricht kaum etwas. Er hatte eine geistliche Ausbildung erhalten, vielleicht war diese sogar auf eine Tätigkeit bei der »Livenmission« ausgerichtet. Im Frühjahr 1205 geht er in Riga an Land, etwa achtzehnjährig. 1227 war die Chronik abgeschlossen. 1259 wird er zum letzten Mal in einer Urkunde erwähnt und ist wohl bald darauf gestorben. Die Landessprachen Lettisch und Livisch muß er beherrscht haben, wohl auch Estnisch. Er war Geistlicher und Krieger zugleich, spielte zeitweise eine gewisse Rolle in der Politik, war bei wichtigen Verhandlungen zumindest als Dolmetscher anwesend. Bei fast allen Ereignissen, die er schildert, ist er wohl aktiv dabei gewesen, sei es als Geistlicher, sei es als Krieger – als Glaubenskrieger, wie er sich wohl gerne gesehen hat, im Kampf gegen die »Heiden«. Sein eigentliches Amt war das eines Pfarrers. Er betreute eine Gemeinde von zum Christentum übergetretenen Letten. Diesen gehörte offensichtlich seine Sympathie, er zog mit ihnen auch in den Krieg, gegen die Litauer, meist aber gegen die Esten.

Eine andere wertvolle und reichhaltige, wenn auch durch spätere Überlagerungen nicht mehr »reine« Quelle für die Erschließung der gesellschaftlichen Verhältnisse in vorchristlicher Zeit, also vor 1200 etwa, bieten die mündlich überlieferten Lieder, Märchen und, zum geringeren Teil, Sagen. Vor allem bei den Letten, aber auch bei den Esten und Litauern. Die erste große Sammlung lettischer Volkslieder – Dainas – wurde in den Jahren 1894–1915 von Krišjānis Barons (1835–1923) in sechs Bänden herausgegeben. Sie umfaßt 36789 Lieder, die Varianten nicht mitgerechnet. Die erste umfassende Sammlung litauischer Dainos hat A. Juška in drei Bänden 1880–1882 herausgegeben. Versmaß und Reim dienen als Gedächtnisstütze. Altüberlieferte epische Volksdichtung finden wir im Lettischen fast nicht. Das gilt auch für das Litauische. Zwar finden sich dort erzählende Balladen, doch berichten sie, bis auf wenige Ausnahmen, nicht von historischen Begebenheiten, sondern von Ereignissen allgemeiner Art des menschlichen Lebens.

Die Auswahl des Ereignisses, die Perspektive, aus der die Dinge berichtet werden, und teilweise auch die Art zu berichten weisen auf einen wichtigen Umstand hin: Dichter und Überlieferer der meisten dieser Lieder sind Frauen. Das gilt in gleichem Maße für die lettischen Dainas und auch für das estnische Volkslied. Das, wovon das Lied erzählt, wird aus der Sicht einer weiblichen Person dargestellt, der Geliebten, der Schwester, der Mutter. Selbst wenn im Lied ein Mann von sich zu erzählen scheint, schimmert in vielen Fällen die weibliche Sicht zwischen den Versen hindurch. Literaturwissenschaftler haben entsprechende Statistiken angelegt. Das Ergebnis: 70–80 Prozent weibliche Verfasser.

Haupterwerbszweig bei allen Völkern des Baltikums war auch vor der Christianisierung der Ackerbau und die dazugehörige Viehzucht. Angebaut wurden Roggen und Weizen, Gerste und Hafer sowie Leinen. Letzteres weniger als Ölpflanze, sondern zur Fasergewinnung. Leinen war die am meisten verwendete Textilfaser bei den Balten. Statt der wilden Brandrodung – ein Stück Wald oder Busch wird abgebrannt, das freiwerdende und mit Asche gedüngte Feld für den Ackerbau genutzt, bis nach drei oder vier Jahren der Boden ausgelaugt ist, woraufhin man ein neues Stück Wald niederbrennt usf. – wirtschafteten die Balten schon relativ früh nach dem Zweifeldersystem, d. h. ein Feld wird jeweils bebaut, während das andere brachliegt, um sich zu regenerieren. Ackergeräte waren der hölzerne Hakenpflug, die Egge und die Sense. Im

Gegensatz zu den slawischen Völkern scheinen die Balten kaum mit der Sichel gearbeitet zu haben.

Ackerbau und Viehzucht wurden durch Jagd und Fischerei ergänzt. Fischerei wurde praktisch überall betrieben, im Meer, in den Flüssen und in den zahlreichen Seen.

Eine Spezialität aller drei Völker war die Bienenzucht. Aus Honig brauten die alten Litauer, Letten und Esten ihr wichtigstes alkoholisches Getränk, den Met: Ein Gemisch aus Honig und Wasser, etwa 1:2, wird vergoren. Beliebt als Getränk und Heilmittel ist bis heute der Birkensaft, zumeist frisch, d. h. unvergoren genossen. Und natürlich spielte seit alter Zeit das hausgebraute Bier als Festtagsgetränk eine wichtige Rolle.

Von den Handwerken wurde die Schmiedekunst besonders gepflegt, was uns heute erstaunlich anmutet, da sich in den baltischen Ländern keinerlei metallische Bodenschätze finden. Bronze wurde importiert, weil weder Zink noch Kupfer im Land vorkommen. Eisen jedoch hat man schon kurz nach der Zeitenwende aus Sumpferz gewonnen. Dieses Sumpferz – auch Rasenerz genannt – kommt gleich unter der Grasdecke in morastigem oder sumpfigem Gelände vor. Das aus ihm gewonnene Eisen ist allerdings von minderer Qualität, wegen des Phosphorgehalts dieser Erze.

Doch auch importierte Metalle wurden von den Schmiedekünstlern im Baltikum bearbeitet, außer Bronze auch Gold und vor allem Silber. Die großen runden Fibeln zum Beispiel, mit denen die Frauen ihre Umhänge zu schließen pflegten – auch heute noch gehört so eine Fibel zur Volkstracht –, boten dem Silberschmied Raum für seine schöpferische Phantasie. Erlesene Exemplare aus vorchristlicher Zeit sind erhalten.

Während Esten und Litauer in Dörfern siedelten, lebten die Letten vorwiegend auf Einzelhöfen. Mehrere solcher Höfe waren zu einem *pagasts* zusammengefaßt, als kleinste Verwaltungseinheit gewissermaßen. Die Bauern eines Pagasts versammelten sich in regelmäßigen Abständen und wählten aus ihrer Mitte einen zum »Ältesten«, wie es in den Quellen heißt. Wenn in lateinischen Urkunden aus dem frühen 13. Jahrhundert von *villae* die Rede ist, dann sind, soweit es lettisches Siedlungsgebiet betrifft, die Pagasti gemeint.

In Estland begegnet uns eine ähnliche Organisationseinheit auf unterster Ebene: die *Kiligunde*. In einer Kiligunde waren Gebiete sehr unterschiedlicher Größe zusammengefaßt, mit einer ebenso unterschiedlichen Anzahl von Dörfern. Die Organisation in Kiligunden haben die Esten von den Wikingern übernommen, also aus Schweden. Hauptzweck der Vereinigung von Dörfern in Kiligunden war neben der allgemeinen kommunalen Verwaltung und Gerichtsbarkeit die Verteidigung. Somit war jede Kiligunde auch und vor allem eine militärische Organisationseinheit. Jede Kiligunde hatte ihre Burg, die von den Mitgliedern, den Einwohnern der jeweiligen Kiligunde also, gebaut und unterhalten wurde.

Größere Einheiten bildeten sich im Estland der vorchristlichen Zeit nur jeweils vorübergehend, wenn akute Notwendigkeit dazu bestand, gemeinhin also im Verteidigungsfall. Dann traten die Kiligundenältesten einer Landschaft zusammen. In ganz Estland gab es etwa zehn solcher Landschaften. Wenn es sich ergab und notwendig schien, trat einer der Kiligundenältesten an die Spitze der Landschaft. Erstaunlicherweise hat diese lockere, wir würden heute sagen demokratische Organisationsweise der Esten eher dazu geführt, daß sich im Falle der akuten Bedrohung eine die ganze Nation umfassende Solidargemeinschaft entwickelte, als bei den innerhalb ihrer Stämme strafferorganisierten Letten.

Der Osten Lettlands, das Land nördlich der Düna, bis etwa zur heutigen lettisch-russischen Grenze, im Westen bis zu einer Linie, die ungefähr von der Stadt Valka aus südlich verläuft, bis sie bei Aizkraukle auf die Düna trifft, war von den **Lettgallern** bewohnt, die dem ganzen Volk, zumindest im Deutschen, den Namen gaben: Letten. Das Gebiet ist größer als die heutige Provinz Latgale. Zwei bedeutende Fürstentümer bildeten sich gegen Ende des 12. Jahrhunderts in Lettgallen heraus. Das eine ist Tholowa oder Talava, das – zumindest längere Zeit hindurch, Heinrich von Lettland schreibt »semper« – den russischen Fürsten von Pskow tributpflichtig war. Das andere, Jerzika oder Gerzika, war nach Ansicht einiger Historiker ein von Polock abhängiges russisches Fürstentum, nach der Meinung anderer ein lettisches. Der Name des um 1200 regierenden Fürsten wird bei Heinrich von Lettland als »Wissewalde« angegeben, was die einen in den russischen Namen Wsewolod verwandeln, die anderen aber lettisch als Visvaldis lesen.

Wie dem auch sei, offensichtlich ist, daß die Letten, im Gegensatz zu den Esten, sich zu größeren Stammeseinheiten, Fürstentümern zusammengeschlossen hatten. Das aber war ihnen in der Stunde der Not, bei der Verteidigung gegen die Deutschen, hinderlich. Denn jeder Stamm, jedes der Fürstentümer war so auf sich selbst gestellt, ein Gefühl für die Gemeinsamkeit der Nation konnte nicht aufkommen, die deutsche Politik des divide et impera hatte hier leichtes Spiel.

Südlich der Düna, das gesamte Flußgebiet der Lielupe – der Kurländischen Aa, wie die Deutschen sagen – eingeschlossen, erstreckte sich das Land der **Semgaller**. Es ging insofern über das Gebiet der heutigen Provinz Zemgale hinaus, als es ziemlich weit nach Litauen hineinragte, bis zur heutigen Stadt Šiauliai etwa. Erst nach einem über achtzig Jahre dauernden Kampf gelang es den Deutschen, die Semgaller zu unterwerfen.

Den Westen des heutigen Lettland und den Küstenstreifen nach Süden, bis einschließlich der nach ihnen benannten Kurischen Nehrung, bewohnten die **Kuren**. Sie waren bekannt als Seeräuber, wie übrigens die auf den Inseln wohnenden Esten auch.

Alle drei Stämme – Lettgaller, Semgaller und Kuren – sprachen lettisch, jeder in seinem Dialekt, wie auch heute noch. Das Kurische jener Zeit als eine eigene baltische Sprache anzusehen, scheint mir wenig sinnvoll. Die heutige lettische Schriftsprache geht hauptsächlich auf den semgallischen Dialekt zurück.

Es bleibt der Streifen westlich vom Gebiet der Lettgaller, am Rigaschen Meerbusen entlang. Dieser war von dem finno-ugrischen Volk der **Liven** bewohnt. Desgleichen die äußerste Spitze der Kurländischen Halbinsel. Dort leben heute noch einige Personen, die das Livische sprechen. Im übrigen gilt diese Sprache als ausgestorben. Die Nachkommen der alten Liven – von ihnen leitet sich der deutsche Landesname »Livland« her – sind in den Letten aufgegangen, sprechen lettisch.

In zwei große Stämme teilte sich damals das Volk der Litauer: die **Hochlitauer** – die *Aukštaičiai* – und die Niederlitauer, die Samogitier resp. **Schemaiten** – *Žemaičiai*. Es heißt, daß beide Stämme sich im 13. Jahrhundert, was die Sprache betrifft, nicht unterschieden haben. Die Aufspaltung in die beiden heutigen Dialekte fand also erst später statt.

Die Litauer verfügten über eine höchst mobile Kavallerie, was ihnen erlaubte, gegen die für die damalige Zeit modern ausgerüsteten Ordensritter militärisch zu bestehen. Denn diese trugen schwere Panzer und waren dadurch in ihrer Beweglichkeit eingeschränkt. Ursprünglich nutzten die Litauer ihre Mobilität für ausgedehnte Raubzüge nach Lettland, Rußland und auch bis hin nach Estland. »Und die Litauer«, schreibt Heinrich von Lettland,

waren so völlig die Herren über die Völker in diesen Ländern, über die Christen wie die Heiden, daß kaum welche von ihnen es wagten, in ihren kleinen Dörfern zu wohnen, vor allem die Letten. Sie verließen ihre verödeten Höfe und suchten immer wieder die dunklen Verstecke der Wälder auf... Und es flohen die Russen durch die Wälder und Dörfer vor dem Angesicht der Litauer, wenn es selbst wenige waren, wie die Hasen vor dem Angesicht der Jäger... (Heinrich von Lettland, 1959, S. 101 und 103).

Burgen bauten sich die Letten und die Litauer ebenso wie die Esten fast immer aus Holz, denn Steine gab es im weiten Flachland nur wenige. Über das ganze Land verstreut erkennt man noch heute die Burgberge. Archäologische Grabungen haben umfangreiche Reste dieser Bauten freigelegt. Dadurch wurde es möglich, die Anlage solcher Burgen zu rekonstruieren. Umzäunung, Gebäude und Türme bestanden aus waagerecht verfugten Baumstämmen. Die Dächer waren mit Schindeln oder Baumrinde gedeckt, aber darüber hatte man eine Schicht aus Lehm gelegt, um gegen Brandpfeile sicher zu sein.

Das Baltikum lebte auch vor dem Eindringen der deutschen Kaufleute und Kreuzritter nicht isoliert. Verbindung bestand schon in früher Zeit – im ersten nachchristlichen Jahrhundert lassen sie sich konkret nachweisen – mit anderen Teilen der Welt. Zum Beispiel mit Rom. Zwar war diese Verbindung, soweit man das von heute aus beurteilen kann, nur indirekt, aber nicht nur Nachrichten fanden ihren Weg in der einen oder in der anderen Richtung. Römische Münzen zum Beispiel tauchten damals dort auf.

Die baltischen Länder, an der Nahtstelle zwischen West- und Osteuropa gelegen, waren Durchgangsgebiet. Das ganze erste nachchristliche Jahrtausend hindurch passierten Händler das Land. Von Deutschland, England, Skandinavien zogen sie durch das Baltikum weiter nach Rußland, zu den Tataren, in die arabische Welt. Natürlich handelten sie auch mit den Einheimischen. Nicht ohne Grund finden wir bei arabischen und jüdischen Autoren Berichte über diese Länder an der Ostsee. Archäologen entdeckten in Estland und Lettland Gewichte nach arabischem System, Silberbarren und in großen Mengen Münzen von Samarkand, aber auch solche aus Damaskus, aus Bagdad. Desgleichen fand man byzantinische Münzen aus der Zeit des Kaisers Basilios II. (976–1025). Auch orientalischer Goldschmuck war den Balten jener Zeit nicht fremd. Aber auch in die andere Richtung weisen die Münzfunde: angelsächsische, deutsche und schwedische Geldstücke aus dem frühen Mittelalter tauchen dort auf.

Die baltischen Völker trieben auch selber Handel, besonders mit Westeuropa. Exportiert wurde Honig, Wachs, Talg, Felle. Dafür importierte man Salz, Buntmetalle und Waffen. Allerdings sind fremde Münzen, exotischer Schmuck und fremde Waffen nicht nur auf dem Wege des Handels ins Land gekommen. Vieles haben vorübergehende Eroberer, in erster Linie Wikinger, dagelassen, manches haben einheimische Seeräuber von ihren Raubzügen nach Hause gebracht.

Die Seeräuberei wurde insbesondere von den Esten und Kuren betrieben. Heinrich von Lettland erzählt von einem Zusammenstoß zwischen Kreuzfahrern und estnischen Seeräubern. Die Pilger griffen, so Heinrich, eine estnische Seeräuberflotte an und konnten das eine oder andere Schiff von ihnen erobern. *Die Deutschen also griffen die Esten ungestüm an, erstiegen zwei der Raubschiffe, in denen sie sechzig Mann töteten, und führten die mit Glocken, Priestergewändern und gefangenen Christen beladenen Schiffe zur Stadt Visby.* Die

Bürger der Stadt Visby allerdings beurteilten die Verhältnisse realistisch:

... die Pilger, die sie (die Esten) *segeln sahen, tadelten die Bürger und Kaufleute, daß sie den Feinden des Christennamens gestatteten, unangefochten an ihrem Hafen vorbeizufahren. Während diese den Vorwurf überhörten und es vorzogen, in Frieden und Sicherheit mit ihnen auszukommen ...* (Heinrich von Lettland, 1959, S. 27)

Auch die Kuren waren wohlbekannt als ungebetene Gäste. Der Text eines dänischen Gebets ist überliefert: *För Kurerna bevare oss, milde Herre Gud* – »Vor den Kuren bewahre uns, gütiger Herr Gott.«

Von zwei Seiten her sind die baltischen Völker durch eroberungslüsterne Nachbarn gefährdet, bis heute: von Westen durch germanische Völker, von Osten her durch Slawen, vor allem Russen. Die Germanen erschienen, vergröbert dargestellt, in drei Wellen.

Die erste Welle brachte die **Goten**, die auf dem Zug von ihrer skandinavischen Halbinsel über die Ostsee zur Weichselmündung und weiter südostwärts zur südrussischen Ebene waren. Sie berührten das Siedlungsgebiet der Balten nur im äußersten Südwesten, es waren also Preußen, mit denen sie zusammenkamen. Reibereien dürfte es kaum gegeben haben. Dennoch, so lose der Kontakt war, hinterließ er doch einige nicht zu übersehende Spuren bei den Balten. Ein Grund dafür dürfte gewesen sein, daß dieser an sich lose Kontakt lange andauerte, nämlich mindestens die ersten zwei nachchristlichen Jahrhunderte. Neben archäologischen Funden sind es vor allem sprachliche Entlehnungen, die die Nachbarschaft von Balten und Goten bezeugen. So dürfte das lettische und ebenfalls litauische Wort *alus* für »Bier« aus dem Gotischen entlehnt sein. Ob die Kunst des Brauens – Bier war neben Met das beliebteste Getränk der alten Balten – ebenfalls mit den Goten gekommen ist, muß vorerst ungeklärt bleiben.

Die zweite Welle der Germanen ist schon folgenreicher: die Wikinger, Normannen, Schweden. Sie kamen als Eroberer, als

Räuber. Wütende Kriege führten sie mit den Völkern des Baltikums. Kurland war ihnen als Folge eines solchen Krieges lange tributpflichtig. Desgleichen große Teile von Estland. Dennoch, das Baltikum blieb für die **Wikinger** in der Hauptsache Durchgangsland. Sie waren an einem Zugang zu den von Mittelrußland ausgehenden Wasserwegen zum Kaspischen Meer, über die Wolga, und zum Schwarzen Meer, über den Dnjepr, interessiert. Der eine Weg führt nach Persien, in den Orient, der andere direkt nach Byzanz. Bei der Warägergarde am byzantinischen Hof handelte es sich um Abkömmlinge von Wikingern, die auf diesem Wege, durch das Baltikum, dorthin gelangt waren. Die Zeit der Wikingerzüge kann man zwischen dem 7. und 11. Jahrhundert ansetzen.

Die dritte Welle der Germanen brachte **Dänen** und vor allem **Deutsche**. Diese sollten die baltische Geschichte für die nächsten siebenhundert Jahre nicht unwesentlich bestimmen. Die Welle der Deutschen begann mit der »Aufsegelung Livlands«, um die Mitte des 12. Jahrhunderts.

Der Druck von Osten her auf die Balten, von seiten der **Slawen**, beginnt schon recht früh, vielleicht in der Mitte des ersten Jahrtausends. Dieser Druck ist zunächst schwach, wenig spürbar, Reibereien im Grenzraum. In der Folge aber wurde er immer stärker, immer unbarmherziger. Ob er mit dem Ende des Sowjetreichs und der neuen Unabhängigkeit beendet ist, wird sich erweisen.

Als erstes wurden vom Fürstentum Pskow aus Eroberungszüge nach Westen unternommen und die dort wohnenden Letten in Tributabhängigkeit gebracht, das Fürstentum Tholowa also. Das Fürstentum Polozk breitete sich die Düna entlang stromabwärts aus. Kokenhusen, auf russisch hieß es »Kukejnos«, war ein Vorposten von Polozk.

Weiter nördlich, von Nowgorod aus, wurde Estland bedroht. Als erste Jahreszahl können wir hier das Jahr 1030 nennen, als ein Nowgoroder Heer die estnische Burg Dorpat – Terbatu mag sie bei den Esten damals geheißen haben – erstürmte. Die Russen zerstörten die Burg und erbauten an der gleichen Stelle, das ist auf dem heutigen Domberg, ihrerseits eine Festung und nannten sie »Jurjew«. Erst ein Jahrhundert später gelang es den Esten, diese Festung und das Gebiet um sie herum, also im wesentlichen das Westufer des Peipussees, wiederzuerobern.

Eine schwere Niederlage erlitten die Russen im Jahre 1106 durch die Semgaller. 5000 Tote sollen auf russischer Seite gezählt worden sein, eine unvorstellbar große Zahl für damalige Verhältnisse. Die Russen vermieden es auch in der folgenden Zeit, sich mit den Semgallern anzulegen. Ihr Vordringen nach Westen war in diesem Teil des Baltikums für einige Jahrhunderte aufgehalten worden.

Für Litauen sehen die Verhältnisse anders aus. Die Richtung des Drucks erfolgt hier genau umgekehrt: nach und nach geraten immer mehr slawische Gebiete unter litauische Oberhoheit.

Die Ritterzeit

Bischöfe und Ordensritter

Im dritten Jahr seiner Weihe kehrte der Bischof mit den Pilgern, die er gewinnen konnte, nach Livland zurück – die Geiseln hatte er in Deutschland zurückgelassen – und in demselben Sommer wurde auf einer geräumigen Fläche, neben der ein Hafen für die Schiffe sein konnte, die Stadt Riga erbaut. (Heinrich von Lettland, 1959, S. 21)

Das war im Jahre 1201. Die Gründung von Riga, d. h. die Anlage eines gut befestigten Stützpunktes in strategisch günstiger Position, war die Voraussetzung für die nun beginnende konsequente Eroberung des Siedlungsgebietes der Esten, Letten und Liven, und damit die Unterwerfung dieser Völker unter deutsche Herrschaft.

Die Kaufleute, die als erste Deutsche in das Land der Liven und Letten gekommen waren, hatten ihre Basis in Visby auf Gotland. Im Frühjahr pflegten sie mit ihren Schiffen die Düna aufwärts zu segeln, bis nach Rußland, um dann noch vor Beginn des Winters mit den in Rußland eingekauften Waren wieder nach Gotland zurückzukehren. Ebenso verfuhren die Kaufleute, die ihre Route über Estland nahmen, die Küste entlang segelten und dann über den Narva-Fluß nach Nowgorod fuhren, um dort ihren Handelsgeschäften nachzugehen.

Am Unterlauf der Düna siedelten im 12. Jahrhundert Liven. Die Wohnsitze lettischer Stämme lagen weiter dünaaufwärts und südlich des Flusses. Sowohl zu den an der Düna wohnenden Liven als auch mit den Letten hatten die Kaufleute ein gutes Verhältnis aufgebaut. Ebenso hatten sich die Kaufleute der Narva-Route mit den Esten arrangiert.

Im Kielwasser der Kaufleute aber fuhren später auch die ersten deutschen Missionare in das Land der Liven und Letten.

Zwar sind vorher schon vom Fürstentum Polozk aus, also von Rußland, Versuche zur Bekehrung dieser Völker unternommen worden, von dieser Seite her natürlich zur orthodoxen, griechischen Variante des Christentums. Sie hatten aber keinen bleibenden Erfolg. Lediglich in der lettischen Sprache finden sich einige Entlehnungen aus jener Zeit: *svēts* – heilig, von russisch *svjatyj*, *krusts* – Kreuz, von russisch *krest*, oder *baznīca* – Kirche, von russisch *boschniza*.

1186 war ein Mann namens Meinhard in der Dünamündung erschienen. »Es war ein Mann von verehrungswürdigem Lebenswandel«, schreibt Heinrich von Lettland über ihn, »und in ehrwürdigem grauen Haar, ein Priester aus dem Orden des seligen Augustinus im Kloster Segeberg. Der kam schlicht um Christi willen und nur um zu predigen mit einer Gesellschaft von Kaufleuten nach Livland« (Heinrich von Lettland, 1959, S. 5). Heinrich von Lettland kam erst im Frühjahr 1205 nach Livland, d. h. in das inzwischen gegründete Riga. Er hat den Bischof Meinhard nicht mehr persönlich kennengelernt.

Meinhard hatte etwa 60 km dünaaufwärts bei dem Livendorf Üksküll (heute Ikšķile) eine Missionsstation eingerichtet. Er scheint das Christentum in einer mehr ansprechenden Art gepredigt zu haben, als es zu seiner Zeit üblich war. Jedenfalls haben sich eine Reihe von Liven taufen lassen. Sie nahmen den christlichen Glauben an, ohne daß gegen sie Gewalt angewendet worden wäre oder sie sich in einer politischen Zwangslage befunden hätten.

In welchen Formen zu jener Zeit das Christentum aufzutreten pflegte, beschreibt am prägnantesten vielleicht Otto von Rutenberg in seiner »Geschichte der Ostseeprovinzen«:

Das Christentum war damals überhaupt nur ein Amalgam von krassem Aberglauben und von theologischen Spitzfindigkeiten, die niemand verstand und verstehen konnte. Es wurde von den Päpsten und von allen denselben untergebenen Scharen der Priester, Ordensritter und Mönche rein nur als Mittel zur Erlangung und Erweiterung weltlicher Macht benutzt, und es konnte nur seltenen, ganz begabten Naturen gelingen, in das Wesen desselben sich so zu vertiefen, daß sie die Perle der Wahrheit unter dem Wust, den dunkle und barbarische Jahrhunderte aufgehäuft, herausfinden konnten. (Rutenberg, 1859, S. 145)

Dem Papst schien die Zahl der von Meinhard und seinen Helfern getauften Heiden immerhin groß genug, um die Angelegenheit weiter zu fördern. Zunächst wurde Meinhard zum Bischof von Livland ernannt, wobei offen blieb, was man unter »Livland« zu verstehen hatte. Das war im Jahre 1188.

Vorher schon hatte Meinhard deutsche Maurer und Steinhauer von Gotland kommen lassen. Diese bauten ihm außer einer Kirche auch eine steinerne Burg. Die Üksküller Liven waren bereit, diesen Bau zu finanzieren und Hilfsarbeiten zu leisten, denn erst kurz zuvor hatte ein Trupp Litauer sie überfallen und ausgeraubt. So wurde Meinhards Vorschlag, eine Burg anzulegen, positiv aufgenommen.

Durch seine Ernennung zum Bischof unterstand Meinhard mit seinen Liven dem Erzbistum Bremen und hatte die Weisungen des Erzbischofs zu befolgen. Meinhard versuchte, dies den Liven zu erklären. Als er aber auch von der Notwendigkeit sprach, den »Zehnten« zu erheben, d. h. Steuern für das Erzbistum Bremen einzutreiben, wurde das Verhältnis zwischen dem Bischof und den Liven gespannt. Meinhard plante, im Herbst auf einem Schiff der Kaufleute nach Deutschland zu fahren, um Hilfskräfte zu holen. Die Liven wußten dies zu verhindern. Es gab unter ihnen sogar Stimmen, die verlangten, den Bischof zu beseitigen. Doch schließlich ließen sie den alten Mann auf seiner Burg. 1196 starb Meinhard eines friedlichen Todes, zumindest persönlich von den Liven anerkannt und geachtet.

Der Nachfolger Meinhards, Berthold, ein Zisterziensermönch, zuletzt Abt von Loccum, hatte eine weniger glückliche Hand. Gleich bei seiner ersten Reise an die Düna stellte er fest, daß die Liven ihm nicht wohlgesonnen waren. Er fuhr nach Deutschland zurück, erwirkte vom Papst eine Bulle, die jedem großes Seelenheil versprach, der als Pilger nach Livland gehen würde, um dort gegen die Heiden zu kämpfen. Mit einem auf diese Weise angeworbenen Heer begab sich Berthold 1198 wieder in sein »Bistum«. Durch Boten ließ er bei den Liven anfragen, ob sie willens seien, das Christentum wieder anzunehmen. Die Liven verneinten. Es kam zum Kampf, in dessen Verlauf der Bischof Berthold von den erbosten Liven in Stücke gerissen wurde (Heinrich von Lettland, 1959, S. 15).

Die deutschen Pilger unternahmen einen Rachefeldzug, sie plünderten die livischen Dörfer an der unteren Düna, verluden die Beute auf ihre Schiffe und segelten davon. Zurück blieben eine Reihe von Priestern, die die getauften Liven betreuen sollten. Die Liven aber organisierten eine Art Landtag und beschlossen folgendes: Alle deutschen Geistlichen haben das Land bis zu einem bestimmten Datum zu verlassen. Wer bis dahin nicht abgereist sei, der werde getötet werden. In gleicher Weise sollte zunächst auch mit den deutschen Kaufleuten verfahren werden, doch konnten diese durch finanzielle Zuwendungen mit den Liven zu einer anderen Regelung gelangen.

Nach dem Landtag nahmen alle getauften Liven ein gemeinsames Bad in der Düna und wuschen auf diese Weise die Taufe wieder ab – mit dem »reinen Wasser« ihres großen Flusses. Die deutschen Geistlichen aber begaben sich in höchster Eile auf die Reise.

Zum dritten Bischof in Livland ernannte der Erzbischof den Bremer Dompropst Albert von Buxhövden. Es war ein Mann in den besten Jahren, voller Energie, ein guter Taktierer, mit nicht allzu vielen ethischen oder moralischen Bedenken.

Der neue Bischof veranlaßte als erstes, daß der Papst eine Bulle erließ, die jedem, der zum Kampf gegen die Heiden nach Livland zog, das gleiche Seelenheil in Aussicht stellte wie denen, die sich an einem Kreuzzug nach Jerusalem beteiligten, das bedeutete vollkommenen Sündenerlaß. Bischof Albert erhielt vom Papst die Anweisung, die neu Getauften in Livland nicht im Stich zu lassen, solche, die abgefallen waren, von neuem zu taufen und die Lehre Christi weiter unter den Heiden zu verbreiten, notfalls mit Waffengewalt. Dem Bischof gelang es, bald eine ansehnliche, kleine Armee zusammenzubringen. Fördernd bei der Anwerbung wirkte sich auch aus, daß Albert den Kreuzfahrern nach Livland reichliche Beute in Aussicht stellte.

Im Jahr zuvor, 1200, war Albert in Begleitung einiger bewaffneter Pilger an der Düna gewesen. Er hatte die bedeutendsten livischen Fürsten zu einem Festmahl auf die Burg Üksküll geladen. Während des Mahls ließ er den Festsaal umstellen und erpreßte von den gefangenen Livenfürsten Geiseln, dreißig Knaben, die er anschließend mit nach Deutschland nahm.

Im Frühjahr 1201 erschien Albert wieder in der Düna, mit 23 Schiffen. Dort, wo der Rigebach – ein kleines Flüßchen – in die Düna einmündete, etwa auf halbem Wege nach Üksküll, bestimmte er eine Stelle und ließ dort Riga erbauen. Riga war nach Lübeck die zweite deutsche Stadt, die an der Ostsee gegründet wurde.

Zwei Schachzüge von Bischof Albert im Jahre 1202 brachten ihm den für sein Vorhaben, die Eroberung des gesamten von Letten, Liven und Esten bewohnten Gebietes, dringend notwendigen Machtzuwachs. Die Folgen dieser beiden Entscheidungen allerdings sollten die Menschen über Jahrhunderte nicht zur Ruhe kommen lassen.

Das erste war, daß Albert sein Bistum, also das ganze noch zu erobernde »Livland«, wie es damals genannt wurde, der Jungfrau Maria weihte. Dies wurde vom Papst abgesegnet. Damit war Livland kirchenpolitisch auf den gleichen Rang wie Palästina, das Heilige Land, gehoben und damit dem Papst direkt unterstellt, was durchaus reale Folgen hatte.

Der zweite Schritt war die Gründung eines Ritterordens. Dies erwies sich als notwendig, weil die bewaffneten Pilger nach einem Jahr wieder in ihre Heimat zurückzukehren pflegten. Der Bischof verfügte also nicht über eine verläßliche präsente Streitmacht. Der Papst erließ eine Bulle und stiftete 1202 den Schwertritterorden.

Mit Hilfe der Ordensritter konnten die Liven bekehrt, genauer: unterworfen werden. Alberts Politik war es, zunächst die Liven, das zahlenmäßig schwächste Volk, zu unterwerfen, um sich dann nach und nach ein Volk nach dem anderen botmäßig zu machen. Dabei machten Albert und seine Nachfolger sich die Rivalität der einzelnen Völker untereinander zunutze. Das Volk der Liven sollte sich von diesen Kämpfen nicht mehr erholen, zu viele waren umgebracht worden oder an den Folgen von Krieg, Hunger und Seuchen gestorben.

Mit der endgültigen Eroberung des Livenlandes begann eine politische Konstellation, die die gesamte Entwicklung des geistlichen Staates Livland bis zu seinem Ende bestimmen sollte. Der neue Ritterorden forderte nämlich vom Bischof für seine militärischen Aktivitäten ein Drittel der Beute, ein Drittel des eroberten Landes. Zwei Drittel dem Bischof, ein Drittel dem Orden – das blieb die Teilungsformel. Sie wurde in der »Teilungsurkunde über Liv- und Lettland« vom 20. Oktober 1210 festgelegt.

»Lettland«, so hieß damals das Land der »Lettgaller«, auch »Letten« genannt. Dieses Gebiet deckt sich nicht mit dem heutigen Lettgallen, es lag weiter nördlich. In den darauf folgenden Jahren bürgerte sich der Begriff »Livland« für das ganze Territorium ein, das heute die Länder Lettland und Estland umfaßt. Den größten Teil von Lettgallen machte damals das Fürstentum Tholowa oder Talava aus. Die Lettgaller waren schon vor Ankunft der Deutschen in Tributpflichtigkeit gegenüber dem russischen Fürstentum Pskow (Pleskau) geraten.

Der Herrscher von Tholowa, Talivaldis, und seine Söhne sahen sich vor die Entscheidung gestellt, eine der beiden ihnen benachbarten Formen des Christentums anzunehmen. Sie erkannten, daß sie, wenn überhaupt, politisch nur überleben konnten, wenn sie sich einer der christlichen Kirchen anschlossen. Sie hatten zwar die orthodoxe Taufe schon erhalten, es schien ihnen aber klüger, sich dem Westen anzuschließen. So nahmen sie Verhandlungen mit dem Bischof in Riga auf und wurden daraufhin der römisch-katholischen Kirche unterstellt.

Nun wollten die deutschen Eroberer ihren Machtbereich weiter nach Norden ausdehnen, in das Gebiet der Esten. Für ihre Unternehmungen in Estland fanden sie zunächst Unterstützung bei den mehr oder minder freiwillig zum Christentum übergetretenen Lettgallern, die mit den Esten noch eine Rechnung zu begleichen hatten, wegen jahrzehntelanger estnischer Einfälle und Raubzüge in ihr Gebiet. Wie viele Raubzüge in umgekehrter Richtung abgelaufen sind, bleibe dahingestellt.

Einen Eindruck davon, wie es seinerzeit bei den Kriegen im Baltikum, die im Grunde nichts anderes waren als eine Reihe von Raubzügen – auch die Ordensritter unternahmen im wesentlichen nur Raubzüge – zuging, vermittelt Heinrich von Lettland, der selber dabei war:

...töteten vom Morgen bis zum Abend, wen sie fanden, sowohl ihre Weiber als auch die Kinder und dreihundert der vornehmsten Männer [...] bis Hände und Arme der Tötenden müde vom ungeheuren Morden des Volkes endlich erlahmten. Als alle Dörfer vom vielen Blut der Heiden gefärbt waren, traten sie am folgenden Tag den Rückzug an, brachten aus allen Dörfern viele Beute zusammen und führten mit sich fort Zugtiere und eine Menge Vieh, auch sehr viele Mädchen, die allein die Heere in diesen Ländern zu verschonen pflegen. (Heinrich von Lettland, 1959, S. 95)

Bevor die endgültige Eroberung Estlands begann, gab es einen Moment der Gefahr für die Deutschen, noch ein letztes Mal schien das ganze Unternehmen der Eroberung gefährdet, schien es für die baltischen Völker eine Chance zu geben.

Im Frühjahr 1210 war es den Kuren – Bewohner der heutigen Provinz Kurland, ein lettischer Stamm – gelungen, in der Durchfahrt zwischen dem Kolkasrags (Kap Domesnäs) und der Südspitze der Insel Saaremaa (Ösel) einen Verband deutscher Schiffe aufzuhalten. Sie erschlugen eine Reihe von Rittern und machten gute Beute, mußten aber schließlich die deutschen Schiffe weitersegeln lassen, denn ihre eigenen Fahrzeuge waren zu leicht für eine längere Seeschlacht. Heinrich von Lettland berichtet, daß sich an Bord einer der Koggen Bischof Albert befunden habe, auf der Rückreise von Deutschland. Er blieb jedenfalls unbehelligt.

Die Kuren nahmen diesen halben Seesieg als Anlaß für ein groß angelegtes Unternehmen gegen die Deutschen. Sie verabredeten sich mit den Litauern und den Russen von Polozk (am Oberlauf der Düna). Geplant war, daß die Russen von Osten her, die Litauer von Süden aus einen Angriff auf das Ordensgebiet beginnen sollten, während das Heer der Kuren den entscheidenden Schlag gegen die Stadt Riga führte.

Die Durchführung des Plans gelang nicht, und sei es nur, weil die zeitliche Koordination zwischen den Verbündeten nicht funktionierte. Die Kuren griffen Riga überraschend an und schienen zunächst Erfolg zu haben.

... ein jeder trug vor sich ein hölzernes, aus zwei Brettern zusammengefügtes Schild und eine Keule in Gestalt eines Hirtenstabes als Stütze des Schildes. Und da die Sonne auf die weißen Schilde schien, leuchtete von ihnen das Wasser und die Fläche wieder. (Heinrich von Lettland, 1959, S. 113)

Doch die Rigaer bekamen Entsatz. Ritter aus den dünaaufwärts gelegenen Burgen Holme und Üksküll erschienen vor der Stadt. Außerdem kam der Livenfürst Kaupo – ein überzeugter Christ – mit seinen Leuten den Städtern zu Hilfe. Eine andere Abteilung von Liven schlug sich zwar auf die Seite der heidnischen Kuren, war aber zu schwach, um einen erneuten Angriff auf Riga zu ermöglichen. Die heidnischen Liven und die Kuren zogen sich nach drei Tagen zurück. Die Reserven der Eroberer in Deutschland waren praktisch unerschöpflich. Livland galt offiziell als Kreuzzugsgebiet. Es war also jederzeit möglich, neue Kreuzfahrer zu mobilisieren.

Die Kreuzfahrer

Wer waren diese Kreuzfahrer? Wer machte sich von Deutschland aus auf den Weg nach Livland, um gegen die Heiden zu kämpfen? Die weitaus meisten dürften Abenteurer gewesen sein, die vielleicht mit dem Leben in der Heimat nicht fertig wurden, womöglich das eine oder andere zu befürchten hatten. Es häuften sich jedenfalls die Klagen der neuen Untertanen des Ordens – der Liven und Letten – beim Bischof, sie würden von den Rittern hart und ungerecht behandelt, gedemütigt, beraubt und mißhandelt. Der Bischof nahm die Klagen entgegen und sah wohl auch ihre Berechtigung. Doch hatte er keine Macht, den Ordensrittern Einhalt zu gebieten, denn sie waren es ja, die seine Macht verkörperten. Unter diesen Umständen ist es nicht verwunderlich, daß Liven und Letten selber Gegenmaßnahmen ergriffen und Aufstände organisierten. Das Verhalten der Ordensritter mag auch ein Grund für den erbitterten Widerstand der Esten gewesen sein, die sich schließlich mit der anderen christlichen Macht im Osten gegen den Orden verbündeten, mit den Russen.

1217 verhandelten die Esten wieder einmal mit den Russen von Pskow (Pleskau) und Nowgorod. Beide Fürstentümer sagten den Esten Hilfe zu. Lembit, der bedeutendste Führer der Esten – »senior« nennt ihn Heinrich von Lettland – konnte ein gesamtestnisches Aufgebot zusammenbringen, mit Kriegern aus fast allen Landesteilen des estnischen Festlandes. Den Deutschen glückte es jedoch, die estnische Streitmacht vor dem Eintreffen der Russen zu stellen. In der Schlacht vom 21. September 1217 unterlagen die Esten dem Heer aus Deutschen Ordensrittern, den Liven unter Kaupo und einer Abteilung Letten. Es war nach zehnjährigem Krieg die entscheidende Schlacht, die die Unterwerfung der Esten einleitete. Kaupo und Lembit fielen in dieser Schlacht.

Dennoch fürchtete Bischof Albert, die gewonnene Position nicht halten zu können. Es hatte Unstimmigkeiten mit Lübeck gegeben, so daß keine neuen Kreuzfahrer von dort absegeln konnten. Außerdem drohte von Osten her immer noch das von Lembit angeforderte russische Heer. Bischof Albert wandte sich an den König von Dänemark, Waldemar II. Dieser erschien 1219 mit einer Flotte im Finnischen Meerbusen und ging an der Nordküste Estlands an Land. Auf dem heutigen Domberg von Tallinn befand sich schon damals eine estnische Burg. Die Dänen eroberten die Burg und bauten auf dem Felsen nun ihrerseits eine Burg, die sie *Reval* nannten – möglicherweise auf einen alten estnischen Namen zurückgehend. Diese dänische Burg gab später der von Deutschen um diese Burg erbauten Stadt den Namen Tallinn, von *Tani-linna* – »Dänenburg«.

Bei diesen Kämpfen der Dänen mit den Esten soll, so berichtet später eine Sage, vom Himmel eine rote Fahne mit weißem Kreuz gefallen sein: der *Danebrog*, die heutige Flagge Dänemarks. Anschließend nahmen die Dänen den Norden Estlands, das sind die Provinzen Harrien (Harjumaa), Wierland (Virumaa) und Jerwen (Järvemaa) in Besitz.

Von den frei gebliebenen Inseln, insbesondere von Saaremaa (Ösel) aus organisierten die Esten 1222 einen groß angelegten Aufstand. Die gute Planung und eine zuverlässige Geheimhaltung bescherten ihnen zunächst Erfolge. Deutsche und Dänen waren unvorbereitet und konnten zurückgedrängt werden. Die Dänen hielten sich nur noch in der Burg Reval. 1223 war praktisch ganz Estland frei. Der Orden und Bischof Albert – es war inzwischen zu immer größeren Differenzen zwischen ihnen gekommen – einigten sich nun und konnten eine schlagkräftige Streitmacht aufstellen. Im Laufe eines Jahres eroberten sie das gesamte Festlandestland zurück.

Ein anderes Ereignis, das in Schleswig-Holstein stattfand, zeigte Auswirkungen bis zur Nordküste Estlands. Die Dänen unter König Waldemar II. wurden 1227 bei Bornhöved von den norddeutschen Fürsten und Lübeck besiegt. Dänemark war dadurch so geschwächt, daß es seine estnische Kolonie nicht halten konnte. Ganz Estland war nun in der Hand des Schwertritterordens und des Bischofs Albert von Riga.

1229, nachdem er dreißig Jahre lang das ganze eroberte Livland regiert und erweitert hatte, starb Albert.

Semgallen

...untersagte der hochwürdige Bischof des römischen Stuhles streng unter Androhung des Bannes den Semgallen besuchenden Kaufleuten ihren Hafen... (Heinrich von Lettland, 1959, S. 21)

Dieser Hafen lag an dem Fluß Lielupe (Kurländische Aa), der nur wenig westlich der Düna in den Rigaschen Meerbusen mündet. Das Verbot, diesen Hafen zu benutzen, erging deshalb, weil durch ihn der neu gegründeten Stadt Riga Konkurrenz hätte entstehen können. So wirksam war dieses Verbot, daß sich selbst heute noch an der Lielupe kein größerer Hafen befindet. Unbebaut, flach und sandig begleiten die Ufer diesen Fluß bis zur Mündung. Rechts und links der Lielupe wohnten die Semgaller, nach Süden hin bis ins heutige Litauen hinein, bis zum Oberlauf der Muscha.

Relativ früh begannen die Deutschen unter Bischof Albert mit Versuchen, die Semgaller zu missionieren bzw. zu unterwerfen. Auch die Semgaller scheinen zunächst den neuen Ideen, der neuen Religion gegenüber nicht abgeneigt gewesen zu sein. 1203 wird erstmals zwischen Deutschen und Semgallern ein Friede geschlossen und »nach Sitte der Heiden bekräftigt« (Heinrich von Lettland, 1959, S. 25). 1205 beteiligten sich die Semgaller an einem Heereszug der Ordensritter gegen ein von einem Raubzug in Livland zurückkehrendes Heer von Litauern. Das Unternehmen war erfolgreich, den Litauern konnte die gesamte Beute abgejagt werden. Noch mehrere Unternehmungen führten die Semgaller zusammen mit den Ordensrittern aus, allerdings ohne sich deshalb taufen zu lassen.

Erst nach 1219 kam es zu Differenzen. Einige Semgaller hatten sich schließlich taufen lassen. Man erhoffte dafür die Hilfe der Deutschen gegen die Litauer. Zwei Burgen bildeten die politischen Zentren Semgallens, Mežotne (Mesoten) und Tērvete (Terweten). Um Mežotne kam es zu Kämpfen mit wechselndem Glück. Etwa hundert Semgaller Älteste, die mit den Deutschen verhandeln wollten, wurden von diesen umgebracht. Fast alle getauften Semgaller entsagten daraufhin dem Christentum und kehrten zu ihren alten Göttern zurück. Da erschien mit einem großen Heer Viesturs (in deutschen Quellen auch Vester genannt), der Herrscher der anderen semgallischen Burg. Der Kampf endete damit, daß sich die Ordensritter aus Semgallen zurückzogen.

Viesturs gilt neben dem Liven Kaupo als eine der herausragenden Figuren auf seiten der Einheimischen. Während Kaupo freiwillig das Christentum angenommen und diesem bis zu seinem Ende auch in kritischen Situationen treu blieb, hielt Viesturs ebenso treu am Glauben seiner Väter fest. Dennoch scheint er von seinen deutschen Gegnern geachtet worden zu sein. Viesturs starb wahrscheinlich 1229, im gleichen Jahr wie Bischof Albert.

Wir hören von den Semgallern erst wieder um 1250. Deutsche waren in ihr Gebiet eingedrungen und hatten es bereits nach der bekannten Formel zwei Drittel zu einem Drittel unter Bischof und Orden aufgeteilt. Ein vierzig Jahre dauernder

Krieg war die Folge. Eine Gestalt aus diesem Krieg überlebte in zahlreichen Sagen der Letten: der Semgallerkönig Nameitis oder Nameisis oder einfach Namejs. Er eroberte Tērvete zurück und andere semgallische Burgen, bedrohte Üksküll und Riga. 1281 soll er mit einem semgallischen Heer, zusammen mit einer litauischen Streitmacht den von den Ordensrittern fast besiegten Preußen zu Hilfe gekommen sein. Seitdem habe man von ihm nichts mehr gehört, heißt es. Nur sein Ring ist geblieben. Nach dem Vorbild dieses Ringes ließen sich viele Letten einen Ring aus Silber oder aus Gold anfertigen. Ihnen ist der Ring Symbol für die Gewißheit, daß Nameisis siegen wird, und ein Erkennungszeichen für Letten in aller Welt.

Die Ordensritter führten den Krieg in Semgallen schließlich nach der Methode, die heute als »verbrannte Erde« bezeichnet wird. Sie verwüsteten und zerstörten alles, was Zeichen menschlichen Daseins war: Häuser, Ställe, Zäune, die Ernte auf den Feldern, das Vieh. Schließlich waren die Semgaller der Übermacht nicht mehr gewachsen. 1290 verließen etwa 100 000 ihre Heimat, traten auf litauisches Gebiet über und kämpften mit den Schemaiten gegen den Orden.

Die Kuren und der Orden

Das Schicksal der Kuren war zunächst weniger dramatisch als das der Semgaller. Zwanzig Jahre nach dem Angriff auf Riga schlossen sie einen Vertrag mit dem Bischof über ihre friedliche Unterwerfung unter die Macht des Papstes, de facto also unter den Bischof von Riga und den Orden. Das Amt des Bischofs von Riga wurde damals stellvertretend für den noch zu wählenden Nachfolger Alberts von einem Ordensritter aus Dänemark namens Balduin verwaltet. Der Vertrag mit den Kuren datiert vom 28. Dezember 1230. Sie haben sich wohl zu diesem Schritt entschlossen, weil sie Schwierigkeiten von seiten der Dänen und Schweden fürchteten, Abrechnungen wegen früherer Seeräubereien. Die Deutschen, die ebenfalls in einer gewissen Gegnerschaft zu den Dänen standen, waren nun naheliegende Bundesgenossen.

Doch zwischen dem deutsch-kurischen Vertrag von 1230 und dem Auszug der Semgaller 1290 aus ihrer Heimat veränderte sich die politische Lage mehrmals, um sich schließlich zu stabilisieren.

Zwei militärische Ereignisse führten zu diesem Wandel. Den zeitgenössischen Letten und Litauern schienen sie wohl wie eine Wende zum Besseren. Tatsächlich waren sie allenfalls ein »retardierendes Moment«.

Zum einen war da die Schlacht bei Saule vom 23. September 1236. Ein Ritterheer unter dem Ordensmeister Volquin hatte in Begleitung einiger Lettgaller und Liven einen Raubzug nach Litauen unternommen. Auf dem Rückweg wurden sie von einem Heer aus Litauern und Semgallern, vielleicht auch einigen Kuren, gestellt und vernichtend geschlagen. Auch der Ordensmeister fiel in dieser Schlacht.

Dieses Ereignis läutete das Ende des Schwertritterordens ein. Schon vorher hatten die Schwertritter Verhandlungen mit dem Deutschen Orden aufgenommen, um eine Vereinigung beider Orden vorzubereiten. Der Deutsche Orden war 1190 vor Akkon in Palästina nach dem Vorbild der französischen Tempelritter und der italienischen Johanniter gegründet worden. 1226 waren Ritter des Deutschen Ordens dem Herzog von Masowien in Polen zu Hilfe gekommen, der von Raubzügen der heidnischen Preußen – im heutigen Ost- und Westpreußen ansässig – heimgesucht wurde. Hermann von Salza, der Hochmeister des Deutschen Ordens, erhielt vom deutschen Kaiser eine Urkunde, in der seinem Orden das – noch zu erobernde – Land der Preußen zu eigen gegeben wurde. 1229 begann der Krieg des Ordens gegen die Preußen, der von den Rittern mit noch größerer Brutalität geführt wurde als der Krieg in Livland.

Die Schwertritter hatten eine Vereinigung der beiden Orden erwogen, mußten aber nach der Schlacht bei Saule die vom Deutschen Orden diktierten Bedingungen annehmen, u. a. die einfache Übernahme der Schwertritter in den Deutschen Orden. Sie trugen fortan den Mantel des Deutschen Ordens, kein Schwert ist mehr aufgestickt, nur noch ein schwarzes Kreuz. Eine weitere Bedingung war, daß Orden und Bischof Nordestland wieder an Dänemark abtreten mußten.

Das zweite militärische Ereignis von weitreichender Bedeutung war die Schlacht bei Durbe am 13. Juli 1260. Ein litauisches Heer war in Kurland eingefallen, hatte reiche Beute und viele Gefangene gemacht. Eine Streitmacht aus Ordensrittern, Liven, Letten, einem dänischen Heer sowie einer kurischen Truppe machte sich an die Verfolgung der Litauer, die in der Nähe der heutigen Stadt Durbe eingeholt wurden. Der Heereszug der Ordensritter sollte, das war seine wichtigste Aufgabe, einmal mehr die Landverbindung zwischen dem livländischen Ordensland und Preußen sichern. Dem gleichen Zweck hatte zwei Jahre vorher, 1258, an der Stelle einer alten Kurenburg – sie hieß Klaipeda oder ähnlich – die Errichtung der steinernen Memelburg, auch Mimmelburg genannt, seitens des Ordens gegolten. Um diese Burg herum bildete sich bald auch die Stadt Memel.

Vor der Schlacht bei Durbe hatten die Kuren den Rittern das Versprechen abnehmen wollen, ihnen im Falle eines Sieges ihre von den Litauern gefangenen Angehörigen und ihr geraubtes Eigentum zurückzugeben. Die Ritter lehnten ab. Einige Historiker stellen die Angelegenheit so dar, als seien die mitziehenden Einheimischen, Letten und Liven, gegen eine solche Rückgabe gewesen. Doch eindeutig ist, daß allein die Ritter die Entscheidungsgewalt hatten.

Ob die Kuren sich bereits vor der Schlacht mit den Litauern verständigt hatten, wissen wir nicht. Nach dem Beginn der Schlacht jedenfalls griffen sie das Ritterheer von hinten an. So wurde es zwischen Litauern und Kuren vollständig aufgerieben. Die überlebenden Ritter, um vier soll es sich gehandelt haben, seien von den Siegern anschließend geviertelt worden.

Die Nachricht von der Schlacht bei Durbe verbreitete sich rasch. Kuren, Semgaller, Liven und Esten und auch die Preußen sahen noch einmal eine Chance, ihre Herren abzuschütteln. Alle diese Völker versuchten noch einmal einen Aufstand. Sie scheiterten alle. Mit dem Beginn des 14. Jahrhunderts waren diese Völker unterworfen.

Nur ein Volk widersetzte sich erfolgreich: die Litauer.

König Mindaugas

... Siehe, da betrat einer der Feinde (Litauer) die Kirche, lief überall umher und fast bis zum Altarraum, doch als er den entblößten Altar erblickte und nichts sah, was er hätte nehmen können, sagte er ›Ba!‹ und ging hinaus zu den Seinen. ... Einer von ihnen kam in die Kirche herein, ohne von seinem Pferd zu steigen ... Als dann noch ein dritter Haufe der Litauer kam, fuhr einer von ihnen in seinem Schlitten sitzend durch die Kirche ...
(Heinrich von Lettland, 1959, S. 73 f.)

Diese Schilderungen aus dem Bericht eines Augenzeugen – er hatte sich mit zwei anderen im Altarraum der Kirche versteckt – lassen erkennen, daß die Litauer jener Zeit, in der ersten Hälfte des 13. Jahrhunderts, auf Raubzüge gingen, bei ihren Nachbarn plünderten und wenig Pietät für christliche Kirchen empfanden. Aus den Berichten Heinrichs wird auch deutlich, daß die Litauer damals über keine zentrale Macht verfügten, kein gemeinsames Oberhaupt hatten.

Dessenungeachtet begann Litauen allmählich ein politischer Faktor in Osteuropa zu werden, vor allem nach Osten, nach Weißrußland hin. Schwarzrußland um Nowogródek und Slonim dürfte um 1200 schon im Machtbereich litauischer Fürsten gestanden haben. Auch nach Süden breitete Litauen sich damals aus, nach Wolhynien, zum Teil bis nach Galizien.

Doch im Südosten war ein gefährlicher Feind an die Grenze Litauens vorgestoßen, nachdem er sich Rußland, dessen Hauptstadt damals Kiew war, bereits unterworfen hatte: die Tataren. In diesem gefährlichen Augenblick gelang es den Litauern, sich zusammenzuschließen, zu einem großen Teil wenigstens.

Aus dem Dunkel der Vorgeschichte, in der sich Litauen damals noch befand, tauchte eine Gestalt auf, die als erster Kristallisationspunkt zu wirken begann: Mindaugas, in deutschen Quellen auch Mindowe genannt. Er war einer der litauischen Kleinfürsten, seine Burg stand irgendwo in Hochlitauen. Vielleicht war es die Burg Kernavė.

Wie es Mindaugas gelungen ist, Litauen zu einigen, weiß

man nicht genau. Auf zahlreichen Burgen saßen Verwandte von ihm. Ein Teil unterstützte ihn, die anderen ließ er wahrscheinlich beseitigen. In den Jahren 1236 bis 1244 nahm er wohl am Kampf gegen die Ordensritter teil. In der Schlacht bei Saule soll er dabeigewesen sein.

Auch in Niederlitauen war Mindaugas mit einigen Fürstenhäusern verschwägert. Das half ihm aber nicht viel, denn die Schemaiten wollten sich ihm nicht unterordnen, blieben der ersten Vereinigung der Litauer fern. Eine herausragende Rolle spielte damals in Schemaiten der Fürst Tautvilas.

Es begann ein Zwist mit Intrigen und unlauteren Mitteln. Als erstes verbündete Tautvilas sich mit dem Orden. Er ließ sich sogar taufen. Zusätzlich schloß Tautvilas ein Bündnis mit dem Fürsten Daniel von Galizien. Das Litauen des Mindaugas schien eingekreist. Doch Mindaugas war wohl der geschicktere Taktierer. Er nahm seinerseits Verhandlungen mit Vertretern des Ordens auf und bot diesen die Christianisierung Litauens an. Das war 1251. Da schaltete sich der Papst, Innozenz IV., ein: ein christliches, militärisch starkes Litauen als Bollwerk Europas gegen die Tataren – das war eine einmalige Gelegenheit!

Innerhalb des Ordens gab es eine Gruppe, die gegen eine Taufe des Mindaugas war, die erkannte, daß ein christliches Litauen für den Orden das Ende seiner Vormachtstellung in Ostmitteleuropa bedeuten würde. Zudem entfiele durch eine kollektive Christianisierung Litauens die Aufgabe des Ordens, dort zu missionieren. Den Verfechtern dieser Haltung gelang es allerdings nur, den Ablauf der Dinge zu verzögern.

Mindaugas empfing die Taufe und wurde 1253 zum ersten – und letzten – König von Litauen gekrönt. Auf Bestellung des Ordens wurden für ihn und seine Gemahlin zwei wertvolle Kronen in Riga angefertigt. Daß es zu dieser Krönung kommen konnte, verdankte Mindaugas wohl nicht zuletzt einer Tat, die ihm schon seinerzeit als Verrat ausgelegt wurde: Er trat Schemaiten an den Orden ab. Dieser hatte endlich seine langersehnte Landbrücke zwischen Livland im Norden und Preußen im Süden. So schien es.

Nun hatte Mindaugas jedoch dem Orden ein Gebiet abgetreten, das er gar nicht beherrschte, das ihm nicht gehörte. Der nun folgende Kampf um Schemaiten brachte dem Orden eine seiner schwersten Niederlagen, eben die Schlacht von 1260 bei Durbe. Schemaiten und eine dauerhafte Landbrücke zwischen seinen beiden Gebietsteilen hat der Orden zeit seines Bestehens nicht gewinnen können.

Aber Mindaugas war ein noch geschickterer Taktierer. Als er gewahr wurde, daß die Stimmung umschlug, man ihm das Bündnis mit dem Orden nicht nachsah und der Orden bei Durbe schließlich auf der Verliererseite stand, widerrief er seine Taufe, bekannte sich wieder zum Heidentum und suchte Versöhnung mit den schemaitischen Fürsten. Außerdem ging er ein Bündnis mit Alexander Newskij, dem Fürsten von Nowgorod, ein, gegen den Orden also. Doch seine Position in Litauen war durch den zweimaligen Frontwechsel so geschwächt, daß er auch in Hochlitauen kaum noch auf Rückhalt bei den Teilfürsten rechnen konnte. Von den schemaitischen Fürsten wurde er nach wie vor nicht akzeptiert – schließlich hatte er deren Land, wenn auch ohne Erfolg, einmal dem Orden ausgeliefert. Am 5. August 1263 wurde er, wohl im Einverständnis mit einem Großteil der litauischen Fürsten, ermordet.

Zwar erlosch damit das christliche Königreich Litauen, doch das eigentliche Werk des Mindaugas, die Schaffung eines litauischen Staates, blieb bestehen. Schon zur Zeit von Mindaugas reichte Litauens Einfluß über Weißrußland hinaus auch in russisches Gebiet hinein.

Die »klassische« Zeit Litauens

Nach dem Tod des Mindaugas schien es zunächst, als sei auch das zentrale Machtgefüge in Litauen am Ende. Doch die Idee eines gemeinsamen Staates hatte sich festgesetzt. Verschiedene Fürsten verkörperten abwechselnd die Zentralmacht, bis schließlich Vaišvilkas, ein Sohn des Mindaugas, 1264 allgemein als Herrscher Litauens anerkannt wurde. Er blieb drei Jahre im Amt. Nach seinem Rücktritt im Jahre 1267 blieben die Regierungsverhältnisse zunächst wieder für drei Jahre ungeordnet, bis 1270 Traidenis, ein Fürst aus Hochlitauen, an die Spitze des litauischen Staates tritt. Ob Traidenis aus der Verwandtschaft von Mindaugas stammt, ist nicht geklärt.

Traidenis gelingt es, Kontinuität in das litauische Staatswesen zu bringen. Nach seiner zwölfjährigen Regierungszeit bestand allgemein kein Zweifel mehr an der Notwendigkeit, den litauischen Staat als Einheit zu erhalten. Christlich allerdings war dieser Staat nun nicht mehr. Dafür aber, und das war im Europa jener Jahrhunderte einmalig, übte der heidnische litauische Staat Toleranz hinsichtlich der Religion seiner Bürger. Die Idee der religiösen Toleranz hielt im übrigen Europa erst 400 Jahre später mit der Aufklärung Einzug.

Traidenis hat bald nach seinem Regierungsantritt einen jungen, begabten Fürstensohn namens Vytenis an seinem Hof aufgenommen und sich auf diese Weise einen Nachfolger herangebildet. Vytenis übernahm dann auch 1282, nach dem Tode von Traidenis, die Herrschaft in Litauen. Mit ihm kam das bedeutendste Geschlecht Litauens auf den Thron des Großfürsten, das Geschlecht der Gediminiden.

Gediminas (1257–1341), ein Bruder von Vytenis, trat nach dessen Tod an die Spitze des Landes. In den 25 Jahren seiner Herrschaft (1316–1341) gelang es Gediminas, Litauen zu einem innerlich gefestigten und von außen her allgemein anerkannten mächtigen Reich werden zu lassen. Dieser Staat war, zumindest an seiner Spitze, heidnisch – der letzte in Europa.

Mit dem Regierungsantritt des Gediminas begann die große Zeit Litauens. Grundlage für die Erfolge war nicht nur eine schlagkräftige Armee, sondern vor allem eine kluge, ausgewogene Politik, sowohl nach außen wie nach innen.

Ein wesentliches Prinzip dieser Politik war das Geschick, mit dem Gediminas zwischen den beiden christlichen Konfessionen lavierte, der orthodoxen seiner östlichen Nachbarn und der katholischen der Nachbarn im Westen.

Die slawischen Völker im Osten von Litauen waren durch die Tatarenherrschaft, die sie teilweise noch nicht abgeschüttelt hatten, politisch und militärisch geschwächt. So gelang es Gediminas, immer größere Teile des ehemaligen russischen (Kiewer) Reiches seiner Herrschaft zu unterstellen. Polozk an der oberen Düna unterstand Litauen schon bei Gediminas' Regierungsantritt. 1320 werden erste Verbindungen nach Kiew geknüpft, der alten russischen Reichshauptstadt. 1330 wird Smolensk litauisch.

Dem Westen gegenüber, der katholischen Seite, sichert sich Gediminas auf eine damals in Europa gern praktizierte Weise: er verheiratet seine Tochter Aldona (Anna) 1325 mit dem Thronfolger von Polen, Kasimir, der 1333 als Kasimir II. den polnischen Königsthron besteigt. Anna, nunmehr Königin von Polen, soll die erste der Gediminiden gewesen sein, die sich taufen ließ. Auf diese Weise kam ein Bündnis mit Polen zustande, wodurch die immer gefährlicher werdende Bedrohung aus dem Osten indirekt entschärft wurde. 1331 heiratete eine andere Tochter des Gediminas den Fürsten von Halitsch (Galizien) und Wolhynien, was den Einfluß Litauens nach Süden erweiterte.

Ungarn protestierte gegen das Bündnis Polens mit Litauen: mit Heiden schließe man keine Verträge. Doch hatte Gediminas für Litauen innerhalb der zwischenstaatlichen Beziehungen in Europa bereits eine so starke Position geschaffen, daß derartige Proteste unbeachtet blieben.

Ein zeitweises Bündnis Litauens mit der Stadt Riga wurde beiden Seiten übelgenommen, vor allem auch von späteren litauischen und deutschbaltischen Geschichtsinterpreten.

Riga hatte sich während des Jahrhunderts nach seiner Gründung eine unabhängige Stellung erkämpft zwischen den beiden Machtfaktoren in Livland, dem Erzbischof – Riga war seit 1253 Erzbistum – und dem Orden. Es trat, in begrenztem Maße zwar, bereits als dritte Macht im Ordensstaat auf. Als mit Beginn des 14. Jahrhunderts die Eroberung Preußens, Lettlands und Estlands abgeschlossen war, begann der Orden, Druck auf Riga auszuüben, der nach und nach zu einer Art Unterwerfung Rigas unter den Orden führte. Immer wieder versuchten die Rigaer, sich zu wehren, und zerstörten die Ordensburg vor der Stadt, mußten sie aber nach einer erneuten Niederlage stets wieder aufbauen. Auch das heutige Schloß haben die Bürger von Riga dem Orden erbauen müssen. Es wurde 1515 fertiggestellt.

Das »anrüchige« Bündnis brachte beiden Seiten nicht zu übersehende Vorteile. Neben der gegenseitigen militärischen Hilfe im Kampf gegen den Orden ergab sich noch ein viel wichtigerer Effekt des Bündnisses, ein handelspolitischer. Nur mit Hilfe der Litauer konnte Riga seine führende Position innerhalb der Hanse ausbauen. Die Litauer hatten die ganze obere Düna, das Fürstentum Polozk, unter Kontrolle. Sie öffneten Riga den Weg zum Rußlandhandel. Riga seinerseits ermöglichte mit seinem Hafen den Litauern einen Exportweg für Lieferungen nach Westeuropa, vor allem Pelze und Honig. Honig war im Mittelalter deshalb von so großer Bedeutung, weil er anstelle des noch nicht erfundenen Zuckers verwendet wurde.

Als Gediminas 1341 starb, hatte Litauen gut entwickelte politische Beziehungen zu Polen, zu den deutschen Fürstenhäusern, nach Ungarn und Skandinavien, nach Moskau und zu den tatarischen Chanen der Goldenen Horde an der unteren Wolga.

Die Politik des Gediminas – Toleranz im Inneren, Diplomatie nach außen, gestützt auf militärische Macht – setzten seine Söhne und Enkel noch ein Jahrhundert lang fort. Jeweils zwei teilten sich in der Folge die Macht. Einer widmete sich der Politik nach Osten, während der andere sich um die Angelegenheiten im Westen kümmerte.

Algirdas (Olgerd, 1296–1377) übernahm den Großfürstentitel und hatte seinen Sitz in Vilnius (Wilna), das auch unter Gediminas Regierungssitz war. Er war für die Ostpolitik zuständig. Der andere, Kęstutis (1297–1382), hatte seinen Sitz in Trakai und sorgte für die Westpolitik. Er bekam auch sogleich zu tun. 1344 unternahm der Orden eine »Heerfahrt« nach Litauen. Geladene Gäste bei diesem Unternehmen waren unter anderen der König Johann von Böhmen mit seinem Sohn Karl, dem späteren Kaiser Karl IV., der König von Ungarn, Graf Wilhelm IV. von Holland und noch eine Reihe anderer illustrer Persönlichkeiten. Kęstutis konnte mit seiner Armee die »Heerfahrer« aus Litauen vertreiben und fiel nun seinerseits in Samland ein. So sollte es die ganzen siebenunddreißig Jahre von Kęstutis' Amtszeit bleiben. Mehr als 140 Kriegszüge haben beide Seiten in dieser Zeit unternommen. Kęstutis gelang es, alle Angriffe auf Hochlitauen und vor allem auf Schemaiten abzuwehren.

Algirdas hat im Osten riesige Gebiete dem litauischen Staat einverleibt, u. a. die russischen Fürstentümer Tschernigow, Nowgorod-Sewersk (Stammsitz des Fürsten Igor aus dem Igorlied), Twer, Brjansk. Allein die Republiken Pskow und Nowgorod konnten ihm Widerstand bieten – und die Moskowiter, obwohl es heißt, Algirdas habe zweimal sein Schwert in das Tor des Kremls geschlagen (vgl. Hellmann, 1966, S. 27).

Als Folge der fortdauernden militärischen Aktivität Litauens entstand aus den Angehörigen einer ursprünglichen Kriegerkaste, die zunächst noch für Zugänge aus dem Bauernstand offen war, eine immer mehr geschlossene Adelsschicht, wie im übrigen Europa auch. Entsprechend umgekehrt verlief die Entwicklung für die Bauern. Während zur Zeit des Gediminas die meisten Bauern noch frei waren, gerieten in den folgenden Jahrzehnten immer mehr in die Abhängigkeit, zunächst allerdings nur in der Form einer strengen Abgabepflicht. Eine eigentliche Leibeigenschaft, Fron und Schollenpflicht also, breitete sich in Litauen erst seit dem 16. Jahrhundert aus.

Als Algirdas 1377 starb, sollte sein Sohn Jogaila (1348 bis 1434) das Amt des Großfürsten übernehmen. Sein Onkel Kęstutis akzeptierte das und gedachte, die Zusammenarbeit mit seinem Neffen so weiterzuführen, wie er es mit dessen Vater gewohnt war. Bis 1379 ging das gut. Doch als ruchbar wurde, daß Jogaila geheime Beziehungen zum Orden aufgenommen hatte, war der Bruch zwischen Kęstutis und Jogaila unvermeidlich.

Es folgten Jahre voller Intrigen, Jahre des Machtkampfes. Kęstutis ließ seinen Neffen festsetzen und sich selber zum Großfürsten machen. Jedoch wendete sich bald das Blatt. Jogaila stellte gemeinsam mit seinem jüngeren Bruder ein Heer zusammen, und ein innerlitauischer Bruderkrieg schien kaum mehr vermeidbar. Ein letzter Versuch, dies abzuwenden, sollte ein Treffen zwischen Jogaila und Kęstutis sein. Doch Kęstutis und sein Sohn Vytautas (1350–1430) wurden von Jogailas Leuten ergriffen und ins Gefängnis gesperrt. Vytautas gelang die Flucht. Die Legende erzählt, seine Mutter Birutė habe ihm dabei geholfen, habe sich verkleidet und statt seiner einsperren lassen. Kęstutis aber wurde im August 1382 ermordet.

Jogaila herrschte nun allein in Litauen. Wegen der unsicheren innenpolitischen Verhältnisse – sein Vetter Vytautas konnte ja jeden Augenblick wieder aktiv werden – trat er erneut mit dem Orden in Verhandlungen ein. Er wäre sogar bereit gewesen, Schemaiten an den Orden abzutreten, pro forma wenigstens. Doch setzte in Polen eine dynastische Entwicklung ein, die Jogaila dem Orden gegenüber auf Distanz gehen ließ.

Nach dem Tode Kasimirs III., 1370, fiel König Ludwig von Ungarn auch die polnische Königskrone zu. Als er 1382 starb, wurde seine Tochter Maria Königin von Ungarn. Die polnischen Adligen aber weigerten sich, die Personalunion fortzuführen. Sie wählten eine jüngere Schwester der ungarischen Königin zur Königin von Polen: Jadwiga (Hedwig, 1370–1399). Die Krönung fand 1384 statt.

Jadwiga war sehr jung und nicht verheiratet. Daß es genügend Bewerber gab, versteht sich. Drei kamen in die engere Wahl. Jadwiga selber bevorzugte den schon von ihrem Vater ausgesuchten Habsburger Herzog Wilhelm von Österreich. Der polnische Adel als mächtigste Instanz im polnischen Reich plante für Jadwiga eine Ehe mit Siemowit, dem Herzog von Masowien. Doch die Mutter Jadwigas verfolgte still und energisch andere Pläne. Während die übrigen sich noch in Überlegungen über Eheverträge ergingen, hatte sie bereits einen Teil der Adligen auf ihre Seite gebracht und eine Gesandtschaft nach Vilnius geschickt, die auch eine Einigung mit Jogaila erzielt und einen Aktionsplan ausgearbeitet hatte, nach dem die weiteren Ereignisse abliefen.

Am 14. August 1385 wurde der Unionsvertrag von Krewo geschlossen, der besagte, daß Polen und Litauen in Personalunion vereinigt und eine enge, genau festgelegte staatliche Verbindung eingehen sollten. Jogaila würde das Christentum katholischer Konfession annehmen und Litauen christianisieren.

Am 15. Februar 1386 wurde Jogaila in Krakau, der damaligen Hauptstadt Polens, auf den christlichen Namen Wladyslaw getauft. Am 18. Februar 1386 fand die Hochzeit statt. Jogaila, der Großfürst von Litauen, und Jadwiga, die Königin von Polen, wurden in Krakau getraut. Jadwiga soll sehr schön und Jogaila ein gutaussehender Mann in den besten Jahren gewesen sein. Jadwiga war zwanzig Jahre jünger als Jogaila. Die politischen Folgen dieser Verbindung sind selbst rückblickend noch kaum zu umfassen.

Am 4. März 1386 wurde Jogaila in Krakau zum König von Polen gekrönt. Damit war er rechtlich seiner Frau Jadwiga gleichgestellt.

Die Vereinigung von Litauen und Polen, mehr als nur eine Personalunion, bestand vierhundert Jahre lang. Für Litauen bedeutete sie die endgültige Eingliederung in den westeuropäischen Kulturkreis. Für Polen war es der Aufstieg zur europäischen Großmacht. Und für den Deutschen Orden bedeutete es, auf längere Sicht, den Untergang.

Die Bewohner von Vilnius mußten in die Neris hinabsteigen und die Taufe aus dem Fluß annehmen. Für die Deutschen Ordensritter blieben die Litauer allerdings Heiden, wie sonst hätten sie die Missionierung der Litauer als Vorwand für weitere »Litauenfahrten« rechtfertigen können.

Jogaila ging schon bald nach seiner Hochzeit und Krönung daran, seine Position in Litauen zu sichern. Die dringendste und wichtigste Aufgabe war der Ausgleich mit seinem Vetter Vytautas.

Auf einer ersten Stufe der Einigung übernahm Vytautas die östlichen Gebiete des Reiches, d. h. die orthodoxen, die slawischen. Zum Großfürsten von Litauen wurde ein jüngerer Bruder von Jogailas, Skirgaila, ernannt, der seinen Sitz in Trakai nahm.

Zu gleicher Zeit schon verfolgte Vytautas eine nach Osten expandierende Politik, zunächst mit diplomatischen Mitteln. Er ließ sich orthodox taufen – er hat sich mehrmals in seinem Leben taufen lassen – und verheiratete seine Tochter Sophia mit dem Großfürsten Wasilij I. von Moskau.

In der Folge gab es Differenzen zwischen Skirgaila und

Vytautas. Schließlich wurde Skirgaila auf einen Statthalterposten nach Kiew abgeschoben, und Vytautas erhielt die Würde des Großfürsten von Litauen unter der formellen Oberhoheit des polnischen Königs, also seines Vetters und dessen Frau. Das wurde 1392 in einem Vertrag festgeschrieben. Die nächsten Jahrzehnte hindurch scheint diese Regelung gut funktioniert zu haben.

Aber es gab Schwierigkeiten mit dem Deutschen Orden, dem Jogaila wieder einmal Schemaiten abgetreten hatte, wogegen die Bewohner von Schemaiten rebellierten.

Der Orden – Hochmeister war Ulrich von Jungingen – verlangte von Jogaila, daß er in einem abzusehenden Krieg des Ordens gegen Litauen das litauische Heer unter Vytautas nicht unterstütze. Jogaila reagierte auf das Ansinnen nicht. Ulrich von Jungingen erklärte daraufhin Polen und Litauen den Krieg.

Am 14. Juli 1410 kam es zur entscheidenden Schlacht. Die Deutschen nennen sie die »Schlacht bei Tannenberg«, die Polen »Schlacht bei Grunwald«. Der Orden wurde vernichtend geschlagen.

Im ersten Thorner Frieden vom 1. Februar 1411 mußte der Orden Schemaiten abtreten, das ihm in Wirklichkeit nie gehört hatte. Vytautas wurde vom Orden als Großfürst anerkannt. Die »Litauenfahrten« mit geladenen Gästen hörten auf.

Ein neuer Unionsvertrag, der zwischen Polen und Litauen am 2. Oktober 1413 in Horodlo, einem kleinen Ort am Bug an der damaligen Grenze zwischen Polen und Litauen, geschlossen wurde, war insofern für die weitere Entwicklung in Litauen von Bedeutung, als der litauische Adel in den Verband des polnischen Adels aufgenommen wurde. Dies brachte den litauischen Adligen zwar die Gleichberechtigung mit ihren polnischen Standesgenossen, führte aber auf die Dauer zu einer fast vollständigen Polonisierung des litauischen Adels.

Nach einem erneuten Krieg Polen-Litauens gegen den Orden kam es 1422 zu einer dauerhaften Regelung (Friede vom Melnosee am 27. Sept. 1422). Entlang dem in zweihundertjährigen Kämpfen völlig verwüsteten Streifen zwischen Ordensgebiet und Litauen wurde jetzt eine Grenze verbindlich festgelegt. Diese Grenze ist in großen Teilen auch heute noch gültig – es ist die Grenze zwischen Litauen und Lettland sowie zwischen Litauen und Ostpreußen.

Jetzt konnte Vytautas sich intensiver um seine Aufgaben im Osten kümmern.

Noch vor der Schlacht bei Tannenberg erlitt Vytautas seine einzige größere militärische Niederlage, am 12. August 1399 an der Workla (südlich von Poltawa) im Kampf gegen die Tataren. Die Folgen dieser Niederlage – sein politisches Ansehen hatte vorübergehend gelitten – konnte Vytautas in wenigen Jahren wieder wettmachen. Mit den Tataren kam es sogar zu einem guten Verhältnis. Tatarische Adlige traten in seine Dienste und siedelten sich in der Gegend von Vilnius an.

Ebenso kamen von der Krim, die damals auch von Tataren beherrscht war, Karaimen nach Litauen in seine Dienste, eine jüdische Glaubensgemeinschaft, die den Talmud nicht anerkennt. Nachkommen dieser Karaimen leben noch heute im Städtchen Trakai.

Nach Gebietserweiterungen südlich von Moskau – u. a. fällt ihm das Fürstentum Rjasanj zu – dringt Vytautas weiter nach Süden vor. Die Schwarzmeerhäfen Chadschibey (an der Stelle des späteren Odessa) und Akkerman kommen unter seinen Einfluß und werden vom litauischen Staat gefördert.

Während Königin Jadwiga eine starke Bindung Litauens an Polen befürwortete, Jogaila eine unbestimmte Position einnahm, lag Vytautas daran, Litauen möglichst eigenständig zu erhalten. Jadwiga starb jung, am 17. Juli 1399. Von da an war Jogaila, nach Schwierigkeiten mit einigen Kreisen des polnischen Adels, die ihn gerne losgeworden wären, nun alleiniger und allgemein anerkannter König von Polen.

Vytautas hatte schon früh dafür gesorgt, daß nach seinem Tod vom litauischen Adel wieder ein Großfürst gewählt wurde.

Im Frühjahr 1429 trafen sich Jogaila und Vytautas in Luzk mit dem deutschen Kaiser Sigismund. In persönlichem Gespräch kam Vytautas, der gut deutsch gesprochen haben soll, mit dem Kaiser überein, daß der ihm die Königskrone Litauens verleihen würde. Damit hätte Litauen auch für das übrige

Europa gleichberechtigt neben Polen gestanden. Jogaila war diesem Plan gegenüber nicht abgeneigt.

Die Krönungsgesandtschaft des Kaisers war bereits unterwegs nach Vilnius, die Gäste zur Krönungsfeierlichkeit geladen. Am 8. September 1430 sollte der Großfürst Vytautas zum König von Litauen gekrönt werden. Die Gesandtschaft wurde jedoch in Polen von Gegnern des Plans aufgehalten.

Am 27. Oktober stirbt Vytautas nach einem langen und erfolgreichen Leben. Er ist achtzig Jahre alt geworden.

Vier Jahre später, am 1. Juni 1434, stirbt sein Vetter Jogaila, der König von Polen, der Begründer der Dynastie der Jagiellonen. Litauens weitere Geschichte verläuft als ein Teil der Geschichte Polens. Seine große Zeit, das »Heldenzeitalter«, ging mit dem Tod dieser beiden bedeutenden Herrscher zu Ende.

Der Livländische Krieg

Auch der Orden hatte seine Blütezeit überschritten. Im Osten war dem Ordensstaat ein gefährlicher neuer Feind gewachsen. Die Großfürsten von Moskau hatten sich aus der Herrschaft der Tataren befreit, sie zahlten keinen Tribut mehr an den Chan und huldigten ihm nicht mehr.

Das Moskauer Großfürstentum war vom übrigen Europa für damalige Verhältnisse weit abgelegen und zudem noch durch die Tatarenherrschaft zusätzlich isoliert. Ein gewisser Einfluß tatarischer Lebensart konnte nicht ausbleiben. Vielleicht war es sogar dieser Einfluß, der dem Großfürsten Iwan III. das Geschick und die Energie verlieh, das Tatarenjoch abzuschütteln. Eine gewisse Nichtachtung vor dem menschlichen Leben, eine Neigung zu Grausamkeit mag ebenfalls dem tatarischen Einfluß zuzuschreiben sein. Jedenfalls begannen die Großfürsten von Moskau, die anderen russischen Fürstentümer um Moskau herum eines nach dem anderen zu erobern – »das Sammeln der russischen Erde« nannten sie das.

Nachdem die Moskowiter 1478 Nowgorod erobert hatten, war ihr nächstes Ziel Livland, das allerdings nie »russisches Land« gewesen war.

1492 läßt Iwan III. auf dem rechten Ufer des Narva-Flusses, genau gegenüber der Ordensfestung Narva, die Burg Iwangorod erbauen. Noch heute stehen sich die beiden Burgen grimmig gegenüber. Der Fluß zwischen ihnen ist auch jetzt die Grenze zwischen Estland und Rußland.

Wegen der häufigen Einfälle russischer Heere in livländisches Gebiet schloß der Orden mit den Russen einen »Beifrieden«, eine Art zeitlich begrenzten Waffenstillstand. Nach von den Tataren übernommenem Brauch bestand der Großfürst im Vertrag auf einer für den Orden erniedrigenden Formulierung: »gesenkten Hauptes« habe der Orden den Frieden angenommen.

1494 wird Wolter von Plettenberg, ein gebürtiger Westfale, zum Ordensmarschall von Livland gewählt. Er versucht mit aller Energie, den Ordensstaat wieder verteidigungsfähig zu machen. Neben den Rittern werden größere Kontingente von Esten und Letten mobilisiert, die sich gerne am Kampf beteiligen, denn auch sie fürchten die Überfälle der russischen Heerscharen.

Trotz des noch gültigen Beifriedens setzten die Russen ihre Überfälle in Livland fort. So zog Wolter von Plettenberg 1501 und 1502 mit seinem Heer gegen die Russen. Am 13. Januar 1502 kam es zur Schlacht am Smolina-See, in der Nähe von Pskow. Trotz mehrfacher Übermacht des gegnerischen Heeres – es bestand aus Russen, Tataren und deutschen Söldnern – gelang der Streitmacht des Ordensmarschalls ein Sieg. Es war der letzte. Das Ergebnis war ein mehrmals verlängerter Friede mit Moskau bis 1557.

Das Mittelalter geht seinem Ende entgegen, die Reformation hat Einzug in Livland gehalten. Die Gemeinde von Riga korrespondierte mit Martin Luther persönlich. In Preußen trat der letzte Hochmeister des Ordens zum Protestantismus über und machte sich zum weltlichen Herzog von Preußen unter polnischer Lehnshoheit. Wolter von Plettenberg wollte einen solchen Schritt nicht tun, obwohl er die Möglichkeit gehabt hätte, deutscher Reichsfürst zu werden.

Im übrigen wurden die Friedensjahre bis 1558 im Ordensland Livland schlecht genutzt. Mit der Entdeckung Amerikas kam viel Gold und Silber nach Europa, die Preise stiegen und damit die Einnahmen der »Vasallen« in Estland und Livland, der späteren Gutsherren. Allmählich wurden sie zu den eigentlichen Herren im Land. Sie verstanden es, unter den verschiedenen Herrschaftsverhältnissen ihre Position zu halten. Allerdings fürchteten sie die estnischen und lettischen Bauern. Sie konnten es nicht riskieren, die Herrschaft über die Bauern zu verlieren, denn sie waren auf deren Arbeitskraft angewiesen. Durch die zahlreichen Kämpfe gegen die Russen aber waren viele Bauern zu geübten Kriegern geworden. Deshalb ließen die Gutsherren 1507 ein Gesetz festschreiben, das den Bauern das Tragen von Waffen verbot. Das sollte sich nur allzu bald rächen.

Der Protestantismus faßte zügig festen Fuß in Livland, sein Zentrum war in Riga. Einen der ersten Drucke von Luthers Choral »Ein feste Burg ist unser Gott« (1527) finden wir im Rigaer evangelischen Gesangbuch von 1530. Allerdings in niederdeutscher Sprache, denn das Niederdeutsche war bis ins 17. Jahrhundert Amtssprache in Livland.

Die Esten und Letten waren unter die westliche Variante des Christentums gekommen, dessen Sprache das Lateinische war. Und es besaß eine Schrift. Es bestand also aus damaliger kirchlicher Sicht keine Notwendigkeit, für die Sprachen des Baltikums eine Schrift zu entwickeln. Die Wende kam mit der Reformation, denn diese artikulierte sich in der Sprache des »Volkes«. Als erstes erschien 1535 ein lutherischer Katechismus in estnischer und niederdeutscher Sprache. Der erste lutherische Katechismus in lettischer Sprache wurde 1587 in Königsberg gedruckt. Zwei Jahre vorher war in Wilna bereits ein katholischer Katechismus auf lettisch erschienen. Die ersten lettischen und estnischen Schriften erschienen gleich gedruckt, denn die Kunst Gutenbergs hatte sich gerade über Europa ausgebreitet. Wertvolle Handschriften, wie sie aus dem Mittelhochdeutschen oder dem Altrussischen erhalten sind und sorgsam gehütet werden, gibt es in Estnisch oder Lettisch nicht.

Ein wenig anders, wenn auch parallel, verlief die Entwicklung für das Litauische. Auch hier gab die Reformation den Anstoß. Litauen selbst war katholisch geblieben. So entstanden die ersten litauischen Schriften – auch hier waren es von Anfang an

Druckwerke – nicht im eigentlichen Litauen, sondern im sogenannten Kleinlitauen, wie das vor allem von Litauern bewohnte östliche Ostpreußen genannt wurde. Die dort ansässigen Litauer waren protestantisch geworden. 1547 erschien, ebenfalls in Königsberg, der »Catechismusa prasty szadel makslas skaitima raschta yr giesmes del kriksczianistes bei del berneliu iaunu naiey sugulditas Karaliauczui VIII diena meneses sausia, metu ussgimima diewa M. D. XLVII« – »Die einfachen Worte des Katechismus, die Kunst die Schrift zu lesen, und Kirchenlieder für das Christentum und die jungen Burschen, neu zusammengestellt in Königsberg am 8. Januar im Jahre 1547 nach Christi Geburt« von Martynas Mažvydas. Neben dem Text des Katechismus enthält dieses erste Buch in litauischer Sprache auch eine Anleitung zum Lesen.

Die letzten Ordensritter

Wolter von Plettenberg – er war 1494 Ordensmeister geworden – hielt zwar persönlich an seinem katholischen Glauben fest, stellte der Ausbreitung von Luthers Lehre aber nichts in den Weg. Er starb 1535, auf seinem hölzernen Stuhl sitzend, neben sich das Schwert. An mehreren Gebäuden in Riga ist heute noch ein Relief zu sehen, das ihn in voller Rüstung darstellt, so am Dom und im Hof des Schlosses.

In Rußland war 1533 Iwan IV., genannt der Schreckliche, im Alter von drei Jahren auf den Thron gekommen. 1547 hat er sich als erster Russe zum Zaren krönen lassen. Iwan IV. war ein Herrscher von zäher Energie, brutal, selbst für damalige Verhältnisse grausam, andererseits war er gebildet, befaßte sich mit Literatur und Kunst.

Seine Eroberungskriege begann er mit einem Feldzug gegen die Tataren. Seine Heere rückten damals schon recht weit nach Sibirien hinein vor. Anschließend wandte er sich nach Westen, unterwarf endgültig das Fürstentum Pskow. Dann war Livland an der Reihe – er wollte den Zugang zur Ostsee.

Das russische Heer beschaffte sich aus Deutschland nicht nur Söldner, sondern auch Waffen und, wie wir es heute nennen würden, »know-how«. Fachleute, Kriegshandwerker – Büchsenmacher, Kanonengießer etc. – wurden im Namen des Zaren in Deutschland angeworben und reisten zum großen Ärger der Ordensritter über Riga durch ganz Livland weiter nach Moskau. Als die Ordensritter einen von ihnen erwischten, ließen sie ihn köpfen.

1558 marschierten russische Heere – dabei wieder Tataren und deutsche Landsknechte – in Livland ein. Der »Livländische Krieg« begann. Er sollte 25 Jahre dauern.

Als die Russen kamen, erinnerten sich die Ordensritter und Vasallen ihrer estnischen und lettischen Bauern. Doch diese waren seit zwanzig Jahren entwaffnet und im Kämpfen nicht mehr geübt. Dennoch wurden sie zum Kriegsdienst geholt, oft nur mit Stöcken und Steinen ausgerüstet. Noch einmal stellte sich eine livländische Streitmacht den Scharen Iwans des Schrecklichen entgegen. Dieses Mal siegte das russische Heer und hatte nun freie Bahn weit nach Livland hinein. Die Söldner und Landsknechte wüteten mit bis dahin ungekannter Grausamkeit. Die Menschen versteckten sich in den Wäldern und Sümpfen. Die, denen das nicht gelang, wurden geschlachtet, gehäutet, gebraten oder scheußlich verkrüppelt. Viele wurden als Sklaven an die Tataren oder in die Türkei verkauft. Selbst in Deutschland und anderen Ländern Westeuropas berichteten Moritatensänger davon. In Deutschland allerdings sollte der Dreißigjährige Krieg (1618–1648) den Menschen Vergleichbares bringen.

Gotthard Kettler, seit 1559 Ordensmeister, sucht fieberhaft nach Hilfe bei den Schweden, den Litauern und Polen, den Dänen und beim Deutschen Reich. Alle kommen und nehmen sich ihr Teil.

Estland unterwirft sich dem König von Schweden, Erich XIV.

Livland unterwirft sich Polen-Litauen und huldigt dem Nachfahren des Litauerfürsten Jogaila, König Sigismund II. August.

Die Stadt Riga allerdings unterwirft sich nicht Polen-Litauen, sondern bleibt noch zwanzig Jahre lang freie Stadt und erkennt über sich nur den deutschen Kaiser an.

Dänemark schließlich, genauer König Friedrich II. von Dänemark, kauft von Bischof Johann Münchhausen die Insel Ösel (Saaremaa) und die in Kurland liegenden Gebiete des Stifts Pilten (Piltene), also die Teile Kurlands, die nicht dem Orden gehören.

Als Folge der Niederlage des Deutschen Ordens im Livländischen Krieg erklärt Gotthard Kettler am 5. März 1562 öffentlich im Schloß zu Riga seinen Rücktritt als Ordensmeister und die Auflösung des Ordensstaates. Damit endet auch die Geschichte des mittelalterlichen Livland.

Der Livländische Krieg aber geht weiter, jetzt zwischen Polen, Schweden und Rußland. Der Begriff »Livland« wird künftig nur noch für das Gebiet nördlich der Düna gebraucht, es umfaßte also die heutigen lettischen Provinzen Vidzeme und Latgale sowie die südliche Hälfte des heutigen Estland.

Die Polenzeit

Am gleichen Tag, dem 5. März 1562, an dem er den Livländischen Orden auflöste, übergab Kettler an den Abgesandten des polnischen Königs, Fürst Nikolaus Radziwill, die Insignien des Ordens, wie es vorher, am 28. November 1561 in Wilna, vertraglich festgelegt worden war. Außerdem erklärte Kettler nun offiziell seinen – wohl schon vorher vollzogenen – Übertritt zur protestantischen Kirche. Er wurde anschließend im Namen des Königs von Polen, des neuen Herrn im Ordensland, als »Herzog in Livland zu Kurland und Semgallen« eingesetzt, unter polnischer Lehenshoheit. Auch das war vorher ausgehandelt worden. Livland, der lettische Teil und der estnische sowie das heutige Lettgallen fallen an Polen-Litauen. Der Norden des estnischsprachigen Gebiets, das allein damals als Estland bezeichnet wurde, wird schwedisch. Doch immer noch tobte der Livländische Krieg. Heere – russische, polnische und schwedische – durchzogen das Land, raubten und mordeten.

Im Nordwesten Estlands schlossen sich im Spätsommer 1560 zahlreiche Bauern – Esten – zusammen, mit der Absicht, ihr Schicksal nun selber in die Hand zu nehmen. Sie wählten einen Anführer aus ihrer Mitte, einen Schmied, und schickten Abgesandte an den Rat der Stadt Reval (Tallinn). Die – deutschen – Ratsmitglieder hörten die Abgesandten der Bauern an, entließen sie dann aber mit herablassenden Ermahnungen. Die Bauern erklärten sich daraufhin für unabhängig von ihren Gutsherren und begannen die Gutshäuser zu stürmen und niederzubrennen. Manch deutscher Gutsherr kam dabei um. Im Oktober des gleichen Jahres wurde der Aufstand blutig niedergeschlagen.

Die Lage der estnischen und lettischen Bauernbevölkerung hatte am Ende der Ritterzeit bereits einen Tiefstand erreicht. Die Bauern seien verpflichtet, so hörten sie von ihren deutschen Gutsherrn, für die Nutzung des Bodens dem Grundherrn

Abgaben und Dienste zu leisten. Die »Dienste« konnten sich auf zwei Arbeitstage pro Woche erstrecken oder auch auf sechs – das hing vom Gutdünken des Herrn ab. Der Bauer war gänzlich der Gerichtsbarkeit des Gutsherrn unterstellt. Das heißt, dieser war praktisch Herr über Leben und Tod. Er konnte seine Macht zur rückhaltlosen Ausbeutung der ihm unterstellten Bauern benutzen oder auch als ihr Führer, Leiter und Betreuer wirken. Ein Recht hatte der Bauer: seine bewegliche Habe wurde – noch – als sein Eigentum anerkannt.

Da die Grundherren ihre landwirtschaftliche Produktion allmählich erweiterten, waren sie auf Arbeitskräfte angewiesen. Um diese unentgeltlichen Arbeitskräfte, die Bauern, stets zur Verfügung zu haben, wurde seit dem 15. Jahrhundert die »Schollenpflichtigkeit« schrittweise eingeführt. Schollenpflicht bedeutete, daß ein Bauer oder Knecht das Gut, zu dem er »gehörte«, nicht verlassen durfte. Im 16. Jahrhundert war sie in Estland und Lettland allgemein eingeführt. Wenn ein Bauer das Gut seines Herrn verließ, dann war jeder, der ihn einfing, zur »Ausantwort des Verstrichenen« verpflichtet, das heißt, er hatte den Gefangenen an dessen Gutsherrn, den »Eigentümer«, auf schnellstem Wege zu überstellen.

Im 16. Jahrhundert war es bereits gang und gäbe, daß die Grundherren »ihre« Bauern auch abgeben konnten, gegen Entgelt, versteht sich, sie konnten sie verkaufen. Oder, bei Bedarf, auch kaufen. In einer Reihe von Urkunden ist zum Beispiel bezeugt, daß sich der Ordensmeister Wolter von Plettenberg durch wiederholten Kauf und Verkauf von Bauern an dieser Art von Handel beteiligt hat (vgl. von Foelckersahm, 1923, S. 12).

Im 16. Jahrhundert entwickelte sich in vielen Ländern Europas die Leibeigenschaft in verschiedenen Abstufungen und Varianten. Die Bauernaufstände in Deutschland im 16. Jahrhundert – Florian Geyer u. a. – waren eine Folge ähnlicher Zustände.

Die Leibeigenschaft war die eine Form der Abhängigkeit, die andere war die Volkszugehörigkeit: zwischen Herrn und Leibeigenem bestand ein besonders tiefer Graben: die Nationalität. In Estland und Lettland gehörte der Herr grundsätzlich einem anderen Volk an und sprach eine andere Sprache als der ihm »gehörende« Leibeigene. Der Herr war Deutscher, der Leibeigene nicht, er war, wie man sagte, »Undeutscher«, d. h. Este oder Lette.

Es gab Ausnahmen von diesem System, fast die ganze Zeit der Leibeigenschaft hindurch. Dazu gehörten im 15. und 16. Jahrhundert die sogenannten »Kurischen Könige«. Das waren Bauern, die noch über eigenen Grundbesitz verfügten und nicht von einem Grundherrn abhängig waren. In Kriegszeiten stellten sie berittene Verbände unter der Führung einer Vertrauensperson aus ihrer Mitte. Im Kampf gegen die Russen während des Livländischen Krieges spielten diese kurischen Reiter eine nicht unbedeutende Rolle.

Die deutsche Oberschicht in Livland, Städter und Landadel, hatte verständlicherweise ein Interesse daran, ihre bevorzugte Stellung auch nach der Auflösung des Ordensstaates (1562) beizubehalten. Im wesentlichen gelang ihnen dieses auch unter den verschiedenen Herrschern, bis 1918.

Im »Privilegium Sigismundi Augusti«, das am 28. November 1561 von König Sigismund II. August anläßlich der Huldigung in Wilna (Vilnius) den Vertretern des Ordens erteilt worden ist, werden die Rechte des deutschen Adels festgeschrieben. Der deutschbaltische Adel hat das »Privilegium« in der Folge als eine Art »Grundgesetz« (Wittram, 1954, S. 77) für sich aufgefaßt, bis ins 20. Jahrhundert hinein. Eine so weitreichende Privilegierung ist ihnen nie wieder ausgestellt worden. Die wichtigsten Punkte sind:
– Beibehaltung des Gottesdienstes nach »Augsburger Konfession«, d. h. evangelisch-lutherisch,
– Beibehaltung des deutschen Rechts,
– Würden und Ämter sind nur mit »besitzlichen« Einheimischen, also im Lande ansässigen Deutschen, zu besetzen,
– die hohe Gerichtsbarkeit der Grundherren über ihre Bauern,
– die Anerkennung der Schollenpflichtigkeit der Bauern.

Das Original des »Privilegium Sigismundi Augusti« war schon bald verschwunden. Wiederholt und von verschiedenen Seiten wurden im Laufe der Zeit Zweifel geäußert, ob König

Sigismund II. August diese Privilegien tatsächlich damals in Wilna (Vilnius) erteilt hat, oder ob es sich vielmehr um eine von den Ordensvertretern zusammengestellte Wunschliste handelte. Wie dem auch sei, für den deutschbaltischen Adel blieb dieser Text jahrhundertelang Richtschnur. Die jeweiligen Herrscher im Lande – Polen, Schweden, Russen – hielten sich entweder mehr oder, wie die Schweden, weniger daran.

Als Livland sich im Herbst 1561 in Wilna (Vilnius) unterwarf, war es nicht eindeutig klar, wem es sich unterwerfen sollte, Litauen oder Polen. Zwar waren beide Länder durch eine Personalunion miteinander verbunden, aber genügte das? Die Vertreter Livlands legten Wert darauf, nicht nur Litauen unterstellt zu werden, sondern auch Polen, denn sie hegten Zweifel, ob die litauische Militärmacht allein ausreichen würde, die Russen vom Lande fernzuhalten. Schließlich war das der Sinn der Unterwerfung gewesen. Es gelang ihnen, eine Formulierung durchzusetzen, die ihnen eine Schutzgarantie von beiden Seiten zusicherte.

Acht Jahre später hätten sich solche Überlegungen erübrigt. Am 1. Juli 1569 wurde in Lublin der neue Unionsvertrag zwischen Litauen und Polen geschlossen, der die reale Vereinigung der beiden Länder zu einem Staat, zur »Rzeczpospolita« brachte. Der gemeinsame König wird in beiden Ländern gleichzeitig gewählt und in Krakau gekrönt. Die Außenpolitik wird gemeinsam betrieben, und für beide Länder gilt eine Währung. Die Angehörigen beider Länder haben jeweils im anderen Land das gleiche Recht, Grund und Boden zu erwerben, wie im eigenen. Verwaltung und Heer bleiben getrennt. Die Stellung des Kleinadels *(Szlachta)* wird gegenüber dem Hochadel gestärkt. Der Vertrag war jedoch für Litauen insofern ungünstig, als die zum Reich gehörenden ukrainischen Gebiete – ursprünglich eine litauische Erwerbung – nun dem polnischen Landesteil übertragen wurden. Bezeichnend ist auch, daß der Unionsvertrag nur in polnischer Sprache konzipiert wurde.

225 Jahre behielt der Unionsvertrag von Lublin im wesentlichen seine Gültigkeit, bis 1795 der Staat durch die dritte Polnische Teilung aufgelöst wurde.

Bei den Verhandlungen zur Unterwerfung Livlands unter

die Krone von Polen-Litauen im Herbst 1561 waren auch Vertreter der Stadt Riga anwesend. Sie lehnten es ab, sich der Oberherrschaft Polen-Litauens zu unterstellen, und zogen es vor, Bestandteil des »Heiligen Römischen Reiches Deutscher Nation« zu bleiben. In den folgenden zwanzig Jahren existierte Riga als unabhängiger Stadtstaat.

Riga setzte einerseits die Verhandlungen mit Polen fort, nahm aber gleichzeitig auch mit dem deutschen Kaiser Verbindung auf. Ziel war, Riga zur freien Reichsstadt erklären zu lassen. Die Verhandlungen mit dem Kaiser gediehen immerhin soweit, daß die Stadt Riga 1576 von Kaiser Maximilian II. das Recht erhielt, mit rotem Wachs zu siegeln – ein Privileg, das nur Reichsstädten zugesprochen wurde. (Vgl. Wittram, 1954, S. 71)

Der Krieg mit Rußland aber ging weiter, und es zeigte sich schon bald, daß das Deutsche Reich weder Mittel noch die Möglichkeit hatte, irgendeine Art von Schutz für Riga zu garantieren. So stimmten die Gilden schließlich – sie hauptsächlich hatten eine Anlehnung an den Kaiser befürwortet – dem Rat der Stadt zu, und 1581 wurden Verhandlungen mit Polen aufgenommen. König von Polen und Großfürst von Litauen war inzwischen Stephan Báthory (1522–1586) geworden, ursprünglich Fürst von Siebenbürgen. Mit ihm kam die Stadt Riga zu einer Einigung. Festgeschrieben wurde dies im »Corpus Privilegiorum Stephaneum«. Riga erkennt über sich die Souveränität des polnisch-litauischen Staates an. Alle vom Rat der Stadt erlassenen Verordnungen müssen nun vom König bestätigt werden. Der Rat der Stadt ist ein Vertreter des Königs.

Dafür übernimmt Polen-Litauen den Schutz der Stadt. Zudem bestätigt und garantiert der König fast alle Privilegien, die die Stadt bisher genoß. Dazu gehörte, daß in Riga weder Adlige noch, unter den neuen Verhältnissen, königliche Beamte Handel treiben durften. Fremde, d. h. Gäste in der Stadt, durften nicht direkt untereinander Handel treiben – damit den Rigaer Kaufleuten die Vermittlungsgebühr nicht entging.

Im Stephansprivileg wird außerdem festgelegt – das ist in dieser Form neu –, daß die Bauern ihre über die Fronarbeit hinaus erzielten Ernteerträge und Erzeugnisse in der Stadt Riga frei verkaufen dürfen. Hintergrund dieser Neuerung ist, daß die Städter an frische und qualitativ hochwertige Agrarerzeugnisse für ihre Küchen gelangen sollten. Die Regelung erinnert übrigens an die Zeit der Sowjetherrschaft (1940–1991), als Kolchosangehörigen gestattet war, die Produkte ihres kleinen Privatgrundstücks auf freien Märkten in den Städten anzubieten.

Eine weitere für die Bauern interessante Regelung wurde vom König bestätigt: ein Bauer, dem es geglückt war, seinem Herrn zu entkommen und sich ein Jahr und einen Tag lang unbehelligt in Riga aufzuhalten, wurde nicht mehr an den Gutsherrn ausgeliefert. »Stadtluft macht frei«, hieß es damals. Die Städte brauchten nämlich Arbeitskräfte.

Aber auch die Bürger von Riga hatten Grund, sich über königliche Maßnahmen zu ärgern: sie betrafen die intensive Unterstützung des Katholizismus. So mußte die Stadt zwei Kirchen an die Katholiken abtreten, eine war die Jakobikirche, die heute noch die Stadtsilhouette prägt. Die Gegenreformation bekam Aufwind.

Am 1. April 1582 ritt König Stephan Báthory offiziell durch einen von Rigas Bürgern errichteten Triumphbogen in die Stadt ein.

Bis zum Januar 1582 aber war der Livländische Krieg weitergegangen. Nur war es nicht mehr der Orden, sondern Schweden und Polen, die die russischen Heere bekämpften. Nebenbei hatten sie untereinander Streitigkeiten, die auch militärisch ausgetragen wurden.

Die russischen Heere in Livland entfalteten Ende der 60er Jahre nur wenig Aktivität. Der Grund war, daß Zar Iwan IV. seit 1564 in Moskau innenpolitisch tätig wurde. Es begann nämlich die Auseinandersetzung des Zaren mit dem russischen Hochadel, den Bojaren, die er aus ihrer bisherigen Machtstellung verdrängen wollte.

Anschließend begab sich der Zar nach Livland und leitete dort selber die Operationen des russischen Heeres. Scheinbar unaufhaltsam drang er nach Westen vor. 1575 wurde Pernau (Pärnu) von den Russen genommen, als erster livländischer Ostseehafen. Vor Reval (Tallinn) kam sein Siegeszug erstmals zum Stehen. Von Januar bis März 1577 ließ er die Stadt belagern, dann mußte er aufgeben. Ganz Estland und Livland, bis auf die Städte Reval und Riga, waren in russischer Hand.

Doch dann wendete sich das Blatt. 1580 und 1581 rückten die Schweden im Norden vor und eroberten Estland zurück. Außerdem nahmen sie Ingermannland ein – das von den finnougrischen Ingren bewohnte Land östlich von Estland, einschließlich des Territoriums, auf dem heute St. Petersburg steht. Im August 1583 bestätigten die Russen alle schwedischen Eroberungen.

Zu gleicher Zeit rückten die Litauer und Polen unter Stephan Báthory von Süden her vor. Sie vertrieben die Russen aus Livland und eroberten die weißrussische Festung Polozk zurück. Am 15. Januar 1582, im Frieden von Zapolje, mußte Iwan IV. endgültig auf Livland verzichten. Zapolje ist ein Städtchen zwischen Welikije Luki und Ilmensee gelegen.

Der Frieden von Zapolje 1582 war das Ende des Livländischen Krieges. Die Landkarte sah wieder genau so aus wie 1561. Estland war schwedisch, Livland polnisch und Kurland selbständiges Herzogtum unter polnischer Lehnshoheit. Die Verwüstungen landauf, landab aber waren schrecklich. Weite Gebiete waren entvölkert. Ein Zeitgenosse berichtet, er habe während seiner ganzen Reise von Riga nach Dorpat weder einen Hahn krähen noch einen Hund bellen hören.

Eine bedeutende Strömung während der Polenzeit war die Gegenreformation. Litauen-Polen war nach anfänglicher Ausbreitung der Reformation um 1560 endgültig wieder zum Katholizismus zurückgekehrt und wurde nun zu einer wichtigen Basis der Gegenreformation in Ostmitteleuropa.

Stephan Báthory hat bei seinem Besuch 1582 in Riga dafür gesorgt, daß die katholische Lehre in der Stadt wieder Fuß fassen konnte. In seinem Gefolge kamen die Jesuiten nach Riga und dann auch nach ganz Livland. Mit der ihnen eigenen Intensität machten sie sich an die Rückgewinnung des verlorenen Terrains.

Rasch erkannten die Jesuiten, daß sie den sozialen Gegensatz zwischen Deutschen auf der einen und Letten und Esten auf der anderen Seite ausnutzen konnten. Die Verkünder der Reformation hatten von Anfang an klar gemacht, daß sie an den sozialen Verhältnissen im ehemaligen Ordensland nicht rütteln würden. Für die leibeigenen Bauern bestand also von seiten der protestantischen Kirche – zunächst wenigstens – keinerlei Aussicht auf eine Besserung ihrer Lage.

Geschickt taktierend wandten sich die Jesuiten an Esten und Letten in deren Sprache. In Dorpat und Riga richteten sie Schulkollegien ein, die auch Esten resp. Letten offenstanden. In diesen jesuitischen Schulen wurde teilweise zumindest in estnischer – in Dorpat – resp. in lettischer Sprache – in Riga – unterrichtet. So kam es, daß das erste in lettischer Sprache gedruckte Buch ein katholischer Katechismus war (1585). Der evangelische erschien erst zwei Jahre später, 1587. So ist es nicht verwunderlich, daß die Werbeaktion der Jesuiten bei Esten und Letten Erfolge erzielen konnte.

Die Deutschen allerdings stellten sich strikt gegen eine Rekatholisierung. Es kam sogar so weit, daß in Riga ein Aufstand angezettelt wurde. Anlaß war, daß der Julianische Kalender durch den – tatsächlich praktischeren – Gregorianischen ersetzt werden sollte. Die sogenannten Kalenderunruhen (1584–86) wurden niedergeschlagen, die Anführer geköpft, der neue Kalender eingeführt, aber Riga blieb protestantisch und damit auf die Dauer auch ganz Livland.

Die Schwedenzeit

Selbst das nördliche Estland, das schon seit dem livländischen Krieg der Krone Schwedens unterstand, erlebte noch eine kurze Polenzeit von wenigen Monaten.

Sigismund III. Wasa, König von Schweden und Polen, war als einziger von allen schwedischen Königen katholisch. Im März 1600 übertrug er das schwedische Estland seinem anderen Königtum, nämlich dem katholischen Polen. In Schweden rief das scharfe Proteste hervor. Herzog Karl von Södermannland landete mit einem schwedischen, protestantischen Heer vor Reval und vertrieb die Polen aus Estland.

Im folgenden Jahr, 1601, gelang es Herzog Karl, mit seinem Heer bis zur Düna vorzurücken, d. h. Livland im engeren Sinn unter seine Kontrolle zu bringen.

Große Teile des livländischen Adels schlugen sich auf die Seite der Schweden. Der Grund dafür war, so hörte man zumindest von ihnen, daß sie sich von den Polen religiös unterdrückt fühlten. Auch befürchteten sie, von den Polen nicht genügend Schutz gegen die Russen zu erhalten.

Aber nicht nur die Adligen setzten Hoffnung auf die Schweden. Viel mehr noch erhofften sich die leibeigenen Bauern Erleichterungen unter schwedischer Herrschaft. Hatte doch Herzog Karl erklärt, daß es in einer christlichen Welt nicht mehr üblich sei, die Bauern wie Sklaven zu halten. In Schweden gab es keine Leibeigenschaft.

Doch zunächst wurde nichts aus der Schwedenherrschaft. Karl von Södermannland – inzwischen Karl IX. König von Schweden – wurde 1605 von einem polnisch-litauischen Heer bei Kirchenholm (Salaspils) besiegt und aus Livland vertrieben.

Die Hoffnungen aber blieben. Vor allem die Bauern hatten begriffen, daß eine Rettung vor der Willkür der Gutsherren zumindest möglich war.

1611 bestieg Gustav II. Adolf den Thron in Stockholm. Und zwei Jahre später saß Michail Fjodorowitsch Romanow auf dem Zarenthron in Moskau – der Begründer der letzten Dynastie von Rußland. Rußland war durch innenpolitische Wirren geschwächt, was sowohl Schweden als auch Polen auszunutzen versuchten. Nach einem knapp zweijährigen Krieg schlossen Schweden und Rußland am 27. Februar 1617 den Frieden von Stolbowa. Estland, Ingermannland und Ostkarelien wurden Schweden zugesprochen, wodurch Rußland jeden Zugang zur Ostsee verlor. Für Schweden begann die Zeit des »Dominium maris Baltici«, die Herrschaft über das Baltische Meer. Fast die gesamte Ostseeküste war jetzt schwedisch: Estland, der Finnische Meerbusen, Finnland, die schwedische Küste. Auch Preußen und dann Vorpommern waren zeitweise schwedisch. Nur Livland und Kurland fehlten noch im schwedischen Machtbereich.

Auf Livland, das schon im Livländischen Krieg große Verwüstungen hatte hinnehmen müssen, warteten neue Kriegsgreuel, hinzu kamen Hungersnot und schließlich die Pest.

Im August 1621 erschien Gustav Adolf mit einer größeren schwedischen Flotte vor Riga. Nach einigen Wochen Belagerung ergab sich die Stadt. Stück für Stück wurde nun Livland erobert – 1625 fiel Dorpat –, bis 1629 Schweden und Polen einen sechsjährigen Waffenstillstand schlossen, der später verlängert wurde.

Schweden erhielt Livland. Allerdings nicht ganz: der südöstliche Teil, das Gebiet südlich der Aiviekste (Ewst) – ein Nebenfluß der Düna – blieb polnisch-litauisch. Kurland blieb Herzogtum unter polnischer Lehnshoheit. Auf diese Weise war das estnisch besiedelte Gebiet wieder unter einer Herrschaft vereint, wohingegen Lettland jetzt in drei Teile geteilt war: Kurland und Semgallen als Herzogtum Kurland, das schwedische Livland und das sogenannte Polnisch Livland, das auch als »Inflantien« bezeichnet wurde. Bei den Letten heißt dieser Landstrich »Latgale« – Lettgallen.

Lettgallen blieb dreihundert Jahre lang, bis 1920, mehr oder weniger vom übrigen Lettland getrennt. Während Kurland und die schwedischen Gebiete protestantisch blieben, wurde Lettgallen katholisch und ist es bis heute. Der dort ansässige deutsche Adel nahm den katholischen Glauben an und wurde allmählich polonisiert. Nur die Bauern blieben die ganze Zeit über Letten, behielten ihre Sprache, pflegten ihre Volksdichtung, die wichtigste Stütze für ihr Identitätsgefühl. Zwar verlangten die Lettgaller bei der Wiedervereinigung 1920 bestimmte Sonderrechte, ihre Zugehörigkeit zu Lettland aber zweifelten sie nicht an.

Mit dem Waffenstillstand von 1629 begann die eigentliche Schwedenzeit, die »gute Schwedenzeit«, wie die Bauern noch Jahrhunderte später sagten.

Der Adel verlangte als erstes, daß seine Privilegien erhalten blieben, was Gustav Adolf ihnen am 18. März 1629 auf Widerruf gewährte.

1632 allerdings wurde den Gutsherren die hohe Gerichtsbarkeit über ihre Bauern entzogen und an ordentliche Gerichte übertragen. Nur die Bestrafung kleinerer Vergehen blieb dem Gutsherrn überlassen, das sogenannte »Hauszuchtrecht«, was bedeutete, daß er seine Bauern prügeln lassen oder selber prügeln durfte. Die Bauern jedoch erhielten zum ersten Mal das Recht, über ihren Gutsherrn Klage zu führen.

1630 war Schweden in den Dreißigjährigen Krieg eingetreten, und Gustav Adolf kämpfte in Deutschland für die Sache des Luthertums. Im Feldlager vor Nürnberg, nicht lange vor der Schlacht bei Lützen, wo er 1632 sein Leben verlor, stiftete der König eine Universität für Livland: die lateinisch-schwedische Universität Dorpat – die »Academia Gustaviana«. Johann Skytte, der 1629 von Gustav Adolf als Gouverneur von Livland und Ingermannland eingesetzt worden war, wies in seiner Ansprache anläßlich der Eröffnung des Lehrbetriebs unter anderem darauf hin, daß die neugegründete Hochschule auch Söhnen estnischer und lettischer Bauern die Möglichkeit zum Erwerb höheren Wissens ermöglichen solle. In den zwei Jahren zuvor waren auf Anregung von Skytte Gymnasien gegründet worden, je eins in Dorpat (Tartu), Reval (Tallinn) und Riga.

Die Professoren der neuen Universität kamen zum größeren Teil aus Deutschland – wobei daran erinnert sei, daß auch die deutsche Universität Greifswald zum Reich Gustav Adolfs gehörte – und zum kleineren Teil aus Schweden.

Die positive Entwicklung sowohl in sozialer als auch in geistiger Hinsicht erfuhr nach dem Tode Gustav Adolfs zunächst eine Unterbrechung. Während der Minderjährigkeit Königin Christinas (reg. 1632/44–1654) gewann am Hof in Stockholm der landbesitzende schwedische Adel an Einfluß. Dieser hatte verständlicherweise kein Interesse daran, den Bauern in Livland zu mehr Freiheiten zu verhelfen. Christinas Nachfolger, Karl X. (reg. 1654–1660), versuchte zuerst Schwedens Position militärisch zu sichern und fing einen Krieg mit Polen-Litauen an. Das aber brachte Zar Alexej von Rußland auf den Plan – ihre Livlandpläne hatten die Russen nicht vergessen.

1656 marschierten die Russen von Südosten her nach Livland ein, bewegten sich dünaabwärts bis nach Riga. Sie belagerten die Stadt sechs Wochen lang, mußten dann jedoch, wie seinerzeit vor Reval, abziehen. Ein großer Teil Livlands aber fiel in russische Hand. Hinzu kam wieder die Pest. Die estnischen und lettischen Bauern, die inzwischen einen Vergleich zwischen schwedischer und russischer Herrschaft ziehen konnten, griffen immer häufiger zur Selbsthilfe und erschlugen so manchen Krieger des russischen Heeres.

Nach der Einnahme Dorpats durch die Russen wurde die Universität geschlossen und nahm erst 1690 ihren Lehrbetrieb wieder auf.

Im Mai 1660 schloß Schweden mit Polen den Frieden von Oliva und im Juli 1661 mit Rußland den Frieden von Kardis in Estland. In beiden Friedensschlüssen wurde Schwedens Besitzstand in Livland bestätigt.

Als Karl X. verhältnismäßig jung starb, wurde 1660 sein damals fünf Jahre alter Sohn als Karl XI. auf den Thron gesetzt. Die Regierungsgeschäfte führte ein Regentschaftsrat, der wieder vom landbesitzenden Adel dominiert wurde. In dieser Zeit erreichten die livländischen Gutsbesitzer eine Bestätigung der Leibeigenschaft. Selbst die schwedischen Bauern sollen dieses Mal um ihre Freiheit gefürchtet haben.

Doch mit der Volljährigkeit Karls XI. begann in Schweden

und somit auch in Livland ein anderer Wind zu wehen. Die Esten und Letten nannten ihn den »Bauernkönig«.

Seine wichtigste Maßnahme, die für das ganze Reich galt, war die »Güterreduktion«. In Livland wurde jeder Besitztitel bis zur Ordenszeit zurückverfolgt, und alle Ländereien, die jemals Staatseigentum gewesen waren und dem betreffenden Ritter, d. h. Gutsbesitzer, auf irgendeine Weise verliehen, geschenkt oder zu Lehen gegeben worden waren, wurden wieder verstaatlicht. Die livländische Ritterschaft protestierte erbittert, aber vorerst ohne Erfolg. Als »brutal« und »widerrechtlich« wurde die Güterreduktion in den betroffenen Kreisen und von deren Nachkommen bis ins 20. Jahrhundert hinein bezeichnet (vgl. von Foelckersahm, 1923, S. 21).

Insgesamt wurden damals fünf Sechstel des Gutslandes enteignet. Adlige, die ihr ganzes Gut verloren hatten, durften dieses als Domänenpächter weiter bewirtschaften. Als ein Entgegenkommen seitens der Krone wurde ihnen ein Drittel der Pachtsumme erlassen.

Um die Güterreduktion und andere Maßnahmen, von denen noch die Rede sein wird, durchführen zu können, wurde das gesamte urbare Land in Estland und Livland neu vermessen. Die Maßeinheit war der schwedische »Haken«. Die Größe eines Hakens setzte sich aus zwei Faktoren zusammen: der Fläche, also der Quantität, aber auch der Qualität des betreffenden Bodens. So konnten die Flächenausmaße eines Hakens durchaus unterschiedlich ausfallen.

Auf allen Gütern und Domänen Livlands wurde der zum Anwesen gehörende Boden nun genau und verbindlich in »Hofesland«, das ist das Land, das der Gutsherr in eigener Regie bearbeitet, und »Bauernland« aufgeteilt. Die danach berechneten Abgaben und Dienstleistungen, zu denen ein jeder Bauer dem Gutsherrn verpflichtet war, wurden in »Wackenbücher« eingetragen, und der Eintrag war für Gutsherren und Bauern verbindlich. Der Bauer war damit zunächst der Willkür seines Gutsherrn entzogen.

Die Bauern, die zu einem Gut gehörten, das Domäne wurde, waren dem Gutsherrn, also jetzt Domänenpächter, überhaupt nicht mehr unterstellt. Für sie war ein staatlicher Beamter zuständig. Auf diese Weise erhielten, grob geschätzt, fünf Sechstel der estnischen und lettischen Bauern eine relative Freiheit. Da die Preise für landwirtschaftliche Erzeugnisse, vor allem für Getreide, immer noch recht gut waren, konnten zahlreiche Bauern sich einen gewissen Wohlstand schaffen, und manch einer konnte für bäuerliche Verhältnisse nicht unbeträchtliche Geldbeträge in seiner Lade sammeln.

Die »Schollenpflichtigkeit« der Bauern allerdings wurde nicht aufgehoben. Es mag sein, daß hier nicht nur die mächtige Opposition der Gutsherren eine Rolle spielte, sondern auch finanzielle Überlegungen schwedischerseits. Die Kriege Schwedens waren kostspielig. Die Regelung hatte aber auch eine andere Seite, sie besagte, daß der Bauer nicht von seinem Boden vertrieben werden durfte. Das heißt, ein »Bauernlegen« durch den Gutsherrn war juristisch nicht mehr möglich. Zwar wurde dem Bauern die Freizügigkeit vorenthalten, ihm dafür aber soziale Sicherheit geboten.

Das eigentliche Ziel Karls XI. war es, im ganzen schwedischen Reich die Leibeigenschaft abzuschaffen. Aber allein der Vorschlag brachte den gesamten deutschbaltischen Adel auf den Plan. Die adligen Landbesitzer erhoben Einspruch und entwarfen ein farbiges Bild von den entsetzlichen Folgen einer solchen Freilassung der Bauern. Die »niedrige Kulturstufe« der Bauern wurde angeführt, auf Grund deren sie ohne die »Fürsorge« ihrer Herren nicht überlebensfähig seien.

Trotz allem, die »Schwedenzeit« war für Esten und Letten »die gute Zeit«. Nicht nur die für die Bauern bedeutenden materiellen und juristischen Verbesserungen veranlaßten sie zu einer so positiven Bewertung dieses Abschnitts ihrer Geschichte, sondern noch mehr wohl die Tatsache, daß sie Anstoß und Chance erhielten zu ihrer geistigen Entwicklung sowie zur Besinnung auf die eigene Kultur.

Seit der Verschriftung des Estnischen und Lettischen – das Litauische nimmt einen anderen Weg – hatte es zunächst an Möglichkeiten für den rechten Umgang mit dem Einsatz von Schrift gefehlt.

Nun wurden während der schwedischen Herrschaft zunächst materielle und organisatorische Voraussetzungen für den Beginn einer schriftsprachlichen Entwicklung geschaffen. Neben den erwähnten Gymnasien und neben der Universität von Dorpat war die vielleicht entscheidende Maßnahme die Einrichtung von sogenannten Kirchspielschulen. Hier hatte jeder Einwohner die Möglichkeit, sich über Lesen und Schreiben hinaus ein Grundwissen zu erwerben.

Der Generalsuperintendent der evangelisch-lutherischen Kirche in Livland, Johann Fischer, und der Prediger Ernst Glück in Alūksne (Marienburg) eröffneten ein Seminar, an dem Bauernsöhne zu Lehrern ausgebildet wurden. Die Muttersprache dieser Lehrer und die Sprache, in der sie unterrichteten, war Lettisch bzw. Estnisch.

Eben jenem Ernst Glück ist auch die Übersetzung der Bibel ins Lettische (1681–1689) zu danken. Dieses Riesenwerk wurde durch die Vermittlung Johann Fischers von der Kirche und vor allem durch die Krone finanziert. Die vollständige Ausgabe erschien erstmals 1694.

Die Übersetzung der gesamten Bibel ins Estnische – ebenfalls angeregt von Karl XI. und finanziert vom schwedischen Staat – verzögerte sich wegen der Unstimmigkeiten verschiedener Übersetzer untereinander und konnte erst, unter veränderten Umständen, 1739 erscheinen. Eine estnische Übersetzung des Neuen Testaments allerdings lag schon 1686 vor.

Das estnische Neue Testament und um so mehr die lettische Bibel von Glück gaben eine ausreichende Menge von Texten her. Esten und Letten begannen zu lesen und wurden später – vergleicht man die Auflagen und Zahlen der in den einzelnen europäischen Ländern erscheinenden Buchtitel – zu den lesefreudigsten Völkern Europas.

Das Herzogtum Kurland
und Semgallen

Am 5. März 1562 hatte Gotthard Kettler dem König von Polen, seinem Lehnsherrn, als »Herzog zu Kurland und Semgallen« gehuldigt und damit sein Lehen bestätigt. Deshalb aber konnte er noch lange nicht die Länder Kurland und Semgallen übernehmen. An allen Ecken und Enden, vor allem in Kurland, befanden sich größere oder kleinere Gebietsteile, die irgendwem gehörten, auf die irgend jemand Anspruch erhob.

Da waren zunächst Libau (Liepāja), damals noch ein kleiner Fischerhafen, und das von dort aus landeinwärts gelegene Amt Grobin (Grobiņa), die an den Herzog Albrecht von Preußen verpfändet waren. Das Gebiet sollte zugunsten von Kurland durch die polnisch-litauische Krone ausgelöst werden, doch zog sich die Angelegenheit hin, bis 1609.

Dann war da das Stift Pilten. Es nahm fast ein Drittel der Fläche Kurlands ein und bestand aus dem nördlichen Zipfel der kurländischen Halbinsel einschließlich der Stadt Pilten (Piltene) und zwei weiteren, südlicher gelegenen Enklaven. Dieses Gebiet blickte auf eine eigenartige Geschichte zurück. Es war Bischofsland, während das übrige Kurland dem Orden gehörte. 1559 hatte König Friedrich II. von Dänemark das Bistum Ösel-Wiek einschließlich des Stifts Pilten gekauft. Er schenkte diese Gebiete seinem Bruder, Herzog Magnus von Holstein, der dort zunächst die Interessen Dänemarks vertrat, sich aber im Livländischen Krieg auf die Seite Rußlands schlug. 1570 wurde Herzog Magnus in Moskau zum »König von Livland« ernannt und heiratete eine Nichte des Zaren Iwan des Schrecklichen. Dann kamen ihm Bedenken, er ging zuerst nach Polen und zog sich schließlich, als es dort sicherer geworden war, nach Pilten zurück, wo er 1583 starb.

Nach seinem Tod kaufte Polen das Stift Pilten von Dänemark, lieh sich das Geld dafür aber vom Markgrafen von Brandenburg-Ansbach, dem das Land verpfändet wurde. Schließlich erhielt doch der Herzog von Kurland die Oberhoheit über diese Gebiete, zeitweise wenigstens.

Eine zweite Schwierigkeit entstand dem ehemaligen Ordensmeister und jetzigen Herzog aus seiner Geburt. Weder entstammte er einer alten baltendeutschen Familie, noch war er von fürstlichem Adel. Da galt es vor allem, sich mit dem eingesessenen Adel in Kurland und Semgallen zu arrangieren. Das gelang dem Herzog dadurch, daß er dem Adel weitgehende Rechte einräumte, in der Form des »Privilegium Gotthardianum«. Danach gestaltete sich das Verhältnis Gutsherr – Bauer wie folgt:

- Der Gutsherr besaß die vollständige Gerichtsbarkeit über seine Bauern. Nur wenn die Todesstrafe in Frage stand, mußte der Fall einem Gericht übertragen werden.
- Der Bauer war schollenpflichtig, hatte keine Freizügigkeit.
- Art und Menge der Abgaben und Frondienste konnten vom Gutsherrn nach Gutdünken festgelegt werden.
- Der Gutsherr war berechtigt, mit Leibeigenen zu handeln, mit gewissen Einschränkungen allerdings. Einen Bauern z. B., der als »Wirt« auf einem Stück Land saß, konnte er nicht verkaufen.
- Der Bauer hatte Eigentumsrechte an seiner beweglichen Habe, zeitweise auch an dem Teil seiner Ernte, der nach Erfüllung der Abgabenpflicht übrig blieb.

Allerdings, und das kam einem großen Teil der Bauernschaft zustatten, gehörte gut ein Drittel des gesamten Bodens im Herzogtum Kurland dem Herzog selbst. Es war damals Eigentum des Ordens gewesen und von Kettler in »Staatseigentum« überführt worden.

Zudem hatte die lettische Bevölkerung infolge der speziellen wirtschaftlichen Entwicklung Kurlands verschiedene Aufstiegsmöglichkeiten. Vor allem hatten Letten die Möglichkeit, Handwerker zu werden, auch Meister. Damit eröffnete sich ihnen nicht nur die Aussicht, Vermögen zu erwerben, sondern auch über ein gewisses Maß an Ansehen und Einfluß zu verfügen.

So stehen denn auch die kurländischen Herzöge, zumindest die aus dem Hause Kettler, bei der Bevölkerung bis heute in gutem Ansehen. Im Geschichts- und Kunstmuseum von Jelgava (Mitau), das im Gebäude der ehemaligen Academia Petrina eingerichtet ist, sitzt Herzog Jakob an seinem Schreibtisch, lebensgroß, als Wachspuppe. Die Herzöge konnten aber auch ihrerseits auf die Loyalität ihrer lettischen Untertanen zählen. Nicht umsonst hat ein lettischer Reeder in den 1920er Jahren einen seiner Dampfer »Hercogs Jēkabs« genannt.

Dieser Herzog Jakob war der einzige wirklich bedeutende unter den Herzögen Kurlands. Er war der Enkel des ersten Herzogs, Gotthard Kettler, und regierte von 1640 bis 1682. Aufgewachsen war er in England, sein Patenonkel war König Jakob I. von England. Seine Mutter war eine Prinzessin von Brandenburg, wodurch eine familiäre Bindung zum Hof des Großen Kurfürsten bestand, der ein Neffe und später auch Schwager von Herzog Jakob war.

Auf ausgedehnten Reisen, vor allem nach Holland und Frankreich, hatte Jakob vielerlei Kenntnisse und Erfahrungen gesammelt, vor allem aber für später höchst nützliche Beziehungen knüpfen können.

Mit diesem Hintergrund ging er nach Mitau (Jelgava), das die Residenzstadt des Herzogtums geworden war, und beteiligte sich an den Regierungsgeschäften des Herzogs, seines Onkels. Als der Herzog starb und Jakob die Regierung übernahm, waren ihm die Probleme des Regierens schon weitgehend bekannt.

Sein Ziel war es, dem Herzogtum eine möglichst weitgehende Souveränität zu sichern und sich selber in den Stand eines absoluten Herrschers zu setzen, in Nachahmung des französischen Sonnenkönigs. So nannte man ihn denn auch den Ludwig XIV. von Kurland.

Um dieses Ziel zu erreichen, mußten insbesondere drei Voraussetzungen erfüllt sein:

1. Kurland mußte wohlhabend werden, und zwar in allen seinen Bevölkerungsschichten.
2. Er als Herzog mußte sich mit dem immer noch latent aufsässigen landbesitzenden Adel arrangieren.
3. Er mußte versuchen, Kurland aus möglichst allen Kriegen

herauszuhalten, und eine Politik strikter Neutralität verfolgen.

Was den dritten Punkt anbetrifft, so war es in der Mitte des 17. Jahrhunderts schlicht unmöglich, sich auf die Dauer aus allen Kriegen herauszuhalten. Dennoch glückte es ihm, dies mehr als fünfzehn Jahre durchzuhalten.

Mit dem Adel hatte der Herzog weniger Schwierigkeiten. Er vermied jede Konfrontation und achtete strikt auf die Einhaltung der Privilegien des Adels, aber auch darauf, daß seine, des Herzogs, Hoheitsrechte respektiert wurden, entsprechend den Verträgen und Gesetzen. Daß er über viel eigenes Land verfügte, stärkte seine Position gegenüber dem Adel.

Was seine Pläne zur wirtschaftlichen Situation im Herzogtum betrifft, erwies es sich nun als vorteilhaft, daß er das gerade in Westeuropa aufkommende Merkantilsystem bei seinen Aufenthalten in Holland und Frankreich hatte studieren können. Es kam darauf an, ein zweckmäßig ineinander verwobenes System von Landwirtschaft, Industrie und Verkehr zu schaffen, staatlich oder unter staatlicher Lenkung. Der Herzog war willens, die Fähigkeiten aller seiner Untertanen zu nutzen, auch der lettischen.

Auf der herzoglichen Werft in Windau (Ventspils) wurden während seiner Regierungszeit 44 Kriegs- und 79 Handelsschiffe gebaut, wobei zu bemerken ist, daß zu jener Zeit ein Kriegsschiff leicht in ein Handelsschiff zu verwandeln war und umgekehrt. Man mußte nur entscheiden, wieweit man den vorhandenen Stauraum zum Transport von Waren oder zum Aufstellen von Kanonen verwenden wollte.

Mit dieser erweiterten Flotte wollte Herzog Jakob – bei dessen Regierungsantritt Kurland nur über 24 Schiffe verfügte – versuchen, das Transportmonopol der Holländer zu brechen. Im Laufe der Zeit gelang ihm das auch weitgehend.

Über das Land verstreut ließ der Herzog Fabriken und kleine industrielle Betriebe errichten: Sägemühlen, Pulvermühlen, Textilfabriken, Glashütten. Statt der einheimischen Rasenerze wurden auch bessere, aus Polen importierte Erze verarbeitet.

Eine Vermittlerposition im Handel Westeuropas mit Rußland und Persien einzunehmen, wie er es sich gewünscht hätte und was bei der geographischen Lage nahelag, gelang nicht, weil die politischen Verhältnisse zu unsicher waren.

Aber ein anderer Fernhandel wurde unter Herzog Jakob aufgenommen. Kurländische Schiffe segelten über den Ozean, die Flagge Kurlands, ein schwarzer Krebs auf rotem Grund, erschien an Afrikas und Amerikas Küsten, und Kurland gründete Kolonien in Übersee, eine in Westafrika und eine in der Karibik.

An der westafrikanischen Küste, auf der St.-Andreas-Insel in der Mündung des Gambiastroms, bauten Kurländer das Jakobsfort. Die Reste sind heute noch zu sehen. Die Kurländer trieben Handel mit den einheimischen Stämmen rechts und links des Flusses. Zu Zusammenstößen kam es vor allem mit Engländern und Holländern, die von dem Gerücht angelockt waren, daß am Oberlauf des Gambia Gold zu finden sei. Zehn Jahre, von 1651 bis 1661, konnte sich die Kolonie halten. Dann wurde sie von Engländern erobert – obwohl Herzog Jakob den englischen König während seines Kampfes gegen die Republikaner unter Cromwell mit nicht geringen Geldbeträgen unterstützt hatte. Alle Versuche in den späteren Jahren, die Kolonie wiederzubekommen, scheiterten.

Die zweite Kolonie Kurlands war die Karibikinsel Tobago. Diese Kolonie bestand von 1639 bis 1693. Allerdings stand zeitweise nicht die ganze Insel unter kurländischer Kontrolle. Wer als Kolonist nach Übersee ging, wurde von der Leibeigenschaft befreit. Auch ein Teil der nach Tobago fahrenden kurländischen Seeleute waren Letten. Während Kurland in Gambia vor allem durch Baltendeutsche und durch angeworbene Ausländer, Holländer, Deutsche etc. vertreten war, bestand die Mehrheit der kurländischen Kolonisten auf Tobago aus Letten. Noch heute erinnern auf Tobago einige Ortsnamen an jene Zeit, so die »Kourland Bay«.

Die Importe aus den überseeischen Kolonien wurden in Mitau (Jelgava) gestapelt und von dortaus weiter verkauft.

Aber es kam der Tag, da die Neutralitätspolitik Herzog Jakobs nicht mehr griff. Im russisch-polnisch-schwedischen Krieg von 1655 bis 1661 wurde auch Kurland zum Kriegsschauplatz. Schweden wollte Kurland seinem »Dominium maris Baltici« einverleiben. In der Nacht vom 28. auf den 29. September 1658 überfällt ein schwedisches Kommando das herzogliche Schloß in Mitau und entführt den Herzog. Er wird zwei Jahre lang, bis zum Friedensschluß mit Polen 1660, auf der einst russischen Burg Iwangorod, gegenüber von Narva, gefangengehalten. Währenddessen ziehen polnische und schwedische Heere durch Kurland.

Als der Herzog 1660 wieder in die Heimat kommt, muß er von vorne anfangen. Arbeitsstätten und Betriebe sind zerstört, die Landwirtschaft verwüstet, die Flotte geraubt.

Mit unendlicher Energie und Verzweiflung machten sich die Kurländer an den Wiederaufbau. Er dauerte lange. Herzog Jakob starb darüber im Jahre 1681.

Was schon zur Herrschaft der Schweden gesagt wurde, gilt auch für die Regierungen der kurländischen Herzöge: nicht nur die materielle Verbesserung der Lebensbedingungen führte bei der lettischen Bevölkerung zur Loyalität dem Herzoghaus gegenüber und zu der späteren positiven historischen Bewertung dieser Zeit, auch die Anstöße zur kulturellen Entfaltung, die Förderung der lettischen Sprache zur Schriftsprache sowie der Aufbau seines Bildungswesens hatten ihren Anteil.

Das Lettische begann Literatursprache zu werden. Zwei Namen sind hier vor allem zu nennen, zwei Deutsche.

Georg Mancelius (1593–1654) hat als erster ein lettisches Wörterbuch zusammengestellt, das 1638 erschien. Mit seinem schon 1631 erschienenen »Lettisch Vademecum«, einem Handbuch für die lettische Sprache, hat er praktisch die lettische Rechtschreibung für die nächsten dreihundert Jahre festgelegt, die später sogenannte »alte Orthographie« eingeführt. Sie wurde erst 1922 reformiert. Seine 1654, kurz vor seinem Tode erschienene Predigtsammlung »Langgewünschte lettische Postill« ist ein kunstvolles Werk lettischer Prosa, das erste seiner Art.

Was Mancelius für die Anfänge der lettischen Prosa leistete, das tat Christoph Fürecker für die lettische Kunstdichtung. Seine Lyrik ist bereits, wie man das in den späteren Jahrhunderten immer wieder beobachten kann, von der lettischen Volksdichtung beeinflußt. Die von ihm geschriebenen lettischen Kirchenlieder fehlen bis heute in keinem Gesangbuch.

Fürecker dürfte um 1615 geboren sein. Sein Name taucht erstmals 1632 unter den ersten Studenten der neu gegründeten Universität Dorpat auf. Fürecker war wahrscheinlich mit einer Lettin verheiratet. Er starb 1680. Auch Mancelius empfand sich derart verwurzelt mit dem Leben des lettischen Volkes, daß er sich als »Semgall« bezeichnete.

Der letzte Herzog aus dem Hause der Kettler heiratete eine Nichte des Zaren Peters des Großen, die Großfürstin Anna Iwanowna (1693–1740). Im Mai 1710 hatte er, gerade für volljährig erklärt, sein Amt als Herzog angetreten und war nach Petersburg gefahren, wo er die Prinzessin heiratete. Im Januar machte sich das Paar auf die Heimreise. Kurz hinter Petersburg starb der junge Herzog. Die Witwe, nun Herzogin, ließ sich in Mitau nieder und verwaltete das Herzogtum.

1730 wurde Anna Iwanowna als Anna I. Zarin von Rußland. Ihr Kammerherr, der aus Kurland stammende Graf Ernst Johann Biron (1690–1772), stand ihr persönlich nahe. Mit Hilfe russischer Finanzkraft gelang es der Zarin, den Grafen allen anderen Bewerbern zum Trotz auf den Herzogsstuhl von Kurland zu heben. Damit begann die Bindung Kurlands an Rußland. Biron blieb in Petersburg, beteiligte sich weiter an der Regierung des russischen Reiches, investierte gleichzeitig aber viel Geld in sein Herzogtum Kurland. Finanziell verfügte er über Möglichkeiten, von denen die Kettlers nicht zu träumen gewagt hätten. Er löste alle verpfändeten Domänen aus und begann, Rittergüter aufzukaufen.

Er war es auch, der vom kaiserlichen Hofarchitekten Graf Bartolomeo Francesco Rastrelli (um 1700–1776) Schloß Mitau (Jelgava) und Schloß Ruhenthal (Rundāle) erbauen ließ. Rastrelli gestaltete später Schloß Peterhof um und schuf den Winterpalast, das Smolny-Kloster und viele andere Paläste in St. Petersburg.

Nach dem Tode der Zarin Anna Iwanowna wurde Herzog Ernst Johann Biron nach Sibirien verbannt. In Kurland kam unter Kämpfen und Intrigen ein Sohn Augusts III. von Sachsen auf den Herzogsstuhl, konnte sich aber nicht halten. Als Biron 1762 aus Sibirien zurückkehrte, wurde er wieder Herzog von Kurland.

Sein Sohn Peter setzte sich ein Denkmal durch den Bau einiger weiterer Schlösser, vor allem aber durch die Stiftung der »Academia Petrina« in Mitau (Jelgava).

In der Zwischenzeit, insbesondere während der Abwesenheit Ernst Johann Birons, hatte der Adel in Kurland wieder an Macht gewonnen. Da der Niedergang Polens abzusehen war, glaubten die Adligen, durch ein Paktieren mit Rußland wenigstens eine gewisse Souveränität für Kurland erhalten zu können.

1772 kam es zur ersten Polnischen Teilung. Lettgallen fiel an Rußland, was jedoch für die lettische Bevölkerung keine Veränderungen brachte. Sie blieben die Leibeigenen ihrer polonisierten deutschen Adligen.

Als sich 1795 mit der dritten Polnischen Teilung die Auflösung des polnischen Staates abzeichnete und Kurland damit keinen Lehnsherrn mehr gehabt hätte, beschloß der kurländische Landtag (d. h. die deutschen Adligen) die bedingungslose Übergabe Kurlands an Rußland. Das war am 17./28. März 1795.

Am gleichen Tag dankte der letzte Herzog, Peter Biron, in Petersburg unter der Zarin Katharina II. als Herzog von Kurland ab. Kurland wurde russisches Gouvernement ohne irgendwelche Souveränität.

Die Russenzeit

Ich darf Dir melden, daß der allmächtige Gott und die allerheiligste Gottesmutter Deinen Wunsch erfüllt haben: im Land des Feindes gibt es nichts mehr zu verwüsten. Von Pleskau bis Dorpat, von Riga bis Walk ist alles vernichtet, alle Burgen liegen in Trümmern. Nichts ist geblieben außer Pernau und Reval und hier und da ein Gutshof am Meere.

So etwa mag im Jahre 1705 die Meldung des Feldherrn Boris Petrowitsch Scheremetjew (1652–1719) an seinen Herrn und Zaren gegen Ende seines Feldzuges in Livland und Estland im Nordischen Krieg gelautet haben.

Was die russische Armee nicht erledigt hatte, das besorgte die Pest, der »Schwarze Reiter«, wie sie im Volksmund hieß. Nur etwa ein knappes Drittel der gesamten Bevölkerung überlebte den Nordischen Krieg (1700–1720).

Ein Teil der Bevölkerung Livlands wurde auf Anordnung der russischen Besatzung in das Innere Rußlands verbracht. So auch die deutsche Bevölkerung von Dorpat (Tartu), die allerdings an ihrem jeweiligen Verschickungsort in Rußland, im Gegensatz zu späteren Deportationen, ein einigermaßen auskömmliches Dasein fristen konnte.

Gefangengenommen und deportiert wurde auch Pastor Ernst Glück, der Bibelübersetzer, und mit ihm seine lettische Pflegetochter Katharina. Durch Vermittlung des Fürsten Menschikow (1672–1729), eines Vertrauten des Zaren, wurde sie mit diesem bekannt. Längere Zeit war sie die Geliebte Peters I., bis er sie heiratete, zunächst im geheimen und schließlich auch öffentlich. 1725, nach dem Tode Peters des Großen, wurde sie die Nachfolgerin ihres Mannes auf dem Thron und herrschte als Zarin Katharina I. bis zu ihrem Tode 1727 über das russische Reich. Sie eröffnete 1726 die, wenn auch in veränderter Form, so doch bis heute bestehende Akademie der Wissenschaften zu St. Petersburg. Auf diese Weise war einmal wenigstens das Baltikum auf dem Zarenthron vertreten.

Das Ende des »Großen Nordischen Krieges«

Am 5./15. Juli marschierte General Scheremetjew an der Spitze seiner Truppen in Riga ein, und am 14./24. Juli 1710 huldigten ihm – stellvertretend für den Zaren – der Rat und die Bürgerschaft Rigas sowie der Adel Livlands. Allerdings hatten zuvor die Städter und der Adel die juristische Seite der Übergabe mit dem Zaren geregelt. Allen wurden die Privilegien, die sie im wesentlichen schon vor der Schwedenzeit innegehabt hatten, garantiert. Grundlage der Vereinbarung war das »Privilegium Sigismundi Augusti«, dessen Original zwar verschwunden blieb, von dem aber eine reichlich beglaubigte Abschrift aufgetaucht war. Alle nachfolgenden Zaren bis zu Alexander II. (reg. 1855–1881) bestätigten diese Privilegien.

Die Russenzeit begann. Zumindest für Estland und das schwedische Livland. Lettgallen – »Inflantien« – verblieb weiterhin bei Polen-Litauen, das Herzogtum Kurland blieb polnisch-litauisches Lehen bis zu den Polnischen Teilungen.

Der Nordische Krieg endete mit der Niederlage Schwedens. Die Entscheidungsschlacht – am 27.6./8.7. 1709 bei Poltawa in der Ukraine – war ein glänzender Sieg des russischen Heeres. Der schwedische König Karl XII. floh nach der Schlacht auf türkisches Gebiet. Schweden verlor seine Stellung als europäische Großmacht.

Nachdem im August 1710 Pernau (Pärnu) und die estnischen Inseln von russischen Truppen erobert waren, kapitulierte am 25. September Reval (Tallinn) zu etwa den gleichen Bedingungen wie zuvor Riga im selben Jahr. Damit befanden sich ganz Livland und Estland in russischer Hand.

Der Krieg zog sich noch einige Jahre hin. Zum ersten Mal in der Geschichte erschienen in der Ostsee russische Seestreitkräfte.

Am 30. August/10. September 1721 wurde im Frieden von Nystad (finnisch: Uusikaupunki) der Große Nordische Krieg, soweit er Rußland und Schweden betraf, beendet. Dabei mußte Schweden Livland, Estland, Ingermannland – wo inzwischen die Stadt St. Petersburg gegründet worden war – und Ostkarelien an Rußland abtreten. Das zwischenzeitlich besetzte Finnland wurde von den Russen geräumt und an Schweden zurückgegeben.

Die Kapitulationsbedingungen von Riga und Reval wurden im Frieden von Nystad für ganz Livland bzw. Estland bestätigt: deutsche Verwaltung, deutsches Recht, deutsche Amtssprache, evangelisch-lutherische Kirche. Auch hatten die Deutschen wieder mehr Rechte gegenüber den estnischen und lettischen Bauern. Dazu kam die Rückgabe der den Gutsbesitzern durch die schwedische »Güterreduktion« abgenommenen Ländereien.

Die Bauern

Von Vertretern der baltendeutschen Gutsbesitzerschaft wurden in der Zeit bis 1765 zwei Entwürfe für eine gesetzliche Regelung der Bauernfrage erstellt, sie wurden aber nicht rechtskräftig. De facto war die Situation der Bauern jetzt folgende:
- Der Bauer war schollenpflichtig.
- Er war jederzeit zu unentgeltlicher Arbeit für den Gutsherrn verpflichtet. Welches Ausmaß diese Arbeit für den Gutsherrn, die »Fron«, annahm, bestimmte der Gutsherr selber.
- Der Gutsherr hatte die Gerichtsbarkeit, außer in Kriminalsachen, über seine Bauern, die sogenannte »Hauszucht«. Bestraft wurde in der Regel durch Prügel.
- Bauern, die sich der Schollenpflicht entzogen, d. h. entlaufene Bauern, mußten dem Eigentümer zurückgebracht werden.
- Der Handel mit Leibeigenen war gestattet. Er wurde recht rege betrieben, auch öffentliche Versteigerungen soll es gegeben haben (vgl. Wittram, 1954, S. 153).
- Der Bauer hatte de facto kein Recht auf Eigentum. Zwar wurde über das Recht des Bauern auf bewegliches Eigentum verhandelt, es kam aber nicht zu einer gesetzlichen Festlegung dieses Rechts.

- Das »Bauernlegen« war erlaubt. Das bedeutete, daß der Gutsherr jederzeit jedem Bauern das diesem zur Nutzung überlassene Land wegnehmen konnte.
- Der Bauer hatte keine Möglichkeit, gegen seinen Gutsherrn zu klagen.

1765 wurde auf Anregung des von der russischen Regierung eingesetzten Generalgouverneurs von Livland und Estland im Landtag ein Beschluß zur Bauernfrage gefaßt, der den Leibeigenen eine gewisse Erleichterung bringen sollte:
- Es wurde eine obere Begrenzung für die Fron festgesetzt.
- Das Recht des Bauern an beweglichem Eigentum wurde gesetzlich festgeschrieben. Damit wurde dieses Eigentum auch vererbbar. Allerdings hatte das Recht auf mobiles Eigentum eine Einschränkung: »nach Abzug seiner Schulden an den Herrn«. Wie hoch diese Schulden waren, bestimmte wiederum der Herr.
- Der Bauer erhielt das Recht, gegen seinen Herrn Klage zu führen. Sollte sich die Klage jedoch als unbegründet erweisen, zog das für den Bauern eine empfindliche Prügelstrafe nach sich.
- Schulpflicht wurde eingeführt. Auch die Bauern sollten wenigstens lesen können.

Daß die Bauern sich unter diesen Umständen von Zeit zu Zeit zur Wehr setzten, war zu erwarten. Es kam immer wieder zu Bauernunruhen. Von Aufständen größeren Ausmaßes wird aus den Jahren 1777, 1784, 1797, 1802 berichtet. Der deutsche Pastor, Schriftsteller und Historiker August Wilhelm Hupel (1737–1818) stellte nach den Aufständen von 1777 fest, »daß bey unsern Bauern noch immer ein Gefühl von der alten Liebe zur Freyheit übrig ist« (vgl. Witram, 1954, S. 153).

Die Aufstände verliefen in der Regel so, daß die Bauern – meist nachdem der Gutsherr selbst für damalige Verhältnisse zu weit gegangen war – sich weigerten weiterzuarbeiten, d. h. streikten. Die Auseinandersetzung pflegte dann zu eskalieren, Bauern von Nachbargütern kamen ihren Leidensgenossen zu Hilfe. Das eine oder andere Gutshaus ging dabei in Flammen auf. Schließlich pflegte der Gutsherr russisches Militär anzufordern, das dann, oft mit Artillerie, den Aufstand niederschlug.

Der Geist der Aufklärung

Auf den ersten Blick scheint es, als seien die Ideen der Aufklärung an den Ländern des Baltikums unbemerkt vorübergegangen. Es gab aber durchaus Stimmen, die sich laut und deutlich erhoben. Zuvorderst waren es Geistliche, Pastoren, die sich zu Wort meldeten. Die Ideen der Aufklärung gaben zweifellos den Anstoß. Die eigentliche Triebkraft aber, die diese Pastoren dazu brachte, ihren Widerspruch vernehmlich zu äußern, dürften einfach Menschlichkeit, Gerechtigkeitssinn und Scham gewesen sein, für das, was Mitmenschen, Mitdeutsche taten.

Gotthard Friedrich Stender (1714–1796) widmete sein Leben der geistigen Entwicklung des lettischen Volkes sowie der Pflege und Entfaltung der lettischen Sprache. Er schrieb die erste umfassendere und brauchbare Grammatik des Lettischen (1761). Er gab eine kleine Enzyklopädie in lettischer Sprache heraus (1774) und, seine größte Leistung, ein lettisch-deutsches und deutsch-lettisches Wörterbuch (1789). Noch Generationen nach ihm war dieses Wörterbuch in Gebrauch. Auf seinem Grabstein ließ er hinter seinem Namen das Wort »Latwis« einmeißeln – »Lette«.

Sein Sohn, »der junge Stender« (Jaunais Stenders, 1744–1819), eröffnete der lettischen Literatur eine neue Dimension: das Drama. Sein Lustspiel »Žūpu Bertulis« – »Bertulis der Säufer« – erschien 1790.

Als Kritiker der sozialen Verhältnisse ist neben August Wilhelm Hupel zunächst der Pastor und spätere Professor an der Akademie in Mitau (Jelgava) Johann Georg Eisen (1717–1779) zu nennen, der mit seiner Schrift »Eines lievländischen Patrioten Beschreibung der Leibeigenschaft, wie solche in Lievland über die Bauern eingeführt ist« für Aufsehen sorgte.

Bekannt auch über die Grenzen der baltischen Länder hinaus wurde Garlieb Merkel (1769–1850). Neben Aufsätzen im Sinne der Aufklärung, die auch in Deutschland erschienen, u. a. in Wielands »Der neue Teutsche Merkur«, ist sein wichtigstes Werk, »Die Letten« (deutsch 1797, lettisch 1905), eine einfühlsame Schilderung von Land und Leuten, die bestimmte Zustände in scharfen Worten anprangert. Für die werdende Nation der Letten war dieses Buch Bestätigung und Anhaltspunkt beim Prozeß der Selbstfindung. 1923, zur Zeit der unabhängigen lettischen Republik, wurde in Riga erstmals eine Straße nach ihm benannt: Die »Merķeļa iela«.

»Beiträge zur genaueren Kenntniß der ehstnischen Sprache« hieß die Zeitschrift, die den endgültigen Anstoß zur Entwicklung des Estnischen als Literatursprache gab. Sie erschien von 1813 bis 1832 in Pernau (Pärnu). Ihr Herausgeber, Johann Heinrich Rosenplänter (1782–1846), war ebenfalls evangelischer Pastor. Sein Verdienst ist es, den verschiedenen Bemühungen um das Estnische, seiner Tradition und seiner Weiterentwicklung mit dieser Zeitschrift gewissermaßen ein Zentrum gegeben zu haben. Alle, die damals etwas zu diesem Thema zu sagen hatten, kamen hier zu Wort, Deutsche und Esten, aber auch der eine oder andere Finne oder Schwede. Auch bittere Kritik brachte das Blatt, zum Beispiel an der unter den Deutschen verbreiteten Nichtachtung der Esten und ihrer Sprache.

Einer, der zwar nicht die sozialen Verhältnisse im Lande kritisierte, der aber die Letten als Volk wahrnahm, als Volk mit durchaus eigenständiger Kultur, war Johann Gottfried Herder (1744–1803). In die zweite Auflage seiner »Stimmen der Völker in Liedern« (1807) nahm er auf Anregung seines Rigaer Verlegers Hartknoch acht lettische Volkslieder auf, die er ins Deutsche übersetzen ließ. Herder war von 1764 bis 1769 Lehrer an der Rigaer Domschule. Ein kleiner Platz hinter dem Dom in Riga ist ihm gewidmet, der »Herdera laukums« – Herderplatz. Das kleine Denkmal in der Mitte war während des Krieges abhanden gekommen. Man hat eine Nachbildung aufgestellt, mit dem Namen des Dichters nunmehr in seiner lettischen Form: »Johans Gotfrīds Herders«.

Aus Deutschland war vorher schon einer gekommen, der vielen Letten und Esten geistigen und seelischen Beistand brachte: Graf Nikolaus Ludwig von Zinzendorf (1700–1760). Er bereiste 1736 Livland und Estland und warb für seine Brüdergemeine. Die Herrnhuter »Schwestern« und »Brüder« gründeten überall im Land neue Gemeinden und hatten viel Zulauf, kaum von Deutschen, um so mehr von Esten und Letten. Zinzendorf galt ihnen als einer der ihren, er predigte Gottes Wort in einfachen, verständlichen Worten in ihrer Sprache. Sie waren selber zu »Schwestern« und »Brüdern« geworden und besuchten aus Überzeugung die einfachen Gottesdienste der Brüdergemeine. Zwar standen auch Hupel, Eisen, Mancelius und viele andere Pastoren auf der Seite ihrer Gemeinde, klagten an, riefen zu Gerechtigkeit auf, doch die Mehrheit der Pastoren war anders. Zunächst waren sie Deutsche, verstanden sich als Angehörige der deutschen Oberschicht, als solidarisch mit dem Gutsherrn, oft als dessen verlängerter Arm. Und dem Gutsherrn stand das Recht zu, einen Geistlichen zu berufen. Nicht umsonst hieß es in der estnischen und lettischen Literatur immer wieder, daß der Pastor in der Kirche nichts anderes tue, als den Bauern mit Höllenqualen zu drohen, wenn sie nicht ihrem Gutsherrn parierten.

Bei Gutsherren und Kirche traten denn auch Bedenken auf, als sich die Brüdergemeine weiter ausbreitete und die Bauern dem Einfluß der deutschen Pastoren entzog. Zudem kam es auf etlichen Gütern zu einer merkbaren Verringerung der Einnahmen. Übermäßiges Trinken galt als verwerflich, es sei denn, es wurde im Gutskrug getrunken. Das Monopol des Schnapsbrennens lag beim Gutsherrn. Man mußte den Bauern Gelegenheit geben, ihre Sorgen und ihre Unzufriedenheit mit Hilfe des Alkohols zu beschwichtigen. »Flüssiges Brot« hieß der Schnaps bei den Bauern. Doch bei der Brüdergemeine fanden viele Bauern Trost, auch ohne Schnaps. Der Gutskrug blieb leer. Gegenden, in denen die Herrnhuter starken Zuspruch fanden, blühten auf und prosperierten.

Noch ein Wort zum Branntweinmonopol: Den hauptsächlichen Gewinn aus dem Schnaps zogen die Gutsherrn durch den Export. Jahrzehntelang war das Baltikum fast der einzige Schnapslieferant für Petersburg. Erst im 19. Jahrhundert wurden die baltischen Gutsbesitzer durch die russische Konkurrenz vom Petersburger Schnapsmarkt verdrängt.

Die Deutschbalten in Petersburg

Zu Petersburg gab es eine weitere Beziehung, die historisch von Bedeutung wurde. Die Deutschen gewannen schon in den ersten Jahrzehnten nach der Angliederung der baltischen Gebiete an Rußland einen nicht zu übersehenden Einfluß sowohl am Kaiserhof als auch in Behörden und Regierung sowie vor allem beim russischen Militär. Es gab Familien, die nach ein oder zwei Generationen »verrußten«, auch zur orthodoxen Kirche übertraten, die meisten aber hielten an der deutschen Muttersprache fest und kehrten nach der Pensionierung häufig in die Heimat zurück. Nur einige Namen seien hier genannt, als Beispiel für die bedeutende Rolle, die deutschbaltische Familien in der russischen Geschichte spielten. Von den Politikern ist vor allem Sergej Juljewitsch Graf Witte (1849–1915) zu nennen, Finanzminister und Ministerpräsident von Rußland. Er stammte aus einer Familie in Kurland. Vor allem im russischen Offizierskorps waren die Deutschbalten, verglichen mit ihrem Bevölkerungsanteil, weit überrepräsentiert. Genannt seien die Generäle Barclay de Tolly (1761–1818), Diebitsch (1785–1831), Totleben (1818–1884) und Rennenkampff (1854–1918). Hierher gehören auch die großen russischen Weltumsegler Adam Johann von Krusenstern (1770–1846) und Otto von Kotzebue (1787–1846).

Der Vater des russischen Marineoffiziers Otto von Kotzebue war August von Kotzebue (1761–1819), der erfolgreiche deutsche Dramatiker und Publizist, der von dem Burschenschaftsstudenten Karl Ludwig Sand aus politischen Gründen erdolcht wurde. August von Kotzebue lebte fast fünfzehn Jahre in Estland. Er gehört zu den zahlreichen Deutschen, die aus Deutschland in die baltischen Länder gekommen waren und sich dort kürzer oder länger aufhielten.

Einer von ihnen war der Buchhändler und Verleger Johann Friedrich Hartknoch (1740–1789). Er stammte aus Ostpreußen, ging zuerst nach Mitau (Jelgava), um sich dann in Riga als Buchhändler niederzulassen. In seinem Verlag erschienen Werke von Herder, Hamann und vor allem Kants »Kritik der reinen Vernunft«, die bei Hartknoch in Riga ihre ersten vier

Auflagen erlebte, und die »Kritik der praktischen Vernunft« mit den ersten zwei Auflagen. Hartknoch war es auch, der Herder mit der lettischen Volksdichtung bekanntmachte.

Der überwiegende Teil der Bevölkerung, Esten und Letten, hatte am Geistes- und Kulturleben der deutschen Oberschicht zunächst kaum Anteil. Für sie ging es nach wie vor hauptsächlich um die eine Überlebensfrage, die »Agrarfrage«.

Die Agrarfrage

1804 erschien nach vielen Debatten und Diskussionen ein neues Agrargesetz. Die Leibeigenschaft wurde durch »Erbuntertänigkeit« ersetzt, was bedeutete, daß der Gutsherr beim »Bauernlegen« nicht mehr freie Hand hatte, denn jedem Bauern, der einen Bauernhof bewirtschaftete, den »Bauernwirten«, wurde ein »vererbbares Nutzungsrecht« an seinem Bauernhof zuerkannt. Die Frondienste wurden normiert und wieder, wie zur Schwedenzeit, in Wackenbücher eingetragen. Die »Hauszucht« erhielt insofern eine Einschränkung, als die Gutsbesitzer zumindest die Hofwirte unter den Bauern nicht mehr prügeln durften. In der Praxis allerdings scheinen sich die Errungenschaften von 1804 nur mäßig ausgewirkt zu haben, denn unter den Bauern sprach man vom »alten Pferd mit neuem Sattel«.

Eine entscheidende Wende trat erst nach der Aufhebung der Leibeigenschaft ein, die in Estland am 8. Januar 1817, in Kurland am 30. August 1818 und in Livland am 6. Januar 1820 erlassen wurde. Damit war jeder estnische und lettische Bauer von jeder Form von Leibeigenschaft befreit. Er war nun auch juristisch nicht mehr eine Sache, sondern eine Person. Dadurch, daß die Bauern nun zu Staatsbürgern, oder wie es damals hieß, »Untertanen« wurden, war es notwendig geworden, bei ihnen Familiennamen einzuführen. Für viele der bisherigen Leibeigenen war es ungewohnt, mit amtlichen Formalien umzugehen, deshalb erhielten sie bei der Auswahl ihrer Familiennamen Hilfe von deutschen Pastoren, Beamten etc. So kam es, daß häufig estnische oder lettische Familien einen deutschen

Nachnamen erhielten: Grünberg, Großberg, Freiberg, Dalberg, Kronwald, Großwald, Kreutzwald oder Feldmann, Waldmann, Baumann, Bergmann, Freimann oder Bildungen nach dem Vatersnamen: Anderson, Janson, Martinson, Michelson, Peterson.

Die Aufhebung der Leibeigenschaft brachte zunächst Schwierigkeiten und Rückschläge, in erster Linie für die Bauernwirte. Der nun freie Bauer mußte das Land, das er bebaute, vom Gutsherrn pachten. Da er bei der Freilassung kaum über Geldmittel verfügte, entrichtete er den Pachtzins in Form von Arbeit, das hieß wieder Fron, nur daß jetzt dem Pachtverhältnis ein privatrechtlicher, »frei ausgehandelter« Vertrag zugrundelag. Das heißt, der Verpächter, der Gutsherr also, konnte, wenn er wollte, soviel fordern, wie ihm gutdünkte. Deshalb wird die Zeit bis 1865 auch die »Fronzeit« genannt. Eine Folge dieser Pachtzinsverhältnisse war, daß nur kurzfristige Pachtverträge abgeschlossen wurden, der Bauer mithin kein Interesse daran hatte, den gepachteten Boden zu verbessern und zu pflegen.

Wirklich gewonnen bei der Aufhebung der Leibeigenschaft haben die Knechte. Da Arbeitskräftemangel herrschte, konnten die Landarbeiter sowie Knechte und Mägde, die nun freizügig waren, ihre Lohnforderungen entsprechend hinaufsetzen.

Es sollte noch 45 Jahre dauern, bis es in der »Agrarfrage« zu halbwegs endgültigen und einigermaßen brauchbaren Regelungen kam. Während dieser 45 Jahre standen sich zwei Parteien des landbesitzenden (»besitzlichen«) Adels gegenüber, die »Konservativen«, die darauf beharrten, daß aller Grund und Boden ausschließlich Eigentum von Adligen blieb, und die »Liberalen«, die für eine Übereignung des »Bauernlandes«, des von den Bauernwirten in eigener Regie bearbeiteten Bodens also, an eben diese Bauern plädierten. Führer der liberalen Partei war Hamilkar von Foelckersahm (1811–1856). Mit viel Überzeugungskraft und klugen Argumenten setzte er sich für die Rechte der Bauern ein, ohne dabei verständliche Ansprüche der Gutsbesitzer zu leugnen. Er war ein sowohl bei Esten und Letten als auch bei Deutschen hochangesehener Mann. Er starb jung und erlebte es nicht mehr, als schließlich eine Regelung nach den von ihm vertretenen Vorstellungen Gesetz wurde.

In mehreren Stufen – 1849, 1863 – wurde bis 1865 folgende Regelung erreicht: Die Fronpacht ist aufgehoben. Bauern erhalten das Recht, Land käuflich zu erwerben. Bauern, die als Pächter auf einem Stück »Bauernland« sitzen, werden beim Kauf dieses Landes bevorzugt – Vorkaufsrecht, günstiger Preis. »Bauernlegen« in der alten Form ist nicht mehr möglich. Schließlich wird die »Hauszucht« auch juristisch aufgehoben, d. h. der Gutsherr darf nicht mehr prügeln lassen oder selber prügeln.

Erst in der zweiten Hälfte des 19. Jahrhunderts bekommen Esten und Letten in ihrem Land die gleichen Chancen für einen wirtschaftlichen und gesellschaftlichen Aufstieg wie die Deutschen. Die Ausgangsposition ist natürlich im Durchschnitt für viele Deutsche vorerst noch günstiger.

Stabilisierend auf die Entwicklung der im Nordischen Krieg so erbarmungslos heimgesuchten, inzwischen »Ostseeprovinzen« genannten Länder wirkte sich aus, daß Rußland außer in den Napoleonischen Kriegen keine wirklich verändernden Kriege zu führen hatte.

Die Universität Dorpat

Schon bei der Kapitulation von 1710 war auf Verlangen der Vertreter Estlands und Livlands die Wiedereröffnung der Universität Dorpat in Aussicht gestellt worden. Doch erst 1802 konnte der Lehrbetrieb in Dorpat wieder aufgenommen werden. Bereits vier Jahre vorher hatte Zar Paul I. die Genehmigung zur Wiedereröffnung gegeben. Die tatsächliche Neueröffnung der Universität fand erst unter Alexander I. statt, der auch andere Universitäten gründen oder wiederbeleben ließ, darunter 1803 die Wiedereröffnung der polnischen Universität in Wilna (Vilnius).

Die Dorpater Universität ist 1802 ausdrücklich als deutschsprachige Hochschule gegründet worden. Daher wurden viele

Professoren aus Deutschland berufen, vor allem in den ersten Jahrzehnten.

1827 ließ Zar Nikolaus I. auf Anregung des Dorpater Rektors ein »Professoren-Institut« einrichten. Es war dazu gedacht, besonders begabten russischen Studenten zusätzlich eine deutschsprachige Ausbildung zu geben, wodurch sie in die Lage versetzt werden sollten, ihr Studium an einer ausländischen Universität weiterzuführen, um schließlich als Professoren an einer russischen Universität tätig zu werden. Das Institut bestand nur bis 1838. Einer der Absolventen war der Chirurg Nikolaj Iwanowitsch Pirogow (1810–1881), der u. a. durch seinen »Atlas der topographischen Anatomie« international bekannt wurde.

Die Dorpater Universität war in den ersten Jahren nach ihrer Wiedereröffnung stark vom Geist der Aufklärung getragen. So traf auch die zunächst noch im Lande bestehende Leibeigenschaft bei der Professorenschaft auf wenig Verständnis. So mancher Impuls zu ihrer Aufhebung ging von der Hochschule aus. Deshalb nimmt es auch nicht wunder, daß sich unter den Studenten immer mehr Esten und Letten fanden.

Die Studentenschaft hatte sich in landsmannschaftlichen Burschenschaften organisiert: »Estonia«, »Livonia«, »Curonia« und »Fraternitas Rigensis«. Die lettischen Studenten gründeten 1882 ihre Verbindung »Lettonia«, während die Esten ohne eine als solche anerkannte Korporation im »Verein studierender Esten« zusammengeschlossen waren.

Die Jungletten

Die ersten lettischen und estnischen Studierenden und Absolventen assimilierten sich, doch schon 1855 bestärkten lettische Studenten einander bei den sogenanten »Lettischen Abenden«. Erster Organisator dieser Abende war Krišjānis Valdemārs (1825–1891). Bei seiner Immatrikulation hatte er hinter seinen Namen nicht die Heimatprovinz – Estland, Livland oder Kurland – geschrieben, sondern »Lette«. Der Rektor zitierte ihn zu sich, akzeptierte den Eintrag dann aber doch.

Teilnehmer an den »Lettischen Abenden« waren u. a. Juris Alunāns (1832–1864) und Krišjānis Barons (1835–1923). Alunāns wurde als erster lettischer Lyriker von Format bekannt. Das Lebenswerk Krišjānis Barons' war die Sammlung lettischer Volkslieder: In acht Bänden (1894–1915) veröffentlichte er etwa 36 000 Lieder in 182 000 Varianten. Die Dainas, wie diese Volkslieder heißen, stellen die wichtigste Überlieferung lettischer Geschichte und altlettischer Kultur dar, so daß sie als Forschungsmaterial zu Auskünften über die Zeit vor der Eroberung durch die deutschen Ritter herangezogen werden. Ähnlich liegen die Verhältnisse in Litauen. Die Litauer verfügen darüber hinaus über eine besonders umfangreiche Überlieferung an Märchen, die Jonas Basanavičius (1851–1927) gesammelt hat.

Zwar erschien eine lettischsprachige Zeitung seit 1822, die »Latviešu Avīzes«, jedoch unter der Leitung deutscher Pastoren. Entsprechend war der Tenor des Blattes: Die Letten sollten sich damit abfinden, stets ein untergeordnetes Volk von Bauern zu bleiben.

1856 beginnt die erste wirkliche lettische Zeitung, »Mājas Viesis« – »Der Hausgast« – zu erscheinen. Chefredakteur ist Ansis Leitāns.

Zu jener Zeit konnte sich kaum ein Baltendeutscher vorstellen, daß es je eine ernstzunehmende lettische oder estnische Literatur geben würde, schon gar nicht, daß Estnisch oder Lettisch in der Wissenschaft als Kommunikationssprache verwendet werden würde. Hätte damals jemand in diesen deutschbaltischen Kreisen von der Möglichkeit eines estnischen oder lettischen Staates gesprochen – er hätte nur Gelächter geerntet.

Dennoch, die neue selbstbewußte Tonart in Alunāns' Gedichten, in den Beiträgen des »Mājas Viesis« und verschiedenen Publikationen der »Lettischen Abende« wird von einigen deutschbaltischen Kreisen wahrgenommen. Ironisch spricht man von den »Jungletten« und später entsprechend von »Jungesten«.

Krišjānis Valdemārs ließ sich nach dem Examen in Petersburg nieder. Er glaubte, dort seine lettische Politik ungehinderter betreiben zu können. Wenig später folgten seine Dorpater Freunde Alunāns und Barons.

In Petersburg gaben die Freunde seit 1862 die »Pēterburgas Avīzes« – »Petersburger Zeitung« – heraus. Diese Zeitung genoß im Zarenreich eine damals kaum vorstellbare Publikationsfreiheit. Als zuständiger Zensor für diese Zeitung war nämlich von den russischen Behörden Krišjānis Valdemārs selbst eingesetzt worden. Es war Valdemārs gelungen, in engere Beziehung zum Großfürsten Konstantin, dem Bruder des Zaren, zu treten.

Der Großfürst war als Generaladmiral nicht nur mit der Kriegsflotte befaßt, sondern hatte auch Verbindung zur russischen Handelsflotte. Auf diese Weise kam Valdemārs dazu, sich mit Problemen der Seefahrt zu befassen. Schließlich wurde ihm die Einrichtung von Seefahrtschulen an verschiedenen Orten im ganzen Russischen Reich übertragen. Als sein Hauptwerk rechnete er sich die Gründung der lettischen Seefahrtschule in Ainaži an.

Die »Pēterburgas Avīzes« wurde in ganz Lettland gelesen. Vor allem die Satire-Beilage erfreute sich steigender Beliebtheit. Allerdings mußte das Blatt nach wiederholten Protesten des deutschen Adels bei der Obrigkeit in Petersburg bereits 1865 sein Erscheinen einstellen. Trotz der kurzen Erscheinungsdauer war die Wirkung dieses Blattes auf das Bewußtsein der lettischen Bevölkerung nachhaltig.

Krišjānis Valdemārs ging nach Moskau. Bis zu seinem Tode war er der Meinung, die Letten hätten in den Russen einen Verbündeten gegen die Deutschen im Lande suchen sollen. Er erkannte nicht, daß Rußland gerne dabei half, die Deutschen im Baltikum aus ihrer Vormachtstellung zu drängen, keineswegs aber, um diese Vormachtstellung dann den Letten und Esten zu überlassen.

Nachdem die »Pēterburgas Avīzes« ihr kurzes einflußreiches Erscheinen eingestellt hatte, zog es viele Letten wieder zurück nach Lettland, besonders in das neue Zentrum Riga. 1868 wurde der »Lettische Verein« gegründet. Seit 1869 erschien, gewissermaßen als Fortsetzung der »Pēterburgas Avīzes«, die neue Zeitung »Baltijas Vēstnesis« – »Der baltische Bote«. Lettische Theateraufführungen wurden organisiert, als erstes kommt Stenders »Žūpu Bertulis« auf die Bühne, und in den sechziger Jahren begann Atis Kronvalds, Kronvalda Atis genannt, seine Tätigkeit als Organisator im »Lettischen Verein«. Ihm vor allem verdanken die Letten viele neue Sprachschöpfungen. Auch hatte er während seines Studiums in Dorpat die »Lettischen Abende« erneuert, aus denen schließlich die Dorpater Burschenschaft »Lettonia« hervorging. Bei der Suche nach den Farben für diese Studentenverbindung stießen die Gründer auf eine Stelle in der »Livländischen Reimchronik«, wo eine von Letten im Kampf getragene Fahne beschrieben wird: rot mit einem waagerechten weißen Streifen in der Mitte. Dies ist bis heute die lettische Nationalflagge.

Das erste gesamtlettische Liederfest kam 1873 zustande, über tausend Sänger erschienen. Vorher hatte man sich schon zu verschiedenen regionalen Liederfesten organisiert gehabt. Weil für die Letten die Dainas wie überhaupt das Singen tief in der kulturellen und nationalen Überlieferung verwurzelt ist – dasselbe gilt für Esten und Litauer –, kommt den Liederfesten bis heute eine besondere Bedeutung zu, auch eine politische.

Die Esten

Ein paar Jahre früher als die Letten, 1869 schon, feierten die Esten ihr erstes gesamtestnisches Liederfest in Tartu (Dorpat). Das Lied spielt hier, nicht minder als in Lettland, als Träger von nationalem Bewußtsein, von Geschichte und kultureller Tradition eine bedeutende Rolle. Über allem aber steht die Freude am Gesang.

Die »Emanzipation« der Esten, das Wiedererwachen eines nationalen Bewußtseins, kann man symbolisch an der Jahreszahl 1857 festmachen. In diesem Jahr erschien das auf der Grundlage überlieferter Volksliedmotive neu gedichtete Epos »Kalevipoeg« von Friedrich Reinhold Kreutzwald – einem Arzt estnischer Herkunft. In Kalevipoeg, dem Sohn des Riesen Kalev, erhielten die Esten ein Bild für ihre nationale Identität.

Der Initiator des Liederfestes in Tartu (Dorpat), Johann

Woldemar Jannsen (1819-1890), hatte ebenfalls 1857 die erste estnische Wochenzeitung ins Leben gerufen, den »Pärno Postimees« – »Pernauer Postmeister«. Als Jannsen 1864 aus beruflichen Gründen nach Dorpat (Tartu) übersiedelte, gründete er dort die Fortsetzung seines Pernauer Blattes, den »Eesti Postimees«. Später hieß das Blatt einfach »Postimees«. Unter diesem Titel erscheint heute wieder eine Tageszeitung in Estland, eine Neubelebung des 1940 von den Sowjets geschlossenen Traditionsblattes.

1872 fand in Viljandi (Fellin) die erste Versammlung der »Eesti Kirjameeste Selts« – »Gesellschaft estnischer Literaten« statt. Präsident wurde der Pastor Jakob Hurt (1839-1906). Die Gesellschaft hat sich große Verdienste um die Entwicklung der estnischen Sprache erworben. Jakob Hurt selber legte den Grundstock zur großen Sammlung estnischer Volkslieder.

Es gab viele Esten, denen Leute wie Jannsen und Hurt nicht aggressiv genug gegen die immer noch privilegierte Schicht der deutschbaltischen Adligen vorgingen. Der Hauptvertreter dieser Richtung war Carl Robert Jakobson (1841-1882). Zunächst schrieb er noch für den »Eesti Postimees«, es kam aber zu Meinungsverschiedenheiten, und Jannsen wollte nichts mehr von Jakobson drucken. Da gelang es Jakobson, ein eigenes Blatt zu gründen, die »Sakala«. In einem Blätterstreit polemisierten die beiden gegeneinander und wurden von vielen gekauft, wodurch die nationale estnische Idee um so raschere Verbreitung fand. Nur wenige Jahre später erschienen auch in Tallinn entsprechende Zeitungen: »Virulane« und das gemäßigtere Blatt »Valgus« – »Licht«.

Die »Neue Strömung«

Kurz vor der Jahrhundertwende entwickelte sich bei den Letten eine neue Richtung, die »Jaunā strāva« – »Neue Strömung«, eine sowohl politische als auch literarische Richtung, sozusagen die radikalere Fortsetzung der »Jungletten« auf dem Weg zu einem selbständigen lettischen Staat.

Eine besondere Stellung, auch als Vorläuferin der »Neuen

Strömung«, nahm Aspazija ein, die eigentlich Elza Rozenberga hieß – eine engagierte Frau und große Dichterin, deren Stücke auch heute noch aufgeführt werden. Das Organ dieser Gruppe war die seit 1886 in Riga erscheinende Zeitung »Dienas lapa« – »Tageblatt«. Chefredakteur war seit 1891 Jānis Pliekšāns, der aber unter dem Namen »Rainis« schrieb. Nicht als Journalist, sondern als Lyriker und Dramatiker wird Rainis, der große Sprachschöpfer und Klassiker der lettischen Literatur, heute noch verehrt. Einer seiner engsten Mitarbeiter bei der »Dienas lapa« war der Rechtsanwalt Pēteris Stučka. Beide gehörten zu den Gründern der lettischen Sozialdemokratie.

Aspazija heiratete Rainis und Stučka eine Schwester von Rainis. Die Wege der beiden Paare trennten sich, wie auch die Partei sich spaltete. Rainis geht zum gemäßigten sozialdemokratischen Flügel, während Stučka sich den »Mehrheitlern« anschließt, den »Bolschewiki«, den späteren Kommunisten. Stučka gehört seit der ersten Stunde der Revolution zu Lenins Anhängern, wird Justizminister in der ersten sowjetischen Regierung Rußlands und später Präsident der ersten kurzlebigen lettischen Sowjetrepublik. Stučka starb 1932 in Rußland.

Die Russifizierung

1881, mit dem Regierungsantritt Alexanders III., beginnt eine neue Zeit für die Länder an der Ostsee, eine Zeit des Drucks und der Bevormundung, die bis in die jüngste Vergangenheit anhalten sollte: die Zeit der Russifizierung. Esten und Letten begrüßten zunächst diese Entwicklung voller Schadenfreude, in der irrigen Annahme, sie richte sich allein gegen die Deutschen im Land. Sie ahnten nicht, daß sie ein Jahrhundert später durch eine erneute Russifizierungswelle an den Rand ihrer Existenz als Nation gedrängt werden würden.

Es begann damit, daß Alexander III. als erster Zar bei seiner Thronbesteigung die baltischen Privilegien nicht mehr bestätigte. Als erste Maßnahme ordnete er eine verstärkte Werbung für den Übertritt zur orthodoxen Kirche an.

Die nächste Maßnahme war die Einführung des russischen

Polizeiwesens, der russischen Prozeßordnung, was eigentlich eine Modernisierung bedeutet hätte gegenüber dem bis dahin geltenden Ständerecht. Gleichzeitig allerdings wurde das Russische als einzige vor Gericht zugelassene Sprache bestimmt.

1887 wurde das Russische als allgemeine Unterrichtssprache an allen staatlichen Gymnasien vorgeschrieben, 1889 auch für die Privatschulen. Spätestens jetzt merkten Letten und Esten, daß die Russifizierungsmaßnahmen sie ebenso trafen wie die Deutschbalten. Die Anordnung galt nämlich auch für die inzwischen eingerichteten estnischen und lettischen Gymnasien.

1889 verloren alle russischen Universitäten ihre Autonomie, auch die Universität Dorpat. Schrittweise wurde das Russische als Vorlesungssprache eingeführt. 1883 wurde die Stadt Dorpat (Tartu) in Jurjew umbenannt. Das Polytechnikum in Riga behielt, da es nicht den Status einer Universität hatte, seine Autonomie. Als Vorlesungssprache wurde auch hier das Russische verordnet. Der damalige deutsche Botschafter in Petersburg, von Schweinitz, berichtet von einer Reise in die Ostseeprovinzen:

... Schulen, in welchen Lehrer und Kinder sich nicht verstehen, Ratsversammlungen, in denen russisch gesprochen und geschrieben werden soll, wozu nur die wenigsten Mitglieder fähig sind, Gerichtssitzungen, in denen die Richter sich weder mit den Angeklagten noch mit den Zeugen verständigen können...
(Nach Wittram, 1954, S. 222 f.)

Litauen

Litauen war, wie Kurland, erst mit der letzten polnischen Teilung 1795 an Rußland gekommen. Innerhalb des Russischen Reiches bildete Litauen keine eigene Verwaltungseinheit. Das litauischsprachige Gebiet verteilte sich auf die Gouvernements Kowno (Kaunas), Wilna (Vilnius) und Teile der zu Kongreßpolen gehörenden Wojwodschaft Suwalki.

Die Entwicklung Litauens während der hier 120 Jahre dauernden Russenzeit (1795–1915) kann durch zwei Vorgänge charakterisiert werden: die Lösung der traditionellen Bindung an Polen, das ebenfalls, wenn auch in anderer Form, unter russische Herrschaft geraten war, und die schrittweise Entwicklung der litauischen Sprache.

Medium und Zentrum für die Weiterentwicklung der Sprache und auch für das Erstarken des nationalen Bewußtseins war in Litauen – anders als in Lettland und Estland – die Kirche, die katholische Kirche.

Die Bindung an Polen war von vornherein ambivalent und nicht gleichberechtigt gewesen. Auf der einen Seite stand dem litauischen Bauern – die große Mehrheit der Litauer waren Bauern – der polonisierte litauische Adlige als Grundherr gegenüber. Auf der anderen Seite erlitt Polen seit 1795 weitgehend das gleiche Schicksal wie Litauen: die russische Oberherrschaft.

Der erste polnische Aufstand gegen die russische Herrschaft von 1830/31 wurde im wesentlichen vom Kleinadel getragen. Der Hochadel hielt sich zurück. Litauen war an diesem Aufstand eher sekundär beteiligt. Die polnische Revolutionsarmee konnte zwar ganz Litauen besetzen, sich aber auf die Dauer nicht halten. In Telšai wurde von Adligen eine schemaitische Revolutionsregierung gebildet, die aber nicht die Billigung der Bauern fand, weil diese sich von den revolutionären Adligen nicht vertreten fühlten. So stand eine Aufhebung der Leibeigenschaft nicht zur Debatte.

Anders lagen die Verhältnisse beim polnischen Aufstand von 1863. Während es 1830/31 darum ging, den alten polnisch-litauischen Staat, die Rzeczpospolita, wiederherzustellen, spielten 1863 auch soziale Aspekte eine Rolle. Träger des Aufstands war dieses Mal das Bürgertum.

Die litauischen Bauern fühlten sich 1863 mit den Aufständischen solidarisch und folgten der Aufforderung, sich anzuschließen. 1861 waren sie, wie auch im übrigen Russischen Reich – nur in den Ostseeprovinzen war die Leibeigenschaft 40 Jahre früher aufgehoben worden – aus der Leibeigenschaft entlassen worden. Die Bedingungen waren zwar für die Bauern ein wenig günstiger als zuvor in Estland und Lettland – sie erhielten sofort die Möglichkeit, Land zu erwerben –, doch ausreichend für eine Existenzgründung war es auch nicht. Sie schlossen sich 1863 dem Aufstand an, weil sie auf bessere Chancen für sich hofften.

Doch der Aufstand wurde niedergeschlagen. Die Rache der russischen Macht ließ nicht auf sich warten. Unter den litauischen Anführern der Revolution, die hingerichtet wurden, war auch der katholische Priester Antanas Mockevičius, was bei den Bauern besondere Empörung hervorrief. Am einschneidendsten war eine Maßnahme, die der späteren Russifizierung bereits vorgriff. Es war ab sofort verboten, litauische Texte wie bisher in lateinischer Schrift nach litauischer Rechtschreibung zu drucken. Litauische Bücher, Zeitungen usw. durften nur noch in kyrillischen Buchstaben gedruckt werden. Dazu kamen im Laufe der Zeit weitere Maßnahmen zur Russifizierung des Landes, wie sie sonst erst später, in sowjetischer Zeit, angewandt wurden: z. B. die Ansiedlung russischer Bauern in Litauen, die dann eine bevorzugte Behandlung seitens der Behörden genossen. Ziel war es, die litauische Sprache, das litauische Volk zu überlagern und schließlich zu assimilieren.

Die Maßnahmen bewirkten das Gegenteil, die Litauer entwickelten ein verstärktes Bewußtsein für ihre Sprache und damit auch für ihre Identität als Litauer. Der Wille zum Widerstand wuchs.

Unterstützung erfuhr das Litauische von deutschen Sprachwissenschaftlern, die sich mit der neu aufkommenden Indogermanistik befaßten und entdeckt hatten, daß das Litauische eine alte, dem Indogermanischen in manchem besonders nahestehende Sprache war. Zu diesen Sprachforschern gehörten August Schleicher (1821–1868), Georg Heinrich Ferdinand Nesselmann (1811–1881) und Friedrich Kurschat (1806–1884). Kurschat hat u. a. ein mehrbändiges Wörterbuch der litauischen Sprache begonnen. Nesselmann hat neben seinen Arbeiten zum Litauischen als erster versucht, die nur in wenigen Sprachdenkmälern erhaltenen Reste der altpreußischen Sprache zu sammeln und zu ordnen. Kurschat gründete 1849 die erste litauische Zeitung, »Keleiwis« – »Der Wanderer«. In Memel erschien etwas später die »Lietuwißka Ceitunga«. 1879 wurde in Tilsit die »Littauische literärische Gesellschaft« gegründet. Alle diese Bemühungen fanden jenseits der Grenze statt, im zu Deutschland gehörenden Ostpreußen. Und sie waren im wesentlichen unpolitisch.

Doch schon lange vorher hatte die litauische Literatur ihr erstes großes Werk hervorgebracht, ihren ersten großen Dichter: Kristijonas Donelaitis (1714–1780). Donelaitis war evangelischer Pastor im preußischen »Kleinlitauen«, in Ostpreußen also, in der Nähe von Gumbinnen. Sein Versepos »Metai« – »Die Jahreszeiten« – erschien erst 1818, vierzig Jahre nach seinem Tod, gleichzeitig mit der deutschen Übersetzung. Zum ersten Mal wird hier das Leben der litauischen Bauern dargestellt, und zwar nicht verklärt als bukolische Idylle, wie zu jener Zeit üblich, sondern in all seiner wirklichen Härte.

Erst Jonas Basanavičius betrat mit der von ihm gegründeten Zeitschrift »Aušra« – »Die Morgenröte« – offensichtlich politisches Terrain. Die »Aušra« wurde in Tilsit – in lateinischen Buchstaben – gedruckt und dann über die Grenze nach Litauen geschmuggelt. Die Schmuggler, die außer der Zeitschrift auch Bücher über die Grenze brachten, wurden bald vom Volk als Helden angesehen und »knygnešiai« – »Bücherträger« – genannt. Ihnen drohte, wenn sie gefaßt wurden, die Verschickung nach Sibirien.

Hauptthema der »Aušra« war es, die Menschen mit ihrer nationalen Vergangenheit und dem kulturellen Erbe bekannt zu machen. Die Enkel sollten von den Großvätern lernen und sich auf ihre nationalen Werte besinnen. Eine große Rolle spielte bei diesen Darstellungen natürlich die Geschichte des großlitauischen Reiches im Mittelalter.

In den 1890er Jahren begannen weitere litauische Zeitungen zu erscheinen. Es bildeten sich unterschiedliche Richtungen heraus: mehr klerikal ausgerichtet oder liberal, oder sozialistische Blätter – doch kann man sagen, daß die Presse weniger kraß, weniger polemisch als in Estland und vor allem in Lettland war.

Das Druckverbot des Litauischen in lateinischer Schrift hatte zur Folge, daß fast nur offizielle Regierungsschriften in kyrillischen Buchstaben gedruckt erschienen. Diese Schriften fanden praktisch keine Abnehmer, auch nicht gratis. Der Schmuggel von Büchern und Zeitschriften wurde zwar bekämpft, ließ sich aber nie ganz unterbinden. Schließlich gab die russische Regierung nach. Ab dem 7. Mai 1904 durfte wieder lateinisch gedruckt werden.

Interessant ist, daß schon beim ersten Erscheinen der »Aušra« in Polen Stimmen laut wurden, die von einem »litauischen Separatismus« sprachen und die gesamte litauische nationale Bewegung mißbilligten. Diese Strömung sollte später noch für handfeste politische Mißhelligkeiten verantwortlich werden.

Die Revolution 1905

Zunächst begann es als reiner Arbeitskampf, ein Streik von Industriearbeitern, die bessere Arbeitsbedingungen für sich verlangten. Ein Recht zu streiken aber gab es in Rußland nicht. Streiks waren verboten. Mithin richtete sich ein Streik gegen die Regierung, gegen den Staat, ebenso alle dazugehörenden Aktivitäten wie Demonstrationszüge oder Aufrufe. Dadurch bekamen die Aktionen der Arbeiter ihren revolutionären Aspekt.

Der Blutsonntag

Äußerer Auslöser der russischen Revolution von 1905 war der sogenannte »Blutsonntag« in Petersburg, der 9. Januar 1905. In Rußland war die materielle Lage der Industriearbeiter im allgemeinen völlig unbefriedigend. Für die Sicherheit am Arbeitsplatz gab es fast keine Vorkehrungen, die tägliche Arbeitszeit betrug zwölf Stunden und mehr, die Löhne lagen entsprechend niedrig. Besonders entwürdigend und lebensbedrohend waren die Wohnverhältnisse der Arbeiter in zahlreichen Produktionsstätten. Die Arbeiter planten einen Demonstrationszug durch Petersburg. Zum Winterpalast sollte er führen, dort wollten sie dem Zaren persönlich eine Bittschrift überreichen. Diesen allerdings hatte Panik ergriffen, als er über den Geheimdienst von den Plänen der Arbeiter erfuhr, und er begab sich mit seiner Familie nach Zarskoje Selo. In ihrer Petition hatten die Arbeiter den Zaren bitten wollen, für die Verbesserung ihrer materiellen Lage zu sorgen, hatten aber gleichzeitig auch demokratische Rechte einfordern wollen. Statt des Zaren warteten einige Schwadronen berittener Gardesoldaten auf die Demonstranten, die in ihrem Zug Heiligenbilder und umkränzte Portraits des Monarchen trugen. Nach offiziellen Angaben gab es 130 Tote. In Wirklichkeit sollen es wesentlich mehr gewesen sein. Wie ein Lauffeuer verbreitete sich die Nachricht vom Blutsonntag über das ganze riesige Reich. Eine Streikwelle bisher unbekannter Intensität rollte über das Land.

Die vorher schon gespannte soziale Situation in weiten Teilen des Russischen Reiches wurde durch den Ausbruch des Krieges mit Japan noch verschärft. Hinzu kommt, daß die Streiks der 90er Jahre noch nicht vergessen waren. In Riga kam es im Mai 1899 zu einem regelrechten Arbeiteraufstand. Begonnen hatte es mit einem Streik um mehr Lohn für Arbeiterinnen, die Arbeiter erklärten sich solidarisch, und etwa 12 000 Arbeiter und Arbeiterinnen traten in den Ausstand. Gegen die Streikenden wurde Militär eingesetzt, was 93 Arbeitern das Leben kostete.

Die Regierung des Zaren wußte, daß ein Krieg mit Japan unmittelbar bevorstand. Sie tat nichts, um ihn zu vermeiden, denn innerhalb der Regierung hatten sich die Kräfte durchgesetzt, die meinten, den Schwierigkeiten im Inneren des Reiches durch einen schnellen und siegreichen Krieg begegnen zu können. Daß dieser Krieg weder schnell noch siegreich sein würde, war damals einer Reihe von Politikern und Beratern des Zaren durchaus bewußt. Doch diese konnten sich nicht durchsetzen. Einer von ihnen war Graf Witte, der dann nach verlorenem Krieg bei den Friedensverhandlungen als Hauptbevollmächtigter Rußlands noch versuchte, zu retten was zu retten war.

Für den größten Teil der Bevölkerung Rußlands war dieser Krieg alles andere als populär.

Die Streiks

Die Nachricht vom Blutsonntag wirkte im Baltikum wie eine Initialzündung.

Bereits drei Tage später, am 12. Januar, wurde in Tallinn gestreikt. Als erste legten die Arbeiter der Maschinenfabrik »Dvigatel'« die Arbeit nieder, aus Solidarität zu ihren in Petersburg erschossenen Kollegen. Am gleichen Tag noch folgten die Arbeiter im öffentlichen Dienst: es gab kein Gas mehr und keinen Strom. Am Tag darauf mußten die Zeitungen ihr Erscheinen einstellen: die Drucker streikten. Zunächst blieb es trotz der angespannten Lage ruhig in der Stadt. Am 13. und 14. Januar veranstalteten die Streikenden Versammlungen und Demonstrationen. Kleine Trupps von Arbeitern patrouillierten durch die Straßen und versuchten, die Ordnung so gut es ging aufrechtzuerhalten.

Diese ersten Streiks in Tallinn waren nicht von langer Hand vorbereitet, nicht von einer der beiden sozialistischen Parteien – den Sozialdemokraten und den Sozialrevolutionären – organisiert. Einzelne Flugblätter wurden von diesen zwar verteilt, aber die konkrete Durchführung der Streiks, der Beginn der Aktionen, ihre Koordinierung, das wurde von den betroffenen Arbeitern selbst in die Wege geleitet, in den jeweiligen Betrieben.

Politische Kristallisationspunkte gab es allerdings. Das waren die drei größten estnischen Zeitungen. Der »Postimees« war – seiner Einstellung entsprechend – gegen die Revolution, er warnte vor Gewalt und vor bewaffneter Konfrontation. Sein Programm, d.h. das der National-liberalen Partei, wollte ja durch wirtschaftliche und kulturelle Entwicklung der estnischen Bevölkerung die Herrschaft der Deutschen überwinden. Die stärkste Unterstützung fanden die Streiks und dann auch die Revolution bei dem von Konstantin Päts herausgegebenen »Teataja«. Dieses Blatt wandte sich an die Intelligenz und an die Arbeiterschaft vor allem in Tallinn. Das dritte dieser legal erscheinenden Blätter war das Sprachrohr der Sozialisten: »Uudised«. Hier wurde versucht, soweit das unter den Bedingungen der Zensur möglich war, einen radikalen sozialdemokratischen Standpunkt zu vertreten.

Am 14. Januar tauchte Militär auf. Soldaten schossen auf Demonstranten. Es gab Tote.

Am gleichen Tag begannen auch in anderen Städten Estlands die Ausstände, obwohl die Industriearbeiter in diesen Städten einen geringeren Anteil an der Gesamtbevölkerung ausmachten als in Tallinn. In Tartu zogen Arbeiter auf die Straße. Sie forderten bessere Arbeitsbedingungen, mehr Lohn, kürzere Tagesarbeitszeit. Auch in Pärnu wurde gestreikt und demonstriert. Industrie- und Hafenarbeiter verlangten hier den Achtstundentag – in der damaligen Zeit eine utopisch anmutende Forderung.

Der Gouverneur des Gouvernements Estland, Alexej Walerianowitsch Bellegarde, ließ zwar verlautbaren, daß er bereit sei, Zugeständnisse bei den Löhnen und der Tagesarbeitszeit zu billigen, die Zugeständnisse der Betriebsleitungen aber kamen zu spät, zu zaghaft, waren für diesen Zeitpunkt bereits zu geringfügig. Die Streikbewegung ging weiter.

Am 29. Januar streikten in Tallinn schließlich auch die Dienstmädchen. Sie verlangten neben besserem Lohn vor allem bessere Lebensbedingungen: menschenwürdige Wohnverhältnisse, ein wenig Freizeit. Auch bei dieser Bevölkerungsgruppe waren die Forderungen zunächst rein wirtschaftlicher Art, wobei es sich hier praktisch ausschließlich um Estinnen handelte, im Gegensatz zum Industrieproletariat, zu dem neben den einheimischen Esten auch Angehörige anderer Völker des Russischen Reiches gekommen waren, vor allem Großrussen.

Die Streiks entwickelten sich zur Revolution. Und diese blieb nicht auf Estland beschränkt, sondern erstreckte sich über das ganze Reich.

Ebenso unmittelbar wie die estnischen Arbeiter in Tallinn reagierten die lettischen Arbeiter in Riga auf die Ereignisse an jenem Sonntag in Petersburg: bereits am 12. Januar waren sie in fast allen Betrieben in den Ausstand getreten.

In Lettland waren die Streiks straffer organisiert als in Estland. Auch hatte die Lettische Sozialdemokratische Arbeiterpartei (LSDSP) sogleich die sozialdemokratischen Zentralkomitees der anderen in Lettland lebenden Nationalitäten zur Mitarbeit aufgefordert. Sofort reagiert hat der Allgemeine Jüdische Arbeiterbund, kurz »Bund« genannt. Die lettische und die jüdische Organisation bildeten ein »Föderatives Komitee« und begannen unmittelbar mit dem Organisieren des Streiks. Die russischen Sozialdemokraten schickten, obwohl von den anderen dazu eingeladen, keine Vertreter, so daß die Streiks in Lettland allein von den lettischen und jüdischen Sozialdemokraten getragen wurden. Zwar gab das Zentralkomitee der russischen sozialdemokratischen Partei im späteren Verlauf des Streiks ein Flugblatt in russischer Sprache heraus, das aber wenig Wirkung gehabt haben soll, (vgl. Kalniņš, 1956, S. 50f.). Ein Grund dafür mag gewesen sein, daß ein großer Teil der russischen Arbeiter damals, im Gegensatz zu den Letten und Juden, des Lesens unkundig war. Auch sei daran erinnert, daß die russische Partei sich zu der Zeit gerade gespalten hatte in Bolschewiken, Menschewiken und Sozialrevolutionäre. Die sowjetische Geschichtsschreibung verschweigt die Nichtbeteiligung der russischen Sozialdemokraten 1905 in Riga. Die aktive Teilnahme des jüdischen Arbeiterbundes wird in der neueren sowjetischen Geschichtsschreibung ebenfalls nicht erwähnt.

Am folgenden Tag, dem 13. Januar, zog ein langer Demonstrationszug von der Moskauer Vorstadt, dem größten Arbeiterviertel Rigas, parallel zum Ufer der Düna in Richtung auf die Innenstadt. Es sollen über zehntausend Personen gewesen sein. Doch im rechten Winkel zum Demonstrationszug, über den Fluß, über die Eisenbahnbrücke, rückte Militär an – Einheiten des in Riga stationierten Unteroffizierlehrbataillons. Als die ersten Demonstranten die Eisenbahnlinie erreichten, welche auch die Grenze zur Innenstadt bildete, eröffneten die Soldaten das Feuer. Ohne Vorwarnung wurde scharf geschossen, in die Menschenmenge. Wie viele Tote es gab, läßt sich heute nicht mehr feststellen, die Angaben schwanken – je nach politischem Standpunkt zwischen 22 und 73. Viele der Demonstranten versuchten, da die Menschenmenge sehr bald von Militär fast eingekreist war, sich über das Eis der Düna zu retten. Doch dieses war in der Nähe der Kaimauer brüchig. Keine Statistik vermerkt, wie viele im eiskalten Wasser des Flusses umgekommen sind.

Auch in Lettland greift der Streik auf andere Städte über, vor allem auf Liepāja (Libau) und Jelgava (Mitau).

Die Firmenleitungen kommen nach und nach den Forderungen der Arbeiter entgegen. Die Löhne werden durchschnittlich um 10 Prozent angehoben, die Tagesarbeitszeit um allgemein eine Stunde verringert, so daß die Arbeitszeiten jetzt je nach Firma zehn, neun oder gar nur acht Stunden betragen.

Bis Ende Januar hatten praktisch alle Streikenden ihre Arbeit wieder aufgenommen.

Die Gutshäuser brennen

Von den Städten aus breitet sich im Baltikum die Revolution zügig auf das flache Land aus. Dort sind die Gegensätze noch klarer gekennzeichnet, als in den Fabriken der Städte. Auf der einen Seite steht der Großgrundbesitz, stehen die Eigentümer der Güter. Bei ihnen handelt es sich fast ausschließlich um Deutsche, zu 90 Prozent um Adlige. Ihnen gegenüber stehen die Kleingrundbesitzer und die Landlosen, das heißt Landarbeiter und Knechte. Bei diesen handelt es sich fast ausnahmslos um Esten respektive Letten.

Auf dem Lande äußerte sich die Revolution sehr bald gewalttätig. Gruppen von Landarbeitern und Knechten stürmten die Gutshäuser, brannten sie nieder. Die Besitzer der Güter wurden, soweit sie nicht schon geflohen waren, gefangengenommen, in zahlreichen Fällen auch umgebracht, obwohl die Parteiorganisationen der Sozialdemokraten mit allen Mitteln versuchten, derartige Ausschreitungen zu verhindern. Dennoch gingen immer weiter Gutshäuser in Flammen auf, das ganze Jahr 1905 hindurch.

Einen zusätzlichen Aspekt der Revolution auf dem Lande bildete die Rebellion gegen die Kirche – oder, genauer, gegen das »Patronat«. Die Pastoren in den estnischen und lettischen Gemeinden wurden ausschließlich von den Gutsherren eingesetzt. Die meisten von ihnen waren Deutsche, die allerdings in der Mehrzahl die jeweilige Landessparache – Estnisch resp. Lettisch – gut beherrschen. Dennoch blieben diese Geistlichen in den Augen ihrer Gemeindeglieder Fremde, von der Gemeinde nicht gewollt. Hinzu kam ihr Lebensstil, der sich von dem der Gemeinde in der Regel so kraß unterschied, daß zu dem nationalen auch in diesem Bereich ein scharfer sozialer Gegensatz trat. Während der Revolution wurden in vielen Fällen Pastoren am Abhalten des Gottesdienstes gehindert, von der Kanzel vertrieben, verprügelt, mißhandelt, die Pastorenhäuser niedergebrannt. In den meisten Fällen allerdings hingen diese Gewalttätigkeiten auch mit dem vorherigen Verhalten der betreffenden Geistlichen zusammen. Es kam auch vor, daß der eine oder andere der wenigen estnischen oder lettischen Pastoren Opfer solcher Gewalttaten wurde.

Marxistische Parolen allein vermochten, so wie sie als Aufruf an Industriearbeiter konzipiert waren, die Landarbeiter, Bauern, Pächter, Gutsbediensete kaum zu aktivieren. Voldemārs Bastjānis (1884–1975) – er wurde im unabhängigen Lettland mehrmals Minister – gehörte zu den sozialdemokratischen »Intelligenzlern«, die 1905 aufs Land gingen und versuchten, den Bauern die Ideen der Revolution zu vermitteln. »Die Redner«, schreibt er später in seinen Erinnerungen,

berührten fast gar nicht das Landleben, in dem ihre Hörer aufgewachsen und mit tausend Wurzeln eingewachsen waren; nur das interessierte sie. Als hätte ich es erst gestern gesehen, tauchte plötzlich aus meiner Erinnerung ein Bild auf: auf feurigem Roß reitet Baron M. von K. Neben ihm rennt mein Vater, hält seinen Hut in der Hand ... da habe er gewußt, was er den Leuten sagen mußte. Da verstanden sie ihn, die Landarbeiter und Bauern, da waren sie bereit, ihm zu folgen. (Bastjānis, 1970, S. 78)

Im Baltikum trat die Revolution in eine neue Phase. Es ging nicht mehr nur um die materielle Verbesserung der Lebensbedingungen, es ging auch um das Aufbegehren aus der täglichen Erniedrigung. Das wesentliche Moment dieses Aspekts der Revolution – so formulierte es Paul Schiemann, baltendeutscher Publizist und Politiker – war »Ehre«.

Wer je vor der Revolution auf einem baltischen Gutshof gewesen ist, wird sich der geradezu gottähnlichen Stellung des ›gnädigen Großherrn‹ erinnern, dem gegenüber nicht nur der Knecht, sondern auch der freie Bauer, der den ›Herrschaften‹ den Ärmel küßte, ein völliges Nichts war. Das war nicht durchaus bewußter Hochmut. Gewiß lag den meisten Gutsherren gar nicht so viel am Ärmelkuß und all der Kriecherei, aber es wurde doch nicht nur geduldet, sondern auch erwartet, weil es doch schließlich immer so gewesen war. (Schiemann, 1979, S. 57)

Wie diese »Revolution auf dem Lande« konkret verlief, was sich tatsächlich abgespielt hat, das wird in der einschlägigen

Literatur recht unterschiedlich dargestellt. Bruno Kalniņš (1899–1990) – seine Eltern waren die bekannten Sozialdemokraten Klara und Pauls Kalniņš – beschreibt in seinem Buch »50 Jahre lettische Sozialdemokratie« den Landarbeiterstreik in Semgallen, der Ende Juli 1905 begonnen hatte:

Meistens verließen die Landarbeiter sofort ihren Arbeitsplatz und folgten den Genossen zum nächsten Haus. So entstand bald ein langer Zug, LSDSP-Fahnen wurden erhoben, revolutionäre Lieder gesungen. Der Zug wandte sich dann zum Gutshaus, wo alle Arbeiten unterbrochen wurden und man den Baronen und Gutsverwaltern die Waffen abnahm, ebenso den Polizisten. An mehreren Orten kam es zu Zusammenstößen mit der Polizei und mit Dragonereinheiten, die auf größeren Gütern stationiert waren. ... gewöhnlich wandte sich der Zug anschließend zum Gemeindehaus, wo die Embleme der Autokratie, die Doppeladler und die Zarenporträts zerstört wurden und die Listen der Einzuberufenden und der Reservisten vernichtet, desgleichen alle Gerichtsakten. An einigen Orten vorgefundene staatliche Geldmittel wurden zugunsten der LSDSP konfisziert, wobei stets eine von der Partei ausgestellte offizielle Quittung über die jeweilige Summe hinterlassen wurde. Der dem Baron gehörende Dorfkrug und das Branntweingeschäft der Krone (Monopol) wurden geschlossen, die Branntweinflaschen zerschlagen. Bei diesen Umzügen herrschte große Disziplin, niemand durfte auch nur eine Flasche Branntwein mitnehmen ... (Kalniņš, 1956, S. 85 f.)

Zum Schluß werden die wichtigsten Forderungen der Landarbeiter aufgezählt: 20 Prozent mehr Lohn, ein Arbeitstag von zehn Stunden während des Sommers, Verbesserung der Wohnverhältnisse. Die Streiks seien jeweils nach Erfüllung der Forderungen beendet worden.

Die gleichen Ereignisse beschreibt Astaf Baron von Transehe-Roseneck in seinem – anonym herausgegebenen – Buch »Die lettische Revolution« folgendermaßen:

Die Streiks wurden meist in demonstrativer Form in Szene gesetzt, Umzüge veranstaltet, Drohungen ausgestoßen. In vielen Fällen wurden die Gutsarbeiter durch die von Agitatoren geführten Sozialdemokraten des betr. Gebietes zur Niederlegung der Arbeit gezwungen, dann zog der ganze Haufen nach reichlichem Branntweingenuß johlend und singend zum Gutsherrn und brachte seine Forderungen vor, die meist ebenso unannehmbar wie kindisch waren. So findet sich nicht selten die übliche Forderung des Achtstunden-Arbeitstages auch bei den Landarbeitern! (»Die lettische Revolution«, 1907, Bd. 2, S. 170)

Am 6. August wurde über Kurland der Kriegszustand verhängt. Das bedeutete, der kommandierende General des zuständigen Militärs übernimmt die Befugnisse des Gouverneurs, die Regierung des betreffenden Gouvernements geht also in die Hände des Militärs über.

Das »Föderative Komitee« war strikt gegen Gewaltanwendung, Brandstiftung und Mord. Das Komitee versuchte auch, dies mit allen ihm zur Verfügung stehenden Mitteln zu unterbinden. Allerdings hatte es im Sommer 1905 zeitweise das revolutionäre Geschehen nicht mehr ganz unter seiner Kontrolle (vgl. Kalniņš, 1956, S. 87f.).

Das Oktobermanifest

Am 12. Oktober wurde im später so geheißenen Dailes Theater in Riga das Stück *Sidraba šķidrauts* – »Der silberne Schleier« – der Dichterin Aspazija (1865–1943) aufgeführt. Das Stück ruft zur Besinnung auf die eigene nationale Identität auf, aber auch zum Kampf für die Gleichberechtigung der Frau. Nach dem Stück trat Jānis Ozols, Mitglied des Zentralkomitees der LSDSP, auf die Bühne. Er erklärte, daß eine neue Welle der Revolution begonnen habe, und rief alle Schichten des lettischen Volkes zum offenen Kampf gegen die Selbstherrschaft des Zaren auf.

Ebenfalls am 12. Oktober hatte im ganzen Russischen Reich ein Eisenbahnerstreik begonnen. Die Forderungen der Eisenbahner waren: Einberufung einer verfassungsgebenden Versammlung, Pressefreiheit, Amnestie für alle politischen Gefangenen, Einführung des Achtstundentages. Der Eisenbahnerstreik dauerte 12 Tage. An diesem 12. Oktober waren alle Truppen aus Tallinn abgezogen und zu Schiff, da die Eisenbahn streikte, nach Petersburg gebracht worden. Dort sollten sie die kaiserlichen Schlösser schützen.

Am 14. Oktober begann ein allgemeiner Streik in Tallinn. Die Streikenden versammelten sich im Vorort Katharinental und forderten die Freilassung von zwölf politischen Gefangenen sowie, daß die Polizei und das Militär sich von den Straßen zurückzögen. Die Ordnung wurde ohnehin schon ausschließlich von Arbeitertrupps aufrechterhalten, die der (estnische) Stadtrat zusammengestellt hatte. Außerdem verlangten die Streikenden Pressefreiheit. Der Gouverneur erlaubte dem Stadtrat, diese Bedingungen zu akzeptieren. Am Tage darauf wurde eine große Versammlung der Arbeiter im Zentrum der Stadt abgehalten.

Eduard von Dellingshausen (1863–1939) war zur Zeit der Revolution Ritterschaftshauptmann für das Gouvernement Estland, d. h. der erste Vertreter des deutschbaltischen Adels. Aus seiner Position war er selbstverständlich dagegen, den Arbeitern irgendwelche Zugeständnisse zu machen. Als schließlich einige Heereseinheiten von Helsingfors (Helsinki) nach Estland herübergeschickt worden waren, erklärte sich der Gouverneur bereit, den Arbeitern nicht mehr nachzugeben. Was dann geschah, schildert Baron Dellingshausen in seinen Erinnerungen:

Die Arbeiter hatten sich unterdessen auf dem Russischen Markte vor den Ruinen des am Abend vorher von ihnen eingeäscherten deutschen Theaters versammelt, es wurden wüste Hetzreden gehalten und die allgemeine Plünderung der Stadt beschlossen. Da erschien eine kleine Abteilung von 30 Soldaten. Eine kurze Aufforderung auseinanderzugehen, die von den meisten auf dem Platz versammelten, wüst johlenden Leuten kaum gehört worden war, eine Salve in die Luft, die nächsten in die Massen hinein. In wenigen Minuten war der Markt von den Ar-

beitern gesäubert, aber über hundert lagen in ihrem Blute auf dem Pflaster. (Dellingshausen, 1930, S. 112)

Am 15. Oktober rief das »Förderative Komitee« alle Arbeiter der Stadt Riga auf, sich dem Eisenbahnerstreik anzuschließen. An diesem Tage blieben alle Straßenbahnen und Flußdampfer stehen, gingen alle Lichter aus.

Auch in Petersburg hatten sich die städtischen Arbeiter dem Eisenbahnerstreik angeschlossen. Auch dort gab es kein Gas, keinen Strom, keine öffentlichen Verkehrsmittel. Auch der Zarenhof saß im Dunkeln.

Am dritten Tag gab Zar Nikolaus II. nach. Der Grund, warum der Zar so lange gezögert hatte, die Forderungen weiter Bevölkerungskreise – es waren ja nicht nur die der Arbeiter – nach einer Verfassung zu erfüllen, mag darin liegen, daß er seinem Vater, Alexander III., auf dem Sterbebett das Versprechen geben mußte, unter allen Umständen an der absolutistischen Verfassung des Reiches festzuhalten (vgl. Dellingshausen, 1930, S. 101).

Am 17. Oktober (31. Oktober) 1905 erklärte der Zar in einem Manifest, dem »Oktobermanifest«, daß er beschlossen habe, dem Volk »unverbrüchliche« Freiheiten zu gewähren: Unverletzlichkeit der Person, Gewissensfreiheit und Freiheit des Wortes, Versammlungs- und Vereinigungsfreiheit. Zusätzlich versprach der Monarch in seinem Manifest ein neues Gesetz über die Einrichtung einer Reichsduma, d. h. eines Parlaments, wobei das Wahlrecht auf einen größeren Personenkreis erweitert werden sollte. Dazu die Bestimmung, daß kein Gesetz ohne die Zustimmung der Reichsduma Gesetzeskraft erlangen konnte. Zum neuen Vorsitzenden des Ministerrats, d. h. zum Ministerpräsidenten, wurde Graf Witte ernannt. Dieser versprach am ersten Tag seiner Amtszeit eine Amnestie für alle politischen Gefangenen.

Das Oktobermanifest stellte den Erfolg der Revolution von 1905 in seinem Kern dar. Zwar wurde die Revolution niedergeschlagen, zwar wurde das eine oder andere Zugeständnis im Manifest später zurückgenommen oder mit der Zeit verwässert, aber die reine Autokratie, die absolute Monarchie in der alten Form hatte aufgehört zu existieren.

Das Nachgeben des Zaren und seiner Regierung war für viele leitende Beamte völlig überraschend gekommen. Ratlosigkeit breitete sich unter ihnen aus. Eben noch hatten sie das Militär angewiesen, Versammlungen und Demonstrationen aufzulösen, auf die Demonstranten zu schießen, und nun erschienen plötzlich Zeitungen ohne jede Zensur, wurden gewaltige Kundgebungen abgehalten, ohne vorher eine Erlaubnis einzuholen. Der Generalgouverneur von Kurland, General Böckmann, bat den Innenminister telegrafisch um Aufhebung des Kriegszustandes für Kurland. Der Gouverneur für Livland, Sweginzew, empfing am 20. Oktober eine auf den beiden großen Kundgebungen gewählte Delegation der Revolutionäre. Das bedeutete etwas bis dahin Ungeheuerliches: Die Regierung akzeptiert Revolutionäre als Gesprächspartner! Allerdings, wie sich hinterher herausstellte, nicht ohne Hintergedanken.

Die Zeit der Kongresse

Da die Staatsgewalt vielerorts nicht mehr funktionierte, in Lettland zumindest, übernahm das »Föderative Komitee« nach und nach verschiedene Regierungsaufgaben. Zwei Monate lang herrschte in Estland und Lettland fast uneingeschränkte Presse- und Versammlungsfreiheit. Es begann die Zeit der »Kongresse«.

Der erste war der lettische Lehrerkongreß in Riga. Etwa tausend Menschen hatten sich eingefunden, tagten im Theaterbau an der Romanowstraße. Außer den Lehrern aus ganz Lettland waren auch Journalisten und Wissenschaftler erschienen. Der Kongreß begann am 10. November 1905.

Auch Rainis, der große Dichter der Letten, Ehemann der Dichterin Aspazija, trat bei dem Kongreß auf, und ums Wort bat Andrievs Niedra (1871–1942), Pastor und überzeugter Gegner der Revolution. Er wurde zwar auf diesem Kongreß ausgepfiffen, es war aber noch lange nicht sein letztes Wort in der baltischen Geschichte.

Der Kongreß gelangte zu folgenden Beschlüssen: Unterrichtssprache an lettischen Schulen sollte lettisch sein. Das war damals keineswegs eine Selbstverständlichkeit, zur Zeit der Russifizierung. Ferner sollte allgemein eine sechsklassige Volksschule eingeführt werden – bis dahin dauerte die Schulausbildung auf dem Lande nur drei Winter, was allerdings gegenüber den Verhältnissen im eigentlichen Rußland durchaus eine Errungenschaft darstellte. Die Schule sollte von der Kirche getrennt werden und der Religionsunterricht entfallen.

Am 18. November 1905 trat in Riga der Kongreß der Gemeindevertreter Lettlands zusammen. Diese Gemeindevertreter waren bereits aus freien, gleichen und allgemeinen Wahlen hervorgegangen. Gleiches Wahlrecht – wie bei allen Wahlen und Abstimmungen während der Revolution im Baltikum – für Männer und Frauen. Dies dürfte das erste Mal in Europa gewesen sein, daß Frauen das Wahlrecht zuerkannt wurde.

Die Beschlüsse des Gemeindevertreterkongresses befaßten sich zunächst mit der allgemeinen Politik im Russischen Reich: Eine demokratisch gewählte Verfassungsgebende Versammlung sei für das Reich einzuberufen, und durch diese für das Baltikum eine bestimmte Autonomie einzuführen. Interessant ist, daß damals, 1905, noch mit keinem Wort die Möglichkeit eines unabhängigen lettischen Staates erwähnt wurde. Allerdings hatte Miķlis Valters, ein damals in der Emigration lebender lettischer Politiker und Journalist, schon 1903 in der Zeitung »Proletarietis«, welche in der Emigration erschien, die Loslösung Lettlands von Rußland gefordert.

Der Kongreß verlangte ferner: Auflösung der Gutspolizei, Aufhebung des Patronatsrechts, d. h. die Einsetzung der Pastoren durch die Gutsbesitzer, anstelle der bisherigen Frongesetze die Einführung einer modernen Einkommensteuer, die von allen Einwohnern einer Gemeinde zu entrichten sei, auch vom Gutsbesitzer, und anstelle der bisherigen Gutspolizei sollte eine »nationale« Miliz aufgestellt werden.

In Estland begannen die »großen Kongresse« später als in Lettland, was zur Folge hatte, daß praktisch nur ein solcher abgehalten werden konnte, bevor das Militär die Revolution endgültig unterdrückte.

Am 27. November trat in Tartu in der »Bürgermuße«, einer

großen Halle, der »Allestnische Kongreß« zusammen. Etwa 800 Delegierte erschienen. Es ergab sich sogleich eine scharfe Opposition zwischen der National-Liberalen Partei Jaan Tönissons auf der einen Seite und den sozialistischen Gruppierungen auf der anderen. Die Anhänger Tönissons kamen aus dem sich allmählich herausbildenden estnischen, zumeist wohlhabenden Bürgertum und einem Teil der selbständigen Bauern. Die Anhänger der Sozialisten waren Arbeiter, landlose Bauern und radikale Intellektuelle.

Bereits am ersten Tag des Kongresses kam es zum Eklat. Als Vorsitzender wurde der sozialistische Kandidat, der Rechtsanwalt J. Teemant aus Reval (Tallinn) gewählt. Daraufhin verließ Tönisson mit seinen Anhängern den Kongreß.

Die Tönisson-Anhänger kamen in den folgenden Tagen wieder in der »Bürgermuße« zusammen und verabschiedeten eine Reihe von Resolutionen. Zunächst und vor allem wandten sie sich gegen jede Art von Gewaltanwendung. Ihre Forderungen an die Regierung waren: Schaffung einer konstitutionellen Monarchie für das Russische Reich, Einberufung eines Parlaments, das aus allgemeinen, gleichen, direkten und geheimen Wahlen hervorgeht, weitgehende Selbstverwaltung für das von Esten bewohnte Gebiet, welches neben dem Gouvernement Estland auch den Norden des Gouvernements Livland umfaßt. Das von Esten bewohnte Gebiet sollte zu einer administrativen Einheit zusammengefaßt werden, Estnisch als Unterrichtssprache in den estnischen Volksschulen wieder eingeführt werden und, soweit irgend möglich, seien die landlosen Bauern mit Land zu versorgen.

Die abgespalteten Linken, die die Mehrheit auf dem Kongreß darstellten, versammelten sich am folgenden Tag in der Aula der Universität. Sie verlangten in ihrem sogenannten »Aulamanifest« die Abschaffung der Monarchie. Daneben verlangten sie ebenfalls den Unterricht in der (estnischen) Muttersprache, allerdings nicht nur in der Volksschule, sondern in allen Bildungseinrichtungen, und auf dem Lande die Enteignung aller Güter, auch der Kron- und Kirchengüter, und die Verteilung des Landes an die landlosen Bauern.

Zu einem allgemeinen estnischen Kongreß der Gemeindevertreter – er war für den 10. Dezember geplant – kam es wegen der einsetzenden Gegenrevolution nicht mehr. Auch ein estnischer Lehrerkongreß konnte nicht mehr abgehalten werden.

Der letzte Streik in Riga war ein Streik aus Solidarität mit den Kollegen in Petersburg und Moskau. In Petersburg hatte die Regierung 250 Arbeiterdelegierte während eines Kongresses festnehmen lassen. Es erfolgte darauf weder ein Aufstand der Arbeiter noch ein Streik. In Moskau kam es zwischen dem 7. und 9. Dezember noch einmal zu einem allgemeinen Streik. In Riga rief das »Föderative Komitee« alle Delegierten der lettischen Sozialdemokratischen Partei, des »Bundes« sowie der litauischen, estnischen und deutschen Arbeitergruppen zusammen. Nach intensiven Erörterungen wurde beschlossen – mit 203 gegen 130 Stimmen – doch noch den Generalstreik auszurufen, in der vagen Hoffnung, den Moskauer und vor allem den praktisch unterworfenen Petersburger Arbeitern helfen zu können.

Am 14. Dezember erschien eine größere Abteilung Infanterie und Dragoner vor dem Gebäude Romanowstraße 25, in dem sich die Zentrale des »Föderativen Komitees« befand.

Dies war auch für Riga und damit für Lettland das Ende der Revolution. Das Militär besetzte die Romanowstraße 25, den »Jakobinerklub«, wie die Gutsbesitzer die Zentrale des »Föderativen Komitees« nannten. Dragoner und Kosaken galoppierten durch die Straßen von Riga.

Die Revolution in Litauen

Die sozialen Schichtungen in Litauen scheinen denen in Lettland und Estland auf den ersten Blick zu ähneln, weisen aber bei näherem Hinsehen eine andere Grundstruktur auf. Man kann diese Grundstruktur mit dem folgenden, natürlich vereinfachenden Schema darstellen:
- Die Polen stellen den Adel,
- Juden und einige Deutsche bilden das städtische Bürgertum,
- die Litauer sind die Bauern,

– die Russen stellen die Beamten.

Dabei muß zweierlei ergänzt werden.

1. Der Adel war zum großen Teil ursprünglich ein litauischer Adel, der sich im Laufe der Jahrhunderte immer mehr polonisiert hatte. Das Litauische war niemals Staatssprache gewesen. Vor der Vereinigung mit Polen war es das Weißrussische in seiner damaligen Form, und nach der Vereinigung setzte sich das Polnische allmählich durch. Der litauische Adel nahm als Teil der herrschenden Schicht auch deren Sprache an.
2. In den Städten kam seit dem Ende des 19. Jahrhunderts zum etablierten Bürgerum ein zahlenmäßig rasch anwachsendes Industrieproletariat hinzu. Dieses wurde vor allem durch Juden und Russen repräsentiert, was auch hier zur Bildung einer jüdischen Arbeiterverbindung, dem »Bund« führte.

Die Litauer selbst gehörten fast alle zur Landbevölkerung, sie waren Bauern. Nur eine verhältnismäßig dünne intellektuelle Schicht hatte sich im 19. Jahrhundert entwickelt. Litauische Bauernsöhne studierten in Petersburg, Moskau oder an anderen russischen Universitäten. Die Regierung vergab an Litauer Stipendien, in der Absicht, eine sich auf diese Weise bildende litauische Intelligenz schon bei ihrem Entstehen zu russifizieren. Es war daher auch nicht gedacht, daß die Stipendiaten nach Litauen zurückkehren. Um das zu verhindern, wurde zu administrativen Mitteln gegriffen: die litauischen Hochschulabsolventen bekamen keine Anstellung und die Ärzte unter ihnen keine Niederlassungserlaubnis für die litauischen Gouvernements.

Einen anderen Zweig der litauischen Intelligenz stellte die Geistlichkeit dar. Jede Bauernfamilie setzte ihren Ehrgeiz darein, wenigstens einen Sohn auf eines der Priesterseminare zu schicken. Das Verhältnis der Litauer zu ihrer katholischen Kirche war nach wie vor eng. Im Verlauf des Streits um die Kirchensprache – immer noch sollte es nach dem Willen der höheren Geistlichkeit das Polnische sein – bekam die Bindung zur Kirche eine nationale Komponente, weil sich die litauischen Priester und Bischöfe mit steigender Vehemenz dafür einsetzten, daß in ihren Kirchen litauisch gepredigt wird. Wenn polnische Geistliche von der litauischen Sprache als einem »polytheistischen Idiom« sprachen, so spielten sie damit auf die überlagerten heidnischen Elemente im religiösen Leben der Litauer an.

Die Kirche lehnte eine Revolution grundsätzlich ab. Es ist also verständlich, daß die litauische Landbevölkerung nicht so leicht für einen Aufruhr zu begeistern war wie die in Lettland oder Estland.

Zu Ausschreitungen, Brandstiftungen oder Morden an Gutsbesitzern kam es in Litauen praktisch nicht. In den Dörfern wurden russische Verwaltungsbeamte abgesetzt, russische Lehrer durch litauische ersetzt.

Die Zugeständnisse, die im Frühjahr und Sommer 1905 von der Regierung gemacht wurden, hatten auch auf Litauen ihre Auswirkungen. Ab Mai durfte – zunächst in Privatschulen – das Litauische als Unterrichtssprache eingeführt werden. Auch konnten zahlreiche Emigranten wieder in ihre Heimat zurückkehren. So kam im Sommer 1905 auch Jonas Basanavičius aus Bulgarien zurück.

Auf die Initiative von Basanavičius hin wurde direkt nach der Verkündung des Oktobermanifests in Vilnius eine Tagung litauischer Politiker und Intellektueller abgehalten. Ein Memorandum wurde erarbeitet und folgende Forderungen aufgestellt: nationale Autonomie Litauens innerhalb des Russischen Reiches mit eigenem Landtag, Litauisch als Verwaltungssprache, Vereinigung der von Litauern bewohnten Gouvernements Vilnius und Kaunas sowie des zum Zartum Polen gehörenden Gouvernements Suwalki zu einer administrativen Einheit. Ferner wurde der Ausbau des litauischen Schulwesens gefordert. Das Memorandum sandten die Tagungsteilnehmer an Ministerpräsident Sergej Witte. Eine Antwort kam allerdings nicht.

Auf der gleichen Tagung wurde beschlossen, in Vilnius einen gesamtlitauischen Landtag einzuberufen. Jeder Amtsbezirk und jede Gemeinde sollte einen Delegierten wählen und nach Vilnius entsenden. Außerdem waren »alle litauischen Intellektuellen« geladen.

Etwa zweitausend Delegierte erschienen vom 4.–6. Dezember 1905 zu der als »Der Große Litauische Landtag« in die Geschichte eingegangenen Versammlung. Den Vorsitz führte, unwidersprochen, Jonas Basanavičius. Dieser hatte zunächst vorgeschlagen, den Landtag zu einer nationalen Manifestation werden zu lassen, mit einer mehr theoretischen Diskussion. Doch die große Mehrheit setzte gleich zu Beginn eine Tagesordnung durch, die sich konkret mit der aktuellen politischen Lage im Lande befaßte. Auch die Möglichkeit eines bewaffneten Aufstandes wurde diskutiert, dann allerdings verworfen. Die Mehrzahl der Delegierten dachte an einen Widerstand mit friedlichen, d. h. in erster Linie passiven Mitteln. Obwohl auf dieser Versammlung die unterschiedlichsten politischen Richtungen versammelt waren, von linken Sozialdemokraten bis zu konservativen Vertretern des Klerus, verlief die Tagung in jeder Hinsicht geordnet. Ein Ziel war wohl allen gemeinsam: die Autonomie Litauens. Es war ausdrücklich an eine Autonomie innerhalb des Russischen Reiches gedacht, wobei die einzelnen Kompetenzen zwischen der Zentralregierung in Petersburg und der Landesregierung in Vilnius aufzuteilen gewesen wären. Nur der Delegierte Mickevičius-Kapsukas zog die Gründung einer unabhängigen Republik Litauen in Betracht. Sein Vorschlag wurde damals nicht weiter beachtet. Kurios dabei ist, daß Mickevičius-Kapsukas 1918/19 als Führer einer bolschewistischen Regierung in Vilnius gerade dafür kämpfte, die inzwischen unabhängige Republik mit Weißrußland zu vereinen und sie schließlich wieder an Rußland anzuschließen.

Am Schluß des Landtages wurde eine Resolution gefaßt und verabschiedet. Ihre wichtigsten Punkte sind:
– Das litauische Volk erklärt sich solidarisch mit den Freiheitsbewegungen der anderen Völker Rußlands.
– Nationale Autonomie auf dem von Litauern bewohnten Territorium mit einem demokratisch gewählten Landtag. Besonders betont wurde, daß auch das Gouvernement Suwalki in dieses Territorium einzubeziehen sei.
– Litauisch sei Amtssprache, auch vor Gericht.
– Unterstützung der litauischen Gemeinden, besonders in der Diözese Vilnius, in ihrem Kampf um das Litauische als Kirchensprache.

Die Resolution wurde dem Gouverneur von Vilnius, Fröse, überreicht. Dieser erkannte die Forderungen an und versprach, sie an die russische Regierung weiterzuleiten. Von sich aus ordnete er an, daß Litauisch in den staatlichen Volksschulen als Unterrichtssprache zugelassen werde.

Nachdem die Delegierten in ihre Dörfer zurückgekehrt waren, wurden vielerorts die Zarenportraits aus den Amtsstuben entfernt, die Läden des Branntweinmonopols geschlossen und neue, gewählte Gemeindevertretungen eingesetzt.

Die russische Regierung duldete die Aktivitäten der Litauer vorerst durchaus wohlwollend, in der Absicht, den Gegensatz zwischen Polen und Litauen zu verschärfen. Das gelang zunächst auch. Besonders in der Frage der Kirchensprache kam es zu Auseinandersetzungen in Vilnius und dessen Umgebung, wo ein Teil der Bevölkerung polnisch war.

Das Nachspiel

Die Rache war furchtbar. Man darf gewiß nicht den Standpunkt der anderen Seite vergessen, die Situation, in der sich während des ganzen Revolutionsjahres Gutsbesitzer, Pastoren und manchmal auch die Gutsverwalter befanden. Sie waren immerfort an Leib und Leben bedroht. Da ist es verständlich, daß sie sich zur Wehr setzten.

Wer zündete die Gutshäuser an? Wer ermordete ihre Bewohner? Es erhebt sich einmal die Frage nach den Tätern, nach denen, die mit ihren eigenen Händen das Petroleum über die Polstermöbel im Salon gossen, denen, die das Gewehr anlegten, zielten, abdrückten. Die andere Frage ist: Sind diese Aktionen organisiert worden, koordiniert, und wenn dies der Fall war, von wem?

Schon die erste Frage wird unterschiedlich beantwortet, auch von Autoren, die die Ereignisse miterlebt haben. Baron Dellingshausen, der während der Revolutionszeit Ritterschaftshauptmann von Estland war, schreibt, daß es sich in den meisten Fällen nicht um Landbewohner gehandelt habe, sondern um »Scharen der aus Reval ausgerückten Arbeiter«. Und diese seien in der Mehrzahl keine Esten gewesen, sondern Letten und Russen. (Dellingshausen 1930, S. 118).

Transehe-Roseneck erwähnt in diesem Zusammenhang auch die Konvertiten, das sind Letten und Esten, die seinerzeit auf Grund der Konversionspropaganda zur orthodoxen Kirche übergetreten waren. Er hält sie für »sittlich tiefstehend«.

Die Haltung der Sozialdemokratie in dieser Sache wurde bereits dargestellt. Sie distanzierte sich von Brandstiftung und Mord. Nach Bastjānis handelte es sich zumeist um Landarbeiter und Pächter, die »ihrem« Gutsherren das Haus anzünden wollten.

Die Niederwerfung der Revolution im Baltikum erfolgte nach einem einfachen Feldzugsplan. Das Land sollte durch »Strafexpeditionen« »pazifiziert« werden. Ein »Nordkorps« unter Generalmajor Orlow rückte von Pleskau aus, von Osten her also, in das Baltikum ein, während ein »Südkorps« unter General Meinhardt von Südwesten her vorging. Beide Expeditionskorps bewegten sich konzentrisch auf Riga zu. Ein kleineres »Detachement« unter dem Obersten Graf Grabbe hatte die Aufgabe, vom Gouvernement Witebsk, d. h. von Lettgallen aus, zu marschieren und die Verbindung zwischen den beiden anderen Armeegruppen herzustellen.

• Als Aufgabe der Strafexpeditionen nannte man die Wiederherstellung der gesetzlichen Ordnung, die Entwaffnung der Bevölkerung und die Bestrafung aller aktiv an der Revolution beteiligten Personen (vgl. »Die lettische Revolution«, 1907, Bd. II, S. 292).

Die Korps operierten in einzelnen, zumeist recht kleinen Abteilungen, die den Umfang einer Schwadron resp. Kompanie hatten, zuweilen auch nur eines Zuges. Der kommandierende Offizier einer solchen Abteilung hatte weitreichende Vollmachten, vor allem auch bei der Bestrafung der gefangenen Revolutionäre. Diese Offiziere waren zumeist im Range eines Rittmeisters resp. Hauptmanns, kleinere Einheiten wurden auch von einem Leutnant oder Kornett befehligt, in der Regel von sehr jungen Menschen also. Als von diesen Offizieren zu verhängende Strafen waren vorgesehen: Todesstrafe durch Erschießen oder Erhängen, Verschickung zu Zwangsarbeit »in nördliche Gebiete«, nach Sibirien also, bis zu lebenslänglich, Gefängnis, Verbannung, Prügelstrafe. Die Möglichkeit einer Berufung gegen den Spruch dieser »Feldgerichte« gab es nicht. Die Urteile wurden innerhalb von 24 Stunden vollstreckt. Die Prügelstrafe führten Dragoner oder Kosaken mit ledernen Kosakenpeitschen, den Nagaikas, aus, aber auch mit anderen Prügelgeräten, mit Ruten oder Stöcken, zwischen 25 und 400 Hieben. Außerdem waren die Bauernhöfe verurteilter oder geflohener Revolutionäre niederzubrennen.

Die Tätigkeit dieser »Feldgerichte« wurde für die Dauer der Tagung der Ersten Reichsduma, des ersten russischen Parlaments also, unterbrochen, nach dessen Auflösung aber wieder aufgenommen, bis die Zweite Reichsduma es ablehnte, die Tätigkeit der Feldgerichte zu billigen. Nach dem 20. April 1907 wurden Revolutionäre von 1905 vor ein ordentliches Kriegsgericht gestellt. Der letzte dieser Prozesse wurde im Juli 1908 in Tallinn abgeschlossen.

Während der Zeit der Kriegsgerichte, vor allem 1906 und auch noch 1907, wurden auffallend viele gefangene Revolutionäre bei einem, allzuoft nur zum Schein durchgeführten Transport von einem Gefängnis in ein anderes »auf der Flucht« erschossen. Unter den Opfern befand sich auch der Dichter Jūlijs Dievkociņš (1879–1906), der von der Wachmannschaft am Wegesrand erschossen wurde. Dievkociņš war Lehrer an einer Gemeindeschule in Kurland (vgl. Švābe, 1958, S. 632). Zwei andere Lehrer sollen noch 1907 an der Landstraße von Kuldiga nach Aizpute aufgehängt worden sein, »auf der Flucht«. Mehrfach soll es vorgekommen sein, daß das Exekutionskommando einen Lehrer vor den Augen seiner Schüler erschoß (vgl. Kalniņš, 1956, S. 138).

Die Anzahl derer, die bei der Niederwerfung der Revolution ihr Leben ließen, ist den Umständen entsprechend nicht mehr genau zu rekonstruieren, Švābe betont in seiner »Latvijas vēsture 1800–1914«, daß praktisch jeder Autor unterschiedliche Zahlen nennt. Neben anderen führt er, wie auch Bruno Kalniņš, die von dem sozialdemokratischen Historiker V. Caune im lettischen Konversationslexikon von 1930 genannten Zahlen an. Danach wären 2041 Personen während der Strafexpeditionen ohne Gerichtsverfahren erschossen oder gehängt worden, 128 auf Grund von Feldgerichtsurteilen und 427 nach Verurteilung durch ein Kriegsgericht, also insgesamt 2556 Todesopfer. Ein anderer lettischer Historiker, Arnolds Spekke, nennt die Zahl von 908 Personen, die auf Grund kriegsgerichtlicher Urteile hingerichtet wurden. Reinhard Wittram übernimmt diese Zahl in seiner »Baltischen Geschichte« (1954).

Die Zahl der ermordeten Gutsbesitzer und deren Angehörigen, d. h. der umgekommenen Deutschen, geben fast alle mit 82 an.

Unter Deutschbalten soll damals die Devise in Umlauf gewesen sein, daß »auf jeden ermordeten Deutschen zehn Ozolins« hinzurichten seien (vgl. Schiemann, 1979, S. 80, und Švābe, 1958, S. 629). Ozoliņš ist ein häufiger lettischer Familienname.

Die Strafexpeditionen rückten bis an die Stadtgrenze von Riga. Es wurde bereits von einer bevorstehenden Bartholomäusnacht gesprochen. Die Truppen des Generals Orlow standen mehrere Tage lang vor der Stadt. Dann aber verweigerte der Generalgouverneur der baltischen Provinzen, Sologub, die Erlaubnis zum Einmarsch der Truppen und verhinderte auf diese Weise wohl ein Blutbad. Einige Deutschbalten waren allerdings empört darüber, sie hätten die russischen Ulanen und Dragoner gerne in Riga gesehen. Transehe-Roseneck spricht in diesem Zusammenhang von einer »Tatsache, die jeder gesunden Vernunft« widerspreche.

Dadurch, daß Riga nicht in den Zug der Strafexpedition einbezogen wurde, gelang etwa 4000 Teilnehmern an der Revolution die Flucht ins Ausland. Darunter waren auch das Dichterehepaar Aspazija und Rainis, der spätere Staatspräsident von Estland, Konstantin Päts, der zum Tode verurteilt worden war, und der langjährige Ministerpräsident von Lettland, Kārlis Ulmanis.

Die Revolution von 1905 hatte damit zunächst ihr Ende gefunden. »Die lettische Republik, diese ›Spottgeburt aus Dreck und Feuer‹ hatte sich in nichts aufgelöst«, stellt Transehe-Roseneck fest. Doch auch er ahnte, wie die meisten seiner Zeitgenossen, daß das Jahr 1905 erst der Anfang einer langen, komplizierten und konfliktreichen Entwicklung war.

Reaktion und Reformen.
Der Erste Weltkrieg.
Die lettischen Schützenregimenter

Die Duma

Ein sichtbarer und keineswegs unbedeutender Erfolg der Revolution von 1905 ist das »Oktobermanifest«. Inwieweit stellt nun dieses kaiserliche Manifest tatsächlich einen Schritt in Richtung konstitutionelle Monarchie, in Richtung Demokratie und Rechtsstaat in seiner Konzeption dar?

Das Oktobermanifest sah die Einberufung einer Reichsduma vor, eines Parlaments also.

Das Wahlrecht, nach dem die Abgeordneten zu diesem Parlament gewählt wurden, ist noch nicht als demokratisch im eigentlichen Sinn zu bezeichnen. Denn die Wahlen waren weder allgemein noch gleich noch direkt.

Allgemein waren sie nicht, weil bestimmte Personenkreise grundsätzlich von der Stimmabgabe ausgeschlossen waren: Frauen, Soldaten, Arbeiter in kleinen Betrieben, um die wichtigsten zu nennen.

Dem Grundsatz der Gleichheit wurde das Wahlrecht insofern nicht gerecht, als die Wertung der Stimmen sich nach dem Besitz und nach der Geburt des Stimmberechtigten richtete. Die Stimme eines Gutsbesitzers zählte demnach ebensoviel wie die Stimmen von 45 Arbeitern.

Direkt waren die Wahlen nicht, weil von den Stimmberechtigten Wahlmänner gewählt wurden, die dann ihrerseits erst die Abgeordneten wählten.

Auch die Rechte und Aufgaben der Duma entsprachen nicht dem, was wir heute unter Parlamentarismus verstehen. Die Duma hatte weder die Möglichkeit, Gesetze zu erlassen, noch Regierungen zu bestätigen oder zum Rücktritt zu veranlassen.

Dem Wortlaut des Gesetzes nach wurde Rußland zur »konstitutionellen Monarchie«. Doch die Macht des Kaisers als Selbstherrscher war dadurch nur wenig eingeschränkt. Er übte nach wie vor die höchste Gewalt im Staate aus. Ohne seine Zustimmung konnte keine Gesetzesvorlage zum Gesetz werden, er ernannte und entließ den Ministerrat, d. h. die Regierung. Er führte, ohne dem Parlament verantwortlich zu sein, die Außenpolitik, schloß internationale Verträge, erklärte Kriege. Er hatte das Recht, Gerichtsurteile zu verändern, Verurteilte zu begnadigen, Amnestien anzuordnen sowie den Ausnahme- und den Kriegszustand auszurufen. Seine gesetzgeberische Gewalt realisierte der Kaiser in Beratung mit dem Staatsrat, auch »Oberhaus« genannt. Die 196 Mitglieder des Staatsrats wurden zur Hälfte auf Lebenszeit vom Kaiser ernannt, zur anderen Hälfte auf neun Jahre von fünf privilegierten Kurien gewählt: der orthodoxen Kirche, den Selbstverwaltungsorganen der Gouvernements, dem Adel, der Akademie der Wissenschaften und den Universitäten.

Trotz des die wohlhabenden Schichten der Bevölkerung begünstigenden Wahlrechts waren die Deutschbalten weder in der Ersten noch in der Zweiten Duma vertreten. Fünf Esten und fünf Letten zogen als Abgeordnete in die Erste und in die Zweite Duma ein. Die Litauer hatten mit den Juden ein Wahlbündnis geschlossen. Sieben Litauer und ein Jude kamen in die Duma.

Am 27. April 1906 wurde die Erste Reichsduma eröffnet. Es sei ein »bedeutungsvoller Augenblick in der Geschichte Rußlands« gewesen, schreibt der estländische Ritterschaftshauptmann, Baron Dellingshausen. Er war bei der Eröffnung anwesend und schildert diese:

... der Kaiser entfaltete die Rolle, trat einen Schritt vor und verlas mit seiner melodischen Baritonstimme die Thronrede. Es war interessant, die Versammlung zu beobachten. Rechts vom Throne die goldstrotzenden Uniformen der Staatsmänner, der Hofchargen, der Generaladjutanten, links gleich neben den ebenso glänzenden Ministern die einfachen Kleidungen der Volksvertreter, von denen nicht wenige mit hohen Schaftenstiefeln, blauen und roten Hemden, zum Teil sogar über den Hosen hängend, einen gewaltigen Kontrast durch ihre Haltung und ihren Gesichtsausdruck boten. Die sehr warme, vom Kaiser selbst

verfaßte Rede – er nannte die Volksvertreter ›die besten Männer Rußlands‹ – wurde von der rechten Seite mit lautem Hurra beantwortet, während die meisten Dumaglieder schweigend mit verbissenem Ausdruck ihr gefolgt waren. (Dellingshausen, 1930, S. 129f.)

Die Abgeordneten waren auf fünf Jahre gewählt worden. Nach zwei Monaten und zwölf Tagen, am 9. Juli 1906, wurde die Duma jedoch aufgelöst. Die Partei der Kadetten (»Konstitutionelle Demokraten«) hätten, so hieß es, die Enteignung des Großgrundbesitzes gefordert. Der wahre Grund war wohl, daß alle Dumareden unzensiert veröffentlicht wurden, womit die Abgeordneten, vor allem die sozialistischen, eine einmalige Möglichkeit erhielten, ihre Ansichten und politischen Programme publik zu machen. Viel mehr Möglichkeiten, in das politische Geschehen des Landes einzugreifen, hatte die Duma ohnehin nicht.

Der polnische Abgeordnete Lednicki organisierte in der Ersten Duma eine »Autonomisten«-Fraktion, in der auch der lettische Deputierte Jānis Čakste und der Este Jaan Tönisson mitarbeiteten. Durch die Duma konnten sie ihre Ansichten und Forderungen in der Öffentlichkeit bekanntmachen.

Die Zweite Duma trat am 20. Februar 1907 zusammen. Die Neuwahlen hatten ein ähnliches Ergebnis gebracht wie die zur Ersten Duma. Allein die Sozialdemokraten hatten – zum Schrecken der Regierungs- und Hofkreise – eine Reihe von Sitzen dazugewonnen. Ein Deutschbalte war auch dieses Mal nicht dabei. Dieses Parlament wurde von der Regierung nach drei Monaten und dreizehn Tagen am 3. Juni 1907 aufgelöst. Der Grund: zu viele Sozialisten und zu viele Autonomiebestrebungen. In der Zweiten Duma hatten ukrainische Abgeordnete vorsichtig darauf hingewiesen, daß die Ukrainer ein eigenes Volk seien, eine Äußerung, die vor der Revolution noch mit jahrelanger Verbannung geahndet worden wäre. Nach Auffassung der Regierung waren die Ukrainer »Kleinrussen«, also Russen. Der estnische Abgeordnete Tönisson schlug ein besonderes Autonomieprojekt für sein Land vor. Das ganze von Esten bewohnte Gebiet, das Gouvernement Estland und die Nordhälfte des Gouvernements Livland, sollten nach diesem Vorschlag zu einer verwaltungsmäßigen Einheit zusammengefaßt werden. Ferner sollte ein aus freien und gleichen Wahlen – auch Frauen sollten wahlberechtigt sein – hervorgegangener Landtag die Angelegenheiten Estlands verwalten. Amtssprache sollte die Landessprache sein: Estnisch. Das war zuviel, das Parlament wurde geschlossen.

Noch zweimal fanden Wahlen zu einer Duma statt, allerdings nach verändertem, verschärftem Wahlrecht. Mit der »utopischen Idee der allgemeinen, gleichen, direkten, geheimen Wahlen« sei gebrochen worden, schreibt Dellingshausen dazu, und es seien nun Grundlagen geschaffen, die »allen Klassen der Bevölkerung eine Vertretung in der Duma sicherten«. Diese Denkweise war damals in den entsprechenden Kreisen fast allgemein. Nicht auf Mehrheiten kam es an, nicht auf die Anzahl an Individuen, sondern »Klasse« war die entscheidende Einheit, die »Klasse« sollte vertreten sein. Die Deutschbalten jedenfalls erhielten nun ihren Abgeordneten, trotz ihres Anteils an der Gesamtbevölkerung Rußlands von nur knapp 0,01 Prozent.

Keine der vier Reichsdumas hatte in allen ihren vier Varianten die üblichen Funktionen eines Parlaments – Regierungskontrolle und Gesetzgebung – ausüben können. Ganz ohne Folgen aber blieb ihre Tätigkeit nicht. So machte die Publikation der Abgeordnetenreden eine breite Öffentlichkeit auf die Autonomiebestrebungen der baltischen Völker aufmerksam.

Ein weiterer indirekter Erfolg der Arbeit der Duma bestand darin, daß die Abgeordneten, die ausnahmslos keinerlei Erfahrung in der Parlamentsarbeit mitbrachten, sich entsprechende Kenntnisse und Fertigkeiten aneigneten. Besonders den baltischen Abgeordneten kam dies später zugute, als sie in ihren unabhängig gewordenen Heimatländern nun in echten Parlamenten eine wirkliche parlamentarische Tätigkeit aufnehmen, Gesetzgebung und Regierungskontrolle praktizieren mußten.

Die Sozialdemokratie

In den Jahren zwischen Revolution und Erstem Weltkrieg machte die lettische Sozialdemokratie – die stärkste sozialistische Parteiorganisation im Baltikum – eine Entwicklung durch, die zunächst von kleinen »Zufälligkeiten« gelenkt schien, die sich aber in der Folge als eines der größten Verhängnisse für die europäische Geschichte des 20. Jahrhunderts erwies. Ein deutscher Historiker spricht heute von den »nach Riga führenden ›roots‹ der Geschichte des 20. Jahrhunderts« (Wilhelm, 1990, S. 416).

Lettland ist verglichen mit Rußland eine verschwindend geringe Größe. Die Bevölkerung Rußlands ist fast hundertmal so groß wie die von Lettland. Betrachtet man aber die politischen Verhältnisse um 1905, so verschieben sich die Gewichte.

Die Lettische Sozialdemokratische Arbeiterpartei (LSDSP) verfügte Ende Oktober 1905 über 18200 beitragzahlende Mitglieder, während Lenins Bolschewiken in ganz Rußland nicht mehr als 8500 Genossen zählten. Dazu kamen dann die Menschewiken unter Martow mit noch einmal 8500 Parteimitgliedern. Einer der Gründe für das merkwürdige Zahlenverhältnis dürfte gewesen sein, daß in Rußland damals noch 80 Prozent der Einwohner nicht lesen konnten, im Gegensatz zum Baltikum, wo es fast keine Analphabeten mehr gab.

Zu Beginn des Jahres 1906 waren die meisten Sozialdemokraten noch der Überzeugung, daß die Revolution nicht endgültig niedergeschlagen sei, daß es noch Möglichkeiten gebe, den Kampf fortzusetzen. Erst 1908 wurden alle Aktionen eingestellt.

Außerhalb der Städte hatte sich in Lettland nach dem eigentlichen Ende der Revolution eine Art Partisanenbewegung gebildet. Diese Partisanen versteckten sich in den Wäldern, die damals noch ausgedehnter waren als heute, und nannten sich deshalb *Meža brāļi* – »Waldbrüder«. Die Waldbrüder gehörten nur zum Teil den Sozialdemokraten an. Viele von ihnen waren während der Herrschaft der Revolution Milizionäre gewesen, Polizisten der Revolution also. Einen Teil ihrer Operationen richteten die Waldbrüder gegen die Strafexpeditionen.

Es kam sogar zu offenen Gefechten mit dem russischen Militär. Zum Schluß betrieb eine Reihe von ihnen nur mehr Räuberei. Sie überfielen die Bauernhöfe ihrer eigenen Leute, um zu überleben. Die LSDSP hatte unter anderem auch darum im November 1906 beschlossen, sich nicht mehr an diesem Partisanenkampf zu beteiligen.

Kaum bemerkt von der Weltöffentlichkeit hielten die sozialdemokratischen Parteien aus dem ganzen Russischen Reich vom 23. April bis zum 8. Mai 1906 in Stockholm einen »Vereinigungskongreß« ab. Seine Folgen sind lange übersehen und unterschätzt worden.

Auf diesem Kongreß verbanden sich die russischen Menschewiken, die russischen Bolschewiken, der jüdische Bund, die polnische Sozialdemokratische Partei und die lettische Sozialdemokratische Arbeiterpartei. Die Letten bestanden auf einer eigenen Vertretung im vereinigten Zentralkomitee, was ihnen gegen die Stimmen der Bolschewiken zugestanden wurde. Auch der »Bund« behielt eine größere Selbständigkeit innerhalb des neuen Parteibündnisses. Der »Bund« stand aber auch für die meisten Mitglieder: 33 000. Die polnische SP zählte 26 000 Mitglieder, die Menschewiken 18 000, die Letten 16 000, und Lenins Bolschewiken als kleinste Gruppe hatte 13 000 Anhänger. Es standen also 33 000 Russen 79 000 Nichtrussen gegenüber (Kalniņš, 1956, S. 144 und S. 361).

Die Lettische Sozialdemokratische Arbeiterpartei (LSDSP) nannte sich von nun an »Latvijas Sociāldemokrātija« (LSD) – »Sozialdemokratie Lettlands« –, denn nun gehörten auch kleinere in Lettland ansässige, nichtlettische sozialdemokratische Gruppen dazu: Esten, Litauer und Russen.

Im September 1908 wurde der Kriegszustand aufgehoben, die Sozialdemokraten atmeten auf: ihnen drohte nun nicht mehr ständig das Kriegsgericht. Ein wichtiger Grund für die Aufhebung des Kriegszustandes war für die zaristische Regierung, daß man die Sozialdemokratie in Lettland und die sozialistischen Organisationen in Estland zum Schweigen gebracht zu haben glaubte.

Nun mußten sich auch die optimistischsten Genossen die Niederlage eingestehen. Immer mehr Mitglieder verließen die

Partei, die nicht mehr fähig schien, irgendwelche politischen und wirtschaftlichen Veränderungen herbeizuführen. Insbesondere schwand auf dem Lande das Interesse am Sozialismus, da sich dort die wirtschaftlichen Verhältnisse der selbständigen Bauern und auch die der Pächter und sogar die der Landarbeiter zum Teil nicht unwesentlich verbessert hatten.

Desgleichen verlor die Sozialdemokratie unter den Künstlern nicht wenige ihrer Anhänger. Die Bildhauer, Maler und Schriftsteller waren es leid, den Motiven der Partei verpflichtete Kunst zu produzieren, wie es damals schon die Sozialdemokraten verlangten. Die neue Richtung hieß auch in Lettland »Dekadence« – in Anlehnung an die französische »Décadence«. Enge Verbindungen entstanden mit Künstlern der gleichen Richtung in Rußland. Wie auch in Rußland erschienen hier zahlreiche mehr oder minder kurzlebige Zeitschriften. Der politisch engagierten Literatur wurde sogar in einer von namhaften Autoren unterzeichneten Deklaration ausdrücklich eine Absage erteilt. »Bis dahin«, charakterisiert der lettische Dichter und Publizist Kārlis Skalbe, einer der Unterzeichner, die damalige Situation der Literatur,

haben fast alle jüngeren Dichter in ihren Arbeiten direkt oder indirekt der sozialen Bewegung gedient. Jetzt aber haben sich ihre Augen geöffnet, sie sehen deren geistigen Inhalt ... die fast leere Truhe, mit der die Führer der Partei aus den Oktobertagen fuhren – alles das war Anlaß, zu sich selbst zurückzufinden.
(Nach Švābe, 1958, S. 719)

1911 war die Mitgliederzahl der lettischen Sozialdemokraten auf 2000 gesunken und hatte damit ihren Tiefstand erreicht. Davon hätte die Partei sich erholen können. Nicht umkehrbar hingegen war die Spaltung in Bolschewiken und Menschewiken, die nun auch auf die lettische Partei übergriff.

Im Januar 1912 hielt Lenin in Prag eine Parteikonferenz der russischen Sozialdemokraten ab, auf der aber nur die Fraktion der Bolschewiken vertreten war. Die Konferenz beschloß den »Ausschluß« der Menschewiken aus der Partei. Die Menschewiken verfügten damals über 700 Mitglieder, die Bolschewiken über höchstens 400. Die Führer beider Fraktionen lebten in der Emigration.

Die lettische Sozialdemokratie war mit ihren inzwischen wieder 2500 Mitgliedern die größte illegale politische Organisation im gesamten Russischen Reich.

Im August 1912 fand in Wien ein Kongreß aller nationalen Gruppen der Sozialdemokraten des Russischen Reiches statt. Nicht erschienen waren die Bolschewiken, obwohl sie ausdrücklich eingeladen waren. Die polnische sozialdemokratische Partei war auf diesem Kongreß nicht vertreten, weil ihre Führung demonstrieren wollte, daß Polen nicht ein Teil des Russischen Reiches ist.

Die auf dem Kongreß vertretenen Gruppen schlossen sich zum sogenannten »Augustblock« zusammen und bildeten ein gemeinsames »Organisationskomitee«. Die führende Rolle im Augustblock fiel der lettischen Partei zu, wegen ihres größeren Mitgliederbestandes.

Hauptangriffsziel der Bolschewiken unter Lenin war von nun an der Augustblock, insbesondere die LSD.

Im Januar 1914 veranstaltete die lettische Sozialdemokratie einen Kongreß in Brüssel. Innerhalb der LSD hatte sich inzwischen eine bolschewistische Fraktion gebildet, offensichtlich auf Anregung und mit Unterstützung Lenins und seiner russischen Gruppe. Die verabschiedeten Resolutionen waren das Ergebnis von Kompromissen zwischen den beiden Fraktionen. Nur zum Schluß des Kongresses, bei der Wahl zum Zentralkomitee, glückte den Bolschewiken ein Coup: dem neuen Zentralkomitee gehörten nur Bolschewiken an.

Das baltische Deutschtum

Der baltische Adel nahm im Gegensatz zum städtischen Bürgertum deutscher Nationalität auch noch zu Beginn des 20. Jahrhunderts seine ihm 1710 durch den russischen Zaren Peter I. garantierte Führungsposition in den Ostseeprovinzen ein, zum Teil auch noch nach der Revolution von 1905. Ganz allgemein wurden die Jahre zwischen Revolution und Weltkrieg von den Deutschbalten als »goldene« Zeit empfunden. Doch die Ereignisse der Revolution hatten den meisten Gutsbesitzern deutlich und brutal vor Augen geführt, in welchem Verhältnis sie zur einheimischen Bevölkerung, den Esten und Letten, tatsächlich standen.

»Was mich aber tief demüthigte«, schrieb im Frühjahr 1906 ein Gutsbesitzer über den ersten Besuch nach der Revolution auf seinem Anwesen, »war, daß ich so als ohnmächtiger Fremdling unter die ungestört auf meinem Hof wohnenden Dienstleute treten mußte, welche mich mit grinsenden Gesichtern beobachteten.« (Aus einem Brief des livländischen Landrats Max von Sivers-Roemershof an den deutschen Kaiser Wilhelm II., vgl. von Pistohlkors, 1982, S. 135.) Hier tauchen wieder die Dimensionen »Ehre« und »Demütigung« auf. Daß gerade gegenseitige Demütigung kein geeignetes Mittel ist, um politische Probleme dauerhaft zu lösen, zeigte die Geschichte immer wieder, auch die baltische. Daß die im Gegenzug von den Strafexpeditionen vollzogenen Prügelstrafen an estnischen und lettischen Revolutionsteilnehmern als besonders demütigend empfunden und nicht so bald vergessen wurden – nicht zu sprechen von den vielen Ermordungen –, ist sicher auf die Vorgänge in den Jahren 1917–1919 und später nicht ohne Einfluß geblieben.

Die Ereignisse der Revolution von 1905 ließen die Deutschen im Baltikum näher als Angehörige einer Nation zusammenrükken. Nach dem Vorbild des Estnischen und des Lettischen Vereins gründeten sie einige Jahrzehnte später einen Deutschen Verein, das heißt, je einen in Estland, Livland und Kurland. Die Vereine sollten alle Stände und Schichten der baltischen Deutschen zusammenbringen, Bürgerliche und Adlige, Kaufleute, Handwerker und Gutsbesitzer. Diese Vereine hatten soviel Zulauf, daß sie bald mehr Mitglieder zählten als ihr lettisches oder estnisches Pendant.

Die Gründung der Vereine war ein Schritt in Richtung auf eine »Gleichberechtigung« zwischen den Nationalitäten. Durch den Zusammenschluß auf Grund ihrer Nationalität hatten sich die baltischen Deutschen zumindest in diesem Aspekt auf eine Ebene mit den »Nationalen« begeben, wie die Esten und Letten von den Deutschbalten genannt wurden.

Ebenfalls ein Schritt zur Gleichberechtigung der im Baltikum lebenden Nationalitäten, wenn auch nur ein zaghafter, war die vom estländischen Ritterschaftshauptmann angeregte »Verfassungsfrage«. Bis dahin wurden die Landesangelegenheiten der drei Gouvernements ausschließlich von den jeweiligen Ritterschaften – den Vertretungen des Adels – verwaltet, stets hinter verschlossenen Türen, zum Ärger auch des einen oder anderen deutschbaltischen Journalisten (vgl. Schiemann, 1979, S. 67). Dies sollte nun geändert und auch andere Bevölkerungsschichten an der Provinzialregierung beteiligt werden.

Im Sommer (16. Juli) und im Herbst (18. September) 1907 trat ein »Konseil beim Generalgouverneur« in Riga zusammen. Den Vorsitz führte der Generalgouverneur für die baltischen Provinzen, General der Infanterie Alexander Nikolajewitsch Baron Möller-Zakomelskij. Dem Konseil gehörten außerdem 14 Deutsche, 4 Letten und 4 Esten an. Folgender Plan wurde erarbeitet: Die Provinziallandtage sollten in drei Kurien gewählt werden: Großgrundbesitz, Kleingrundbesitz und Städter. Die ersten beiden Kurien sollten in jedem Falle je ein Drittel der Sitze erhalten, während die Städter je nach Steueraufkommen maximal ein Drittel einnehmen sollten.

Daß diese Landtagsbesetzung für die Esten und Letten nicht zufriedenstellend war, versteht sich. Immerhin aber hatte sich die Ritterschaft entschlossen, auf ihr Machtmonopol zu verzichten.

Alle Spekulation und Erregung bezüglich der neuen Landesverfassung war jedoch umsonst. Der Verfassungsentwurf wurde durch den Generalgouverneur zur Genehmigung an die Regierung in Petersburg weitergeleitet. Bis zum Untergang der russischen Monarchie im Jahre 1917 kam von dort aber keine Antwort. Die Ritterschaft konnte weiterhin alleine regieren unter weitgehendem Ausschluß der Öffentlichkeit.

Ein großer Teil der Vertreter des baltischen Deutschtums war gegen eine Einführung des allgemeinen, gleichen, geheimen und direkten Wahlrechts. Der deutsche Bevölkerungsanteil hätte in den baltischen Provinzen rein rechnerisch keine 5 Prozent der Stimmen aufbringen können.

Vertreter des Großgrundbesitzes machten sich Gedanken

darüber, wie der zahlenmäßige Anteil der Deutschen an der Gesamtbevölkerung vergrößert werden könnte. Man kam darauf, deutsche Bauern aus Wolhynien und dem Wolgagebiet anzuwerben und im Baltikum als Pächter oder auch auf eigenem Grund, den man bereit war, ihnen preiswert zu überlassen, anzusiedeln. Bauern aus dem deutschen Reichsgebiet anzuwerben, war nicht möglich, weil Ausländern die Niederlassung im Baltikum nicht gestattet wurde.

Etwa 20000 deutsche Siedler kamen. Allerdings blieb nur ein Teil, weil sich die wirtschaftlichen und klimatischen Bedingungen wohl als weniger günstig erwiesen, als es zunächst den Anschein hatte (vgl. von Hehn, 1982, S. 49ff.).

Eine eigenartige Affäre aus jener Zeit wurde erst von der neuesten Geschichtsforschung genauer untersucht. Für den Wiederaufbau der niedergebrannten Gutshäuser benötigte die baltische Ritterschaft rasch größere Geldmittel, die sie alleine nicht aufbringen konnte. Ein entsprechender Kredit bei der russischen Staatsbank hätte 13 Prozent Zinsen gekostet. So begab sich der livländische Landrat Max von Sivers-Roemershof mit einer Blankovollmacht des livländischen Landmarschalls Baron Meyendorf ausgerüstet nach Berlin.

Der in Berlin ansässige deutschbaltische Gelehrte Theodor Schiemann, der im Gegensatz zu seinem Neffen Paul Schiemann recht konservativ eingestellt war, ebnete dem Landrat von Sivers-Roemershof in der deutschen Hauptstadt durch seine Verbindungen zum Auswärtigen Amt die Wege.

Diesem aber ging es nicht nur um den Kredit, aus dem später nichts wurde, sondern vor allem um eine ziemlich brisante politische Angelegenheit. Im Januar 1906 ließ er dem Auswärtigen Amt eine »Denkschrift« zukommen, in der er geltend machte, daß ein Kredit zwar den deutschbaltischen Adel vor dem Bankrott retten würde, daß aber dem Deutschtum im Baltikum eine ganz andere Gefahr drohe. Da im Russischen Reich nicht mehr mit einem autoritären Regime wie unter dem Zaren Paul I. zu rechnen, sondern vielmehr die Einführung des Parlamentarismus das wahrscheinlichste sei, stehe das baltische Deutschtum vor dem Untergang. Es gebe nur zwei Auswege: entweder das Deutsche Reich würde die russischen Ostseeprovinzen annektieren, oder Rußland müsse zu einer Politik der »offenen Tür« gezwungen werden, d. h., daß Ausländer, in diesem Fall also Deutsche, sich im Baltikum frei ansiedeln dürften. Die estnische und lettische Bevölkerung könnte in beiden Fällen innerhalb von zwanzig Jahren vollständig assimiliert, d. h. germanisiert werden, weil »die lettische und estnische Cultur, soweit sie überhaupt existiert, durchaus germanisch ist, und das einzige Eigene in ihrer Sprache besteht«. (von Pistohlkors, 1982, S. 131 f.)

Nach den Vorstellungen des Barons von Sivers stand das Russische Reich kurz vor seinem Zerfall. Deutschland müsse sich mit England einigen und dann zum Schutz der deutschen Bevölkerung im Baltikum eingreifen. Oder aber man solle die »Insurrection in Polen unter der Hand provociren« und dann auf einen Hilferuf Rußlands hin eingreifen.

Der Staatssekretär im Auswärtigen Amt, Heinrich von Tschirsky, ließ in einem längeren Gespräch mit Theodor Schiemann durchblicken, daß, sollte das Russische Reich zerfallen, Deutschland »die Gelegenheit nicht ungenutzt« lassen werde (von Pistohlkors, 1982, S. 135). Tschirsky gab allerdings nach Petersburg eine vertrauliche Mitteilung durch, daß das Deutsche Reich kein Interesse daran habe, den livländischen Adel weiter zu fördern, da es sich um russische Untertanen handle.

Am Ende des Ersten Weltkrieges, 1918, als deutsche Truppen die drei baltischen Gouvernements Estland, Livland, Kurland besetzt hatten, kamen solche Annexionspläne wieder zur Diskussion.

Ein anderer Plan, der nach der Revolution von 1905 unter Deutschbalten in Form einer anonymen Broschüre und auch sonst hinter vorgehaltener Hand diskutiert wurde, war der einer geschlossenen Auswanderung aller Deutschbalten, falls sich die Verhältnisse in der Heimat nicht zufriedenstellend gestalten sollten, d. h. eine Selbstverwaltung der Provinzen unter deutschbaltischer Führung nicht mehr erreicht werden könnte. Als Auswanderungsziele wurden Afrika, Kanada und immer wieder die damals zu Deutschland gehörende Provinz Posen genannt. Diese war im Zuge der zweiten Polnischen Teilung 1793 an Preußen gekommen. Nun hatte die deutsche Regierung ein Interesse daran, die polnische Bevölkerung zurückzudrängen und die Provinz soweit wie möglich zu germanisieren. Paul Schiemann schrieb dazu in der »Rigaschen Rundschau«, Ausgabe vom 17. November 1907:

Wir Balten werden ... die preußische Polenpolitik als unserem nationalen Rechtsbewußtsein widersprechend empfinden ... (Schiemann, 1979, S. 8f.)

Geistige Aktivität: Esten und Letten

Während unter den Deutschbalten nach der Revolution eine verstärkte politische Aktivität einsetzte, verlagerte sie sich bei Esten und Letten nach 1906 auf die kulturelle und wirtschaftliche Entwicklung.

In **Estland** erfuhr gleich nach der Revolution die Pflege der estnischen Sprache eine Intensivierung, denn das Estnische war nun, zunächst allerdings nur in Privatschulen, als Unterrichtssprache zugelassen. Zwar bekamen diese Schulen keinerlei staatliche Beihilfe, doch die Esten waren wirtschaftlich stark genug, solche Schulen aus Spenden und Schulgeldern finanzieren zu können. Als erste private höhere Schule wurde 1906 ein Mädchengymnasium in Tartu gegründet. Bis 1910 gab es in ganz Estland 36 private höhere Lehranstalten. Alle Fächer wurden in estnischer Sprache unterrichtet, ausgenommen russische Sprache sowie Geschichte und Geographie Rußlands.

Durch den intensiven Gebrauch des Estnischen als Unterrichtssprache gerade an höheren Schulen entwickelte es sich endgültig zu einer vollwertigen europäischen Kultursprache. So konnte sie auch, als 1919 die estnische Universität gegründet wurde, ohne weitere Schwierigkeiten in der Wissenschaft angewendet werden.

Einen wichtigen kulturellen Sammelpunkt bildete sowohl in Estland als auch in Lettland das Theater. Dieses hatte sich zunächst innerhalb der jeweiligen nationalen Vereine entwickelt. Zwischen Revolution und Weltkrieg entstanden dann in Estland die ersten vom Verein unabhängigen Bühnen. Seit 1906 gab es in Tallinn ein ständiges estnisches Ensemble, das aus Berufsschauspielern bestand.

Das kulturelle Leben der Esten spielte sich zu dieser Zeit vor allem innerhalb von sogenannten Bildungsgesellschaften ab, das waren Vereine unterschiedlicher Größe und unterschiedlicher Aktivität. Über 100 soll es in Estland gegeben haben.

Die bedeutendste von ihnen war die »Eesti Kirjandusse Selts« – »Estnische Literärische Gesellschaft«. Anders als ihr Name heute vermuten läßt, war sie weniger auf dem Gebiet der schönen Literatur tätig, sondern widmete sich vor allem der Sprachpflege.

Der raschen Entwicklung des estnischen Schrifttums hinkte das Bibliothekswesen hinterher. Es gab zu wenige öffentliche estnische Bibliotheken, und die wenigen waren in ihren Beständen oft recht begrenzt. Immerhin erschienen allein im Jahr 1911 500 Titel in estnischer Sprache. Die Vereinigung »Noor Eesti« – »Jung-Estland« – erwarb sich Verdienste durch ihre Veröffentlichungen von Aufforderungen und auch Anleitungen zur Gründung von Bibliotheken.

»Noor Eesti« entstand als Zusammenschluß junger Künstler und Studenten, denen der betuliche estnische Kulturbetrieb nicht genügte. Ihnen lag vor allem an der Begegnung mit west- und mitteleuropäischer Literatur und Kunst. Die Aktivitäten von »Noor Eesti« dürften der nach Gründung der Republik einsetzenden Blüte der estnischen Literatur den Boden bereitet haben.

1908 wird in Tartu ein estnisches Nationalmuseum gegründet. Zusammen mit dem Museum entstand das bis heute größte Archiv estnischen Schrifttums.

In **Lettland** lag ein Schwerpunkt der kulturellen Aktivitäten auf dem Verlagswesen, das sich zwischen Revolution und Weltkrieg intensiv entwickelte. Eine interessante Figur ist Ansis Gulbis (1873–1936). Ursprünglich selbst Schriftsteller von Beruf, hatte er schon 1903 in Petersburg einen Verlag für lettischsprachige Literatur gegründet. 1911 zog er nach Riga. Hier wurde er bald zum bedeutendsten lettischen Buchverleger. Das Verlagshaus A. Gulbis gehörte bis zum Einmarsch der Sowjets 1940 zu den führenden Verlagen des Landes. Gleich 1911 begann Gulbis mit seiner billigen Reihe »Universālā bilbliotēka«, in der monatlich sechs bis sieben Bändchen erschienen, jeweils zum Preis von 10 Kopeken. Sie kamen in Auflagen von meist 10000 Exemplaren je Bändchen heraus – und das bei einer lettischsprachigen Gesamtbevölkerung von 1,5 Millionen.

Auch für die lettische Musik sind die Jahre vor dem Ersten Weltkrieg von Bedeutung. Jāzeps Vītols (1863–1948) hatte am Petersburger Konservatorium studiert, unter anderem Komposition in der Klasse von Rimskij-Korsakov. 1908 wurde Vītols selber Professor für Komposition am Petersburger Konservatorium. Zwei Generationen lettischer Komponisten haben bei ihm studiert. Er gilt als der »Vater der lettischen Musik«.

1912 wurde die lettische Oper gegründet. Zur Eröffnung gab es eine Aufführung von Tschaikowskijs »Jewgenij Onegin« in lettischer Sprache.

Auch die erste lettische Originaloper entstand in diesen Jahren: »Banuta« von Alfreds Kalniņš. Die Uraufführung fand allerdings erst 1920 statt.

Wirtschaft und Macht

Die Deutschen im Baltikum hatten – von ihrem damaligen Standpunkt her verständlich – kein sonderliches Interesse an einer zügigen wirtschaftlichen Entwicklung bei Esten und Letten. Denn wirtschaftliche Macht führt bekanntlich zu politischer Macht, ganz besonders bei dem damals geltenden Wahlrecht, bei dem eben nicht die Mehrheit der Stimmen, sondern die Mehrheit des materiellen Besitzes die Machtverhältnisse bestimmte.

Charakteristisch für die damaligen Verhältnisse zwischen Wirtschaft und Macht im Baltikum ist der u. a. von Paul Schiemann geschilderte Fall des Livländischen Hypothekenvereins in Tartu. Zu Beginn des Jahrhunderts waren auch estnische Darlehensnehmer in den Verein aufgenommen worden. 1904, bei den Wahlen zur Generalversammlung, ergab sich plötzlich eine Mehrheit der estnischen Vereinsmitglieder. Die Deutschen waren entsetzt. Sie hatten den Verein gegründet, sein

Florieren gefördert und den einen oder anderen Esten aufgenommen. Und nun das! Dies wurde als reine Undankbarkeit der Esten aufgefaßt. Man rief alle Deutschen zum Boykott auf, nicht nur des Livländischen Hypothekenvereins, sondern auch von estnischen Handwerkern und Kaufleuten. Eine Boykottliste wurde veröffentlicht. Die Pfandbriefe des Livländischen Hypothekenvereins waren unter Deutschen nicht mehr absetzbar.

Mit den bestehenden Einrichtungen war also eine Zusammenarbeit auf der Grundlage allgemeiner Gleichberechtigung nicht möglich. Für die Esten und Letten und aus ähnlichen Gründen auch für die Litauer galt es nun, ein eigenes Kreditwesen aufzubauen. Das wurde in allen drei Ländern mit großer Energie in Angriff genommen und dürfte eine der wesentlichen Grundlagen für den späteren Aufbau von drei wirtschaftlich gesunden Staaten gewesen sein.

Dadurch, daß auch Kleinverdiener, teilweise sogar Industriearbeiter nach der Revolution in die Lage versetzt waren, sich wenn auch noch so kleine Sparguthaben anzulegen, stieg das Kapital bei Sparkassen und Kreditvereinen schnell an. Allein die Rigaer »Vidzemes Savstarpīgā Kreditbiedrība« – »Livländische gegenseitige Kreditgesellschaft« – hatte 1913 eine Bilanz von 42 Millionen Rubel – ein für damalige Verhältnisse beachtlicher Betrag.

Mit dem so geschaffenen Kreditvolumen wurde zunächst der Ankauf von Bauernland, soweit dies von den geltenden Gesetzen her möglich war, gefördert. Außerdem halfen diese estnischen und lettischen Kreditinstitute beim Aufbau estnischer und lettischer Handwerksbetriebe und zunächst relativ kleiner Industrieunternehmen. Besonders in den Großstädten Riga und Reval (Tallinn) wurden Aufkäufe von städtischem Grund und Boden ermöglicht. Dadurch konnten Esten und Letten sich am Bauboom in ihren Hauptstädten beteiligen. Gerade in Riga sind ganze Straßenzüge auch im Zentrum der Stadt, z. B. am Aspazijas bulvāris, in lettischer Regie von lettischen Architekten errichtet worden.

In Litauen wurden die auf diese Weise verfügbar gewordenen Kapitalien verwendet, um die nach dem letzten polnischen

Aufstand 1863 »sequestierten« Güter polnischer Adliger aufzukaufen. Von seiten der russischen Regierung wurden den Litauern dabei keine Schwierigkeiten gemacht. Die Regierung ging wieder einmal nach dem Prinzip des »divide et impera« vor. Man hielt die Polen nach wie vor für gefährlicher als die Litauer. Diese wurden also gestärkt, damit sie ihrerseits die Polen schwächten. Anders in Lettland und Estland, wo sich der Großgrundbesitz in der Hand des deutschbaltischen Adels befand, der – noch – in seiner Mehrheit der russischen Monarchie loyal gegenüberstand. Die Revolution hatte gezeigt, wie sehr er auf die Macht des russischen Militärs angewiesen war.

Der Erste Weltkrieg

Lange standen die Großgrundbesitzer im Baltikum dafür, daß ein Wahlrecht so beschaffen sein müsse, daß jede Klasse »angemessen« vertreten ist. Doch seit dem Höhepunkt der Revolution von 1905 wich auch unter dem deutschbaltischen Adel die Identifikation mit der Klasse allmählich dem Gefühl für die Zugehörigkeit zu einer Nation. Ein erster Ausdruck dieses neuen Zuordnungsgefühls war 1906 die Gründung der deutschen Vereine. Eines der erklärten Ziele dieser Vereine war das Zusammenführen von Deutschbalten aus allen Schichten.

Vor allem zwei Faktoren waren es zunächst, die den deutschbaltischen Adel veranlaßten, sein Selbstverständnis als gesellschaftliche Klasse schrittweise auf andere Bereiche, besonders auf den Bereich der Nation zu übertragen:
1. Die Privilegien, die ein Adliger seinen unadligen Landsleuten gegenüber genoß, wurden allmählich abgebaut. So war es zum Beispiel nicht mehr nur Adligen gestattet, Grund und Boden zu erwerben. Und auch in der Provinzialregierung würden über kurz oder lang auch Nichtadlige Sitz und Stimme haben.
2. Die Gegner während der Revolution von 1905 waren die Adligen auf der einen Seite und die Nationen der Esten und Letten auf der anderen Seite. So sehr sich die Sozialdemokratie auch bemühte, das Schwergewicht der Auseinander-

setzung auf den Gegensatz zwischen den Klassen zu verschieben, die weitaus meisten Revolutionäre empfanden sich zuerst und vor allem als Angehörige ihrer Nation.

Die Loyalität des deutschbaltischen Adels dem Zaren gegenüber war unzweifelhaft und selbstverständlich. Seit 1710 konnte sich der russische Herrscher auf keine Gruppe seiner Untertanen so verlassen wie auf den baltischen Adel.

Einen ersten Einbruch erfuhr diese Loyalität während der Revolution von 1905, wo die Organe des Staates zunächst nicht in der Lage waren und, nach Ansicht der Betroffenen, auch nicht genügend bemüht, Leib und Leben der Adligen zu schützen. Erste Mißstimmungen hatte es ja schon in den Jahrzehnten davor wegen der Russifizierungsmaßnahmen gegeben.

In den Jahren unmittelbar nach der Revolution waren Männer wie Theodor Schiemann oder Max von Sivers-Roemershof Einzelfälle. Der allgemeine Loyalitätsumschwung bei den baltischen Deutschen begann mit dem Ausbruch des Ersten Weltkrieges. In Rußland hatten die »Slawophilen« maßgebenden Einfluß nicht nur auf die Regierung, sondern, mehr noch, auf die Presse. Der Krieg gegen Deutschland wurde von diesen Leuten als ein Krieg gegen alles Deutsche aufgefaßt. Es begann eine hemmungslose öffentliche Beschimpfung nicht nur der Soldaten des Gegners, sondern auch der in Rußland als russische Untertanen ansässigen Deutschen, also auch der Deutschbalten.

Es fing damit an, daß nach Kriegsbeginn alle deutschsprachigen Presseorgane ihr Erscheinen einstellen mußten. Ferner wurde verboten, sich in der Öffentlichkeit, das heißt auf Straßen und Plätzen, in Parks und Straßenbahnen, in Gaststätten usf. der deutschen Sprache zu bedienen. Auch eine Mutter mußte mit ihrem Kind russisch kommunizieren. Dazu wurde von den Behörden ein verantwortungsloses und hinterhältiges Denunziantentum gefördert. Viele Deutschbalten wurden auf Grund solcher Denunziationen für lange Jahre nach Sibirien verbannt.

Daß unter diesen Umständen bei fast allen Deutschbalten jegliches Zugehörigkeitsgefühl zum Russischen Reich verloren ging, ist nur folgerichtig.

Dennoch, auch die russischen Untertanen deutscher Nationalität hatten Militärdienst zu leisten, mußten in der russischen Armee gegen Deutschland kämpfen. Besonders im russischen Offizierskorps waren Deutschbalten verhältnismäßig stark repräsentiert. Diese Offiziere und Soldaten erfüllten an der Front ihre Pflicht ohne Einschränkung. Auch soll es an der Front keinerlei Diskriminierung deutschbaltischer Offiziere oder Soldaten gegeben haben (Schiemann, 1979, S. 130).

Nach der russischen Niederlage bei Tannenberg und bei den Masurischen Seen (26.–30. August und 6.–14. September 1914) nahm der Druck auf die Deutschbalten in ihrer Heimat noch zu. Man wollte wohl einen Sündenbock finden. Bei Hausdurchsuchungen wurden Wohnungen von Deutschen, in denen die Polizei nach geheimen Radiosendern suchten, verwüstet. Anderen Deutschen warf man vor, sie hätten deutschen Flugzeugen oder Kriegsschiffen mit der Taschenlampe Signale gesandt. Jeder Deutsche im Baltikum wurde im Grunde genommen der Spionage und Sabotage verdächtigt. In den deutschsprachigen Untertanen sahen die Slawophilen und mit ihnen die Behörden den »inneren Feind«. So fanden sich die Sympathien der Deutschbalten innerhalb kurzer Zeit eindeutig auf seiten Deutschlands und der deutschen Streitkräfte.

Im Juli 1915 begannen die deutschen Truppen nach Norden und Nordosten vorzurücken. Bereits im September war ganz Litauen einschließlich Vilnius von Deutschen besetzt. Auch Kurland mußte von den Russen aufgegeben werden. Mit Ausnahme eines Ringes um Riga verlief die Front jetzt die Düna entlang bis auf die Höhe von Daugavpils (Dünaburg), um dann weiter in südlicher Richtung, östlich von Vilnius und westlich von Minsk, zu verlaufen. Dort blieb sie praktisch unverändert bis zum Herbst 1917. Das bedeutet, daß Lettland zwei Jahre lang durch den Frontverlauf in der Mitte geteilt war, und daß Lettland das Schlachtfeld für den Krieg zwischen Deutschland und Rußland abgab. Litauen war ganz unter deutscher Herrschaft, Estland noch ganz unter russischer.

Vor dem Abzug der russischen Truppen aus Litauen und vor allem aus Kurland hatte man große Teile der Bevölkerung evakuiert.

Teilweise verließen die Letten freiwillig ihre Heimat, denn sie hatten der russischen Greuelpropaganda Glauben geschenkt, wollten sich nicht dem vermeintlichen Schrecken einer deutschen Besatzung aussetzen. Der größte Teil aber wurde von den russischen Behörden zur Flucht gezwungen. Auf diese Weise verließ mehr als die Hälfte der lettischen Bevölkerung Kurland. Auch zahlreiche deutsche Familien wurden gezwungen, sich in das Innere Rußlands umsiedeln zu lassen.

In Litauen waren die Verhältnisse ähnlich, nur hatte dort ein größerer Teil der Bewohner die Möglichkeit, in der Heimat zu bleiben.

Im Inneren Rußlands, wohin die Flüchtlinge gebracht wurden, waren zu ihrer Aufnahme keinerlei Vorbereitungen getroffen worden, so daß die meisten den folgenden Winter unter sehr schwierigen Bedingungen verbringen mußten. Zumeist waren sie in Scheunen untergebracht oder in unbewohnten, verfallenen Gebäuden. Die sanitären Verhältnisse waren miserabel, für Letten und Litauer ungewohnt: Infektionen, Hunger und Kälte forderten ihre Opfer unter den Flüchtlingen.

Schon bald hatten sich in Petersburg und Moskau lettische und litauische Flüchtlingskomitees konstituiert. Sie verfügten zwar kaum über größere materielle Mittel, versuchten aber durch Koordination und Organisation die Leiden der Landsleute zu mildern.

Die besondere Bedeutung dieser Flüchtlingskomitees lag jedoch darin, daß sie von Anfang an auch zu kulturellen Zentren wurden und damit letztlich zu politischen.

Mit Hilfe der Flüchtlingskomitees wurden überall dort in Rußland, im europäischen und im asiatischen Teil, wo eine entsprechende Anzahl von Flüchtlingen untergebracht war, lettische resp. litauische Schulen eingerichtet. Vor allem für die Letten ergab sich hier der Vorteil, daß die Unterrichtssprache in den Schulen, die alle unter das Gesetz für Privatschulen fielen, das Lettische war.

In Lettland selbst, das heißt im noch unbesetzten Teil nördlich der Düna, war nun nicht mehr nur die deutsche Sprache restriktiven Maßnahmen ausgesetzt, sondern auch das Lettische. Anordnungen die Sprachen betreffend waren nämlich meist so formuliert, daß es hieß, Russisch sei in dem jeweiligen Bereich die einzig zugelassene Sprache. Praktisch waren damit alle anderen Sprachen, sowohl das Deutsche als auch das Lettische und Estnische, nicht zugelassen.

Organisiert wurden die Flüchtlingskomitees vor allem von lettischen und litauischen Duma-Abgeordneten. Bei den Letten ist besonders Jānis Čakste zu nennen, bei den Litauern Martynas Yčas. Yčas war noch kurz vor dem Krieg, 1913, zusammen mit Basanavičius durch die USA gereist. Sie hatten dort Zentren litauischer Einwanderer besucht und diese darin bestärkt, sich nicht völlig zu assimilieren und ihr Litauertum zu bewahren.

Die lettischen Flüchtlinge entfalteten in Petrograd und besonders in Moskau eine intensive kulturelle Tätigkeit. Immerhin war es gut ein Viertel des ganzen Volkes, das sich nun für mehrere Jahre in der Fremde befand.

Lettische Wissenschaftler verschiedener Fachrichtungen veranstalteten Kurse in lettischer Sprache. Diese Kurse zusammen mit bereits 1915 begonnenen Planungen bildeten fünf Jahre später eine Basis für die Gründung der lettischen Universität in Riga.

Daß Berichte über Greueltaten deutscher Soldaten, wie sie täglich in der Presse erschienen, besonders in den Zeitungen des Baltikums, im wesentlichen Kriegspropaganda waren, wurde den meisten Lesern dieser Blätter bald klar.

Allerdings läßt sich bei den deutschen Soldaten und besonders bei Offizieren eine erstaunliche Unkenntnis der Verhältnisse in den von ihnen besetzten Gebieten beobachten. Dazu mag auch beigetragen haben, daß in der reichsdeutschen Presse häufig von »Russen« berichtet wurde, die man diffamierend als »Barbaren« und »Mordbuben« bezeichnete. Die Existenz anderer Völker im Russischen Reich wurde oft gar nicht erwähnt. Nachdenklich macht auch ein Erlebnis, von dem die lettische Schriftstellerin Zenta Mauriņa (1897–1978) in ihren Erinnerungen berichtet. Deutsche Offiziere, die im Hause ihrer Eltern einquartiert waren, hatten eine »heiße Bratpfanne«

mit Würstchen auf dem Flügel abgestellt. Auf die Frage der Mutter, ob das deutsche Kultur sei, habe ein Hauptmann höflich geantwortet, es sei der Krieg (Mauriņa, 1958, S. 295).

Litauen unter deutscher Besatzung

Das ganze von Litauern bewohnte Gebiet war seit der Einnahme von Vilnius am 18. September 1915 unter deutscher Herrschaft. Damit war Litauen vorerst aus dem Verband des Russischen Reiches herausgelöst. Bei der nun einsetzenden politischen Entwicklung spielten folgende Faktoren eine Rolle:
- das litauische Flüchtlingskomitee in Petersburg, mit Yčas an der Spitze;
- die im Land gebliebenen litauischen Politiker, unter ihnen Antanas Smetona, der spätere Präsident der litauischen Republik;
- die Litauer in den USA und allgemein im westlichen Ausland;
- die deutsche Besatzungsmacht, die deutsche Reichsregierung und, wie sich zeigen wird, auch andere politische Kräfte in Deutschland.

Das von deutschen Truppen besetzte Gebiet nördlich und östlich von Ostpreußen wurde unter der Federführung des Generals Erich Ludendorff zu der Verwaltungseinheit »Land Ober-Ost« (für »Oberkommando Ost«) zusammengefaßt. Diese war zunächst in sechs Militärverwaltungsbezirke eingeteilt: Kurland, Litauen (mit Kaunas), Suwalki, Wilna, Bialystok und Grodno. Im März 1917 erfolgte eine Umstrukturierung: Wilna und Suwalki wurden mit dem Militärverwaltungsbezirk Litauen zusammengelegt zur »Militärverwaltung Litauen«. Dadurch war das Siedlungsgebiet der Litauer – wie von diesen schon lange gefordert – jetzt von den Deutschen zu einer administrativen Einheit zusammengefügt worden.

Die deutsche Verwaltung ordnete das Gerichtswesen und das Schulwesen, wobei die Lehrpläne nun nach Deutschland ausgerichtet waren, nicht mehr nach Rußland.

Zwei wichtige Eisenbahnstrecken wurden gebaut: von Memel nach Liepāja (Libau) und von Tilsit nach Šiauliai (Schaulen). Beide Strecken ergaben eine direkte Anbindung des Baltikums an Deutschland und damit an Mittel- und Westeuropa. Über die Strecke Tilsit–Šiauliai verlief in der Zeit zwischen den Kriegen die Verbindung Berlin–Riga.

Litauische Zeitungen durften nicht erscheinen. Einzige Publikation war ein Mitteilungsblatt der deutschen Besatzungsmacht. Diese hatte bereits in den ersten Wochen die Bevölkerung gegen sich aufgebracht, und zwar durch zwei Maßnahmen. Zum einen wurden in großem Maße Lebensmittel beschlagnahmt, ohne Rücksicht darauf, ob die Einwohner versorgt waren oder nicht. Zum anderen wurden Arbeitskräfte zwangsweise rekrutiert und das in recht großem Umfang. Die betroffenen Menschen wurden nicht nur zur Arbeit gezwungen, meist in der Holzindustrie, sondern auch aus ihren Familien geholt und in Lagern untergebracht, »kaserniert«.

Noch 1915, gegen Jahresende, bildete sich in Vilnius, zunächst inoffiziell, ein Gremium von fünf litauischen Politikern. Sie gehörten verschiedenen politischen Gruppierungen an. Diese Leute unternahmen den Versuch, die Bevölkerung Litauens, so gut es ging, gegenüber der Besatzungsmacht zu vertreten. Sie ließen ihr immer wieder Memoranden zukommen, in denen sie die deutsche Verwaltung auf Mißstände und Ungerechtigkeiten aufmerksam machten. Meist allerdings mit wenig Erfolg. Die zwangsweise Eingliederung von Litauern in sogenannte »Arbeitsbataillone« fand erst im September 1917 ein Ende.

Die Litauer in Amerika organisierten zwei Kongresse. In Chicago trafen sich die Vertreter der katholischen Organisationen. Sie forderten Autonomie für Litauen innerhalb des Russischen Reiches und dachten an eine Föderation mit Lettland. Außerdem wollten sie den auch von Litauern bewohnten Nordostteil von Ostpreußen annektieren – ungeachtet dessen, daß die dort wohnenden Litauer Protestanten waren. Litauen jedenfalls sollte auf der zu erwartenden Friedenskonferenz vertreten sein. Der Kongreß in Chicago nominierte bereits einen Vertreter: Juozas Gabrys. Dieser eröffnete zunächst ein litauisches Informationsbüro in Paris, das später nach Genf umzog. Dieses Büro stellte während des Krieges in gewisser Weise eine

Vertretung Litauens im Westen dar. Juozas Gabrys hatte schon 1905 am Großen Litauischen Landtag teilgenommen, war dann emigriert und nach Paris gegangen, um zu studieren. In Paris war er wieder politisch aktiv und arbeitete dabei auch mit Vertretern anderer Nationalitäten zusammen. Gabrys galt als schillernde Persönlichkeit, weil er engen Kontakt zu Vertretern der Mittelmächte pflegte, gleichzeitig aber in ständiger Verbindung zu Frankreich und England stand.

Die Aktivität der Litauer in Petersburg wurde durch zwei Ereignisse geprägt und gefördert. Das eine war die Erklärung Deutschlands und Österreich-Ungarns vom 5. November 1916, daß sie die Wiederherstellung eines unabhängigen polnischen Staates planten. Das andere war die Februarrevolution in Petrograd. Am 27. Februar/12. März 1917 meuterte die Petrograder Garnison und stellte sich auf die Seite der streikenden Arbeiter. Am 2./15. März unterschrieb Zar Nikolaus II. seine Abdankungsurkunde.

Ein vorläufiger litauischer Verwaltungsrat, der in Petersburg sofort nach der Revolution unter dem Vorsitz von Yčas zusammengetreten war, wurde noch Ende März 1917 vom Ministerpräsidenten der provisorischen Regierung Rußlands, dem Fürsten Lwow, empfangen. Der neue Regierungschef konnte zwar noch keinerlei Zusagen machen, zeigte sich jedoch zunächst den litauischen Vorstellungen von einer Autonomie aufgeschlossen.

Am 27. Mai versammelte sich in Petersburg ein litauischer Landtag – *Seimas* genannt. 336 Delegierte waren erschienen. Dieser Landtag forderte die Gründung eines auch von Rußland unabhängigen litauischen Staates. Diejenigen sozialistischen Abgeordneten, die den Bolschewisten nahestanden, verließen daraufhin den Landtag. Ihr Ziel war ein sozialistisches Litauen innerhalb eines marxistisch sozialistischen russischen Staates.

Für die Litauer in der von Deutschen besetzten Heimat tauchte mit der Polenerklärung der Mittelmächte vom 15.11.1916 ein uraltes Problem wieder auf: die Polen dachten an die Wiederherstellung eines vereinten polnisch-litauischen Staates. Die große Mehrheit der Litauer war dagegen, legte doch die Kirchenpolitik der letzten Jahrzehnte die Vermutung nahe, daß sie sofort einer intensiven Polonisierungspolitik ausgesetzt sein würden, die der von ihnen erlebten Russifizierung kaum nachstehen würde. Nur die polnischen Großgrundbesitzer in Litauen und der polonisierte litauische Kleinadel befürworteten einen gemeinsamen Staat mit Polen und äußerten dies in einem Schreiben an die deutsche Regierung.

Auf deutscher Seite wollte man sich in dieser Sache noch nicht festlegen, die Frage der polnischen Grenzen offenhalten. Eines allerdings erkannten die Deutschen: hier gab es einen Gegensatz zwischen Polen und Litauern, den sie eventuell für sich ausnützen könnten.

Von der »Militärverwaltung Litauen« wurde die Bildung eines litauischen »Vertrauensrates« genehmigt. Dieser sollte lediglich als beratendes Gremium bei der Militärverwaltung fungieren. Wahlen irgendwelcher Art wurden nicht gestattet. Die Militärverwaltung bemühte sich darum, angesehene Litauer wie Basanavičius oder Smetona für eine Mitarbeit im Vertrauensrat zu gewinnen. Diese aber lehnten ab. Sie verlangten, als Vertreter des Volkes auch vom Volk gewählt zu werden.

Schließlich war die Besatzungsmacht damit einverstanden, daß zunächst ein »Organisationsausschuß« gebildet wurde, der dann auch am 4. August 1917 in Vilnius zusammentrat. Diesem Ausschuß gelang es, eine Versammlung von 214 Delegierten in Vilnius zu versammeln. Fast alle dieser Delegierten waren, wenn auch nicht ordnungsgemäß gewählt, so doch in ihren jeweiligen Landkreisen von Vertretern der Bevölkerung ausgewählt worden. Es waren insgesamt wohl nicht einmal zehn Delegierte, die auf Veranlassung der deutschen Behörden an der Versammlung teilnahmen – im Gegensatz zu kritischen Stimmen, die behaupteten, es handle sich um eine Ansammlung von Marionetten, an deren Fäden die Deutschen zögen.

Die Delegiertenversammlung wählte den »Litauischen Landesrat« – *Lietuvos Taryba*, dem 20 Abgeordnete angehörten. Diese Taryba – obwohl zur Zeit ihres Entstehens noch völlig abhängig von den Anordnungen der deutschen Besatzungsmacht – kann als die Keimzelle des künftigen litauischen Parlaments angesehen werden. Vorsitzender des aus fünf Angehörigen der Taryba gebildeten Präsidiums war Antanas Smetona.

Es begann eine Art etappenweises Tauziehen zwischen der Taryba und der deutschen Reichsregierung, deren Position einmal stärker und einmal schwächer war, je nach dem Verlauf des allgemeinen Kriegsgeschehens. Besonders anfänglich wurde auf deutscher Seite eine Annexion Litauens erwogen, wohl zusammen mit dem übrigen Baltikum.

Inzwischen hatten die Bolschewiken in Petersburg resp. Petrograd, wie die Stadt seit Kriegsbeginn 1914 hieß, ihren Staatsstreich durchgeführt, ihre »Große Sozialistische Oktoberrevolution« am 25. Oktober/7. November 1917. Dadurch war der Seimas mit Martynas Yčas lahmgelegt. Die Bolschewiken verfügten ihre Auflösung.

Die Litauer im westlichen Ausland hingegen waren weiterhin aktiv. Sie hatten inzwischen zwei Konferenzen abgehalten, die erste 1915 in Bern, zusammen mit lettischen Vertretern, die zweite 1916 in Lausanne. Auf beiden Konferenzen und auch bei anderen Gelegenheiten wurde die völlige Unabhängigkeit Litauens gefordert.

Die Taryba trat sogleich nach ihrer Konstituierung mit den Auslandslitauern in Kontakt. Vertreter der Taryba konnten bereits im Oktober 1917 an einer Konferenz in Stockholm teilnehmen. Auf dieser Konferenz wurde die Taryba als höchstes litauisches Regierungsorgan anerkannt. Eine zweite Konferenz, einen Monat später in Bern, übernahm diesen Beschluß.

Smetona erkannte, daß Fortschritte in Richtung auf die litauische Unabhängigkeit im Augenblick nur mit Billigung und Unterstützung des Deutschen Reiches möglich waren. Er reiste am 13. November 1917 nach Berlin und hielt dort einen Vortrag. Im Publikum saßen eine Reihe von maßgeblichen deutschen Politikern. Seine wichtigste Erklärung: die Taryba sehe Litauen nicht in seinen historischen Grenzen, sondern begreife als Litauen das derzeit von Litauern bewohnte Gebiet. Zusätzlich betonte Smetona, daß Litauen stets enge Beziehungen zum Deutschen Reich unterhalten wolle.

In der Erkenntnis, daß zum damaligen Zeitpunkt alle litauischen Unabhängigkeitsbestrebungen nur über Deutschland zu einzelnen Erfolgen führen konnten, nahm die Taryba zu verschiedenen Stellen, mit Ausnahme der Militärverwaltung, Kontakt auf, auch zur Reichsregierung direkt und zu einzelnen Reichstagsabgeordneten, vor allem zur Zentrumsfraktion, die sich zum Gegner von Annexionsgedanken durch das Deutsche Reich deklariert hatte.

Am 29. November 1917 erklärte der Reichskanzler Graf Hertling vor dem Reichstag Litauen für unabhängig. Diese Unabhängigkeit allerdings war an Bedingungen geknüpft.

Knapp zwei Wochen später, am 11. Dezember, reagierte die Taryba und erklärte die Wiederherstellung eines unabhängigen litauischen Staates mit Vilnius als Hauptstadt. Dieser Staat – das waren die deutschen Bedingungen – werde dauerhafte Bindungen an das Deutsche Reich haben, insbesondere in Form einer »Militär- und Verkehrskonvention sowie von Zoll- und Münzeinheit«. Ferner bat die Taryba im Rahmen dieser Erklärung das Deutsche Reich um Schutz und um Vertretung der litauischen Interessen bei den kommenden Friedensverhandlungen.

Das hatte seinen Grund, denn in Brest-Litowsk waren gerade die Friedensverhandlungen zwischen Rußland und Deutschland angelaufen.

Die Fluchtlinge, die immer noch in Rußland bleiben mußten, hatten inzwischen anstelle ihres aufgelösten Seimas in der mittelrussischen Stadt Woronesch eine Konferenz einberufen. Diese Konferenz schickte eine Delegation nach Petrograd, die erreichen sollte, daß eine litauische Vertretung zu den Friedensverhandlungen in Brest-Litowsk zugelassen würde, innerhalb der russischen Delegation. Dies wurde jedoch rundweg abgelehnt. Statt dessen bestimmte Trozkij den früheren litauischen Sozialdemokraten Vincas Mickevičius-Kapsukas zum Delegierten bei den Friedensverhandlungen. Kapsukas, der 1905 zu den ersten gehört hatte, die einen unabhängigen litauischen Staat forderten, war nun innerhalb des – bolschewistischen – Volkskommissariats für Nationalitätenfragen der Kommissar für litauische Angelegenheiten. Und er war gegen eine Unabhängigkeit Litauens.

Dennoch war auch das unabhängige Litauen bei den Friedensverhandlungen vertreten, durch die Hintertür gewissermaßen. Augustinas Voldemaras, Teilnehmer an der Konferenz in Woronesch, war nach Kiew gereist und hatte dort bei der ukrainischen Regierung erreicht, daß er der ukrainischen Delegation als »litauischer Berater« zugeordnet wurde.

Viel brachte das nicht. Es wurde ein harter Diktatfrieden, dem Lenin nur in der Aussicht zustimmte, daß Deutschland bald den Krieg gegen die Westmächte verlieren würde, und damit der Friede von Brest-Litowsk nichtig wäre, wie es ein dreiviertel Jahr später auch kam.

Die Brester Friedensverhandlungen hatten aber dazu geführt, daß das Problem der litauischen Unabhängigkeit von deutscher Seite mehr oder minder auf Eis gelegt wurde.

Um die Dinge wieder ins Rollen zu bringen, gab die Taryba am 16. Februar 1918 – der Brester Friedensvertrag wurde erst am 3. März 1918 unterschrieben – eine neue Unabhängigkeitserklärung heraus. Diese war im Gegensatz zu der vom 11. Dezember 1917 nicht mit den deutschen Stellen abgesprochen.

Die Taryba erklärt, heißt es in dieser Deklaration, die Wiedererrichtung eines unabhängigen litauischen Staates auf demokratischer Grundlage mit der Hauptstadt Vilnius. Das litauische Volk sei frei von allen Bindungen an andere Staaten, die vorher vorhanden gewesen sein mögen. Die Beziehungen zu anderen Nationen seien erst von einer frei gewählten Volksvertretung zu bestimmen. Der 16. Februar gilt bis heute als litauischer Unabhängigkeitstag.

Die deutsche Militärverwaltung und die deutsche Regierung wurden daraufhin wach und bestanden auf den Klauseln über die engen Bindungen Litauens an das Deutsche Reich, die »Militär- und Verkehrskonventionen sowie eine Zoll- und Münzunion«.

Die Litauer mußten einlenken, denn von der anderen Seite her, von den Westmächten, war noch keine Hilfe zu erwarten. Für diese war Rußland immer noch Mitglied der Entente und Litauen ein Teil Rußlands.

Nachdem die Taryba wieder auf die deutschen Bedingungen eingegangen war, erklärte Kaiser Wilhelm II. am 23. März 1918 Litauen endgültig für unabhängig.

In der nächsten Phase ging es um die Erarbeitung einer Verfassung für das Land. Die Taryba hatte unter anderem einen recht engen Kontakt zu dem Reichstagsabgeordneten Mathias Erzberger, der zum linken Flügel der Zentrumsfraktion gehörte. Erzberger hatte sich schon früh für Litauen interessiert. Als Katholik befürwortete er die Gründung eines neuen katholischen Staates in Europa.

Durch Erzbergers Vermittlung konnte der Herzog Wilhelm von Urach Graf von Württemberg als Monarch an der Spitze Litauens gewonnen werden – ein katholischer deutscher Fürst. Die Taryba wählte ihn am 9. April 1918 unter dem Namen Mindaugas II. zum König von Litauen.

Mindaugas II. konnte sein Amt allerdings nicht mehr antreten. Die deutsche Heeresleitung und verschiedene Kreise in der deutschen Regierung hätten lieber eine Personalunion Litauens mit Preußen oder Sachsen gesehen und zögerten die Angelegenheit hinaus, bis am 11. November 1918 das Deutsche Reich kapitulierte. Den Waffenstillstand unterzeichnete im Salonwagen im Walde von Compiègne eben jener Mathias Erzberger, der inzwischen zum Staatssekretär ohne Portefeuille aufgerückt war.

Litauen hatte nun keine Bindung an das Deutsche Reich mehr. Am gleichen Tag, dem 11. November, erklärte die Taryba, zu der inzwischen auch Yčas und Voldemaras gestoßen waren, Litauen zur Republik. Mindaugas II. war in der Versenkung verschwunden.

Die Lettischen Schützen

Am 19. Juli / 1. August 1915 gab General Aleksejew, der Oberbefehlshaber der Nordwestfront, den Befehl, lettische Schützenbataillone aufzustellen. Diese Bataillone sollten aus lettischen Freiwilligen bestehen und später auch aus lettischen Soldaten, die von anderen Einheiten abgezogen wurden. Befehligt sollten die Bataillone von lettischen Offizieren werden, d. h. von Letten, die in der russischen Armee als Offiziere dienten. Als Kommandosprache war Lettisch vorgesehen.

Im Oktober 1915 rückten die ersten lettischen Bataillone aus und begaben sich an die nicht weit von Riga verlaufende Front. Die Soldaten trugen russische Uniformen, die Bataillone waren Bestandteil der russischen Armee.

Es hatte im Frühjahr 1915 mit der Besetzung Kurlands durch deutsche Truppen begonnen. Das Elend der Flüchtlinge erregte Besorgnis. Über die Hälfte der lettischsprachigen Bevölkerung hatte Kurland verlassen resp. verlassen müssen. Sollte sich bei einem weiteren Vordringen der Deutschen das gleiche in Livland abspielen und in Lettgallen? Dann wäre, das war damals die einhellige Meinung, das lettische Volk in seiner Existenz bedroht.

Die russische Armee hatte andererseits dem deutschen Vormarsch nichts entgegenzustellen. Flüchtlinge erzählen, daß deutsche Offiziere gemächlich im Zweispänner den abziehenden russischen Soldaten hinterherfuhren. Diese seien vollauf damit beschäftigt gewesen, die Bevölkerung zu »evakuieren«, d. h. die Bewohner aus ihren Häusern zu treiben und diese gegebenenfalls anzuzünden – dem Feind sollte nichts in die Hände fallen. Und das eine oder andere Brauchbare sollen sie auch mitgenommen haben.

Tausende von lettischen Soldaten waren gefallen, in Ostpreußen in der Schlacht bei den Masurischen Seen. Sie hatten der »Njemen-Armee« unter General von Rennenkampff angehört.

Ein Vorfall gab den Ausschlag. Anfang Mai 1915 rückten deutsche Kavallerieeinheiten in Kurland vor, mit dem Auftrag, Jelgava zu besetzen, damals die Hauptstadt des Gouvernements Kurland. Da geschah etwas Unerwartetes: der deutsche Angriff auf Jelgava (Mitau) wurde aufgehalten. Die Stadt fiel erst ein Vierteljahr später in deutsche Hand.

In Riga nämlich hatte man lettische Reservisten eingezogen und in Arbeitskompanien eingeteilt, die im Bereich der Festung Daugavgriva (Dünamünde) Schanzarbeiten zu verrichten hatten. Als es an der Front immer schwieriger wurde, hatte man einen Teil dieser Arbeitskompanien bewaffnet und zwei Bataillone gebildet. Diese kamen vor Jelgava zum Einsatz. So konnte das russische Heer, das seit September 1915 jede

Schlacht und jedes Gefecht verloren hatte, einen Erfolg verbuchen.

In Jelgava wurde ein Dankgottesdienst für die Errettung der Stadt abgehalten und vor dem Schloß des Gouverneurs von Kurland gab es eine Feierstunde. Jānis Čakste dankte im Namen der Letten dem General Potapow, der diesen Frontabschnitt kommandiert hatte. Der General seinerseits dankte den lettischen Soldaten. Die Rede Potapows durfte allerdings nicht vollständig in der Presse abgedruckt werden, denn für die Behörden gab es damals nur russische Soldaten.

Das Problem der lettischen Flüchtlinge und die Bewährung der beiden lettischen Einheiten vor Jelgava führten dazu, daß sich in Riga ein Organisationskomitee bildete, mit dem Ziel, die Aufstellung regulärer lettischer Einheiten innerhalb der russischen Armee zu erreichen, zur Verteidigung der Heimat. Die Initiative dazu ging von lettischen bürgerlichen Kreisen aus und von der Intelligenz, vor allem von Studenten. Die Sozialdemokratie stand diesem Plan ablehnend gegenüber.

An die Spitze des Komitees stellten sich die lettischen Duma-Abgeordneten Jānis Goldmanis und Jānis Zālītis. Goldmanis machte am 28. Mai / 10. Juni eine Eingabe an den Großfürsten Nikolaj Nikolajewitsch, den Oberbefehlshaber der russischen Streitkräfte. Knapp zwei Monate später kam der Befehl zur Aufstellung lettischer Bataillone.

Welche Diskussionen während dieser sieben Wochen hinter den Kulissen stattfanden, wurde nur teilweise bekannt. Bei Hofe, wo der deutschbaltische Adel immer noch starken Einfluß besaß, rief die Vorstellung von lettischen Heereseinheiten unter dem Kommando von lettischen Offizieren nur blankes Entsetzen hervor. Das Jahr 1905 war nicht vergessen. Das Militär, vor allem General Aleksejew, der Oberkommandierende der Nordwestfront, sah das nüchterner. Seine Aufgabe war es, eine neue, die 12. Armee aufzustellen, um ein weiteres Vordringen der Deutschen über die Düna und nach Riga zu verhindern. Seiner Meinung nach hatten sich die lettischen Soldaten und die lettischen Offiziere an der Front absolut loyal verhalten.

Sie wollten Kurland befreien. Die Flüchtlinge sollten nach Hause können. Und keine neuen Flüchtlinge mehr! Im deutschen Heer sahen viele Letten den verlängerten Arm der baltendeutschen Barone. Womöglich spielten Erinnerungen an die Strafexpeditionen von 1906 eine Rolle.

Hinzu kam aber bei fast allen Soldaten noch ein Motiv: »Autonomie« für Lettland. Wie diese Autonomie aussehen, wie weit sie gehen sollte, darüber machten sich die wenigsten Gedanken.

Schon der erste Einsatz lettischer Einheiten an der Front westlich und südlich von Riga brachte verschiedene Erfolge.

Auf einen unerwarteten deutschen Angriff hatten die Letten mit einem Gegenangriff geantwortet und auf diese Weise einiges Gelände gewinnen können. Dadurch verlief die Frontlinie für die russische Seite günstiger. Der Gegenangriff hatte auch zur Folge, daß die Deutschen jetzt feste Stellungen anlegten, d. h. nicht mehr damit rechneten, in absehbarer Zeit Riga einzunehmen. Die Front war »stabilisiert«, und zwar für die nächsten zwei Jahre.

Durch die Ereignisse an der Front war die Stimmung unter der lettischen Bevölkerung ins Positive umgeschlagen. Die Flüchtlinge hofften auf baldige Heimkehr, und die übrigen brauchten nicht mehr zu fürchten, daß auch sie evakuiert würden. Die Gefahr, daß drei Viertel des lettischen Volkes über die Weiten Rußlands verstreut würden, war gebannt.

Im März 1916 begann auf breiter Front eine russische Offensive. Die Westfront, vor allem Verdun, sollte entlastet werden. Die lettischen Bataillone waren durch die deutschen Linien gebrochen, konnten aber ihren Angriff nicht weiterführen, weil die zum Nachrücken vorgesehenen sibirischen Regimenter nicht folgten. Immerhin, beträchtliche deutsche Kräfte waren für längere Zeit gebunden.

Ein unbestreitbarer und vielleicht wichtiger Erfolg dieser Kämpfe bestand in seiner Auswirkung auf das Selbstbewußtsein der Letten, der Soldaten und auch aller anderen hinter der Front, in Rußland, in der Emigration. Die lettischen Regimenter – aus den Bataillonen waren inzwischen Regimenter geworden – erwähnte man im Heeresbericht, über sie wurde in der internationalen Presse geschrieben, und auch die deutsche Heeresleitung nahm Kenntnis von ihnen.

Das lettische Volk war, eigentlich zum erstenmal nach langen Jahrhunderten, nicht mehr nur Objekt, sondern auch handelndes Subjekt.

Mitte Dezember 1916 begann die »Weihnachtsschlacht«, eine breit angelegte Offensive an der Rigaer Front. Mitau (Jelgava) sollte zurückerobert werden, wenn möglich ganz Kurland befreit, das ließ die Armeeführung durchsickern. Der Kampfgeist bei den lettischen Soldaten sollte gestärkt werden.

Einen Monat dauerte die Schlacht. Den Letten war es unter großen Anstrengungen – es gab viele Tote – gelungen, die deutschen Linien aufzureißen. Doch die Russen folgten nicht. Ganze Regimenter hatten auf den Befehl zum Angriff den Gehorsam verweigert. 20, 30 Quadratkilometer Geländegewinn, das war alles. Die ersten lettischen Einheiten waren bereits kurz vor Jelgava gewesen!

Ložmetēju kalns – »Maschinengewehrberg«, ein öder sandiger Hügel, hatte Aberhunderte von Menschenleben gekostet, lettische und deutsche. *Tīreļu purvs* – »Tireli-Sumpf«, auch dieser Name steht in jedem lettischen Geschichtsbuch. *Nāves sala* – »Todesinsel«, ein Brückenkopf am rechten Dünaufer. Mehrere tausend lettische Soldaten wurden hier Opfer eines deutschen Gasangriffs.

Dvēseļu putenis – »Schneesturm der Seelen« – nennt der Volksmund diese Schlacht.

Das Ende war wenig rühmlich. Auf russischer Seite versuchte man, die Verdienste der Letten herunterzuspielen, um die eigenen Mißerfolge zu verschleiern. Haß und Mißgunst kamen auf. Der gute Wille der lettischen Schützen war am Ende. »Die Russen haben uns verraten«, sagten sie. Nur vier Wochen später kam die Februarrevolution. Der Zar dankte ab.

Auch beim Militär versuchte man, demokratische Formen einzuführen. Auf Grund des »Befehls Nr. 1« wurden Soldatenräte gewählt: »Exekutiv-Komitees«, auf russisch »Ispolnitelnyj komitet«. Abgekürzt hieß so ein Soldatenrat dann »Iskosol«. Und bei den lettischen Schützen hieß er »Iskolastrel« – von »Ispolnitelnyj Komitet Latyschskich Strelkow« – »Exekutivkomitee der Lettischen Schützen«.

Der »Erste Kongreß der Schützen« fand am 27. März/

9. April bis zum 29. März/11. April 1917 in Riga statt. 190 gewählte Delegierte nahmen teil, 176 Schützen und 14 Offiziere. Unter den Delegierten waren drei Mitglieder der Sozialdemokratie, also Bolschewiken, und vielleicht fünf oder sechs Sympathisanten. Der Kongreß sprach sich aus für:
- die Aufrechterhaltung der Ordnung in der Armee,
- die Fortsetzung des Krieges, bis ein Friede ohne Annexion und ohne Kriegsentschädigung möglich wäre,
- das Selbstbestimmungsrecht der Völker,
- Wahlen zur Verfassunggebenden Versammlung von Gesamt-Rußland,
- Wahlen zur Saeima (Parlament) eines autonomen Lettland.

Am Ende des Kongresses wurde der erste Iskolastrel gewählt: 22 Soldaten und 6 Offiziere.

Die sozialdemokratische Zeitung »Cīņa«, die ganz in die Hände der Bolschewiken übergegangen war, kritisierte an der Resolution des Kongresses, daß er für eine Fortsetzung des Krieges sei und daß er die Wahl eines lettischen Parlaments forderte. Das bedeutet, daß die offizielle bolschewistische Linie, wenn überhaupt, nur für eine sehr begrenzte Autonomie Lettlands eintrat.

Mitte April baten die Vertreter des sozialdemokratischen, d. h. bolschewistischen Organisationskomitees bei den Schützen darum, ins Iskolastrel aufgenommen zu werden, obwohl sie nicht gewählt waren. Dann wären nämlich auch sie vom Dienst befreit. Aus Gründen der Solidarität und Kameradschaft nahmen die Mitglieder des Iskolastrel alle neun Vertreter des bolschewistischen Organisationskomitees in ihre Mitte auf. Dies sei, so später ein bolschewistischer Autor, der entscheidende Fehler gewesen. Das Iskolastrel habe »seinen eigenen Totengräber unter die Fittiche genommen« (vgl. Ģermanis, 1974, S. 173).

Gleichzeitig begannen Agitatoren der Bolschewiken intensiv unter den Schützen zu wirken. Es gelang ihnen, bei einem Teil der Schützen das Iskolastrel zu diskreditieren. Eine Gruppe kündigte dem Ersten Iskolastrel das Vertrauen. Auf diese Weise kam es zur Wahl des zweiten Kongresses.

Im neuen Kongreß hatten bereits die Bolschewiken die

Oberhand. In das zweite Iskolastrel wurde nur ein Nichtbolschewik gewählt, ein Offizier (vgl. Ezergailis, 1974, S. 182). Auch dieser Kongreß gab eine Resolution heraus, die »Resolution der Lettischen Schützen vom 17. Mai 1917«, wie sie später von sowjetischen Historikern genannt wurde. Diese Resolution hatte das ZK-Mitglied Jūlijs Danševskis vorher ausgearbeitet. Allein schon im Stil unterschied sie sich von der des ersten Kongresses, die knapp und sachlich gefaßt war. Jetzt erklangen Elemente des Idioms, das der Volksmund später »Parteichinesisch« nannte.

Im Unterschied zur ersten Resolution wurde in der vom »17. Mai« gefordert, mit revolutionären Mitteln einen Friedensschluß zu erzwingen. Der provisorischen Regierung wurde allgemein das Mißtrauen ausgesprochen.

Damit standen die Lettischen Schützen – mit ihrer offiziellen Vertretung zumindest – jetzt eindeutig auf bolschewistischer Seite. Der Vorsitzende der lettischen Bolschewiken, Pēteris Stučka, soll die Schützen schon zu diesem Zeitpunkt als »die Avantgarde der Revolution« bezeichnet haben.

Die Bolschewiken sprachen sich jetzt – zunächst wenigstens – für eine Autonomie der nichtrussischen Nationen aus. Lenin gestand in seiner »Deklaration der Rechte der nichtrussischen Völker Rußlands« sogar das Recht zu, aus dem Reichsverband auszutreten, womit aber in keiner Weise gesagt ist, daß Lenin und seine Anhänger einen solchen Austritt befürworteten. Im Gegensatz dazu lehnte die Regierung Kerenskij zunächst jede Autonomieforderung ab. Kerenskij war seit dem 8./21. Juli 1917 Ministerpräsident.

Im September 1917 fanden in Livland Wahlen zum Landesrat statt – demokratische Wahlen, ohne Klassen. Die Bolschewiken erhielten etwa 60 Prozent der Stimmen – einer der ganz seltenen Fälle in der Geschichte. Doch hatte sich die Kerenskij-Regierung im vom Kriege hart mitgenommenen Livland fast um jeden Kredit gebracht, und zwar sowohl durch die Forderung, den Krieg energisch an der Seite der Alliierten fortzusetzen, als auch mit der Ablehnung der lettischen Autonomiewünsche.

Ende August hatte die 8. deutsche Armee eine Offensive

begonnen. Am 3. September 1917 wurde Riga von den Deutschen erobert, anschließend die estnischen Inseln. Die Lettischen Schützen deckten den Rückzug der 12. Armee und bewahrten sie vor der Umzingelung. Hier zeichnete sich noch einmal das 5. Semgaller Regiment unter Oberst Jukums Vācietis aus, das den entscheidenden Durchbruch der deutschen Angriffsspitze östlich von Riga am Flüßchen Mazā Jugla (Kleiner Jägel) verhinderte. Das waren die letzten Gefechte der Schützen auf lettischem Boden.

Noch einmal traten sie am 25. Oktober/7. November in Aktion, als sie den bolschewistischen Staatsstreich – die »Oktoberrevolution« – wirksam unterstützten. Sie besetzten alle wichtigen Bahnknotenpunkte im Baltikum: Cēsis (Wenden), Valmiera (Wolmar), Valka (Walk) und Tartu (Dorpat). Auf diese Weise konnten keinerlei regierungstreue Truppen rechtzeitig nach Petrograd gebracht werden.

Noch im November 1917 forderte Lenin für seine bisher keineswegs konsolidierte Regierung Hilfe an. 250 Mann aus allen lettischen Regimentern ausgewählt, die sog. »Vereinigte Kompanie der Lettischen Schützen«, übernahm den Schutz von Lenins Hauptquartier im Smolnyj, einem ehemaligen Internat für Mädchen aus der Oberschicht. Außerdem wurde das 6. Tukumer Regiment nach Petrograd geschickt, um dort die »revolutionäre Ordnung« aufrechtzuerhalten.

Von den Regimentskommandeuren war allein Oberst Vācietis vom 5. Semgaller Regiment zu den Bolschewiken übergegangen. Es scheint, daß er bis zuletzt kein eingefleischter Kommunist war. Wahrscheinlich ließ er sich vor allem von zwei Motiven leiten: von seinem Glauben daran, daß nur die Bolschewiken Lettland die Autonomie bringen würden, und von seinem Willen zur persönlichen Karriere (vgl. Ģermanis, 1974, und Bangerskis, 1958, Bd. I, S. 341).

Was den zweiten Punkt betrifft, erwies sich Vācietis' Wahl als richtig. Gleich nach der Oktoberrevolution wurde er zum Kommandeur der 12. Armee ernannt und später zum ersten Oberkommandierenden der gesamten Roten Armee.

Die Lettischen Schützen – mehr als die Hälfte der Soldaten und fast alle Offiziere hatten die Regimenter verlassen – wurden nach Rußland verlegt. An allen Brennpunkten des Bürgerkrieges mußten sie die Revolution retten. Sie waren die zuverlässigste, am meisten kampferprobte und weitaus schlagkräftigste Truppe, über die Trozkij verfügte.

Der einzelne Schütze war von seinem Standpunkt aus wohl auf der richtigen Seite, wenn er gegen die »weißen« Generäle Denikin, Judenitsch und Wrangel kämpfte, die bei einem Sieg am liebsten wohl wieder die Leibeigenschaft eingeführt hätten. Zumindest wäre an eine Autonomie Lettlands dann nicht zu denken gewesen.

Bis zur letzten Schlacht fochten sie mit. Sie erkämpften den Übergang über die Landenge bei Perekop und machten den Weg frei auf die Krim, die letzte Bastion des Generals Wrangel.

Nach der Schlacht sollte anläßlich einer Feierstunde ihnen zu Ehren die »Internationale« gespielt werden, doch der Regimentskommandeur ließ »Dievs svētī Latviju« singen, »Gott segne Lettland« – die lettische Nationalhymne.

Als der Bürgerkrieg zu Ende war, kehrten die meisten der Schützen nach Lettland zurück. Einige blieben und stiegen oft in hohe Ämter der Sowjetunion auf. Fast alle von ihnen wurden während der großen »Säuberung« unter Stalin in den Jahren 1936–1938 umgebracht.

Auch Jukums Vācietis wollte am Ende seiner Karriere in die Heimat zurückkehren, doch ihm verweigerte die lettische Regierung die Einreise. Er fiel 1938 Stalins »Säuberungen« zum Opfer.

Die Freiheitskriege

Estland:
Der Maapäev

Den Startschuß gewissermaßen auf den Weg zur Unabhängigkeit brachte die russische Februarrevolution von 1917 für Estland. Zur Zeit der Revolution war ganz Estland noch nicht von deutschen Truppen besetzt. Es herrschten dort, wenn man so will, normale Verhältnisse, im Gegensatz zu Lettland und Litauen. So konnten sich die Impulse der Petrograder Revolution einheitlich auf das ganze Land auswirken.

Die neue »provisorische« Regierung Rußlands gestand den Esten – als erster nichtrussischer Nationalität – die Landesselbstverwaltung zu. Gleichzeitig wurden die alten Gouvernementsgrenzen aufgehoben und das ganze von Esten bewohnte Gebiet – das bisherige Gouvernement Estland, der nördliche Teil von Livland und die estnischen Inseln – zu einer administrativen Einheit »Estland« zusammengefaßt. Analog wurde auch das von Letten bewohnte Gebiet vereinigt. Das allerdings war noch zur Hälfte von der deutschen Armee besetzt. Die politische Entwicklung dort verlief wesentlich komplizierter.

Als »Kommissar« für Estland anstelle des bisherigen »Gouverneurs«, der fast immer ein Russe war, wurde nun ein Este ernannt. Jaan Poska. Poska war auch der erste estnische Bürgermeister von Tallinn (Reval).

Die Esten hatten auf die Revolution und den Sturz des Zaren prompt reagiert. In Tartu (Dorpat) hatte Jaan Tönisson Politiker und »führende Persönlichkeiten der Gesellschaft« zu einer Konferenz zusammengerufen. Diese Konferenz arbeitete ein Konzept aus, wie die Selbstverwaltung des Landes zu regeln sei. Man wollte nicht gleich die volle Autonomie verlangen, man wollte schrittweise vorgehen. Der Entwurf wurde bereits am 5./18. März 1917 der Regierung in Petrograd vorgelegt. Eine Demonstration von dort ansässigen Esten und aus der

Umgegend zusammengerufenen estnischen Armeesoldaten beschleunigte die Bestätigung des Entwurfs als Gesetz, die am 30. März/12. April erfolgte.

Nun galt es, einen Landesrat zu wählen, den *Maapäev*. Allgemeine, gleiche und geheime Wahlen wurden ausgeschrieben. Allerdings waren sie nicht direkt, es wurde in zwei Stufen gewählt: je 1000 Einwohner bestimmten einen Wahlmann. Die Wahlmänner wählten dann die Abgeordneten. So entfiel auf je 20000 Wahlberechtigte ein Mandat. Insgesamt waren 60 Mandate zu besetzen.

Die Wahlbeteiligung allerdings soll in den ländlichen Gegenden nur 30 Prozent betragen haben. Apathie und mangelnde Politisierung der ländlichen Bevölkerung werden als Gründe genannt. Man sollte dabei aber nicht vergessen, daß es sich hier um die ersten allgemeinen Wahlen überhaupt in der Geschichte Estlands handelte. Die meisten der Stimmberechtigten dürften dem Aufruf zur Wahl eher hilflos gegenübergestanden haben.

Nicht alle begrüßten die neue Regelung. Baron Dellingshausen zum Beispiel, als Exponent des deutschbaltischen Adels in Estland, bedauerte die Einführung der Landesselbstverwaltung insofern, als die Ritterschaft, deren Vorsitzender er war, von nun an nur noch für die Angelegenheiten der Großgrundbesitzer, für sich selbst also, zuständig sein sollte, statt wie bisher in allen Landesangelegenheiten das Sagen zu haben.

Ende Juni wurde gewählt, und am 1./14. Juli trat der Landesrat, der Maapäev, erstmals zusammen. Die Deutschen des Landes allerdings waren von ihren politischen Führern dazu aufgerufen worden, die Wahlen zu boykottieren. Sie hatten daher auch keine Kandidaten aufgestellt.

Die Ritterschaft übergab nur zögernd und teilweise erst nach mehrfachem Drängen aus Petrograd die Landesgeschäfte an den Maapäev und an die von diesem eingesetzten Organe. Bei dieser Gelegenheit veröffentlichte die Ritterschaft einen Protest, dessen erster Punkt lautete: »In den neuen, durch Gesetz vom 22. Juni geschaffenen Landesinstitutionen haben die von dem unbesitzlichen, keine Steuern zahlenden Teil der Bevölkerung gewählten Abgeordneten ausschlaggebenden Einfluß, während die Bevölkerung, die im Lande die älteste Kultur repräsentiert (gemeint sind die Deutschbalten, A. S.) und die meisten Steuern aufbringt, überhaupt nicht vertreten ist.« In Punkt zwei wird erklärt, auf Grund welcher Legitimation die Ritterschaft und damit der deutschbaltische Adel die Führung der Landesgeschäfte beansprucht und seine Privilegien für gerechtfertigt hält. Man beruft sich auf die mit dem Abgesandten des Zaren ausgehandelte Kapitulation von Riga im Jahre 1710, die dann im Friedensvertrag von 1721 ihre Bestätigung fand.

Nur wenige Wochen hatte der Maapäev zunächst Zeit, die Landesgeschäfte zu führen, und das nicht ganz ungestört. Wie in den meisten Teilen Rußlands hatten sich auch in Estland gleich nach der Februarrevolution Arbeiter- und Soldatenräte gebildet. Diese bestanden zu einem größeren Teil aus russischen Soldaten und Matrosen der Kriegsmarine.

Aus Petrograd bekam der Maapäev wenig Unterstützung. Dort legte man das Gesetz vom 30. März wesentlich enger aus als in Tallinn. Einer der Kernpunkte war das Schulwesen. Von Petrograd aus war zwar eine Einstellung der Russifizierungspolitik zugesagt worden, doch die russischen Beamten – auch die Schulinspektion wurde von solchen ausgeführt – taten sich schwer, ihre bisherigen Befugnisse abzutreten. Vor allem ging es darum, an estnischen Schulen das Estnische als Unterrichtssprache einzuführen. Gerade dies aber wurde von den nicht aus ihren Ämtern weichenden russischen Schulinspektoren und Schuldirektoren nach Möglichkeit verhindert.

Nach und nach aber entstand dem Maapäev der gefährlichste Gegner, das andere Extrem: der Bolschewismus. Wie der Adel waren auch die Kommunisten nicht an freien und vor allem nicht an gleichen Wahlen interessiert. Beide hielten daran fest, daß nur eine Klasse die Herrschaft im Staat innehaben könne.

Lenins Staatsstreich vom 25. Oktober/7. November 1917 in Petrograd veränderte in Estland von einem Tag auf den anderen die politische Landschaft. Auch in diesem Fall reagierten die Esten schnell. Als erstes kam der Ältestenrat des Maapäev zusammen. Konstantin Päts – er war Vorsitzender des Verwaltungsrats beim Maapäev – und Jaan Tönisson, als Führer des »Demokratischen Blocks«, der größten Parteiengruppierung im Maapäev, nahmen Kontakte mit Jaan Anvelt auf. Anvelt war der Vorsitzende des Exekutivkomitees der estnischen Bolschewiken. Päts und Tönisson versuchten zu einer Verständigung zu gelangen, aber gerade das war es, was die Bolschewiken nicht wollten. Ihr Ziel war, allein die Macht im Staat zu erringen und sie sich zu erhalten, ohne andere politische Strömungen neben sich zu dulden.

Den Vertretern des Ältestenrats wurde klar, daß sie unverzüglich aktiv werden mußten, wenn sie überhaupt noch etwas erreichen wollten. Für den 15./28. November beriefen sie eine Plenarsitzung des Maapäev ein. Am 12./25. November wurde der Maapäev vom Sowjet Estlands für aufgelöst erklärt. Die Abgeordneten kamen dennoch zusammen. Der Ältestenrat hatte sich einen Tag vorher getroffen und beschlossen, die Anordnung des Sowjets zu ignorieren. Und, das sollte sich als entscheidend erweisen, sie bereiteten eine straffe Tagesordnung vor, nach der gleich zu Beginn der Sitzung alle wichtigen Punkte beschlossen werden konnten, besonders zwei:

1. Der estnische Maapäev erklärt sich zum alleinigen Träger der obersten staatlichen Gewalt, solange, bis eine Verfassunggebende Versammlung auf demokratischer Basis gewählt ist.
2. Der Ältestenrat gemeinsam mit dem Verwaltungsrat beim Maapäev ist für die Zeit, da der Maapäev nicht tagen kann, autorisiert, die oberste Gewalt in Estland zu repräsentieren.

Nachdem diese beiden Punkte beschlossen waren, es hatte genau zwanzig Minuten gedauert, wurde der Maapäev von bewaffneten Bolschewiken und russischen Matrosen auseinandergetrieben.

Zunächst hatte der Beschluß des Maapäev wenig Bedeutung. Die Staatsgewalt lag in den Händen des Obersten Sowjets. Jaan Poska war als Kommissar für Estland abgesetzt worden, an seine Stelle trat der Kommunist Viktor Kingissepp. Später jedoch sollte sich die Maßnahme des Maapäev als ein wichtiger Schritt in Richtung Unabhängigkeit erweisen.

Auch in Estland waren nämlich inzwischen, nach dem Vorbild der Lettischen Schützen, Truppenteile mit estnischen Soldaten gebildet worden. Das erste auf diese Weise entstandene estnische Regiment wurde bald an die Front geschickt, auf die Insel Saaremaa (Ösel). Dort geriet das Regiment in deutsche Gefangenschaft.

Im Dezember 1917 begann man systematisch eine estnische Division aufzustellen. Kommandeur war Oberst Johan Laidoner. Die Bolschewiken übernahmen zwar bald die Weisungsbefugnis über die Division, doch sollte sie, gar nicht viel später, zum Kern einer neuen estnischen Armee werden. Aus allen Teilen der russischen Armee wurden estnische Soldaten und Offiziere für diese Division zusammengezogen. Die meisten von ihnen waren kriegserfahren und standen – im Gegensatz zur Mehrzahl der Lettischen Schützen – den Ideen des Bolschewismus skeptisch gegenüber.

Ende November 1917 waren in Rußland Wahlen zur Verfassunggebenden Versammlung für die neue russische Republik abgehalten worden. Das betraf auch die baltischen Länder, soweit sie nicht von den Deutschen besetzt waren. Die Bolschewiken, die nun einen Monat an der Macht waren, hatten diese Wahlen zugelassen. Vom Ergebnis waren sie jedoch enttäuscht, denn sie erhielten nur knapp 25 Prozent der Sitze. Dies waren übrigens die ersten und bis zur Ära Gorbatschow letzten Wahlen zu einem russischen Parlament. Dieses Parlament allerdings wurde bei seiner ersten Sitzung von den Bolschewiken gestört und anschließend aufgelöst.

In Estland war das Ergebnis für die Bolschewiken günstiger. Sie erhielten dort etwa 40 Prozent der Stimmen.

Dieses hohe Ergebnis mag die Bolschewiken ermuntert haben, anschließend auch Wahlen für eine Verfassunggebende Versammlung Estlands auszuschreiben, und zwar für den 21. und 22. Januar / 3. und 4. Februar 1918. Alle Zeitungen außer den bolschewistischen waren verboten, alle Druckereien und die gesamte Papierversorgung befanden sich unter bolschewistischer Kontrolle, alle Wahlversammlungen außer den bolschewistischen waren verboten. Zudem wurde bereits ein gewisser Druck auf die Bevölkerung ausgeübt, so Hausdurchsuchungen und Verhaftungen ohne gesetzliche Handhabe.

Als zwei Drittel der Stimmen ausgezählt waren, erklärte der Oberste Sowjet von Estland die Wahl für ungültig. Es hatte sich abgezeichnet, daß die Bolschewiken bei 30 Prozent liegen würden.

Ein Dekret folgte, das den Zusammentritt der Verfassunggebenden Versammlung verbot. Gleichzeitig wurden alle Angehörigen des Adels für vogelfrei erklärt. Das bedeutete: jeder kann jeden Adligen überall festnehmen und den Behörden übergeben. Die Folge waren massenweise Verhaftungen, nicht nur von Adligen, sondern auch von Kaufleuten und Handwerkern, Deutschen und Esten, von Politikern aller Richtungen. Zu den Verhafteten gehörte übrigens auch Baron Dellingshausen. Er wurde nach Rußland deportiert, konnte aber auf Grund des Brester Friedensvertrages bald wieder nach Estland zurückkehren.

Inzwischen strebten praktisch alle politischen Gruppierungen mit Ausnahme der Bolschewiken einen unabhängigen estnischen Staat an, doch wollte die Mehrzahl der Abgeordneten des Maapäev sich mit einer entsprechenden Erklärung Zeit lassen, um blutige Zusammenstöße zwischen Parteigängern der Bolschewiken und Anhängern der Staatsidee zu vermeiden. Nun aber, nach dem Dekret des Sowjets, schien es an der Zeit zu handeln.

Juhan Kukk, ein Wirtschaftswissenschaftler und Beauftragter für Finanzen im Verwaltungsrat beim Maapäev, übernahm es, eine Unabhängigkeitserklärung auszuarbeiten. Die Aktivitäten des Maapäev und der zu ihm gehörenden Institutionen mußten jetzt illegal, aus dem Untergrund erfolgen.

Zwischen Deutschland und dem bolschewistischen Rußland war es am 22. November/5. Dezember 1917 zu einem Waffenstillstand gekommen. Friedensverhandlungen hatten begonnen. Am 18. Februar (seit dem 31. Januar/14. Februar 1918 gilt auch in Rußland der Gregorianische Kalender, deshalb von nun an nur noch ein Datum) begann, nachdem Trozkij die Friedensverhandlungen abgebrochen hatte, noch einmal ein Vormarsch der deutschen Truppen.

Am 19. Februar 1918 billigt der Ältestenrat des Maapäev das Manifest zur Erklärung der Unabhängigkeit Estlands. Ein Komitee, bestehend aus den Abgeordneten Konstantin Päts, Jüri Vilms und Juhan Kukk, hatten von der Versammlung den Auftrag, dieses Manifest zu proklamieren. Als Ort dafür war die Hafenstadt Haapsalu vorgesehen, weil dort national eingestellte estnische Truppen standen. Auf dem Weg dorthin aber erfuhren die drei Abgeordneten, daß Haapsalu inzwischen von den Deutschen besetzt war.

Die Proklamation der Unabhängigkeit Estlands fand dann am 24. Februar 1918 in der Hauptstadt, in Tallinn, statt. Tallinn war bereits von den russischen, d. h. bolschewistischen Truppen geräumt, die Deutschen waren noch nicht da. Sogar eine provisorische estnische Regierung stellte sich der Bevölkerung vor: Päts als Ministerpräsident, Vilms als sein Stellvertreter, Kukk als Finanzminister u. a.

Das Manifest beginnt mit den Worten: »Estland erklärt sich von heute an in seinen historischen und ethnischen Grenzen als unabhängige demokratische Republik...«

Einen Tag später, am 25. Februar, besetzen die Deutschen Tallinn. Sie erkennen die Unabhängigkeitserklärung und die provisorische Regierung nicht an. Somit hat das unabhängige Estland zunächst nur einen Tag lang existiert.

Dennoch hatte diese Unabhängigkeitserklärung entscheidende Bedeutung: Estland war damit zu einem völkerrechtlichen Faktor geworden. Die Ententemächte gaben im Mai 1918 Estland ihre de facto Anerkennung. Und schließlich, als die deutschen Truppen nach Kriegsende aus Estland abzogen, übergaben sie die Regierungsgeschäfte der provisorischen estnischen Regierung unter Konstantin Päts. Der 24. Februar gilt bis heute als der estnische Unabhängigkeitstag.

Unter deutscher Besatzung

Am 18. Februar 1918 hatte der deutsche Vormarsch an der ganzen Front begonnen, vom Schwarzen Meer bis zum Rigaschen Meerbusen.

Livland wurde innerhalb einer Woche besetzt. Am 22. Februar nahmen die deutschen Truppen Valka und am 24. Tartu. Sie rückten noch ein kleines Stück weiter vor, ins eigentliche Rußland hinein, bis nach Pskow (Pleskau). Tallinn fiel am 25. Februar und Narva schließlich am 4. März 1918.

Am 3. März aber wurde in Brest-Litowsk doch noch ein Friedensvertrag unterschrieben. Er bestimmte, daß Rußland Polen, Litauen und Kurland endgültig abtritt, während die Gouvernements Livland und Estland noch im russischen Staatsverband bleiben sollten, allerdings von einer »deutschen Polizeimacht« besetzt, »bis dort die Sicherheit durch eigene Landeseinrichtungen gewährleistet und die staatliche Ordnung hergestellt sei« (vgl. u. a. Baumgart, 1966, S. 27).

Bei der Bevölkerung löste der Einmarsch der Deutschen keine großen Emotionen mehr aus, nicht mehr wie am 3. September 1917 in Riga, wo sich die Letten, soweit sie nicht geflüchtet waren, feindselig in ihre Häuser zurückzogen, während die Deutschbalten am Straßenrand standen und den Soldaten zujubelten.

Inzwischen hatten die Bolschewiken in Livland und Estland ihre Herrschaft etabliert und ihre ersten Unterdrückungsmaßnahmen begonnen. Verhaftungen und Deportationen wurden häufiger. So wurden die Deutschen 1917 von nicht wenigen als Befreier empfunden. Enthusiasmus aber gab es keinen, weder unter der Bevölkerung noch bei den Soldaten.

Lange blaugraue Reihen stapften durch den lockeren Schnee, bewegten sich müde durch die Straßen von Valka in Richtung Osten. Als ich die gleichgültigen Gesichter der deutschen Soldaten sah, schien mir, als sei auch ihnen das Kriegführen zu einer schweren Last geworden und als würden sie lieber umkehren, in entgegengesetzter Richtung marschieren, zurück, in die Heimat, wo Frau und Familie warten. (Bērziņš, 1963, S. 43)

Alfreds Bērziņš, der das in seinen Erinnerungen schreibt, war damals siebzehn Jahre alt. Über ihn wird noch zu berichten sein.

Die erste Auswirkung des deutschen Einmarsches war das Verschwinden sämtlicher Lebensmittel aus den Läden. Ein Augenzeuge berichtet vom Einmarsch der Deutschen in Riga: Im Schaufenster einer Samenhandlung liegen drei frische Tomaten. Ein deutscher Offizier betritt den Laden, möchte die Tomaten kaufen. Der Ladeninhaber erklärt, sie seien unverkäuflich, ein Dekorationsstück. Dann müsse er sie beschlagnahmen, erklärt der Offizier. Der Kaufmann lächelt, das sei nicht nötig, er werde sich erlauben, die Tomaten dem Herrn Oberleutnant zum Geschenk zu machen.

Die neue Macht repräsentierten auf dem Lande ein paar Soldaten, die sich wenig dafür interessierten, was die Letten dachten und taten. Während sie von Gehöft zu Gehöft über das Land zogen, interessierten sie sich mehr für Speck, Butter und Eier als Versorgung für die Armee und um sie den Angehörigen nach Deutschland zu schicken. (Bērziņš, 1963, S. 44)

Es sollte sich erweisen, daß die Befreier nur bedingt als solche gekommen waren, für Letten und Esten sicher nicht.

Kaum hatte sich das deutsche Militär in den neuen Gebieten eingerichtet, da wurden Anordnungen erlassen, die das gesamte politische Leben lahmlegten, das sich bis dahin unter der Herrschaft der Sowjets noch ein wenig erhalten hatte. Die Maßnahmen griffen in das Leben jedes einzelnen ein.

Die Regierung von Estland wurde nicht anerkannt, der Ministerpräsident Konstantin Päts für mehrere Monate eingesperrt. Der Maapäev durfte nicht tagen, das gleiche galt für die entsprechenden lettischen politischen Gremien.

Generell wurde jede Art von Versammlung verboten. Alle Gesellschaften wurden zunächst für aufgelöst erklärt, so z. B. auch die Estnische Literärische Gesellschaft.

Die estnischen Truppenteile wurden einen Monat nach dem Einmarsch der Deutschen von diesen entwaffnet und aufgelöst.

Die Presse wurde der Zensur unterworfen. Immerhin durften – im Gegensatz zu 1915 in Litauen – einheimische Blätter in estnischer oder lettischer Sprache erscheinen. Allerdings waren sie verpflichtet, Beiträge, die ihnen von den Besatzungsbehörden vorgelegt wurden, an hervorgehobener Stelle zu veröffentlichen, und zwar ohne Angabe der Quelle. Dies bedeutete, daß ein unvoreingenommener Leser die Äußerungen der Besatzungsmacht für die Meinung des jeweiligen Blattes halten mußte. Die Zeitung »Tallinna Teataja« stellte daraufhin ihr Erscheinen ein.

Alle Bücher, auch die, die vor dem Einmarsch der Deutschen erschienen waren und in Bibliotheken standen, unterlagen der Zensur.

Die Benutzung des Telefons wurde allen Privatpersonen untersagt. Telegraphieren durfte man nur in »dringenden« Fällen.

Der Postverkehr mit dem Ausland, auch mit Deutschland, wurde eingestellt. Auf diese Weise sollte das Baltikum isoliert werden.

Die Verwaltung des Landes übernahm sowohl in Estland als auch in Lettland bis fast auf die unterste Ebene das deutsche Militär. Selbst das Amt eines Kreishauptmanns wurde von einem deutschen Offizier bekleidet. Nur auf der allerunteresten Ebene, als Amtsvorsteher, fungierte der jeweilige Gutsbesitzer. Als Gemeindevorsteher wurden in der Regel die Personen wiedereingesetzt, die das Amt zur Zarenzeit, also vor der Februarrevolution, innehatten.

Schrittweise wurde dann eine landeseigene Verwaltung aufgebaut. Den Kern bildeten die Ritterschaften von Kurland, Livland und Estland, die, wie es offiziell hieß, »historischen verfassungsmäßigen« Organe. Als Legitimation wurde wiederum die Kapitulation von Riga im Jahre 1710 und der Friede von Nystad 1721 herangezogen.

Die gerade erst festgelegten neuen Verwaltungsgrenzen, die Estland und Lettland als jeweils eine Verwaltungseinheit zusammenfaßten, wurden aufgehoben und die alten Gouvernements wieder eingeführt: Kurland, Livland, Estland.

Der deutschen Reichsregierung und selbst der Obersten Heeresleitung genügten die Ritterschaften allein nicht als Vertretung der baltischen Länder. Beide, Regierung und Heeresleitung wußten, daß eine solche Regelung nicht vom Reichstag gebilligt werden würde. Zudem verlangte der Vertrag von Brest-Litowsk eine Regelung »im Benehmen mit der Bevölkerung«.

Deshalb wurden für die drei ehemaligen Gouvernements sogenannte »Landesversammlungen« einberufen. Diese wurden nicht demokratisch gewählt – sonst hätte man zumindest in Estland auf den Maapäev zurückgreifen können –, sondern aus

Vertretern der verschiedenen »Stände«, d. h. gesellschaftlichen Gruppen, zusammengesetzt: Großgrundbesitz, bäuerliche Landgemeinden, Städte, Adel und Geistlichkeit. In Livland und Estland ergab sich daraus folgendes Bild von der Verteilung der Abgeordneten:

	Livland	Estland
Großgrundbesitzer	32	16
Gemeinden	32	16
Städte	10	10
Adel	7	3
Geistlichkeit	8	5

Für Livland kamen noch Vertreter der Universität Dorpat, des Polytechnikums Riga, der Industrie und des Börsenvereins hinzu, ausnahmslos Deutsche. Es ergibt sich also, daß im Falle der Großgrundbesitzer etwa drei Tausendstel (0,3 Prozent) der Bevölkerung durch ein Drittel (32 Prozent) der Abgeordneten vertreten waren. Andererseits verfügten die Großgrundbesitzer insgesamt über gut die Hälfte des vorhandenen Bodens. Man hatte also auf die frühere Art der Proportionierung zurückgegriffen: nicht die Anzahl der Personen entschied, sondern die Menge von deren materiellem Besitz, der an sich schon ein Machtfaktor war.

Die Landesversammlungen von Livland und Estland wählten je einen Landesrat. Beide Landesräte beschlossen die Loslösung ihres Landes aus dem Verband des Russischen Reiches. Für Kurland war das schon durch den Brester Vertrag geschehen. Anschließend traten sie im April 1918 zu einem gemeinsamen Landesrat in Riga zusammen.

Als die entscheidenden Beschlüsse des Landesrats am 12. April 1918 ergaben sich:

1. Den deutschen Kaiser zu bitten, Livland und Estland dauernd unter militärischem Schutz zu behalten und bei der endgültigen Durchführung der Loslösung von Rußland wirksam zu unterstützen.

2. Den Wunsch auszusprechen, daß aus Livland, Estland,

Kurland, den vorliegenden Inseln und der Stadt Riga ein konstitutionell monarchischer Staat mit einheitlicher Verfassung und Verwaltung gebildet und an das Deutsche Reich durch Personalunion mit dem König von Preußen angeschlossen werde, und den deutschen Kaiser bitten, diesen Wunsch der baltischen Bevölkerung huldvoll zu genehmigen und dessen Verwirklichung herbeizuführen. (Dellingshausen, 1930, S. 169)

Die Beschlüsse des Landesrates wurden von einer Delegation unter Führung von Baron Dellingshausen nach Berlin gebracht und dem Kaiser vorgelegt: Allen Wünschen wurde stattgegeben. Zu dem seine Person betreffenden Antrag, dem neu aus den Gouvernements Kurland, Livland und Estland zu bildenden baltischen Staat als Monarch vorzustehen, heißt es in der Antwort des Kaisers:

Mit besonderer Freude und Genugtuung hat es Se. Majestät erfüllt, daß Sie dem Dankgefühl Ihrer Länder durch den Wunsch Ausdruck verliehen haben, daß der neu zu bildende Staat dem Deutschen Reich durch die Personalunion mit der Krone Preußens enger verbunden werden möge. Diese Bitte wird wohlwollend geprüft und die Allerhöchste Entscheidung wird dem Landesrat nach Anhörung der zur Mitwirkung berufenen Stellen mitgeteilt werden. (Dellingshausen, 1930, S. 332)

Ein wesentlicher Grund für die baltendeutsche Haltung mag gewesen sein, daß sowohl ihre Vertreter als auch die Verantwortlichen in der Heeresleitung zu der Zeit noch fest davon überzeugt waren, daß die Mittelmächte, d. h. im wesentlichen das Deutsche Reich, den Weltkrieg gewinnen würden. Auch muß man sich klarmachen, daß Vorstellungen wie Demokratie und Selbstbestimmungsrecht der Völker damals noch verhältnismäßig wenig verbreitet waren.

Realistischer dachte man da im Auswärtigen Amt in Berlin. Kühlmann warnte immer wieder vor einer Annexion des Baltikums, weshalb er auch ungern den Friedensvertrag von Brest unterschrieb. Allerdings nicht, weil er an die Rechte der kleinen Völker dachte, sondern weil ihm klar war, daß Deutschland den Krieg nicht mehr gewinnen konnte. Er hielt es für falsch, das Russische Reich vom Meer abzuschneiden. Dieses würde sicher wieder erstarken und Deutschland werde sich mit ihm als Machtfaktor arrangieren müssen. Auch er dachte, allerdings mehr die Realitäten erkennend, in den alten Kategorien der Politik unter Großmächten und deren »Interessensphären«.

Unter den Deutschen im Baltikum gab es damals auch andere Stimmen. Schon frühzeitig wies der deutschbaltische Journalist Paul Schiemann in seinen Zeitungsbeiträgen darauf hin, daß die Gründung einer estnischen und einer lettischen Republik der einzig gangbare Weg für die Zukunft sei. Diese Republiken müßten entsprechende Rechte für die nationalen Minderheiten garantieren, für Deutsche, Juden und Russen.

Der estnische Krieg

Am 9. November 1918 war in Deutschland Revolution: Matrosen und Soldaten weigerten sich, weiter zu kämpfen. Am 11. November 1918 trat der Waffenstillstand in Kraft, zumindest im Westen. Deutschland hatte sich verpflichtet, alle im Laufe des Krieges von deutschen Truppen besetzten Gebiete zu räumen. Also eigentlich auch das Baltikum. Nun waren hier die Verhältnisse anders: die bolschewistische Revolution hatte die Absicht, sich über ganz Europa auszubreiten. Deshalb hielten es die Ententemächte für sicherer, wenn in Osteuropa das deutsche Heer vorerst nicht aus den besetzten Gebieten abgezogen würde.

Schnell hatte sich die Nachricht von der deutschen Revolution unter den Soldaten im Baltikum herumgesprochen. Nur wenige Tage später bildeten auch sie Soldatenräte.

Das deutsche Militärkommando hob sein Verbot gegen die estnische provisorische Regierung auf und erkannte sie damit als höchste Instanz im Lande an. Ministerpräsident Konstantin Päts wurde aus dem deutschen Internierungslager entlassen. Die Regierung trat bereits am 11. November 1918, dem Tag des deutschen Waffenstillstands, wieder zusammen.

In der Nacht vom 18. auf den 19. November schloß die estnische Regierung einen Vertrag über die Wiederherstellung ihrer Hoheitsrechte mit dem Generalbevollmächtigten des Deutschen Reiches für das Baltikum, August Winnig. Damit war das Verhältnis der deutschen Truppen zu den Esten juristisch geklärt.

Nach und nach übergab die deutsche Armee in Estland die Regierungsgeschäfte und vor allem das von ihr beschlagnahmte Eigentum an die provisorische Regierung. Waffen und Munition, die die Esten gegen die Rote Armee so dringend benötigt hätten, wurden allerdings, soweit sie nicht abtransportiert werden konnten, ins Meer versenkt.

Sowjetrußland erklärte den Vertrag von Brest-Litowsk mit dem Tag der deutschen Niederlage für nichtig.

Am 22. November 1918 begann der Angriff der Roten Armee, die inzwischen unter der Führung von Jukums Vācietis stand, dem einstigen Kommandeur eines lettischen Schützenregiments.

Zwei Angriffssäulen gingen gegen Estland vor: eine nördlich vom Peipussee und eine südlich. Erstes Ziel der nördlichen Gruppe war Narva. Die Stadt wurde noch von Einheiten des deutschen Heeres und einigen reaktivierten estnischen Truppenverbänden verteidigt. Sie mußte am 29. November aufgegeben werden. Am gleichen Tag noch wurde in Narva die estnische Sowjetrepublik ausgerufen, unter dem Namen »Eesti Töörahva Kommuna« – »Kommune des estnischen Arbeiterrats«. An der Spitze stand der schon erwähnte Jaan Anvelt (1884–1937).

Von Tallinn aus begann man, fieberhaft das estnische Heer zu organisieren. Am 16. November waren Freiwillige aufgerufen worden, am 27. November wurde die allgemeine Mobilmachung bekanntgegeben.

Doch nur ein Teil der Einberufenen erschien auch wirklich beim Militär. Die Bevölkerung hatte Angst, keiner glaubte, daß Estland sich werde gegen die Übermacht der Roten Armee verteidigen können. Apathie machte sich breit.

Dennoch rollte am 30. November der erste estnische Panzerzug an die Front. Panzerzüge wurden damals bei den Kämpfen in Osteuropa und im russischen Bürgerkrieg viel eingesetzt. Wer die Bahnlinie kontrollierte, der kontrollierte auch das Gebiet rechts und links von ihr. Im weiteren Verlauf des Krieges ist mancher Erfolg des estnischen Heeres dem Einsatz von Panzerzügen zuzuschreiben.

Der Vormarsch der Roten Armee aber war zunächst nicht aufzuhalten. Am 16. Dezember nahm sie Rakvere (Wesenberg) ein, am 21. Dezember Tartu. Anfang Januar standen die kommunistischen Angriffsspitzen 30 Kilometer vor der Hauptstadt. Die Städte Viljandi (Fellin), Paide (Weißenstein) und Pärnu (Pernau) waren unmittelbar bedroht.

Zwar hatten die Kommunisten in Estland bei weitem nicht so viele Anhänger wie in Lettland, doch waren es nicht wenige, vor allem unter den Industriearbeitern von Tallinn. Ein Aufstand war nicht auszuschließen. Es hieß sogar, die Regierung habe schon Pläne für die Flucht ausgearbeitet.

Die Regierung aber war die ganze Zeit über nicht untätig gewesen. Neben den Bemühungen, den Widerstandswillen der Bevölkerung zu wecken, ließen sie nichts unversucht, Hilfe von außen zu bekommen. Und diese Hilfe kam. Am 12. Dezember 1918 ging auf der Reede von Tallinn ein britischer Flottenverband vor Anker. Am 31. Dezember trafen 2000 finnische Soldaten ein, Freiwillige.

Am 6. Dezember hatte die estnische Regierung ein Abkommen mit der russischen »weißen« Armee des Generals Judenitsch geschlossen. Diese »Nordarmee«, wie sie sich selber nannte, wurde als »Nordwestkorps« dem estnischen Oberkommando unterstellt – immerhin 3500 Soldaten.

Am 27. November schon hatte Ministerpräsident Päts der Aufstellung von deutschbaltischen Freiwilligeneinheiten, die auf diese Weise ihren Beitrag zur Verteidigung der gemeinsamen Heimat leisten wollten, zugestimmt. Das sogleich aufgestellte »Baltenbataillon« – später wurde es ein Regiment – konnte gleich an die Narvafront gehen.

Am 23. Dezember übernahm Oberst Johan Laidoner (*1884) den Oberbefehl über alle estnischen Truppen. Laidoner hatte es in der kaiserlich russischen Armee bis zum Oberstleutnant gebracht und war nun aus Rußland über Finnland in die Heimat zurückgekehrt. Er erwies sich als ein geschickter Heerführer und verfügte über ein erstaunliches politisches Fingerspitzengefühl.

Politisch nicht einfach war die Situation des britischen Flottenverbandes. Offiziell befand sich Großbritannien nicht im Kriegszustand mit Sowjetrußland. Die Briten behalfen sich schließlich so, daß sie von einem sowjetischen Kriegsschiff, das vor der baltischen Küste kreuzte, annahmen, daß es dies in kriegerischer Absicht tue, und dann schossen.

Auf diese Weise kaperten britische Kriegsschiffe zwei unter bolschewistischem Kommando stehende Zerstörer. Beide Zerstörer waren hochmoderne Schiffe und erst ein Jahr zuvor in Dienst gestellt. Sie wurden der estnischen Marine als Geschenk übergeben. Auf diese Weise bekam der Oberkommandierende Admiral Juhan Pitka seine beiden Flaggschiffe.

Die Ankunft der Finnen hatte vor allem einen Stimmungsumschwung unter den Esten bewirkt.

Am 7. Januar 1919 befahl Laidoner den Gegenangriff an der gesamten Front. Die Regimenter der Roten Armee wichen mit der Zeit immer rascher zurück, ihre Kampfmoral ließ zusehends nach. Unter den 35 roten Regimentern, die nach Estland eingedrungen waren, sollen, nach estnischen Quellen, nur vier estnische Regimenter gewesen sein, die außerdem nur zur Hälfte aus Esten bestanden.

Auf ihrem Vormarsch trafen die estnischen Soldaten auf die ersten Spuren kommunistischen Terrors. Am 12. Januar 1919 wurde Rakevere (Weißenstein) zurückerobert. Die Soldaten fanden die Leichen von etwa 100 erschossenen Einwohnern. Am 14. Januar wurde Tartu erreicht. Am 18. Januar fiel Narva. Dort endete zunächst der estnische Vormarsch. Der Narva-Fluß bildete von nun an die Frontlinie.

Im Süden Estlands war der Widerstand der roten Regimenter zäher. Valka konnte erst am 1. Februar besetzt werden, ebenso Vöru (Werro). Valka, das ist die Stadt, deren Südteil lettisch und deren Nordteil estnisch ist. Dort hatte sich fünf Wochen vorher die Regierung der lettischen Sowjetrepublik eingerichtet, ehe sie nach Riga verlegt werden konnte.

Somit war Anfang Februar 1919 ganz Estland frei. Die estnische Sowjetrepublik hatte insgesamt nur sechs Wochen existiert. Am 16. Februar gab es auf der Insel Saaremaa (Ösel) noch einen kommunistischen Aufstand, der aber innerhalb von sechs Tagen niedergeschlagen wurde.

Damit war der estnische Krieg als solcher beendet. Im Norden verlief die Front den Narva-Fluß entlang. Im Süden drangen estnische Truppen nach Rußland vor, in Richtung auf Pskow. Vor allem aber rückten estnische Einheiten nach Süden vor, um den lettischen Nachbarn zu helfen, bei denen die Lage komplizierter und schwieriger war als in Estland.

Am 2. Dezember 1919 begannen in Tartu Waffenstillstandsverhandlungen mit Sowjetrußland. Bei diesen Verhandlungen hatte die Seite, in deren Besitz sich die Stadt Narva befand, die bessere Ausgangsposition, konnte für sich bessere Bedingungen erhandeln. Deshalb flammten die Kämpfe an der Narva-Front noch einmal auf. Fast drei Wochen lang, bis zum Ende des Jahres, wurde erbittert gekämpft. Die Roten verfügten über etwa 40 000 Soldaten, die Esten waren knapp 13 000. Dazu kamen noch 1500 Russen der »Nordwestarmee«, wie sie inzwischen wieder hieß. Die Esten konnten die Front halten. Am 31. Januar 1920 wurde der Waffenstillstand unterzeichnet und am 2. Februar kam es zum Friedensvertrag von Tartu.

Lettland:
Die Staatsgründung

Am 17. Dezember 1918, einen Monat nach der Unabhängigkeitsproklamation Lettlands, kamen, von niemandem gehindert, die Bolschewiken nach Valka hinein. Und dann erschütterte eine grausige Nachricht die Stadt bis auf ihre Grundmauern: in der vergangenen Nacht seien im Kiefernwald bei Lugaži, gegenüber vom Bahndamm mehr als hundert Einwohner von Valka ermordet worden. Viele von ihnen kannte ich nicht, aber unter den Ermordeten waren einige Kaufleute, ehemalige Offiziere und sogar ein Schneider mit einem Holzbein. Auch dieser Invalide schien den Erbauern einer neuen Welt gefährlich, einfach deshalb, weil er wohlhabenderen Einwohnern von Valka Anzüge geschneidert hatte. (Bērziņš, 1963, S. 49)

Einen Monat vorher, am 18. November 1918, war im Nationaltheater in Riga die Unabhängige Lettische Republik ausgerufen worden. Der letzte der drei neuen baltischen Staaten war gegründet.

Da Lettland lange durch die Front in zwei Teile geteilt war, hatten es die überall hin verstreuten lettischen Politiker besonders schwer, zu einem Konsens zu gelangen, zu gemeinsamem Handeln. Deshalb konnten sie nicht so unmittelbar wie in Estland oder Litauen einen »Maapäev« resp. eine »Taryba« konstituieren.

Es waren ja nicht nur die beiden durch die Front voneinander getrennten Landesteile, die zur Bildung eines vergleichbaren nationalen Rates hätten herangezogen werden müssen, sondern auch die über ganz Rußland bis zum Stillen Ozean verteilten Flüchtlinge.

So wie die Situation sich darstellte, entstanden zunächst zwei politische Zentren.

Das eine war der »Provisorische Lettische Nationalrat« – »Latviešu Pagaidu Nacionālā Padome« (LPNP). Seine erste Sitzung hielt er am 13. Oktober 1917 in Valka ab. Riga war bereits am 3. September von den Deutschen eingenommen worden. Zur Teilnahme aufgefordert waren fast alle politischen und gesellschaftlichen Gruppen, d. h. Parteien, soweit sie sich schon etabliert hatten, Soldatenvereinigungen, Flüchtlingsorganisationen etc.

Der Einladung nicht gefolgt sind das Zentralkomitee der lettischen Sozialdemokratie, d. h. also die Vertreter der Bolschewiken, das Iskolastrel und noch einige kleinere unter bolschewistischem Einfluß stehende Gruppierungen.

Den politisch wichtigsten Beschluß faßte der lettische Nationalrat auf seiner zweiten Sitzung. Diese fand vom 28.–31. Januar 1918 in Petrograd statt, denn Valka war inzwischen von den Deutschen besetzt worden. Laut Beschluß vom 30. Januar 1918 erklärt der Nationalrat, daß er

1. anerkenne, daß Lettland eine unabhängige demokratische Republik werde, bestehend aus Kurland, dem Süden von Livland (Vidzeme) und Lettgallen.
2. gegen jeden Versuch protestiere, Lettland aufzuteilen, und

daß er betone, die erste und dringlichste Forderung des lettischen Volkes sei Lettlands territoriale und ethnographische Unteilbarkeit;
3. gegen jeden Versuch protestiere, einen Friedensvertrag zu schließen, der das Selbstbestimmungsrecht verletzt;
4. die Verfälschung des Volkswillens unter dem Druck von Besatzungs- und Kriegsumständen verurteile.

Dieser Beschluß, auch als »Manifest« bezeichnet, wurde von den Ratsmitgliedern als Vorläufer einer Unabhängigkeitserklärung aufgefaßt. In Aufrufen wandte sich der Nationalrat bereits an die »Bürger Lettlands«.

Zigfrīds Meierovics (1887–1925), eines der Ratsmitglieder, sprach in einer Eingabe an die britische Regierung bereits »im Namen der Regierung Lettlands«. Diese Eingabe hatte die de facto Anerkennung Lettlands durch Großbritannien zur Folge – am 11. November, genau eine Woche vor der Gründung des lettischen Staates.

Die letzte und dritte Sitzung des Nationalrats, 26.–28. Juni 1918, fand unter schwierigen Umständen statt. Inzwischen saß die kommunistische Regierung in Petrograd relativ fest im Sattel und kontrollierte die Stadt. Die Mitglieder des lettischen Nationalrats trafen sich unauffällig in Parkanlagen oder in der Kathedrale der Heiligen Jungfrau von Kazan' hinter einer Säule.

Parallel zum Nationalrat war im von den Deutschen besetzten Riga ein zweites nationales Gremium entstanden: der »Demokratische Block«. Ein formaler Block sei eigentlich nie gegründet worden, schreibt einer der Beteiligten, Marǧers Skujenieks, sondern durch die länger andauernde Zusammenarbeit habe sich mit der Zeit eine Institution entwickelt, die ein bestimmtes Ziel verfolgt habe.

Das Entstehen dieses Demokratischen Blocks datieren die Historiker auf Mitte September 1917, also kurz nach dem Einmarsch der Deutschen in Riga. In einer Rigaer Wohnung habe sich der Vorsitzende der lettischen Sozialdemokraten (nicht der Bolschewiken) Pauls Kalniņš mit Vertretern anderer, bürgerlicher Parteien getroffen.

Die Arbeit des Blocks mußte zunächst im Geheimen vor sich

gehen, da die Besatzungsmacht jede politische Betätigung außer der von ihr geförderten deutschbaltischen untersagt hatte. August Winnig, der Generalbevollmächtigte des Deutschen Reiches, hatte allerdings schon frühzeitig Kenntnis von der Tätigkeit des Demokratischen Blocks, desgleichen einige deutschbaltische Kreise. Nach der Revolution in Deutschland konnte auch der Demokratische Block an die Öffentlichkeit treten. Der Soldatenrat hatte die Zensur aufgehoben, ebenso das Verbot der politischen Betätigung.

Der provisorische Nationalrat war im Sommer 1918 nach Riga umgezogen. Im Herbst schien es den Vertretern beider Gremien an der Zeit, die Republik Lettland auszurufen, um so mehr, als die de facto Anerkennung durch Großbritannien schon vorlag.

Bis zuletzt hatte es Differenzen zwischen Nationalrat und Demokratischem Block gegeben. Eine Einigung und vor allem eine Vereinigung beider Gremien schien kaum möglich.

Schließlich wurde doch eine Lösung gefunden. Am 17. November trat im Kassenraum des Rigaer Lettischen Handwerksvereins ein neues Gremium zusammen: der Volksrat – *Tautas padome*. Nationalrat und Demokratischer Block stellten ihre Tätigkeit ein. »Eine Vereinigung dieser beiden Gremien habe es nie gegeben, im Gegensatz zu der Behauptung mancher Historiker«, schreibt Bruno Kalniņš, der Sohn des Sozialdemokraten Pauls Kalniņš und selber Sozialdemokrat.

Wie dem auch sei, dem Volksrat gehörten sowohl Politiker an, die im Demokratischen Block mitgearbeitet hatten, als auch solche, die im Nationalrat tätig waren.

Sieben Parteien waren im Volksrat vertreten, eine für damalige Verhältnisse erstaunlich breite Grundlage. Eine ordnungsgemäße Wahl war noch nicht möglich.

Am folgenden Tag, dem 18. November 1918, um 16.00 Uhr wurde im Nationaltheater zu Riga die unabhängige Republik Lettland ausgerufen. Der Vorsitzende der Versammlung erklärte, daß die Souveränität nunmehr beim Volk liege. Dann stellte der neue Ministerpräsident Kārlis Ulmanis die wichtigsten Punkte der geplanten Regierungspolitik vor:
1. Demokratische Reformen

2. Regelung der Agrarfrage
3. Soziale Reformen und soziale Gesetzgebung
4. Zielstrebige Erneuerung der verwüsteten Wirtschaft
5. Wahrung der gleichen Rechte für alle Einwohner Lettlands. (Šilde, 1976, S. 261)

Auf den fünften Punkt, Wahrung der Rechte der Minderheiten, sei besonders hingewiesen. Mehr noch als Estland und Litauen war Lettland auch damals schon ein Staat mit Minderheiten, die durchaus den Charakter der Gesamtbevölkerung mitbestimmten: rund 12 Prozent Russen, 5 Prozent Juden und – die politisch aktivste nationale Minderheit – 4 Prozent Deutsche. Dazu Polen, Litauer u. a.

Es gab aber immer noch den baltendeutschen »Landesrat«, das höchste Gremium im »Baltischen Staat«, der Herzogtum werden sollte, mit Wilhelm II. als Herzog. Noch am 6. November wurde vom Landesrat eine vorläufige baltische Regierung gebildet, der »Baltische Regentschaftsrat«. Diesem gehörten vier Deutsche, drei Esten und drei Letten an. Adolf Baron Pilar von Pilchau, der bisherige Vorsitzende des Landesrates, übernahm den Vorsitz. Der Regentschaftsrat besaß insofern die für eine Regierung erforderlichen Machtmittel, als hinter ihm die deutsche Besatzungsmacht stand.

Doch knapp eine Woche nach seiner Konstituierung, am 11. November 1918, unterschrieb Matthias Erzberger für das Deutsche Reich den Waffenstillstand. An eben diesem 11. November – es ist der gleiche Tag, an dem der lettische Abgesandte Zigfrīds Meierovics in London die de facto Anerkennung der Republik Lettland durch Großbritannien erhielt – machte der Regentschaftsrat zum ersten und zum letzten Mal von seinem Recht Gebrauch, vorläufige Verordnungen mit Gesetzeskraft zu erlassen. Er verordnete, zur Verteidigung des Landes gegen die Bolschewiken eine baltische Landeswehr aufzustellen. Von welcher Bedeutung dieser Beschluß war, sollten schon die nächsten Wochen und Monate zeigen.

Der Regentschaftsrat formulierte am 19. November noch einen Protest gegen die Gründung des lettischen Staates und löste sich in den folgenden Tagen allmählich auf.

Unter den Deutschbalten gab es, wie wir gesehen haben,

durchaus auch Kreise, die nicht nach den Vorstellungen vergangener Jahrhunderte lebten. Sie waren willens, ihren Platz im neuen Staat aktiv auszufüllen. Anfang November konstituierte sich der »Baltische Deutsche Nationalausschuß«, der allerdings den lettischen Staat noch nicht anerkannte.

Ebenso wie der lettische Volksrat war auch der Nationalausschuß nicht ordnungsgemäß gewählt. Auch für die Deutschbalten war das zu jenem Zeitpunkt nicht möglich. Der Nationalausschuß hatte sich hauptsächlich aus Delegierten der »historischen Körperschaften« und verschiedener »berufsständischer Organisationen« gebildet, im Gegensatz zum Volksrat, der im wesentlichen von den politischen Parteien getragen wurde.

Der Freiheitskrieg

Der erst ein paar Tage alte lettische Staat hatte neben den Bedrohungen von außen auch innere Schwierigkeiten. Die Bedrohung von außen war unüberhörbar: am 18. November 1918, am Tag der Republikgründung also, erklärte die sowjetrussische Regierung den Brester Vertrag für nichtig. Die Sozialdemokraten hatten sich an der ersten Regierung Ulmanis' nicht beteiligt. Sie sagten zwar zu, die Regierung auf jede nur erdenkliche Weise zu unterstützen, nur Minister stellen, das wollten sie nicht. Denn sie glaubten, bei den Arbeitern über bessere Argumente gegen die mit höchster Aktivität betriebene kommunistische Agitation zu verfügen, wenn sie sich zunächst nicht an einer bürgerlichen Regierung beteiligen. Bruno Kalniņš bezweifelt später, ob dieses Verhalten richtig gewesen sei, die Masse der Arbeiter in Riga habe so oder so die Bolschewiken unterstützt.

In seinem Schreiben vom 26. November 1918 hatte der Bevollmächtigte des Deutschen Reiches die lettische Regierung anerkannt und die Übergabe der Regierungsgeschäfte von der deutschen Zivilverwaltung an die neue Regierung angeordnet. Als Anfang Dezember bolschewistische Verbände begannen, auch nach Lettland einzudringen, verfügte die lettische Regierung über keine militärische Macht, die das Staatsgebiet hätte verteidigen können.

Ulmanis hatte in dieser Sache seit Tagen mit Winnig verhandelt, um Möglichkeiten zu finden, wie der Roten Armee Widerstand geleistet werden könnte, zumindest bis zur Aufstellung effektiver lettischer Militärverbände. Am 29. Dezember kam es zu einem Vertrag zwischen der lettischen Regierung und Winnig als dem Vertreter des Deutschen Reiches. Über diesen Vertrag wurde später viel geschrieben, und er ist von verschiedenen Seiten umgedeutet und mißinterpretiert worden. Hier der Wortlaut des Vertrages (nach Winnig, 1935, S. 88):

Vertrag
Zwischen dem Bevollmächtigten des Deutschen Reiches und der lettländischen Regierung.
§ 1. Die provisorische lettländische Regierung erklärt sich bereit, allen fremdstaatlichen Heeresangehörigen, die mindestens vier Wochen im Verbande von Freiwilligenformationen beim Kampfe für die Befreiung des Gebietes des lettländischen Staates von den Bolschewisten tätig gewesen sind, auf ihren Antrag das volle Staatsbürgerrecht des lettländischen Staates zu gewähren.
§ 2. Die deutsch-baltischen Angehörigen des lettländischen Staates erhalten das Recht, in die reichsdeutschen Freiwilligenverbände einzutreten. Andererseits bestehen für die Dauer des Feldzuges keine Bedenken gegen Verwendung reichsdeutscher Unteroffiziere im Verbande der deutschbaltischen Kompanien der Landeswehr als Instrukteure.
§ 3. Das im Vertrage vom 7. Dezember den deutschen Balten zugestandene Recht zur Bildung von sieben nationalen Kompanien und zwei Batterien im Verbande der Landeswehr wird seitens der provisorischen Regierung ausdrücklich garantiert, auch wenn § 2 der vorliegenden Abmachungen zur vorübergehenden Auflösung der deutschbaltischen Verbände führen sollte. Bei einer Erhöhung der Zahl der lettischen Kompanien der Landeswehr tritt eine entsprechende Erhöhung der deutschen Kompanien ein.
§ 4. Die in Ausführung von § 1 notwendigen Listen über Zu-

und Abgänge von Freiwilligen werden der provisorischen Regierung mindestens einmal wöchentlich übersandt. Es wird auf Grund dieser Listen zwischen den Vertragschließenden festgesetzt werden, welche deutschen Staatsangehörigen sich das Staatsbürgerrecht gemäß § 1 erworben haben.
Geschehen Riga, am 29. Dezember 1918

Die Sozialdemokraten glaubten, diesen Vertrag und die Verteidigung Lettlands mit Hilfe von Reichsdeutschen und Vertretern der Gutsbesitzer nicht unterstützen zu können. Als Konsequenz kündigten sie ihre Mitarbeit im Volksrat auf. Es war der Vorabend der Besetzung Rigas durch die Bolschewiken. Die Deutschen würden doch nur auf den Moment warten, ihre eigenen Ziele verwirklichen zu können. Dieser Verdacht sollte sich später zwar zum Teil als richtig erweisen, die Einheiten der deutschbaltischen Landeswehr haben aber auch, zumindest in der letzten Phase der Kämpfe, durchaus loyal ihren Dienst an der Front getan.

Am 18. Dezember wurde Valka eingenommen, am gleichen Tag Ogre (Oger) an der Düna, am 21.12. Valmiera (Wolmar) und am 23.12. Cēsis (Wenden). Augenzeugen berichteten, die Kommunisten seien jeden Tag 10 Kilometer vorgerückt, ebensoschnell, wie die deutschen Verbände sich abgesetzt hatten (vgl. Klīve, 1969, S. 390).

Wer die Angreifer waren, geht aus der obigen Aufstellung der kommunistischen Verbände hervor: gut die Hälfte waren Letten.

Auch in der Bevölkerung hatten die Bolschewiken zu diesem Zeitpunkt noch eine recht breite Anhängerschaft, nicht nur unter Industriearbeitern, sondern auch unter der Landbevölkerung, sofern sie nicht über Grundbesitz verfügte, unter den »Landlosen« also.

Somit ergab sich für alle Letten eine Situation, die man als Bürgerkrieg bezeichnen kann. Der Soldat, der sich den neu aufzustellenden Verbänden der Republik Lettland anschloß, mußte damit rechnen, auf seinen Vater, seinen Onkel oder seinen Bruder zu schießen.

Ein Soldat der deutschbaltischen Landeswehr hatte diese Probleme nicht. Er kämpfte gegen die »roten Letten«. Er selber war weder rot noch Lette, und für ihn waren alle Letten rot.

Am 29. November läßt Lenin den Oberbefehlshaber der Roten Armee wissen, daß die Gründung einer lettischen Sowjetrepublik bevorstehe. Am 17. Dezember 1918 gibt Pēteris Stučka zusammen mit Jānis Lencmanis und Jūlijs Daniševskis ein Manifest in Moskau heraus, des Inhalts, daß an diesem Tage in Lettland die Staatsgewalt in die Hand der Sowjetregierung von Lettland übergehe. Damit gilt dieser Tag als der Gründungstag der lettischen Sowjetrepublik. Am 22. Dezember – sowjetische Truppen haben inzwischen lettisches Gebiet betreten – erkennt Sowjetrußland per Dekret die lettische Sowjetrepublik an.

Am 25. Dezember beschloß das deutsche Oberkommando, Riga aufzugeben. Im Hafen von Riga lagen britische Kriegsschiffe. Die Bevölkerung setzte einige Hoffnung auf sie. Gruppen von britischen Matrosen patrouillierten zeitweise durch die Stadt. An Bord eines der Kriegsschiffe befand sich ein Vertreter des Foreign Office, der versuchte, die deutschen Truppen unter Hinweis auf das Waffenstillstandsabkommen daran zu hindern, daß sie die Stadt räumen. Der Waffenstillstand bestimmte nämlich, daß die deutschen Truppen das Baltikum erst räumen sollten, wenn die Gefahr einer Besetzung durch die Bolschewiken nicht mehr bestehe.

Die Ereignisse in der bedrohten Stadt liefen mit unheimlicher Konsequenz ab.

Als erstes meuterten zwei neu aufgestellte lettische Kompanien. Sie weigerten sich, gegen die Bolschewiken zu kämpfen und beriefen sich auf die Haltung der Sozialdemokratischen Partei, die in ihren Augen »neutral« war. Auf Anordnung von Ministerpräsident Ulmanis wurden die beiden Kompanien von der Landeswehr entwaffnet, wobei die Scheinwerfer und Geschütze der britischen Schiffe mit Drohgebärden halfen. Das war in der Nacht vom 29. auf den 30. Dezember 1918.

Am 1. Januar erhielt das britische Flottenkommando den Befehl, Riga bis zum 3. Januar zu verlassen. Die englischen Schiffe nahmen noch eine Reihe von ausländischen Flüchtlingen an Bord sowie solche lettischen Politiker, die nach Meinung des englischen Kommandeurs gefährdet seien.

Am 2. Januar wurden alle Behörden der Besatzungsmacht und der provisorischen Regierung evakuiert.

Am Mittag des gleichen Tages verließen die reichsdeutschen Truppen die Stadt, und am Abend die baltisch-deutsche Landeswehr.

Am Morgen des 3. Januar um 7.00 Uhr liefen die britischen Schiffe aus. Um die gleiche Zeit setzten sich die letzten lettischen Einheiten in Marsch.

Dann herrschte Stille in der Stadt. Die Zeitungen waren an diesem Tag noch erschienen. Was kommen würde, wußte niemand. Was eine Besetzung durch die Kommunisten bedeutete, wußte damals auch noch niemand. Als es länger ruhig blieb, regte sich bei einigen Einwohnern schon die Hoffnung, daß die Bolschewiken überhaupt nicht kommen würden. Doch dann kamen sie. Am Nachmittag ritt die erste Vorabteilung in die Stadt ein. Was dann folgte, übertraf die schlimmsten Befürchtungen.

Die Bolschewiken verfügten bei ihrem Vormarsch in Lettland über etwa 12000 Soldaten. Die lettischen Schützen waren dahingehend informiert worden, daß es sich bei der Regierung Ulmanis um eine Institution der Deutschen handle und daß es ihre, der Schützen, Aufgabe sei, die deutsche Besatzung und die deutschen Barone zu vertreiben.

Wer stellte sich dem sowjetischen Vormarsch entgegen? Die zu jener Zeit in Lettland stehenden deutschen Heereseinheiten waren in keinem guten Zustand. Zwar hatten die nach der deutschen Revolution gebildeten Soldatenräte den Willen bekundet, das Land vor den Bolschewiken zu schützen. Doch befanden sich die Truppen teilweise schon soweit in Auflösung und auf dem Rückweg in die Heimat, daß ihr militärischer Wert stark reduziert war.

Die ersten, die dem bolschewistischen Vormarsch einen gewissen Widerstand entgegensetzten, waren die Soldaten der Baltischen Landeswehr. Am 11. November war ja noch vom »Regentschaftsrat« die Aufstellung einer deutschbaltischen Truppe beschlossen worden. Zwei Tage später hatte man einen

Aufruf veröffentlicht, in dem alle Männer im Alter zwischen 18 und 60 Jahren aufgefordert wurden, sich zur Verfügung zu stellen. »Schützt Euren Herd!« schloß der Aufruf. Der war schon nicht mehr vom Regentschaftsrat gezeichnet, sondern vom Nationalausschuß.

Am Tage der Republikgründung standen bereits eine Kompanie und eine als »Stoßtruppe« bezeichnete Einheit der Landeswehr unter Waffen.

Die Letten taten sich beim Aufbau ihrer Verteidigungskräfte den Umständen entsprechend schwer. Acht Kompanien waren zunächst aufgestellt worden. Doch löste sich ein Teil von ihnen rasch auf, die Soldaten liefen auseinander, verschwanden. Zwei Kompanien mußten wegen Meuterei entwaffnet werden.

Es blieben: eine Kompanie, nur aus Offizieren und Unteroffizieren formiert, die in der Zarenarmee gedient hatten, die »Studentenkompanie«, die sich in Riga nach dem Aufruf von zwei lettischen Studentenverbindungen gesammelt hatte, eine Kompanie, die sich bei Cēsis (Wenden), nördlich von Riga gebildet hatte und schon in Kämpfe mit den Bolschewiken verwickelt gewesen war, und schließlich die Kompanie von Jelgava (Mitau), der es gelungen war, 30 Pferde aufzutreiben. Das war alles. Diese Einheiten wurden dem Obersten Oskars Kalpaks unterstellt.

Die dritte Kraft, die der Roten Armee in Lettland entgegentreten sollte, war wie die lettischen Verbände erst im Entstehen. Es handelte sich um Freiwillige aus Deutschland, die aber keine echte Bindung zum Baltikum hatten. Dazu kam die »Eiserne Brigade«. Dort hatten sich Soldaten der in Auflösung begriffenen 8. deutschen Armee gesammelt, die weiterkämpfen wollten.

Dann aber kamen neue Kräfte aus Deutschland. Das 2. Garde-Reserveregiment wurde von Ostpreußen aus nach Kurland beordert. Seine Aufgabe sollte es sein, das deutsche Reichsgebiet vor den Bolschewiken zu schützen.

Zusätzlich wurde in der Nähe von Berlin die 1. Garde-Reservedivision aufgestellt, und zwar aus Freiwilligen, die durch eine »Anwerbestelle Baltenland« gesammelt wurden. Bei der Werbung ließ man durchblicken, daß nach Beendigung des Krieges im Baltikum die an ihm beteiligten Soldaten je ein Stück Land zugewiesen bekämen. Dabei beriefen sich die Werber auf den Vertrag zwischen der lettischen Regierung und August Winnig vom 29. Dezember 1918. Daß in dem Vertrag den betreffenden deutschen Soldaten lediglich die Möglichkeit zugesagt wurde, die lettische Staatsangehörigkeit zu erwerben, verschwiegen die Werber. Auf diese Weise angeworbene Kräfte füllten auch die »Eiserne Brigade« auf, die sich bald »Eiserne Division« nannte.

Oberkommandierender wurde General Graf Rüdiger von der Goltz. Er erhielt seine Ernennung zwar vom deutschen Oberkommando, nach seiner eigenen Darstellung sah er es mehr als eine Berufung:

... Ich war durch Finnland dort oben als Bolschewikenschreck bekannt geworden, und so kam aus den baltischen Provinzen selbst die Bitte um meine Führerschaft. (von der Goltz, 1920, S. 123)

General von der Goltz hatte deutsche Verbände kommandiert, die im finnischen Bürgerkrieg, also ein Jahr vorher, mit gegen die Roten gekämpft hatten. Ein Licht auf seine politische Einstellung wirft die von ihm verwendete Bezeichnung »baltische Provinzen«, d. h. für ihn sind Estland und Lettland immer noch russische Provinzen. Er traf am 1. Februar 1919 in Liepāja (Libau) ein.

Das Kommando über die »Eiserne Brigade« hatte ein Major Bischoff, der sich 1918 im Westen als Kommandeur eines Infanterieregiments den Orden »Pour le mérite« verdient hatte. Vor dem Krieg war Bischoff schon acht Jahre bei der Schutztruppe in Afrika gewesen. »Als ich ihn kennenlernte«, beschreibt ihn von der Goltz, »fragte ich mich manchmal, was bei ihm charakteristischer sei, der Offizier, der Afrikaner oder der Korpsstudent.« Wobei mit »Afrikaner« ein in Afrika dienender Kolonialoffizier gemeint war.

Auch die Baltische Landwehr bekam einen neuen Kommandeur: Major Fletcher, ein wohlhabender Gutsbesitzer aus Ostpreußen. Er sei aber kein Abenteurer gewesen, nur die deutsche Niederlage und die Novemberrevolution in Deutschland habe ihn aus dem Gleichgewicht gebracht (Venner, 1984; Original: Paris 1974).

Außerdem begann nun ein breiter Zustrom von Freiwilligen aus Deutschland. Kleine Armeen von Freischärlern – »Freikorps« – trafen ein. Auf diese Weise verfügte von der Goltz Anfang März 1919 über etwa 20 000 Soldaten. Dazu kamen die regulären lettischen Truppen unter Kalpaks, insgesamt vielleicht 1000 Soldaten.

Einige Vorgänge während der Freiheitskriege in Lettland werden vielleicht verständlicher, wenn man die Motive und Vorstellungen des Oberkommandierenden von der Goltz betrachtet.

Sein Streben gehe dahin, schreibt er in einem von ihm selber zitierten Brief,

scharf gegen alle deutsche Indisziplin vorzugehen, die Achtung vor dem deutschen Heere wiederherzustellen, die Balten in ihrer Geringschätzung der Letten zu zügeln und die besseren Letten bei aller gebotenen Wahrung deutscher Rechte nicht unnötig zu reizen und zur Mitarbeit zu bewegen.

Sein wirkliches Ziel, die historische Einordnung seiner Aufgabe, sah er bedeutend weiter reichend als den ihm vom deutschen Oberkommando aufgetragenen Schutz der Grenze Ostpreußens:

... erschien mir unsere Aufgabe, die Ostmark zu schützen, der Lage der Kämpfer in der Mongolen-Schlacht bei Liegnitz vergleichbar, die ebenfalls Europa davor bewahrt haben, asiatisch zu werden ... (von der Goltz, 1920, S. 127)

Er denkt noch in Großmacht-Kategorien, wie damals die meisten seiner Standesgenossen, sowohl Adlige als auch Generäle, und spricht von einer Annäherung an Rußland – seit Friedrich dem Großen, General Yorck und Bismarck ein bewährtes Konzept.

An das Rußland, das nach Abschlachten seiner Intelligenz (durch die Bolschewiken, A. S.) nach deutschen Kaufleuten, Technikern, Führern hungerte, dessen verwüstete, menschenleere Randprovinzen nach fleißigen deutschen Bauern für seinen fruchtbaren Boden verlangten? So konnten viele in den besetzten und später abgetretenen Gebieten (gemeint sind wohl Elsaß-Lothringen, Eupen-Malmedy; A. S.) heimatlos gewordenen Arbeit und Brot verschaffen werden, besonders aber meinen mit dem Ansiedlungsversprechen angeworbenen Soldaten... (von der Goltz, 1920, S. 127)

Die Vorstellungen des Generals laufen also wieder auf eine »Ostkolonisation« hinaus, auf ein »Siedeln« deutscher Bauern in »menschenleeren Räumen«. Die einheimischen Bewohner zählen nicht.

Am 6. Januar 1919 war die aus Riga geflohene lettische Regierung in Liepāja (Libau) eingetroffen, desgleichen der Reichsbevollmächtigte Winnig.

Die Situation für die Provisorische Regierung war in Liepāja (Libau) unangenehm. Das deutsche Militär, Landeswehr wie Reichsdeutsche, begegnete den Regierungsmitgliedern bestenfalls mit Nichtachtung. Des öfteren hatten Deutsche versucht, lettische Einheiten zu entwaffnen. Gewaltsame Zusammenstöße gab es vorerst noch nicht. Nur der deutsche Soldatenrat stellte sich, soweit ihm dies möglich war, vor die lettische Regierung.

Die Bevölkerung der Stadt Liepāja stand noch zu einem nicht geringen Teil auf seiten der Bolschewiken. Vor allem Hafen- und Industriearbeiter sahen in den roten Regimentern immer noch ihre Befreier von der Willkürherrschaft der deutschen Besatzung. Sie hatten selber noch keine Herrschaft der Bolschewiken erlebt, und über die Vorgänge in Riga und Mitau war vorerst kaum etwas durch die Front gedrungen.

Ulmanis bemühte sich in den folgenden Wochen intensiv um Unterstützung durch die Ententemächte, besonders durch England.

England schickte Waffen, Gewehre, Maschinengewehre und die Munition dazu. Die Regierung Ulmanis hatte Schiffe im

Hafen von Liepāja requiriert, darunter den Dampfer »Saratow« – der Gedanke an eine eventuell notwendig werdende Flucht über See mag dabei eine Rolle gespielt haben. Die von den Engländern gelieferten Waffen ließ Ulmanis auf der »Saratow« unterbringen, ein Zeichen für das inzwischen gespannte Verhältnis zu den deutschen Truppen, sowohl zur Landeswehr als auch zu den reichsdeutschen Verbänden.

Beide Seiten, die Letten um Ulmanis und die verschiedenen deutschen Einheiten, verfolgten zunächst die gleiche Absicht. Es galt, die Rote Armee aus dem Lande zu vertreiben. Deshalb herrschte an der Front auch Solidarität unter den Soldaten. Das eigentliche Ziel dahinter aber war ein jeweils fast diametral entgegengesetztes: die Letten strebten ihren unabhängigen, demokratischen Staat an, während die andere Seite doch in jedem Fall eine wie auch immer formal definierte deutsche Vorherrschaft im ganzen Baltikum zum Ziel hatte, wenn auch die Vorstellungen im einzelnen auseinandergingen.

Im Selbstbewußtsein der lettischen Bevölkerung begann allmählich ein Umschwung. Dazu haben wohl auch Erfolge der lettischen Brigade unter Oberst˙ Kalpaks beigetragen, wie z. B. die Rückeroberung des Städtchens Skrunda Ende Januar 1919.

Allgemein begannen die Sympathien für die Kommunisten im ganzen Land immer mehr zu schwinden, auch in Lettland, wo die Kommunisten bei Regierungswahlen den höchsten Stimmenanteil gewonnen hatten, den sie je in ihrer Geschichte bei einer freien Wahl verzeichnen konnten. Lettische Soldaten hatten der Revolution Lenins und Trozkijs zum Sieg verholfen. Nun wandten sich die Letten ab. Der wichtigste Grund dafür war das Verhalten der Kommunisten selber im Land.

Am 13. Januar 1919 war in Riga der Kongreß der Räte Lettlands zusammengetreten. Er nahm auch für Lettland die Verfassung der Russischen Sozialistischen Föderativen Sowjetrepublik (RSFSR) mit nur geringfügigen Abweichungen an. Allerdings hatte Pēteris Stučka, der Vorsitzende der lettischen Kommunisten, an der Ausarbeitung dieser Verfassung

217

einen wesentlichen Anteil. Stučka gehörte der ersten Regierung Lenins als Volkskommissar für Justiz, d. h. als Justizminister, an. Verfassungsangelegenheiten fielen in sein Ressort.

Der Kongreß der Räte wählte ein Exekutivkomitee und dieses wiederum eine Regierung für Lettland, bestehend aus acht Volkskommissaren. Stučka wurde Ministerpräsident. Ein Volkskommissariat für das Äußere, ein Außenminister also, war nicht vorgesehen.

Alle für die RSFSR ausgegebenen Dekrete sollten ab sofort »automatisch« auch in Lettland Gültigkeit haben.

Revolutionstribunale wurden eingerichtet. Stučka betonte in einem seiner Artikel in der Zeitung Cīņa – dem Zentralorgan der lettischen KP –, daß nicht nur die Macht der bürgerlichen Klasse vernichtet werden müsse, sondern auch ihre Vertreter persönlich (vgl. Šilde, 1976, S. 293). Bis zur Oktoberrevolution von 1917 war Stučka ein entschiedener Gegner der Todesstrafe gewesen.

In den Zeitungen wurden regelmäßig Listen der zu erschießenden Personen veröffentlicht. Diese Listen enthielten Vertreter aller Nationalitäten und Gesellschaftsschichten, aber überproportional viele Deutsche. Während der fünf Monate kommunistischer Herrschaft wurden in Lettland 3632 Menschen den zurückgelassenen Akten der Revolutionstribunale zufolge erschossen. Die Gesamtzahl der Opfer wird jedoch auf 5000 geschätzt (Šilde, 1976, S. 295).

Während ihrer fünfmonatigen Herrschaft war es der kommunistischen Regierung nicht gelungen, die Versorgung der Städte aufrechtzuerhalten. Es herrschte Hungersnot.

Der Gegenangriff der antibolschewistischen Truppen begann am 3. März 1919. Es zeigte sich bald, daß der Kampfwille der Soldaten auf bolschewistischer Seite stark nachgelassen hatte. Der Vormarsch konnte zügig vorangehen.

Am 6. März kam es irrtümlich zu einem unglücklichen Gefecht zwischen lettischen und deutschen Einheiten. Am Ende eines Manövers zur Umzingelung feindlicher Truppen trafen die beiden Einheiten aufeinander, waren aber in dem unübersichtlichen Gelände der Meinung, ihnen stünden Soldaten des

Gegners gegenüber. Als sie sich endlich an der Form ihrer Stahlhelme erkannten, hatte es bei den Deutschen und bei den Letten je vier Tote gegeben. Unter ihnen war der Kommandeur, Oberst Oskars Kalpaks. Kurz bevor er starb, hatte er den Oberstleutnant Jānis Balodis mit dem Kommando der lettischen Einheiten betraut. Oskars Kalpaks wird heute noch von den Letten als Held verehrt.

Während an der Front deutsche und lettische Soldaten Seite an Seite gegen den gemeinsamen Gegner vorgingen, kam es in Liepāja (Libau), das damals Sitz sowohl der lettischen Regierung als auch des deutschen militärischen Oberkommandos war, zu unerfreulichen Vorgängen.

Der »Putsch«

Am 1. März 1919 kehrte Ulmanis von einer Reise ins westliche Ausland nach Liepāja zurück, und es begannen wieder Gespräche zwischen Regierung und deutschbaltischem Nationalausschuß. Zunächst wurde ein gemeinsamer »Sicherheitsausschuß« gebildet, der die Maßnahmen im Krieg gegen die Bolschewiken koordinieren sollte.

Der Nationalausschuß hatte der Regierung ein Programm von 14 Punkten vorgelegt, als Verhandlungsgrundlage für die Erarbeitung einer Verfassung für Lettland (vgl. von Rimscha, 1939, S. 117f.). Im wesentlichen beinhaltete dieses Papier Forderungen, die heute an jeden Rechtsstaat gestellt werden und denen auch die spätere Verfassung Lettlands entsprach: Unantastbarkeit der Person, Glaubensfreiheit, Gleichheit vor Gericht etc. Zwei Punkte machten Schwierigkeiten.

Punkt 11 lautete: »Gleichberechtigung der lettischen und deutschen Sprache in allen Zweigen der staatlichen und kommunalen Verwaltung und vor Gericht.« Dem stand u. a. entgegen, daß in Lettland auch andere Minderheiten lebten, an Zahl übertrafen sie die Deutschen.

Im zweiten Teil von Punkt 13 hieß es: »billige Siedlungsmöglichkeiten für Landesverteidiger«. Auch hier wurden Bedenken angemeldet. Nationalausschuß und Regierung arbeiteten weiter an einer Lösung. Für den 16. April 1919 um 15 Uhr war die nächste gemeinsame Sitzung geplant. Kurz nach Beginn der Sitzung wurde gemeldet, Hauptmann Pfeffer von Salomon, einer der Freikorpsführer, habe einen in Untersuchungshaft befindlichen deutschen Offizier gewaltsam befreit. Die Sitzung wurde bis zur Aufklärung des Falles vertagt.

Was dann geschah, wird unterschiedlich geschildert, auch von Augenzeugen. Fest steht folgendes:

Die »Stoßtruppe«, eine Einheit der deutschbaltischen Landeswehr, befand sich mitsamt ihrem Kommandeur, Baron Hans von Manteuffel, auf Urlaub in Liepāja (Libau). Am Nachmittag des 16. April drangen Angehörige der »Stoßtruppe« in einige Ministerien ein, entwaffneten lettische Posten und setzten zwei Minister – einer von ihnen war Miķelis Valters – gefangen. Die übrigen Regierungsmitglieder konnten sich in die britische Mission retten. Die Straßen wurden von Landeswehrsoldaten beherrscht.

Alle deutschen Stellen erklärten nach diesem Putsch, daß sie entweder nichts damit zu tun gehabt hätten, nichts davon gewußt oder zumindest nichts untereinander abgesprochen hätten.

Auch von der Goltz distanzierte sich zunächst von den Putschisten und erklärte, vorher nichts gewußt zu haben.

Sicher ist nur, daß alle deutschen Institutionen in Liepāja, auch der Stellvertreter Winnigs, den Putsch begrüßt haben. Nichts wurde von dieser Seite unternommen, um die Verhältnisse, wie sie vor dem Putsch waren, wiederherzustellen. Allein dadurch stellte sich die deutsche Seite in ihrer Gesamtheit – deutschbaltische Landeswehr, reichsdeutsche Truppen und die Vertretung des Deutschen Reiches – auf die Seite der Putschisten, mit allen juristischen Folgen. So betrachtete zum Beispiel die Regierung den Vertrag, den sie am 29. Dezember 1919 mit Winnig geschlossen hatte, hierdurch für nichtig.

Den Bruch mit der lettischen Regierung bestätigte die deutsche Seite dadurch, daß sie sich darum bemühte, eine lettische Gegenregierung aufzustellen, die ihr gefällig sein und die – das interessierte vor allem die reichsdeutschen Beteiligten – weniger Kontakte mit den Alliierten pflegen würde.

Zunächst war an eine Art Militärdiktatur unter Oberstleutnant Balodis und Fürst Lieven, dem Kommandeur der russischen Brigade, gedacht. Balodis lehnte das Ansinnen ab und untersagte seinen Offizieren jedes Eingehen auf derartige Angebote. Fürst Lieven schloß sich Balodis an.

Erst zehn Tage später fand sich ein Bereitwilliger, der das Amt eines lettischen Regierungschefs unter deutscher Kontrolle übernahm: der Pastor und Schriftsteller Andrievs Niedra. Niedra war unbedingter Gegner der Bolschewiken, aber auch jeder anderen Art von Sozialismus. Dennoch glaubte er an einen Klassenkampf und wollte diesen von der bürgerlichen Seite her durchfechten (Niedra, Bd. I, 1923, S. 45 und Bd. II, 1930, S. 24).

Die deutsche Seite erkannte von nun an nur noch die Regierung Niedra an. Und diese gab den deutschen Militärs auch das von diesen so begehrte »Siedlungsversprechen«.

Die Rückeroberung Rigas

Am 22. Mai 1919, in den ersten Stunden nach Mitternacht, begann der Angriff auf die Hauptstadt. Am Mittag hatte die »Stoßtruppe«, deren Kommandeur nun doch wieder Baron Hans von Manteuffel war, die Brücken über die Düna erreicht. Nur eine kleine Gruppe von Landeswehrsoldaten stürmte ohne weiteren Aufenthalt, trotz heftigen Feuers von der Gegenseite, über die Brücke. Das brachte die Entscheidung. Am Nachmittag hatten alle bolschewistischen Truppen Riga geräumt. Manteuffel selbst wurde beim Sturm über die Brücke von einer Kugel tödlich getroffen.

Die Eroberung von Riga, schreibt der deutschbaltische Historiker Hans von Rimscha noch Anfang 1939, sei für die gesamte Entwicklung Osteuropas von »weitesttragender politischer Bedeutung« gewesen. Er hielt es wohl kaum für möglich, daß nur ein Jahr später Riga wieder in die Hände der Bolschewiken fallen würde, und zwar durch die Hilfe Deutschlands, und daß es fünfzig Jahre unter sowjetischer Herrschaft bleiben würde.

Die Brigade Balodis, wie die lettischen Truppenkontingente vom deutschen Oberkommando immer noch bezeichnet wurden, traf erst einen Tag später in Riga ein. Ihr war die Aufgabe übertragen worden, das gesamte Land bis zur Küste von bolschewistischen Truppen zu befreien.

In Riga spielte sich inzwischen etwas ab, was unter dem Namen »weißer Terror« bekannt wurde. Den Ausdruck hat man später auch für ähnliche Geschehnisse an anderen Orten verwendet. Voller Wut über die entdeckten Greueltaten der Bolschewiken in Riga hatten die Landeswehrsoldaten begonnen, erbarmungslos alle gegnerischen Gefangenen zu erschießen oder auf andere Art umzubringen. Dabei handelte es sich zum großen Teil auch um Männer, die von den Bolschewiken zwangsweise zur Armee eingezogen worden waren – Letten. Die genaue Zahl der Opfer ist nicht bekannt. Balodis und seinen Leuten gelang es, vor allem auch mit der zumindest moralischen Unterstützung der englischen Flotte, den Landeswehrsoldaten Einhalt zu gebieten.

Ulmanis hatte während seiner Auslandsreise im Februar 1918 auch Verhandlungen mit der estnischen Regierung aufgenommen. Diese hatte ihm militärische Unterstützung gegen die Rote Armee zugesagt, ebenso Hilfe bei der Aufstellung lettischer Verbände im Norden von Lettland. Der Aufbau dieser nordlettischen Verbände unterstand dem Hauptmann Jorgis Zemitāns. Auf diese Weise entstand eine zweite Front gegen die Rote Armee, die sich, um nicht eingekesselt zu werden, nach Südosten in Richtung Lettgallen zurückziehen mußte.

Die lettischen Truppen im Norden standen unter estnischem Oberkommando. Im Gegensatz zu den Soldaten und Offizieren unter Balodis entstanden hier keine Loyalitätskonflikte wegen der Regierung Niedra. Zemitāns und seine Leute waren ausschließlich der provisorischen Regierung unter Ulmanis verantwortlich.

Der falsche Krieg

Nun folgte das unerquicklichste Kapitel des Freiheitskrieges. Hinter der Front gegen die Bolschewiken war ein Kampf zwischen deutschbaltischer Landeswehr und Eiserner Division auf der einen Seite und Esten und Letten auf der anderen entbrannt.

Rimscha erklärt das damit, daß es drei lettische Regierungen gegeben habe und hinter jeder eine Großmacht: Stučka mit Sowjetrußland im Hintergrund, Niedra mit den Deutschen und Ulmanis mit den Engländern als Unterstützung. Tatsächlich dürften die Verhältnisse verwickelter gewesen sein. Nicht zuletzt ging es dem deutschen Oberkommando auch um das Siedlungsversprechen der Regierung Niedra, das die Anwerbestellen in Deutschland seinerzeit den Freiwilligen gewissermaßen schon vorab gegeben hatten. Auf Seiten der Regierung Niedra kämpfte nicht ein einziger lettischer Soldat, nur Deutsche. Von Angehörigen der lettischen Nordtruppen wurde denn auch unumwunden zugegeben, daß sie im Kampf gegen die deutschen Verbände wenigstens von der Gewißheit getragen worden seien, nicht auf Letten schießen zu müssen. Bei vielen Soldaten der Landeswehr andererseits regte sich das Gefühl, jetzt im falschen Krieg zu sein. Schließlich war man ausgezogen, das Land von den Bolschewiken zu befreien.

Die »Schlacht bei Wenden«, lettisch »Cēsu kaujas« dauerte vom 19.–23. Juni 1919. Ihren Namen hat die Schlacht, weil der erste deutsche Angriff in der Nähe der Stadt Cēsis erfolgte. Welche Seite zuerst geschossen hat, darüber wird immer noch gestritten.

Den Esten kamen bei diesen Kämpfen ihre Panzerzüge zustatten. In Küstennähe griffen auch estnische Kriegsschiffe mit ihrer Artillerie ein. Später kamen den Esten und Letten britische Schiffe zu Hilfe.

Die Deutschen, Landeswehr und Eiserne Division, wurden von den Esten und Letten bis zur Düna und bis kurz vor Riga zurückgedrängt. Die Alliierten untersagten den Esten den Einmarsch nach Riga. Dafür marschierten die lettischen Verbände unter Zemitāns in die Hauptstadt ein und wurden von der Bevölkerung bejubelt. Wie unzureichend die Ausrüstung der Soldaten war, mußte jedem aufgefallen sein, denn viele hatten nicht einmal Stiefel. So nannte man sie die »barfüßige Armee«.

Durch Vermittlung der Alliierten kam es in Strazdumuiža (Strasdenhof) bei Riga zum Waffenstillstand zwischen Landeswehr/Eiserner Division und Esten/Letten. Die deutschen Verbände mußten Riga räumen und sich auf das Südufer der Düna zurückziehen. Die estnischen Truppen verblieben vorerst in ihren Positionen, die sie am 3. Juli 1919 eingenommen hatten. Die Verwaltung Rigas wurde vorübergehend von einer alliierten Kommission in Zusammenarbeit mit der lettischen Regierung übernommen.

Die Ulmanis-Regierung war inzwischen in Riga an Land gegegangen, während Niedra aufgab und seine Regierung sich zerstreute.

Der deutschbaltische Nationalausschuß trat wieder mit Ulmanis in Verbindung. Diesmal wurde eine dauerhafte Einigung erzielt. Das Amt des Finanzministers und des Justizministers übernahm in dem neu zu bildenden Kabinett jeweils ein Deutschbalte. Die Deutschbalten erkannten damit die Regierung an und bestätigten ihre Bereitschaft, im neuen Staat mitzuarbeiten.

Der lettische Politiker Voldemārs Bastjānis, der bis nach dem Friedensschluß in Sowjetrußland festgehalten worden war, wunderte sich bei seiner Heimkehr, daß die Soldaten an der Grenze zwar lettische Uniformen trugen, untereinander aber deutsch sprachen.

Zu der Einigung zwischen Deutschbalten und Letten gehörte nämlich auch, daß die Landeswehr dem lettischen Oberkommando unterstellt wurde. Später wurde sie als »13. Tuckumer Regiment« Bestandteil der lettischen Armee. Der Ostpreuße Major Fletcher gab auf Verlangen der Alliierten das Kommando über die Landeswehr ab, das nun zunächst der britische Oberst Alexander übernahm. (Er leitete im Zweiten Weltkrieg als Feldmarschall den britischen Afrikafeldzug von El Alamein bis Tunis und wurde nach dem Krieg Gouverneur von Kanada.) Die Landeswehr beteiligte sich dann auch an der Befreiung Lettgallens.

Danach wäre eigentlich der Befreiungskrieg zu Ende gewesen, wenn es nicht noch ein eigenartiges, abstruses Nachspiel gegeben hätte, das leider auf allen Seiten Opfer kostete.

Bermondt

Paul Schiemann berichtet – er wohnte damals, 1919, in Berlin – daß ein Mann mit einer kaukasischen Pelzmütze auf dem Kopf bei ihm erschienen sei und sich als Rittmeister Bermondt vorstellte. »Er nahm den Mund sehr voll, hatte sich in seine Uniform ein Eisernes Kreuz einnähen lassen...«. Er wollte unter ehemaligen russischen Kriegsgefangenen in Deutschland für den Kampf gegen den Bolschewismus werben.

Das tat er auch und stellte eine Truppe von mehreren tausend Mann zusammen. Mit dieser Truppe, sie nannte sich »Russische Westarmee«, erschien er im Juni 1919 in Kurland. Deutsche Behörden waren ihm behilflich gewesen.

Zu der Zeit jedoch hatten alle reichsdeutschen Truppen sowohl von den Alliierten als auch vom deutschen Oberkommando Order erhalten, das Baltikum zu räumen und sich auf deutsches Reichsgebiet zurückzuziehen.

Aber viele Offiziere und Soldaten wollten im Baltikum bleiben. Es handelte sich fast ausschließlich um Angehörige von Freikorps, die auf die Einlösung des »Siedlungsversprechens« hofften. Und außerdem: was erwartete sie in Deutschland? Zumeist wohl Arbeitslosigkeit, denn in der Reichswehr gab es für sie keinen Bedarf. Auch von der Goltz hatte bei der Reichswehr keine Verwendung gefunden. Ein nicht zu unterschätzendes Motiv dürfte aber auch Abenteuerlust gewesen sein.

Durch den Beitritt zur »Russischen Westarmee« des Fürsten Bermondt-Awaloff – durch Adoption habe er den Fürstentitel erworben, heißt es – waren die Freikorps der deutschen Befehlsgewalt entzogen. Daraus ergab sich für sie die Konsequenz, daß sie dem Befehl zur Heimkehr nach Deutschland nicht zu folgen brauchten: »Wir hefteten die russische Kokarde an unsere Mützen, nicht ohne verschmitzt die deutsche darunter anzubringen...« (von Salomon, 1962, S. 82).

Als Aufmarschgebiet hatte sich die »Westarmee« Lettland auserkoren. Dafür sollte das befreite Rußland den Letten eine gewisse Autonomie gewähren. Bermondt-Awaloff konnte sogar einen neuen Zaren vorweisen, Kyrill I., ein entfernter Verwandter des letzten Zaren.

Die Letten, mit Rückendeckung durch die Engländer, lehnten ab. Daraufhin erklärte die »Westarmee« Lettland zum Feind und marschierte nicht, wie zunächst geplant, nach Moskau, sondern nach Riga. Es gelang ihr, Tornakalns (Torensberg) einzunehmen, einen Vorort auf dem linken Dünaufer.

Die lettische Armee war inzwischen weitgehend aufgebaut und stellte einen militärischen Machtfaktor dar. Zudem war Estland bereit, auch in diesem Falle mitzuhelfen. Eine zusätzliche estnische Division wurde an die neue Front geschickt. Dazu die Panzerzüge. In Küstennähe halfen britische und estnische Schiffsgeschütze. Innerhalb von zwei Wochen war diese eigenartige russisch-deutsche Armee über die Grenze nach Litauen gedrängt. Zuvor hatten die deutschen Freischärler ihrer Enttäuschung und ihrer Existenzangst noch einmal Luft gemacht.

... wir warfen Feuer in jedes Haus und pulverten jede Brücke zu Staub und knickten jede Telegraphenstange. Wir schmissen die Leichen in die Brunnen und warfen Handgranaten hinterdrein. Wir erschlugen, was uns in die Hände fiel, wir verbrannten, was brennbar war. Wir sahen rot, wir hatten nichts mehr von menschlichen Gefühlen im Herzen. Wo wir gehaust hatten, da stöhnte der Boden unter der Vernichtung. (von Salomon, 1962, S. 104).

Auch das Mitte des 18. Jahrhunderts von Rastrelli erbaute Barockschloß in Jelgava (Mitau) ist von ihnen niedergebrannt worden (vgl. Venner, 1984, S. 136).

Briefmarkensammler werden sie vielleicht schon gesehen haben, die lettischen Marken, deren gummierte Rückseiten aussehen wie Stücke von Geldscheinen. Es handelt sich dabei um halbfertiges Geld, das Bermondt-Awaloff vorher hatte drucken lassen. Zum Bedrucken der anderen Seite war keine

Zeit geblieben. Die Letten aber brauchten Briefmarken und hatten kein Papier.

Litauen

Die Befreiung Litauens von den Kommunisten vollzog sich weniger dramatisch als in Lettland und Estland. Die politischen Verhältnisse in Litauen waren 1919 allerdings nicht weniger kompliziert und vielschichtig als in Lettland, doch das sollte erst später seine Wirkung zeigen.

Am 5. Januar 1919 rückten bolschewistische Verbände in Vilnius ein. Die Taryba und die litauische Regierung waren bereits am 2. Januar nach Kaunas übergesiedelt. Am 4. Januar um 2 Uhr morgens verließen die letzten deutschen Truppen die Stadt. Und am Abend des 4. Januar zogen sich auch die polnischen Verbände, die in Vilnius standen, aus »Wilno« zurück. (Wilno ist der polnische Name, Wilna der deutsche und russische, Vilnius der litauische.)

Der Soldatenrat der für Vilnius zuständigen 10. deutschen Armee hatte gegen die Räumung der Stadt Protest eingelegt.

Doch die deutschen Truppen zogen sich befehlsgemäß immer weiter zurück. Ihnen auf dem Fuß folgte die Rote Armee.

Ministerpräsident Mykolas Sleževičius (1882–1939) hatte vom deutschen Militärkommando in Litauen verlangt, daß die Truppen den bolschewistischen Vormarsch aufhalten sollten. Nach den Waffenstillstandsbedingungen seien sie dazu verpflichtet gewesen. Doch Dr. Zimmerle, der Chef der deutschen Zivilverwaltung in Litauen, erklärte, daß die deutschen Soldaten sich weigerten zu kämpfen. Ein Vertreter des Soldatenrates, der bei dem Gespräch anwesend war, erklärte seinerseits, daß die deutschen Soldaten durchaus bereit seien, Widerstand zu leisten, sobald ihnen dies befohlen werde.

Es begannen Verhandlungen mit Berlin, und Ende Januar 1919 kam die Front zum Stehen. Sie verlief jetzt zunächst als Fortsetzung der lettischen Front an der Venta auch im Litauischen weiter an diesem Fluß entlang, schwenkte dann südlich Šiauliai, das von den Bolschewiken besetzt war, ein wenig östlich, bis kurz vor Ukmerge. Von dort aus verlief sie genau in der Mitte zwischen Vilnius und Kaunas in südlicher Richtung weiter. Nur knapp die Hälfte des litauischen Gebietes war von der Roten Armee besetzt.

Die litauische Sowjetregierung mit Vincas Mickevičius-Kapsukas an der Spitze hatte auch die Sympathie der Bevölkerung rasch verspielt, und zwar wegen ihrer Agrarpolitik. Die Großbetriebe, d. h. die Güter, die zumeist polnischen oder polonisierten litauischen Adligen gehört hatten, sollten nach den Absichten der Sowjetregierung als Großbetriebe erhalten bleiben und in Form von Kolchosen weiterarbeiten. Dafür hatten die Kleinbauern und Landlosen die Bolschewiken nicht gewählt. Sie hatten eigenes Land erhofft.

Ein letzter Versuch der Kommunisten, die Machtverhältnisse zu ihren Gunsten zu verschieben, war die Bildung einer föderativen weißrussisch-litauischen Sowjetrepublik, genannt »Litbel«. Diese Regelung fand bei der litauischen Bevölkerung kein Verständnis.

Die Regierung in Kaunas bemühte sich unter anderem jetzt darum, litauische Streitkräfte zu mobilisieren, um nach und nach die Verteidigung des Landes in die eigenen Hände nehmen zu können. Der deutschen Besatzungsmacht brachten viele Litauer immer noch Mißtrauen entgegen. Kaum jemand glaubte, daß die deutschen Annexionspläne aufgegeben seien.

Der Aufbau des litauischen Militärs ging reibungsloser vor sich als in Lettland. Das lag einmal daran, daß mehr als die Hälfte des Landes nicht von den Kommunisten besetzt war. Andererseits behinderte die deutsche Besatzungsmacht die Mobilisation nicht wie in Lettland, sondern half, vor allem durch die Überlassung von Kriegsmaterial. Am 7. und 8. Februar 1919 mußte sich die neue litauische Armee zum ersten Mal bewähren. Beim Städtchen Kėdainiai in Mittellitauen gelang es ihr, einen Angriff der Sowjettruppen abzuweisen.

Ab Mitte April begannen die litauischen Heeresverbände vorzurücken. Einen Abschnitt nach dem anderen konnten die Deutschen den Litauern übergeben und sich selber zurückziehen. Ende August waren alle bolschewistischen Truppen aus Litauen vertrieben.

Die Freikorps der Bermondt-Awaloff-Armee, die von den Letten und Esten über die Grenze nach Litauen getrieben worden waren, wurden von der Reichsregierung in Berlin mit Hilfe des französischen Generals Niessel, den die Entente mit der Beendigung des Baltikumproblems beauftragt hatte, durch Litauen hindurch nach Deutschland zurückgeführt.

Damit wäre für Litauen der Befreiungskrieg zu Ende gewesen. Litauen hatte auch keine gemeinsame Grenze mit Sowjetrußland mehr, Lyda und Nowogródek waren inzwischen polnisch. Polen aber bereitete den Litauern neue Probleme. Es sollte lange dauern, bis sich die Verhältnisse zwischen den beiden Ländern, die einst eine Union eingegangen waren und gemeinsam den deutschen Ritterorden besiegt hatten, wieder neutralisierten. Eigentlich geschah das erst jetzt, nach dem Ende der Sowjetzeit.

Die Friedensverträge

Das Jahr 1920 brachte für alle drei baltischen Staaten den Friedensschluß mit Sowjetrußland. Damit wurde das Ausscheiden der drei baltischen Länder aus dem Territorium des ehemaligen Russischen Reiches endgültig bestätigt. Es bedeutete, daß auch von sowjetischer Seite her keine Zweifel mehr an der Eigenstaatlichkeit von Estland, Lettland und Litauen bestanden – vorerst wenigstens.

Der Friedensvertag zwischen **Estland** und Sowjetrußland wurde am 2. Februar 1920 in Tartu unterzeichnet. Die Bedingungen für Estland waren günstig, nicht zuletzt, weil das estnische Heer die Narvafront hatte halten können.

Auch die Grenzziehung war für Estland vorteilhaft. Im Norden kam noch ein Streifen östlich des Narvaflusses an Estland, der nur teilweise von Esten besiedelt war. Südlich des Peipussees wurde ein Stück des Gouvernements Pskow an Estland angegliedert, nämlich das Gebiet um Petseri (Petschory), das ebenfalls zum größten Teil russisch besiedelt war.

Der politisch wichtigste Punkt des Friedensvertrages be-

sagte, daß die Vertragspartner auf ihrem Gebiet keine Truppenansammlung und keine Organisation dulden, die gegenüber dem anderen Vertragspartner feindliche Absichten hegen. Im Klartext bedeutete dies, daß in Estland keine antibolschewistische russische Armee aufgestellt und in Rußland keine estnische Sowjetregierung etabliert werden durfte. Weitere Punkte des Vertrages sind:
- Estland erhält eine Entschädigung von 15 Millionen Goldrubel.
- Bewohner des einen Landes haben die Möglichkeit, für das jeweils andere Land zu optieren und sich dorthin zu begeben. Das bedeutet, daß z. B. Esten, die sich in Rußland aufhalten oder auch dort geboren und aufgewachsen sind, das Recht auf die estnische Staatsangehörigkeit haben und nach Estland übersiedeln dürfen. Umgekehrt gilt das gleiche. Eine Reihe von überzeugten Kommunisten machten von diesem Recht Gebrauch und zogen nach Sowjetrußland um.
- Die Rückführung aller Kriegsgefangenen und Internierten.
- Die Rückführung aller evakuierten Kulturgüter.
- Sowjetrußland erhält das Recht, in einem noch auszuwählenden estnischen Hafen einen Freihafen zu errichten.
- Estland erhält in Rußland eine Waldkonzession von einer Million Hektar.

Dazu kommen noch verschiedene Regelungen von Einzelheiten.

Mit **Lettland** kam es erst am 1. August 1920 zum Abschluß eines Friedensvertrages, obwohl die Sowjets schon vorher einen Frieden angeboten hatten. Den Letten lag aber daran, zuerst das ganze lettische Gebiet von den Bolschewiken zu befreien, also auch Lettgallen. Dabei halfen zwei polnische Divisionen.

Die Grenzen wurden dem Verlauf der Sprachgrenze angepaßt. Im Norden kam noch ein Streifen des Gouvernements Pskow zu Lettland, das Gebiet von Abrene (dt. Abrehnen, russ. Pytalowo). Die Bevölkerung dieses Gebietes bestand zur Hälfte aus Russen.

Die übrigen Punkte des Vertrages entsprechen dem mit Estland: Optionsmöglichkeit, Repatriierung von Gefangenen, Rückgabe von Kulturgegenständen etc. Desgleichen enthielt der Vertrag die Bedingung, daß keine Truppenansammlungen oder Organisationen, die dem anderen Vertragspartner feindlich gesinnt sind, auf dem eigenen Territorium geduldet werden.

Für Lettland kam noch eine Besonderheit hinzu. Der offizielle Nachfolger für von der Goltz, General Eberhard – seine ursprüngliche Aufgabe war es, die Rückführung der deutschen Soldaten zu leiten – hatte sich offiziell die Bermondt-Armee unterstellt und von dieser Position aus ein Waffenstillstandsersuchen an das lettische Oberkommando gerichtet. Dadurch war Deutschland formal in den Kriegszustand mit Lettland geraten. Um dies rückgängig zu machen, wurde am 5. Juli 1920 ein deutsch-lettischer Friedensvertrag geschlossen. Deutschland sprach dabei die de jure Anerkennung Lettlands aus. Zusätzlich erhielt Lettland eine gewisse Kriegsentschädigung für den angerichteten Schaden. Deshalb zum Beispiel fuhren auf einigen Strecken der lettischen Eisenbahnen noch lange die typischen deutschen Waggons mit den separaten Coupétüren.

Den Kriegszustand zwischen Sowjetrußland und **Litauen** beendete der in Moskau geschlossene Vertrag vom 12. Juli 1920. Die Bedingungen entsprechen den Verträgen mit Estland und Lettland.

Auch die Grenzen zwischen Rußland und Litauen wurden festgelegt. Nicht nur das Wilnagebiet wurde als ein Teil Litauens anerkannt, sondern auch Lida und Grodno. Der Wert dieser Abmachung wurde dadurch gemindert, daß weder Sowjetrußland noch Litauen zu diesem Zeitpunkt im Besitz der erwähnten Gebiete waren. Tatsächlich endete es damit, daß Litauen überhaupt keine gemeinsame Grenze mehr mit der Sowjetunion haben sollte.

Die wichtigste Klausel in den Verträgen von Tartu, Riga und Moskau betraf die Herauslösung der drei baltischen Länder aus dem russischen Staatsverband »für alle Zeiten«. Für alle drei Länder war nun auch juristisch ihre Unabhängigkeit bestätigt. Der Weg dahin war mühsam gewesen. Ausschlaggebend war letztlich, daß sowohl Rußland als auch Deutschland zu gleicher Zeit einen Krieg verloren hatten. Alle drei Völker hatten ihr Recht auf Selbstbestimmung in einem blutigen, harten und wechselhaft verlaufenden Krieg unter großen Opfern erkämpft. Hilfe erhielten sie nur am Rande, im Kampf waren sie auf sich gestellt, so wie es ein britischer Vertreter den Esten gleich zu Beginn des Freiheitskrieges erklärt hatte.

Die Republiken

Die neuen Staaten Estland, Lettland und Litauen waren durch die Friedensverträge mit Sowjetrußland nun auch juristisch endgültig existent. Auf ihrem Staatsgebiet befanden sich keine fremden Truppen mehr, der Wiederaufbau der zerstörten Häuser und Fabriken und der Aufbau der Wirtschaft im allgemeinen konnte beginnen.

Die Regierungen und dann auch den Parlamenten fiel nun die Aufgabe zu, die neuen Staaten in ihrer inneren Struktur zu festigen, es mußten Gesetze erlassen werden.

Es galt, die Regierungen auf demokratischen Boden zu stellen. So wurde zunächst in den drei Republiken jeweils eine Verfassunggebende Versammlung gewählt, der es zufiel, drei zentrale Gesetzeswerke zu erstellen, die das Wesen des neuen Staates bestimmen würden:
1. Die Verfassung,
2. Die Agrarreform,
3. Gesetze zum Schutz der nationalen Minderheiten.

Erst wenn diese Aufgaben gelöst waren, konnte zu den sozusagen normalen Staatsgeschäften übergegangen werden.

Für die drei Republiken gilt gleicherweise, daß die Parteienlandschaft in eine Menge größerer und kleinerer Gruppierungen zersplittert war, wenn auch gewisse grundsätzliche, umfassendere politische Strömungen sich abzeichneten, die man annähernd in traditionelle Begriffe wie »links«, »rechts«, »Mitte« einordnen könnte. Das Zustandekommen von Mehrheiten gestaltete sich jedoch schwierig, häufige Regierungswechsel waren die Folge.

Die daraus resultierende, oft nur vermeintliche Instabilität wurde in allen drei Republiken zum Anlaß und Vorwand für die Errichtung von Diktaturen. Diese traten in den einzelnen Ländern unterschiedlich autoritär auf. In Estland blieb noch ein Rest von Verfassungsmäßigkeit erhalten, desgleichen, wenn auch in geringerem Maße, in Litauen. In Lettland kam es dagegen zu einer straffen Einmanndiktatur.

Diese Entwicklung war keine auf die baltischen Länder beschränkte Erscheinung, wie wir heute wissen. Diktatoren – die einen mehr, die anderen weniger von Mussolinis Faschismus in Italien beeinflußt – gelangten auch in einer Reihe von anderen europäischen Ländern an die Macht: Pilsudski in Polen, Salazar in Portugal, Hitler in Deutschland, Franco in Spanien, Metaxas in Griechenland, Antonescu in Rumänien.

Litauen war zudem während der beiden Jahrzehnte seiner Unabhängigkeit von zwei Krisenherden besonders belastet und in seinen außenpolitischen Handlungen behindert: Das waren die Wilnafrage und das Memelproblem.

Der Streit um Wilna

Reichskanzler Prinz Max von Baden hatte noch vor dem Waffenstillstand der Taryba die Erlaubnis erteilt, eine eigene Verwaltung in Litauen aufzubauen. Nachdem Deutschland am 11. November 1918 den Waffenstillstand unterzeichnet hatte, konnte Litauen nun endgültig selbständig seine Staatsgeschäfte führen.

In der Taryba war eine bestimmte Anzahl von Sitzen für die Vertreter der nationalen Minderheiten freigehalten worden. Sechs Weißrussen und drei Juden zogen nun in den Rat ein. Die Polen weigerten sich. Sie wollten den Status als Minderheit in Litauen für sich nicht akzeptieren.

Vertreter der Taryba hatten seinerzeit in Berlin erklärt, nicht das historische Litauen würden sie anstreben, sondern das ethnische. Damit meinten sie Litauen als das von Litauern bewohnte Gebiet. Und hier begannen die Schwierigkeiten: wie groß sollte der Bevölkerungsanteil der Litauer in einem Gebiet sein, damit man es zu Litauen zählte?

Ganz kühne Patrioten wollten Liepāja, Königsberg und Minsk dem litauischen Staat einverleiben. Allgemein gingen die Vorstellungen dahin, daß die Gouvernements Wilna (Vilnius), Kowno (Kaunas) und Suwalki einbezogen werden sollten. Das implizierte allerdings auch die Stadt Grodno, deren litauischer Bevölkerungsanteil damals schon minimal war. Über »Kleinlitauen«, das östliche Ostpreußen, wagte zu jener Zeit niemand zu sprechen. Man brauchte die Deutschen noch, denn die Bolschewiken hatten soeben den Brester Vertrag für ungültig erklärt. Außerdem war Deutschland das einzige Land, das die Unabhängigkeit Litauens bisher anerkannt hatte.

In Polen wiederum hielt die Mehrzahl der Politiker eine Erneuerung der polnisch-litauischen Union für wünschenswert. Innerhalb dieser Union würde Litauen in seinen historischen Grenzen wiederhergestellt – es wäre ein polnisch dominiertes Litauen geworden. Einig war man sich in Polen darüber, daß Wilna eine polnische Stadt sei.

Die Position Litauens bei diesem Tauziehen war vor allem aus zwei Gründen schwach. Erstens war Polen um ein Vielfaches größer als Litauen, und es gab siebenmal mehr Polen als Litauer. Aber auch international hatte Polen die bessere Position. Während die Taryba nicht nur bei den Polen, sondern auch bei den Westmächten weiterhin als eine von den Deutschen eingesetzte Versammlung ohne weitere Legitimation galt, war Polen von allen Mächten als Staat anerkannt. Polen war auch zur Friedenskonferenz in Paris zugelassen. Eine von der Taryba entsandte Delegation, die auf der Friedenskonferenz den litauischen Standpunkt erklären sollte, wurde von der französischen Polizei festgenommen, unter dem Verdacht der Spionage für Deutschland.

In der Unabhängigkeitserklärung wurde Litauen ausdrücklich definiert als »... unabhängiger Staat mit der Hauptstadt Vilnius«.

Während der Kampfhandlungen gegen die Bolschewiken rückten die litauischen Truppen im Nordosten vor bis an die Düna, bis an die Grenze zu Lettland. Wilna aber wurde am 19. und 20. April 1919 von polnischen Truppen besetzt, und diese blieben dort. Die litauische Regierung mußte weiter in Kaunas residieren.

Jozef Pilsudski war seit November 1918 Staatspräsident von Polen und Oberbefehlshaber der Streitkräfte. Auch er erklärte die litauische Taryba für eine von den Deutschen eingesetzte

Versammlung. Pilsudski übrigens stammte aus einer polonisierten litauischen Adelsfamilie. Er war im Wildnagebiet geboren.

Im Sommer 1919 kam es zu ersten Zusammenstößen zwischen litauischen und polnischen Militäreinheiten. Da fühlten sich die Westalliierten veranlaßt einzugreifen, denn sie wollten auf keinen Fall, daß das polnische Heer bei seinem Kampf gegen die Bolschewiken durch rückwärtige Querelen mit den Litauern geschwächt würde. Der französische Militärvertreter in Kaunas zog eine Demarkationslinie zwischen Polen und Litauen, die etwa der jeweiligen Truppenposition entsprach, und informierte am 18. Juni die litauische Regierung dahingehend, daß diese Linie nur als Provisorium gedacht sei und keinerlei Vorgriff auf eine künftige Grenzziehung beinhalten solle. Wilna lag auf der polnischen Seite dieser Linie. Die litauische Regierung protestierte zwar, daß sie nicht vorher konsultiert worden sei, erklärte sich aber mit einer Vermittlung durch die Westmächte einverstanden. Die fragliche Grenzlinie wurde später geringfügig verändert und nach dem französischen Oberkommandierenden, der sie gebilligt hatte, »Fochlinie« genannt.

Die Haltung Frankreichs war seit dem ersten Auftauchen der Probleme zwischen Polen und Litauen stets mehr auf der Seite der Polen. Die französische Presse orientierte sich nach polnischen Zeitungen. Ihre Argumentation gipfelte in der Behauptung, daß die Regierung in Kaunas restlos unter dem Einfluß von Berlin stehe und das litauische Volk im Gegensatz zu seiner Regierung nichts sehnlicher wünsche als eine Union mit Polen. Das war im September 1919.

Im Dezember 1919 verließ der letzte deutsche Soldat Litauen. Die inzwischen nach Litauen entsandte alliierte Kommission erarbeitete eine neue Demarkationslinie, die sogenannte »Curzon-Linie«, benannt nach dem damaligen britischen Außenminister Lord Curzon. Die Linie entsprach ziemlich genau der heutigen polnischen Ostgrenze. Wilna war danach litauisch und Suwalki – auch von den Litauern beansprucht – polnisch. Die Curzon-Linie wurde zunächst von niemandem beachtet. In Wilna jedenfalls blieben erst einmal die Polen.

Anfang Mai 1920 nahm die polnische Armee wieder die Kampfhandlungen gegen Sowjetrußland auf und besetzte Kiew. In einer Gegenoffensive gelang es den Sowjets, die polnische Front zu durchbrechen. Sie kamen bis kurz vor Warschau.

Am 15. Juli mußten die Polen Wilna räumen, und sowjetrussische Truppen rückten nach. Drei Tage vorher war in Moskau der Friedensvertrag zwischen Litauen und Sowjetrußland unterzeichnet worden. Litauen erklärte sich im sowjetisch-polnischen Konflikt für neutral, hatte aber ein geheimes Zusatzprotokoll zum Friedensvertrag unterschrieben, das den sowjetischen Truppen während des Krieges den Durchmarsch durch Wilna gestattete. Der Eisenbahnknotenpunkt Wilna war dabei wichtig.

Am 25. August 1920 wurden die Sowjetrussen vor Warschau von den Polen vernichtend geschlagen – das »Wunder an der Weichsel«. Die Sowjets mußten sich zurückziehen, auch aus Wilna. Sie übergaben die Stadt an die Litauer. Die litauische Regierung zog im Laufe des September nach Wilna um.

Die Spannung zwischen Polen und Litauen stieg. Es kam wieder zu Schießereien um Suwalki, und die Stadt wechselte mehrmals den Besitzer.

Schließlich wurde durch Vermittlung der Alliierten am 7. Oktober in Suwalki ein Waffenstillstand zwischen Polen und Litauen unterzeichnet. Als vorläufige Grenze wurde von beiden Seiten die Curzon-Linie akzeptiert. Diese Linie entsprach ziemlich genau den tatsächlichen Besitzverhältnissen zu jenem Zeitpunkt. Wilna war litauisch, Suwalki polnisch.

Zwei Tage später, am 9. Oktober 1920, marschierten polnische Soldaten unter General Lucjan Zeligowski in Wilna ein. Sie wurden vom polnischen Teil der Bevölkerung jubelnd begrüßt.

Die polnische Regierung und Pilsudski erklärten persönlich, Żeligowski habe eigenmächtig gehandelt, habe gegenteilige Befehle nicht befolgt.

Żeligowski rief in Wilna eine Republik »Mittellitauen« aus und setzte eine Regierung ein, die aus zwei Polen, zwei Weißrussen und zwei Litauern bestand.

Litauen legte Protest ein beim Völkerbund und bei den Alliierten. Es folgten lange, fruchtlose Verhandlungen.

Am 18. März 1921 schloß Polen in Riga einen Friedensvertrag mit Sowjetrußland. Nach diesem Vertrag verlief die polnische Ostgrenze etwa 200 Kilometer östlich der Curzon-Linie, wodurch große Gebiete mit ukrainischer bzw. weißrussischer Bevölkerung an Polen fielen. Polen reichte jetzt weit nach Norden, stieß dort an Lettland. So kam es, daß Litauen und Sowjetrußland keine gemeinsame Grenze mehr hatten. Folgerichtig stellte der Vertrag von Riga fest, daß Gebietsstreitigkeiten zwischen Polen und Litauen von diesen beiden Ländern untereinander zu bereinigen seien.

Im Januar 1922 gab der Völkerbund den Fall Wilna auf und zog seine Kommissare aus dem Krisengebiet zurück.

Die Pariser Botschafterkonferenz, die für die Durchführung des Versailler Vertrages sorgen sollte, erkannte am 15. März 1921 den status quo an, bestätigte also die Zugehörigkeit Wilnas zu Polen. Litauen erkannte das nicht an.

Das Problem belastete bis zum Zweiten Weltkrieg die Außenpolitik Litauens. Litauen nahm bis 1938 keine diplomatischen Beziehungen zu Polen auf. Die Bahnlinie Kaunas–Wilna blieb unterbrochen. Die Grenze, von den Litauern als »Administrationslinie« bezeichnet, blieb geschlossen. Die litauische Verfassung bestimmte weiterhin Vilnius (Wilna) als Hauptstadt. Selbst mit dem Vatikan brach das katholische Litauen für einige Zeit die diplomatischen Beziehungen ab, weil dieser Wilna dem Primas der polnischen Kirche unterstellt hatte.

Das Memelgebiet

Memel wurde, zunächst als Burg, dann als Stadt, im Jahre 1252 vom Schwertritterorden noch vor Königsberg gegründet. Es sollte den Landweg von Livland und Kurland nach Preußen sichern und als Basis für die noch nicht beendete Unterwerfung der Preußen dienen. An der gleichen Stelle stand vorher eine Burg der Kuren, deren Name wahrscheinlich »Klaipeda« war.

Die Kuren, die Bewohner von Kurland, hatten auch diesen Küstenstreifen besiedelt. Ihre Nachkommen lebten bis 1945 auf der Kurischen Nehrung. Sie sprachen eine altertümliche Form des Lettischen.

Memel und das dazugehörige »Memelland« – ein Begriff, der erst durch den Versailler Vertrag geschaffen wurde – waren nach Auflösung des Ordens ein Bestandteil des Herzogtums Preußen, das zu jener Zeit das spätere Ostpreußen umfaßte. Der Name »Preußen« wurde seit 1700 auf das ganze Königreich der Hohenzollern übertragen. Nach 1871 war Ostpreußen und damit auch Memel ein Bestandteil des neu gegründeten Deutschen Reiches.

Nach dem Ersten Weltkrieg trennten die Alliierten den Landstreifen nördlich des Memelflusses vom Deutschen Reich ab, und es entstand das »Memelland«. Mehr als die Hälfte der Einwohner waren Deutsche, die übrigen sprachen litauisch, waren aber Protestanten und deshalb nicht unbedingt für eine Angliederung des Gebietes an Litauen. Zunächst kam das Memelgebiet unter alliierte Verwaltung, die Frankreich übernahm. Aus dieser Zeit stammen die französischen Briefmarken mit dem Aufdruck »Memel«.

Von französischer Seite wurde der Vorschlag gemacht, Memel nach dem Vorbild von Danzig in eine »Freie Stadt« umzuwandeln. Das rief die Litauer auf den Plan.

Litauen hatte zwar von den Letten einen Zugang zum Meer bekommen, die kleine Hafenstadt Palanga (Polangen), nördlich von Memel an der Ostsee gelegen.

Palanga (Polangen) hatte zum Herzogtum Kurland gehört, dann zum gleichnamigen russischen Gouvernement und war auf diese Weise an Lettland geraten. Lettland trat die Stadt an Litauen ab und bekam dafür einige kleinere Gebiete weiter östlich, die vorwiegend von Letten bewohnt waren.

Palanga war in erster Linie ein Seebad. Der Hafen war klein und hatte weder durch Eisenbahn noch durch einen Binnenschiffahrtsweg Anschluß an das Hinterland. Deshalb vor allem war Litauen an der Hafenstadt Memel interessiert.

Nach dem Vorbild der polnischen Besetzung von Wilna drangen nun am 10. Januar 1923 litauische Freischärler ins Memelgebiet ein. Bei diesen »Freischärlern« handelte es sich größtenteils um reguläre litauische Soldaten in Zivilkleidung. Dann folgte offiziell das litauische Militär und besetzte die Stadt Memel und den dazugehörenden Gebietsstreifen. Die französische Garnison leistete keinen Widerstand.

Eine interalliierte Kommission wurde gebildet. Diese zog den französischen Hohen Kommissar mitsamt seiner Truppe aus dem Memelland ab.

Mit der »Memelkonvention«, die am 25. August 1925 in Kraft trat, übertrugen die alliierten Mächte – in diesem Fall England, Frankreich, Italien und Japan – alle Rechte über das Memelgebiet, die sie Deutschland genommen hatten, an Litauen. Allerdings unter der Auflage, dem Memelgebiet eine genau festgelegte Autonomie zu gewähren. Danach war für das Memelland alle drei Jahre ein Landtag zu wählen. Vom Präsidenten der Republik Litauen war ein Gouverneur zu ernennen, der die vom Landtag beschlossenen Gesetze zu verkünden hatte.

Der Hafen von Memel sollte als internationaler Hafen anerkannt werden. Aufsicht darüber führte ein Gremium von je einem Vertreter des Memellandes, Litauens und des Völkerbundes. Litauen hatte durchgesetzt, daß der Völkerbundvertreter nicht aus einem der Staaten kommt, durch die die Memel fließt. Auf diese Weise wußte es zu verhindern, daß ein Pole im Hafen von Memel das Sagen hatte.

Amtssprache im Memelland sollten Deutsch und Litauisch gleichberechtigt sein.

Die erste Landtagswahl zeigte schon die Problematik: Von den 29 Sitzen fielen ganze zwei an Litauer. Die übrigen 27 Abgeordneten waren Deutsche oder »Memelländer«. »Memelländer« sprachen zwar litauisch als Muttersprache, traten aber aus religiösen, kulturellen oder sonstigen Gründen für ein Verbleiben des Memellandes bei Deutschland ein oder waren zumindest gegen eine Angliederung an Litauen. Die litauische Regierung und zeitweise der litauische Gouverneur versuchten immer wieder, dieses demokratisch zustande gekommene Stimmenverhältnis zu unterlaufen oder zu manipulieren. Mehrere Male mußten die Ententemächte eingreifen, um die

Einhaltung der Memelkonvention zu sichern, um demokratische Verhältnisse zu garantieren.

Das Memelproblem wurde zu einer weiteren Belastung der litauischen Außenpolitik. Das Verhältnis zu Deutschland war gestört. Die politischen Möglichkeiten Litauens wurden noch weiter eingeengt.

Die Republik Litauen

Obwohl Frankreich sich im polnisch-litauischen Streit eindeutig auf die Seite Polens gestellt hatte, obwohl Deutschland das einzige Land war, das die Unabhängigkeit Litauens de jure anerkannt hatte, versuchten die Litauer nichts so sehr, als ihre Beziehungen zu den Alliierten zu verbessern.

Vorarbeiten dafür hatte schon in den letzten Jahren des Krieges der in der Schweiz lebende Amerikalitauer Juozas Gabrys (1880–1951) geleistet. Vor allem soll er gute Kontakte zum französischen »Deuxième Bureau« unterhalten haben.

Ein weiterer Vorstoß ging von der litauischen Delegation bei der Pariser Friedenskonferenz aus. Leiter der Delegation war Augustinas Voldemaras (1883–1944). Er war seit dem 11. November 1918, dem Tag des deutschen Waffenstillstands, Ministerpräsident, der erste der Republik Litauen.

Die Hoffnungen von Voldemaras erfüllten sich nur teilweise. Weder fanden seine umfangreichen Gebietsforderungen Anerkennung, noch wurde seine Ablehnung einer Union Litauens mit Polen akzeptiert, besonders von Frankreich nicht. Die USA allerdings unterstützten die Idee eines unabhängigen litauischen Staates. Hierbei dürfte auch Gabrys mit seinen Kontakten zu den Amerikalitauern Vorarbeit geleistet haben.

Antanas Smetona (1874–1944) war Vorsitzender der Taryba, übte aber praktisch das Amt des Staatsoberhaupts aus, obwohl ihm noch zwei weitere Mitglieder des Tarybapräsidiums zur Seite standen. Am 4. April 1919 wurde er von der Taryba zum Staatspräsidenten gewählt. Ihm waren umfangreiche Vollmachten zugestanden worden. Er hatte das Recht, zwischen den Sitzungen der Taryba Gesetze zu erlassen, er hatte das Recht der Begnadigung, und er ernannte den Oberkommandierenden der Streitkräfte. Smetona war Ende 1918 nach Skandinavien gereist, um bei den neutralen Staaten Unterstützung für Litauen zu gewinnen, sei es finanzieller Art, sei es in Form von Freiwilligenverbänden, wie sie Estland bekommen hatte.

In Litauen spitzte sich die Lage mit jedem Tag zu. Die Macht der litauischen Regierung, d. h. der Taryba, war praktisch gleich Null. Sie war ganz und gar auf die deutsche Armee angewiesen. Diese aber begann sich aufzulösen.

Voldemaras war der Meinung, daß es genügen müsse, wenn sich Litauen für neutral erklärt, um fremde Streitkräfte von litauischem Territorium fernzuhalten, welches auch immer dieses Territorium sein mag. Litauen aber war nur von Deutschland anerkannt. Für alle anderen existierte ein litauischer Staat offiziell nicht, demnach auch nicht seine Neutralität.

Anfang Dezember 1918 begannen die Kommunisten Aktivitäten in Wilna zu entfalten. Kapsukas und Angarietis waren aus Rußland angereist. Am 8. Dezember organisierte das Zentralkomitee der Kommunistischen Partei von Litauen und Weißrußland in Wilna eine »Provisorische Arbeiter-Regierung von Litauen«. Die Taryba konnte dagegen nichts unternehmen.

Voldemaras, der außer dem Amt des Ministerpräsidenten noch das des Außenministers und das des Verteidigungsministers auf sich vereinigt hatte, war im Ausland, in Berlin und später in Paris. Smetona, der Präsident, befand sich ebenfalls im Ausland, in Schweden. Beide hatten Wilna am 18. Dezember 1918 verlassen. Desgleichen Yčas. Stimmen wurden laut, die Herren Minister hätten die Stadt und damit ihren Posten verlassen, als es gefährlich wurde.

Die Taryba setzte eine neue Regierung ein, mit Mykolas Sleževičius (1882–1939) als Ministerpräsidenten. Das war am 26. Dezember 1918. Von allen Seiten wurde peinlich darauf geachtet, daß dieser Regierungswechsel von außen nicht wie ein Umsturz aussah. Wohl zu diesem Zweck wurde der abwesende Voldemaras in seinem Amt als Außenminister bestätigt.

Am 2. Januar 1919 zog die Regierung nach Kaunas um. An diesem Tag nämlich verließen die deutschen Truppen Wilna, und die Polen übernahmen die Macht in der Stadt. Die allerdings mußten sich zwei Tage später ebenfalls zurückziehen und Wilna der Roten Armee überlassen.

In Kaunas stellte sich der Regierung die Aufgabe, eine litauische Armee aufzubauen, noch dringender. Die Deutschen, die sich zunächst immer weiter zurückgezogen hatten, blieben schließlich stehen und brachten auch den Vormarsch der Roten Armee zum Stehen. Sie hätten aber jeden Tag den Befehl zu weiterem Rückzug bekommen können. In diesem Fall wäre der Regierung nichts anderes übriggeblieben, als nach Tilsit auf deutsches Gebiet auszuweichen.

Es kam nicht soweit. Die litauische Bevölkerung sah schließlich die Notwendigkeit ein, sich zu verteidigen. Die bolschewistische Propaganda verlor allmählich an Wirkung, zumal sich die Verhältnisse unter den Kommunisten in den von ihnen eroberten Gebieten herumsprachen. Immer mehr Männer meldeten sich zur Armee, Waffen lieferten die Deutschen. Am 7. und 8. Februar 1919 kam es zu einem erfolgreichen Gefecht der Litauer bei Kėdainiai. Das wirkte motivierend. Neben der Landesverteidigung erklärte die Regierung noch folgende Aufgaben für dringlich:
- die Wahl einer Verfassunggebenden Versammlung,
- die Landreform,
- die Arbeitsgesetzgebung,
- auf der Friedenskonferenz in Paris die litauischen Territorialforderungen durchzusetzen, vor allem die Anerkennung von Wilna als Hauptstadt Litauens.

Keine dieser grundsätzlichen Aufgaben konnte unter der Regierung Sleževičius in Angriff genommen werden. Die ganze Energie der Regierung und der Bevölkerung mußte auf die Beseitigung der unmittelbaren Kriegsfolgen konzentriert werden. Wiederherstellung von Eisenbahn, Telefon, Telegraph, Post, Regelung des Geldumlaufs etc. Sleževičius wurde nicht müde, immer wieder an die Bevölkerung zu appellieren, selber Hand anzulegen beim Aufbau des neuen Staates.

Voldemaras reiste zunächst mit Smetona durch Skandinavien, um dann zur litauischen Delegation bei der Friedenskonferenz in Paris zu stoßen. Diese Delegation war finanziell völlig abhängig von den Amerikalitauern. Diese waren es auch, die ihr über die Delegation der Vereinigten Staaten überhaupt erste Kontakte zur Friedenskonferenz verschafft hatten. Auf einem anderen Weg war Gabrys behilflich. Seine Kontakte liefen über Frankreich, und dieses unterstützte die polnischen Vorstellungen von einer Union Polen–Litauen. Doch welche Position Gabrys dabei einnahm, ist bis heute nicht geklärt. Voldemaras' Stellung wurde dadurch geschwächt, daß er nach wie vor an seinen unrealistischen Gebietsforderungen festhielt: die Gouvernements Wilna, Kowno, Suwalki und ein Teil Kurlands. Außerdem soll es einige Mühe gekostet haben, ihn davon zu überzeugen, daß er nicht mehr Ministerpräsident war.

Die wichtigsten Ziele der diplomatischen Mission wurden vorerst nicht erreicht. Die Ententemächte gaben Litauen nicht die Anerkennung als souveräner Staat, und Litauen blieb weiterhin finanziell und militärisch in völliger Abhängigkeit von Deutschland. Die skandinavischen Länder konnten von den Litauern wenigstens zu moralischer Unterstützung bewegt werden. Smetona hatte in den Hauptstädten litauische Informationsbüros einrichten können.

Nur zu Lettland war es möglich, einen engeren Kontakt herzustellen. Smetona traf in Stockholm den lettischen Ministerpräsidenten Ulmanis, dessen damaliger Amtsbereich gerade noch aus einem Küstenstreifen bestand. Das Ergebnis der Begegnung war, daß das arme Litauen dem noch ärmeren Lettland einen Kredit gewährte, wofür Lettland den Litauern die Benutzung des Hafens von Liepāja (Libau) gestattete. Das half allerdings wenig, weil die britischen Kriegsschiffe die Ostseehäfen blockierten, auch Liepāja.

In Litauen, wie auch in den beiden anderen baltischen Staaten, bildete sich langsam eine konturiertere Parteienlandschaft heraus. Für die Zeit von 1918 bis 1926 könnte man in Litauen, grob strukturiert, von drei dominierenden Parteien resp. Parteigruppierungen ausgehen. Als stärkste Gruppe trat hier der Christlich-Demokratische Block auf. Er hatte eine breite Basis unter den Bauern, aber auch in der Arbeiterschaft verfügte er über nicht wenige Anhänger. Die zweite bedeutende Gruppe waren die *Liaudininkai*, die »Volkssozialisten«. Nach herkömmlichen Begriffen wären sie etwa als linksliberal einzuordnen. Als drittes wären die Sozialdemokraten zu nennen, die Menschewiken also, um bei den alten Kategorien zu bleiben.

Eine interessante Gruppe war die *Tautos pažanga* – »Fortschritt des Volkes«, auch kurz »Pažanga« – »Fortschritt« genannt. Sie trat 1920 bei den Wahlen zur Verfassunggebenden Versammlung auch als Partei auf, brachte aber keinen Abgeordneten durch. Die Gruppe entstand während des Ersten Weltkrieges in der Illegalität. Es war mehr eine Vereinigung von Intellektuellen als eine Partei mit breiter Wählerbasis. In der Taryba spielte sie vor allem in der ersten Zeit eine Rolle. Der Gruppe gehörten fast alle bedeutenden Köpfe während des Unabhängigkeitskampfes an: Basanavičius, Smetona, Yčas, Voldemaras. Die erste Regierung, das Kabinett Voldemaras, war eine Schöpfung der Pažanga. Es wurde später das »Kabinett der Fachleute« genannt.

Die *Tautininkai*, von »tautas« – »Volk«, also etwa mit »Nationale« zu übersetzen, etablierten sich erst kurz vor den Wahlen von 1926, bei denen sie drei Mandate gewinnen konnten. Kern dieser Gruppe waren Smetona und Voldemaras.

Genannt werden muß noch eine in den 20er Jahren zwar kleine, aber dennoch nicht bedeutungslose Gruppe: die Kommunisten. Nachdem sich ihre litauisch-weißrussische Republik – »Litbel«, von russisch »Litwa« und »Belorussija« – aufgelöst hatte, zogen sich Teile der litauischen KP nach Rußland zurück, andere blieben in Litauen oder Polen und gingen in den Untergrund.

Schließlich wurde Sleževičius wieder mit der Bildung einer Regierung beauftragt. Am 12. April 1919 trat er sein Amt als neuer Ministerpräsident an. Es war nicht der Augenblick, um große Aufbauleistungen zu vollbringen.

Sleževičius und seine Minister hatten kaum Spielraum, dennoch wurde eine Reihe brennender Probleme in Angriff genommen und gelöst. Unter der Regierung Sleževičius wurden die Kommunisten endgültig aus Litauen vertrieben. Der Anfang für den Aufbau der Armee war gemacht.

Die litauische Außenpolitik, die litauische Diplomatie konnte, außer in Deutschland, kaum direkt auftreten. Sie mußte über Mittelsleute operieren, über Ehefrauen und Verwandte von Politikern, denn sie repräsentierte noch keinen »Staat«. Litauen war noch nicht anerkannt; im Gegensatz zu Estland und Lettland, die wenigstens eine De-facto-Anerkennung hatten.

Sleževičius regierte, ohne die Taryba einzubeziehen. Er war wohl der Ansicht, daß erst mit der Wahl einer Verfassunggebenden Versammlung ein echter Parlamentarismus beginnen könne.

Im September 1919 kehrten Yčas, Voldemaras und einige andere Politiker aus dem Ausland zurück. Yčas und Voldemaras legten wegen der eigenmächtigen Regierungsweise des Kabinetts Sleževičius Protest beim Vorsitzenden der Taryba ein, Stasys Šilingas (1885–1962). Šilingas gehörte zum Arbeiterflügel der Christlichen Demokraten. Er berief umgehend die Taryba zu einer Sitzung ein. Dies nahm Sleževičius zum Anlaß für seinen Rücktritt am 2. Oktober 1919.

Sleževičius zog sich erschöpft zurück, zuerst nach Bad Nauheim, dann in seine Rechtsanwaltspraxis in Kaunas. Die neue Regierung übernahm ein Vertreter der Christdemokraten, Ernestas Galvanauskas (1882–1967).

Unter Galvanauskas stabilisierte sich der litauische Staat weiter, wenn auch nicht in dem Maße, wie die Litauer es sich gewünscht hätten. Fortschritte machte die Ausarbeitung der Gesetzgebung für die junge Republik. Unter anderem wurde das Gesetz zur Einführung des Achtstundentages verabschiedet.

Die Wahlen zur Verfassunggebenden Versammlung konnten am 14. und 15. April 1920 durchgeführt werden, nach allgemeinem, direktem, gleichem und geheimem Wahlrecht. Stimmberechtigt waren alle Bürger über 21 Jahre, sowohl männlichen als auch weiblichen Geschlechts. Von den 112 Mandaten erhielten:

Christliche Demokraten	59
Liaudininkai	29
Sozialdemokraten	14
Juden	6
Polen	3
Deutsche	1

(Hellmann, 1966, S. 150)

Ein deutliches Bekenntnis der Bewohner Litauens zu ihrem neuen Staat war die Wahlbeteiligung von fast 90 Prozent.

Außenpolitisch stagnierten die Dinge. Frankreich verhandelte weiterhin ausschließlich mit Polen und ignorierte Litauen. Die USA setzten nach wie vor auf ein neues, nicht bolschewistisches Rußland und betrachteten mithin die baltischen Staaten weiterhin als Provinzen Rußlands.

Die Hauptaufgabe der Verfassunggebenden Versammlung, nämlich die Ausarbeitung einer Verfassung für Litauen, erwies sich als langwierig und mühsam. Um den Staatsorganen möglichst bald eine gesetzliche Grundlage für ihre Arbeit an die Hand zu geben, billigte die Versammlung am 10. Juni 1920 zunächst eine »Vorläufige Verfassung des litauischen Staates«, zur endgültigen Verfassung kam es am 1. August 1922. Damit war ihre eigentliche Aufgabe erfüllt. Im Text dieser Verfassung wird übrigens ausdrücklich Vilnius (Wilna) als Hauptstadt bestimmt.

Zwei weitere Gesetze, die dieses Parlament erarbeitete, sind erwähnenswert. Zum einen das Gesetz zur Landreform. Am 15. Februar 1922 wurde es nach langen Debatten angenommen – ein Mammutgesetz von 77 Paragraphen. Alles Land, das Eigentum des russischen Staates gewesen war, wurde ohne Entschädigung vom litauischen Staat übernommen. Sonst wurden alle Anwesen über 80 ha – später 150 ha – enteignet gegen eine Entschädigung, die allerdings in der damals noch gültigen Währung »Ostmark« geleistet wurde, also fast wertlos war. Es gab deswegen Beschwerden beim Völkerbund, die allerdings dort abgewiesen wurden. Das zweite – ebenso dringend wie die Landreform – war ein Gesetz über die Währung. Als neue Einheit wurde der Litas eingeführt, zu je 100 Centai, entsprechend

0,150462 g Feingold. Ein Dollar kam auf 10 Litai. Mindestens ein Drittel der ausgegebenen Banknoten mußten goldgedeckt sein. Deshalb machte der Litas die Dollarabwertung von 1934 nicht mit. Danach kamen 6 Litai auf einen Dollar. Bisherige Zahlungsmittel, also Ostmark, konnten noch bis Ende 1922 in Litai eingetauscht werden.

Die Verfassunggebende Versammlung hatte ihre Aufgabe erfüllt und löste sich auf. Am 10. und 11. Oktober 1922 wurde das erste ordentliche litauische Parlament – »Seimas« – gewählt. Die Verteilung der Sitze auf die Parteien war ähnlich wie bei der Verfassunggebenden Versammlung. Die Christdemokraten hatten allerdings knapp die absolute Mehrheit verfehlt. Neu war, daß 5 Mandate an eine »Arbeitergruppe« gingen. Das waren die Kommunisten.

Während sich der litauische Staat in seinen Strukturen erstaunlich rasch festigte, nicht nur wirtschaftlich, auch von der Verwaltung her, blieben die Regierungsverhältnisse instabil. Während des ersten Jahrzehnts nach dem Weltkrieg war eine solche Instabilität des parlamentarischen Systems in fast allen neuen Demokratien Europas zu beobachten, in Lettland, in Estland, in Polen, auch in Deutschland.

Das Jahr 1922 brachte Litauen endlich die De-jure-Anerkennung durch die Westmächte, im Juli durch die USA, im Dezember durch Großbritannien und Frankreich. In der Sache Wilna war man allerdings keinen Schritt weitergekommen, nicht einmal in bezug auf die Internationalisierung der Memel. In den Vökerbund war Litauen, zusammen mit Estland und Lettland, schon am 22. September 1921 aufgenommen worden.

Als Gründungstag der Universität Wilna gilt den Litauern der 1. April 1579. Bis 1773 wurde diese Universität von Jesuiten geleitet, die Unterrichtssprache war Lateinisch. Später wurden allmählich immer mehr Lehrveranstaltungen in polnischer Sprache abgehalten.

Die erste ganz litauische Universität war die Neugründung in Kaunas von 1922. An 7 Fakultäten studierten etwa 4000 Studenten. 100 und später 200 Hochschullehrer waren in Kaunas tätig. Ihre Arbeit wurde mit der Zeit auch international anerkannt.

Nur: Bei der Gründung hieß es ausdrücklich, sie knüpfe an die Tradition der Universität von Wilna an, sei ihre Fortführung. Der Standort Kaunas sei nur provisorisch. Es erbitterte die Litauer, daß die Polen in Wilna, in den historischen Universitätsgebäuden, ihrerseits eine polnische Universität eröffneten.

Das Gesetz über die Währung bildete die Grundlage für den Beginn einer wirtschaftlichen Entwicklung. 1925 wurde ein Gesetz zum Aktienrecht erlassen und im gleichen Jahr eine Industrie- und Handelskammer eröffnet. Parallel zur Entwicklung im Inland nahm auch der Außenhandel stetig zu. Die Bilanz war schon bald ausgeglichen, 1924 zum ersten Mal positiv. Die hauptsächlichen Ausfuhrartikel waren Holz und landwirtschaftliche Produkte. Eingeführt wurden in erster Linie Industrieprodukte aller Art.

Die Handelspartner Litauens waren andere, als sich viele am Anfang vorgestellt hatten. An erster Stelle rangierte Deutschland mit über 50 Prozent des Gesamtvolumens, gefolgt von Großbritannien und Lettland. Der Warenaustausch mit der UdSSR belief sich im Durchschnitt auf ein Prozent des Außenhandels.

Vom 8. bis zum 10. Mai 1926 kam es noch einmal zu Parlamentswahlen in Litauen. Die Christlichen Demokraten verloren ihre absolute Mehrheit, sie kamen auf nur 35 Prozent der Sitze. Liaudininkai und Sozialdemokraten bildeten eine Koalition und konnten Mykolas Sleževičius dazu bringen, seine Anwaltskanzlei zu verlassen und noch einmal das Amt des Ministerpräsidenten zu übernehmen.

Für das schlechte Abschneiden der Christdemokraten bei den Wahlen wird oft das Verhalten des Vatikans verantwortlich gemacht. Dieser hatte eine litauische Kirchenprovinz eingerichtet – vorher unterstand Litauen dem Primas von Polen –, zu der das Wilnagebiet ausdrücklich nicht gehörte. Ein Aufschrei der Empörung ging durch Litauen, die diplomatischen Beziehungen zum Heiligen Stuhl wurden abgebrochen – das war einmalig für ein katholisches Land.

Die Regierung Sleževičius versuchte, mit kleinen Schritten ein besseres Verhältnis zu Polen zu entwickeln. Auch gegenüber der polnischen Minderheit im Land zeigte die Regierung

Entgegenkommen, nicht nur, weil polnische Abgeordnete zur Koalition gehörten. Es wurden allerdings auch Stimmen laut, die darüber klagten, daß in Litauen polnische Schulen eröffnet wurden, während die Polen in Wilna litauische Schulen schlossen.

Die Sleževičius-Regierung versuchte, Staat und Kirche zu trennen. So sollten zum Beispiel die Priester ihr Gehalt nicht mehr aus der Staatskasse bekommen. Auch an die Einrichtung staatlicher Standesämter war gedacht, wodurch in Litauen die Zivilehe möglich geworden wäre.

Doch die Opposition regte sich, es kam zu Demonstrationen und Krawallen auf der Straße.

Das Ende der Demokratie in Litauen

In der Nacht vom 16. auf den 17. Dezember 1926 betrat eine Gruppe bewaffneter Offiziere den Plenarsaal des Seimas, der gerade tagte, und erklärte die Regierung für abgesetzt. Alle wichtigen Gebäude in Kaunas waren bereits in der Hand der Putschisten. Die Tautininkai riefen eine nicht gewählte Regierung mit Voldemaras als Ministerpräsidenten aus. Das Amt des Staatspräsidenten übernahm Smetona. Damit war in Litauen die Epoche der parlamentarischen Demokratie vorerst beendet. Pilsudski hatte schon am 12. Mai 1926 die Macht in Polen durch einen Staatsstreich übernommen.

Voldemaras wurde 1929 gestürzt. Der Grund mag gewesen sein, daß er begann, eine Politik des Ausgleichs mit Polen zu probieren. Auch zu Deutschland suchte er ein besseres Verhältnis aufzubauen. Deutschland war immer noch der wichtigste Handelspartner. Voldemaras' selbstherrliches Verhalten, sein zunehmend diktatorischer Regierungsstil wurden ihm von Smetona und anderen Tautininkai zum Vorwurf gemacht. Der »Eiserne Wolf« – *Geležinis Vilkas*, ein faschistoider Kampfverband, an dessen Spitze Voldemaras selber stand, drohte zuviel Macht auf sich zu vereinigen.

Smetona forderte Voldemaras auf zurückzutreten. Als der sich weigerte, wurde er festgenommen und nach Zarasai, in die äußerste Nordostecke Litauens verbannt. Derartige Vorgänge lassen ahnen, wie sich diese beiden einstigen Kämpfer für die Unabhängigkeit des Landes verändert hatten, wie der Faschismus auch im Baltikum vordrang. Was nun folgte, spielte sich seinerzeit in vielen Ländern Europas ähnlich ab.

Die Tautininkai organisierten sich in den kommenden Jahren als Staatspartei. Es wurden zwar Wahlen abgehalten, aber die Tautininkai stellten alle Kandidaten.

1934 versuchte Voldemaras, sich mit Hilfe der »Eisernen Wölfe« durch einen Staatsstreich an die Macht zu bringen. Das mißlang. Voldemaras wurde zu einer langjährigen Gefängnisstrafe verurteilt, nach einem Jahr »amnestiert« und aus Litauen ausgewiesen. Er ließ sich in Südfrankreich nieder.

Smetona war somit praktisch Alleinherrscher. Er ließ sich als *Tauto vadas* – »Führer des Volkes« verehren. Man schreibt das Jahr 1934. Hitler ist schon an der Macht in Deutschland.

Eigenartigerweise sah Smetona, wie auch Ulmanis in Lettland, die größere Gefahr für ihr Land von Deutschland ausgehen. Andererseits glaubte Smetona, gerade in der Sowjetunion einen heimlichen Verbündeten zu haben. Er wußte nicht, daß um diese Zeit, Ende der 30er Jahre, dort bereits Landkarten gedruckt wurden, auf denen sein Land mit »Litauische SSR« beschriftet war.

Polen verlangte 1938 von Litauen ultimativ die Aufnahme diplomatischer Beziehungen. Polen und Deutschland hatten schon vorher, 1934, einen Nichtangriffspakt geschlossen, den »Hitler-Pilsudski-Pakt«. Von Deutschland konnte Litauen nun keine Rückendeckung mehr erwarten. Und die Sowjetunion rührte sich ebenfalls nicht für Litauen. Litauen nahm das polnische Ultimatum an.

Wechselseitig wurden Gesandte nach Kaunas und Warschau geschickt. Der Memelstrom wurde für polnische Flöße und Kähne geöffnet, die Eisenbahngleise nach Wilna repariert, Telegraph und Telefon nach Polen funktionierten wieder, und ein Brief von Kaunas nach Wilna brauchte nicht mehr über Lettland oder Deutschland zu laufen.

Nachdem Hitler die Tschechoslowakei besetzt hatte, hielt er es für an der Zeit, auch die Memelfrage zu lösen. Der litauische Außenminister Juozas Urbšys (1896-1991) kam auf seiner Reise von Rom, wo er das Verhältnis zum Vatikan regeln wollte, durch Berlin. Er hatte mehrere Unterredungen mit Ribbentrop, Telefonate mit seiner Regierung in Kaunas, und am 22. März 1939 unterschrieb er einen deutsch-litauischen Vertrag über die Rückgabe des Memelgebietes an Deutschland.

In Memel wurde der Tag mit Hakenkreuzfahnen und großem Jubel in der Bevölkerung gefeiert. Wenige ahnten wohl, daß dies der erste Schritt zum Untergang der deutschen Stadt Memel war.

Für Litauens Außenpolitik war damit das Memelproblem aus der Welt geschafft. Deutschland räumte Litauen einen Freihafen ein, so daß der Zugang zum Meer garantiert war.

Mit der Stadt Vilnius war für die Litauer ein Teil ihrer nationalen Identität verbunden, ihre nationale Vergangenheit, Namen wie Mindaugas, Gediminas, Vytautas. Ein litauischer Fliegeroffizier soll in den 30er Jahren einmal gesagt haben, daß er jedesmal, wenn er – unerlaubterweise – die Demarkationslinie überfliege und unter sich die Türme von Vilnius sehe, fühle, daß dort Litauens Herz schlage. Mit Vilnius verbinde sich das einstige litauische Reich, dort seien die ersten Bücher in litauischer Sprache gedruckt worden, dort habe vor dem Weltkrieg die Befreiungsbewegung ihren Anfang genommen.

Als Vilnius 1939 endlich litauisch wurde, bedeutete das für Litauen den Beginn des Untergangs: Das wußten damals wohl die meisten Litauer.

Der Freistaat Estland

Estland hatte einen besseren Start als Litauen und vor allem als Lettland, weil die estnische Regierung relativ bald das ganze Staatsgebiet unter ihrer Kontrolle hatte. Ein militärischer Apparat konnte zügig und konsequent aufgebaut werden. Bei alldem wirkten verschiedene Ursachen zusammen.

Eine nicht zu unterschätzende Rolle spielte sicherlich die geographische Lage: auf zwei Seiten vom Meer begrenzt, mit gut zugänglichen Häfen. Das erleichterte die Hilfe durch britische Marineeinheiten und Waffenlieferungen. Die Grenze zu Rußland wird auf mehr als der halben Länge durch den Peipussee gebildet. Das kam der Verteidigung des Landes in dieser Richtung zugute.

Ein anderer glücklicher Umstand war der, daß die bolschewistischen Ideen von der Bevölkerung weit weniger angenommen wurden als zum Beispiel in Lettland. Dabei spielten auch äußere Umstände eine Rolle. In Estland gab es keine festgefügten Verbände, etwa den Schützenregimentern vergleichbar, in denen sich eine Ideologie besonders effektvoll propagieren läßt. Ein weiterer Faktor ist das Verhältnis zur deutschen Besatzungsmacht, die erst sehr spät ins Land kam, nur kurz blieb und weniger Gelegenheit hatte, sich unbeliebt zu machen. Dadurch hatten die bolschewistischen Agitatoren weniger Möglichkeiten, sie als effektvolles Feindbild zu verwenden.

Als erstes von den drei baltischen Ländern wählte Estland eine Verfassunggebende Versammlung, die schon am 22. April 1919 zusammentreten konnte. Lettland war zu dieser Zeit kaum mehr existent, fast neun Zehntel des Landes waren von den Bolschewiken besetzt. Die Regierung, durch einen Putsch der Landeswehr vertrieben, kreuzte auf dem Dampfer »Saratow« in der Ostsee. In Litauen hatte man begonnen, die bolschewistischen Truppen aus dem Land zu drängen. Dafür war kurz zuvor die Hauptstadt Vilnius zum ersten Mal von Polen besetzt worden.

Die Verfassunggebende Versammlung Estlands erließ zunächst, ähnlich wie später in Litauen, eine provisorische Regierungsordnung.

Als dringendstes Problem nahm die Verfassunggebende Versammlung – neben der Ausarbeitung einer Verfassung für Estland – die Agrarreform in Angriff. In der Diskussion wurde noch einmal die Frage nach der Notwendigkeit einer Agrarreform behandelt, zwei Aspekte wurden herausgestellt. Zum einen galt es, eine große Zahl von besitzlosen Landarbeitern mit eigenem Grund und Boden zu versorgen. Daß diese dadurch dem Einfluß der kommunistischen Agitation dauerhaft entzogen wurden, trat sicher als ein gewünschter Nebeneffekt auf. Zum anderen war eine Neuordnung der politischen Machtverhältnisse ohne eine gründliche Bodenreform nicht möglich. Bis zum Ende der russischen Monarchie lag die Regierungsgewalt des Landes in den Händen der Ritterschaft. Die Angehörigen der Ritterschaft wurden nun rechtlich den übrigen Bürgern des Landes gleichgestellt, das heißt, sie verfügten über keinerlei Privilegien mehr. Dennoch stellte die Ritterschaft, d. h. der eingesessene Adel, eine zahlenmäßig kleine, gut organisierte Gruppe dar, die über 50 Prozent des vorhandenen Bodens verfügte.

Das Spektrum der in der Debatte zur Agrarreform vorgeschlagenen Lösungen war breit. Auch gemäßigte mögliche Varianten kamen zur Sprache, eine schrittweise Enteignung etwa oder die Erhaltung größerer Restgüter. Schließlich wurde am 10. Oktober 1919 das Gesetz zur Agrarreform beschlossen. Man hatte sich für eine der radikaleren Versionen entschieden.

Als Ergebnis entstanden ca. 56000 Höfe mit durchschnittlich 20 ha Boden (The Baltic States, 1938, S. 106; von Rauch, 1977, S. 92). Eine Entschädigung für den enteigneten Boden wurde durch ein besonderes Gesetz im März 1926 beschlossen. Festgesetzt wurde eine Entschädigung von 3 Prozent des derzeitigen Wertes. Die ehemaligen Gutsbesitzer hatten dann auch die Möglichkeit, die Überlassung eines Restgutes mit maximal 50 ha Boden zu beantragen.

Die Verfassung von Estland wurde am 15. Juni 1920 vom Plenum verabschiedet. Sie trat am 21. Dezember 1920 in Kraft. Die estnische Verfassung ist noch mehr auf das Parlament zentriert als die Verfassungen von Litauen oder Lettland. Die Regierung arbeitet unter ständiger Kontrolle des Parlaments – *Riigikogu*. Es kann nur durch Volksabstimmung aufgelöst werden. Der Ministerpräsident ist zugleich Staatsoberhaupt und trägt den Titel »Staatsältester« – *Riigivanem*. Der Staatsälteste hat nicht die Aufgabe, Gesetze zu verkünden, das geschieht durch das Parlament selbst.

Auch in Estland war die Parteienstruktur noch nicht konsolidiert. Dadurch waren im Parlament stets eine große Zahl von Parteien vertreten, und jede Regierung mußte sich auf eine, zumeist unstabile Koalition stützen. Bis 1933 brachte es Estland auf 17 Regierungen.

Auch die estnische Parteienlandschaft zwischen 1918 und 1933 läßt sich grob in drei Gruppen zusammenfassen. Rechts, d. h. konservativ, stehen die Landwirte. Die Mitte wird vorwiegend von Intellektuellen und Beamten besetzt und setzt sich in der Hauptsache aus drei Gruppen zusammen: Christdemokraten, Volkspartei und Arbeitspartei. Die Grundtendenz dieser Gruppierungen kann als liberal bezeichnet werden, auch die der Arbeitspartei, die am Anfang noch sozialistische Tendenzen gezeigt hatte. Die Linke wird in erster Linie von den Sozialdemokraten vertreten. Die unabhängigen Sozialisten, etwa den russischen Sozialrevolutionären vergleichbar, schlossen sich 1925 mit den Sozialdemokraten zusammen.

Die Legislaturperiode wurde auf drei Jahre festgelegt. Bis 1933 wurden, außer der Verfassunggebenden Versammlung, fünf Parlamente gewählt. Vergleicht man die Abgeordnetenzahlen der einzelnen Parteien miteinander, wird eine für viele europäische Länder in jener Zeit zu beobachtende Tendenz auch beim estnischen Parlament deutlich. Die Landwirte im rechten Flügel bringen es in der Konstituierenden Versammlung gerade auf 8 Mandate. 1933 sind es 42. Anders in der Mitte. 1919 verfügen die drei Gruppen insgesamt über 59 Sitze, 1933 über 23. Ähnlich die Tendenz auch der Linken: 48 und 22 sind die entsprechenden Zahlen.

Am Morgen des 1. Dezember 1924 um 5 Uhr früh marschierten, es war noch dunkel, bewaffnete Männer in kleinen Gruppen zu zehn oder zwanzig durch die Straßen von Tallinn. Sie sollten alle strategisch wichtigen Punkte besetzen: Regierungsgebäude, Bahnhöfe, Flughafen, Kasernen. Insgesamt waren etwa 500 Männer unterwegs. Es sollte ein kommunistischer Staatsstreich werden. Doch fanden die Kommunisten in der Bevölkerung von Estland kaum noch Anhänger, selbst in der Arbeiterschaft von Tallinn wurden sie nur noch von wenigen unterstützt. Deshalb war ein Teil der Männer, die den Putsch durchführen sollten, aus der Sowjetunion illegal über die Grenze nach Estland eingeschleust worden.

Die Regierung reagierte schnell. Der Kriegszustand wurde verhängt und General Laidoner mit entsprechenden Vollmachten ausgestattet. In wenigen Stunden war der Aufstand niedergeschlagen. Der Staatsälteste, Friedrich Akel, entging knapp einem Attentat im Zusammenhang mit dem Putsch. Der Verkehrsminister Karl Kark allerdings wurde von den Putschisten umgebracht. Der Anführer des Putschversuches, Jaan Anvelt, der 1918 an der Spitze der estnischen Sowjetrepublik gestanden hatte, rettete sich in die sowjetische Gesandtschaft. Es gelang ihm, in die Sowjetunion zu entkommen. Dort wurde er später im Zuge einer »Säuberung« erschossen. Die übrigen am Aufstand Beteiligten wurden festgenommen und anschließend vor Gericht gestellt. Etwa dreißig Personen waren schon vorher standrechtlich erschossen worden.

Dieser kommunistische Putsch ließ ganz Europa aufhorchen. Es wurde nun vielen klar, daß die Sowjetunion trotz aller Verträge mit anderen Staaten nach wie vor die, auch gewaltsame, Ausbreitung des Kommunismus zum Ziel hatte.

In Estland wurde als Reaktion auf den Putsch ein »Schutzkorps« – *Kaitselliit* – gegründet, eine paramilitärische Organisation, wie es sie in Finnland und Lettland schon gab.

Die kommunistische Partei war in Estland seit dem Ende des Freiheitskrieges verboten. Ihre Mitglieder gingen in den Untergrund. Ihre Abgeordneten verstanden sie unter anderen Parteibezeichnungen ins Parlament zu schicken.

Trotz der häufigen Regierungswechsel konnte sich die Wirtschaft schnell entwickeln. Ob mehr Stetigkeit in der Politik des Landes eine noch positivere Wirtschaftsentwicklung zur Folge gehabt hätte, wie häufig behauptet wird, bleibt dahingestellt.

Zunächst mußten die Folgen von Krieg und Bolschewikenzeit überwunden werden. Hinzu kam die Umstellung der Landwirtschaft von Gutsbetrieben auf Kleinbetriebe, was zunächst ein Absinken der Produktivität bedeutete. Jedoch wurde die Landwirtschaft vom Staat auf alle erdenkliche Weise gefördert, beispielsweise durch Steuererleichterungen oder durch preiswerte Kredite.

Die Industrie war in Estland und Lettland stärker entwickelt als in Litauen. In beiden Ländern war sie auf den Bedarf in Rußland ausgerichtet. Da der Markt in Rußland kaum mehr ein Zehntel dessen hergab, was er vor 1914 erbracht hatte, war für die estnischen und lettischen Industriebetriebe eine Umstellung notwendig geworden.

Der umfangreichste Produktionszweig in Estland war die Textilindustrie. Sie war durch Modernisierung und Erweiterung der Produktpalette bald international konkurrenzfähig.

Ebenfalls von Bedeutung war die holzverarbeitende Industrie. An dritter Stelle stand die Metallverarbeitung.

Im Nordosten Estlands wird Ölschiefer abgebaut. Dieser war nicht nur Energielieferant, sondern Rohstoff für Öl, Benzin und Asphalt. Das Zentrum des Ölschieferreviers ist Kohtla-Järve.

Die wichtigsten Handelspartner waren Großbritannien für den Export und Deutschland für den Import.

Eine erstaunliche Entwicklung nahm das Bildungswesen in Estland ein, wie auch in Lettland und Litauen. Über Jahrhunderte hinweg war es den namengebenden Völkern der baltischen Länder nicht möglich gewesen, gleichberechtigt am allgemeinen Bildungswesen teilzunehmen. Es war, als wollten die drei Völker nun die verlorenen Jahrhunderte im Laufe weniger Jahre nachholen.

Als erstes wurde die Schulpflicht von drei auf sechs Jahre verlängert. Entsprechend mußten die alten Schulen erweitert, vor allem aber zusätzlich neue eingerichtet werden. Gleichzeitig mit dem Ausbau der Grundschulen wurden höhere Schulen in größerer Zahl neu eingerichtet, und zwar nicht nur in den Städten, sondern auch auf dem Lande entstanden zentrale Gymnasien, die im Baltikum »Mittelschulen« genannt wurden. Somit hatte praktisch jeder die Möglichkeit, die Hochschulreife zu erwerben. Der Prozentsatz an Akademikern in der Bevölkerung stieg rasch an. Mitte der dreißiger Jahre kamen in Estland und Lettland etwa 30 Studenten auf 1000 Einwohner, das war mehr als in allen anderen Ländern.

Die Universität Dorpat (Tartu) war 1802 als deutsche Universität wieder eröffnet und Ende des neunzehnten Jahrhunderts russifiziert worden. Am 1. Dezember 1919 wurde sie als Universität Estlands neu eröffnet. Die Lehrkräfte waren in der ersten Zeit noch Russen und Deutsche, aber auch Gelehrte aus anderen europäischen Ländern unterrichteten in Tartu. Mitte der dreißiger Jahre konnten bereits etwa 80 Prozent der Lehrveranstaltungen in estnischer Sprache gehalten werden.

Außer der Universität in Tartu gab es eine Technische Hochschule in Tallinn. Zusätzlich wurde in Tartu (Dorpat) eine private deutsche technische Hochschule gegründet.

Die Verfassungskrise in Estland

Bereits Ende der zwanziger Jahre machte sich in der Bevölkerung Estlands ein gewisser Überdruß an der politischen Instabilität bemerkbar. Hinzu kamen in der Folge wirtschaftliche Einbrüche. Die Weltwirtschaftskrise wirkte sich auch in Estland aus. Absatzschwierigkeiten im Export führten zu höherer Arbeitslosigkeit und zu einem ersten Teuerungsschub. Als sich England gezwungen sah, vom Goldstandard abzugehen, verlor die estnische Krone einen Teil ihrer Deckung und mußte um 35% abgewertet werden, um konvertierbar zu bleiben. Das hatte weitere Preissteigerungen zur Folge.

Parallel zu diesen schwierigen wirtschaftlichen Verhältnissen und von ihnen getragen, bekam eine antiparlamentarische Vereinigung verstärkt Einfluß: der »Verband der Freiheitskämpfer« – *Vabadussõjalaste Liit*, kurz VABS genannt.

Mehrfach schon waren Vorschläge zur Verfassungsänderung gemacht und zweimal auch zur Volksabstimmung vorgelegt worden. Es gab aber beide Male nicht die für eine Verfassungsänderung notwendige Stimmenmehrheit, weder 1932 noch 1933.

Daraufhin legte noch im gleichen Jahr 1933 die VABS einen Verfassungsvorschlag vor. Und dieser wurde im Referendum mit 72% der Stimmen angenommen. Die neue Verfassung konzentrierte die Macht vor allem auf einen vom Volk direkt zu wählenden Präsidenten. Dieser erhielt das Recht, das Parlament aufzulösen, Regierungen einzusetzen und zu entlassen, Dekrete mit Gesetzeskraft herauszugeben und den Ausnahmezustand zu erklären. Im Gegensatz zur Verfassung von 1920, die alle Macht auf das Parlament konzentriert und das Amt eines Staatspräsidenten nicht einmal gekannt hatte, war die

Verfassung von 1933 zu einer reinen Präsidialverfassung geworden.

Die amtierende Regierung unter Tönisson trat am 17. Oktober 1933 zurück, und Konstantin Päts bildete eine Minderheitsregierung – es war sein fünftes Kabinett.

Im Januar 1934 trat die neue Verfassung in Kraft, und es mußte sowohl ein neues Parlament gewählt werden als auch der Präsident.

Vorher, bei Kommunalwahlen, hatte die VABS erdrutschartige Erfolge zu verzeichnen. In den Stadtparlamenten von Tallinn, Narva und Tartu hatte sie die absolute Mehrheit. Um, wie gesagt wurde, einer Machtübernahme durch die antiparlamentarische und antidemokratische VABS vorzubeugen, erklärte Päts am 12. März 1934 den Ausnahmezustand. Er ernannte General Laidoner wieder zum Oberkommandieren und erteilte ihm »außerordentliche Vollmachten«. Die »Vereinigung der Freiheitskämpfer«, die VABS, wurde wegen »Gefährdung der öffentlichen Sicherheit« aufgelöst und über 400 Mitglieder der Vereinigung festgenommen. Der Anführer und Organisator der VABS, der Rechtsanwalt Artur Sirk, konnte sich ins Ausland absetzen. Er soll dabei auch die Vereinskasse mitgenommen haben.

Am 16. März 1934 billigte das Parlament den Ausnahmezustand, so daß Päts jetzt per Dekret regieren konnte. Im September trat das Parlament noch einmal zusammen und löste sich dann auf. Das war das Ende der ersten estnischen Demokratie.

Im März 1935 wurden die politischen Parteien aufgelöst. Stattdessen hatten die Anhänger von Päts eine »Vaterländische Union« – *Isamaaliit* gebildet, womit Estland praktisch zum Einparteienstaat wurde.

Durch eine Volksabstimmung ließ sich Päts im Februar 1936 in seiner Regierungsform bestätigen. Er bekam 62,5% der Stimmen. Mit der gleichen Abstimmung wurde die Einberufung einer Nationalversammlung gebilligt. Diese sollte wieder eine neue Verfassung ausarbeiten. Päts selber war der Meinung, daß die Verfassung von 1933 zu sehr auf den Präsidenten bezogen sei. Es fanden auch tatsächlich Wahlen statt, wobei allerdings die Kandidaten überwiegend von der »Väterländischen Union« oder vom *Kaitseliit*, dem »Schutzkorps«, nominiert wurden.

Tatsächlich arbeitete diese Nationalversammlung noch einmal eine neue Verfassung aus. Wieder wurden viele Machtbefugnisse auf den Präsidenten konzentriert, aber schon weniger als in der von der VABS vorgelegten Verfassung von 1933. Neu war, daß bei der Wahl zum Parlament nicht mehr nach dem Modus der Verhältniswahl, sondern nach dem der Mehrheitswahl verfahren wurde. So kam nur noch der Kandidat ins Parlament, der in seinem Wahlkreis direkt mit Stimmenmehrheit gewählt worden war. Auf diese Weise hoffte man, der Aufsplitterung in zu viele Parteien vorzubeugen.

Am 21. April 1938 trat das neu gewählte Parlament zusammen. Obwohl die Parteien sich nicht betätigen konnten, waren 17 von den 80 Mandaten von Oppositionspolitikern besetzt. Auch Jaan Tönisson war wieder im Parlament.

Dieses Parlament wählte den ersten Präsidenten Estlands: Konstantin Päts, der somit auf eine gewisse Legalisierung seiner autoritären Herrschaft verweisen konnte.

Lettland

Die Wahl einer Verfassunggebenden Versammlung war auch in Lettland dringlich. Die Legitimität der *Tautas padome*, des »Volksrates«, wurde von verschiedenen Seiten her angezweifelt, nicht nur von der Niedra-Regierung und den sie unterstützenden Deutschen. Als Wahltermin wurde der 17. und 18. April 1920 festgesetzt.

An der Ostfront, gegen Sowjetrußland, wurde noch gekämpft. Die Grenzen zu Estland und Litauen waren noch nicht festgelegt. Dennoch konnte man davon ausgehen, daß sich das Territorium Lettlands weitgehend unter der Kontrolle der Regierung befand und fast alle Stimmberechtigten an der Wahl teilnehmen konnten.

Die Wahl zur Verfassunggebenden Versammlung stellte für viele Letten die Erfüllung eines lange gehegten Traumes dar.

Pauls Kalniņš, der Vorsitzende der Sozialdemokraten, ging noch weiter, für ihn habe der revolutionäre Kampf, der 1905 begann, nun nach fünfzehn Jahren mit dieser Wahl sein Ziel erreicht, die gebrachten Opfer – so schreibt er – hätten ihre Berechtigung gefunden.

Stärkste Partei wurden die Sozialdemokraten mit 57 Sitzen von insgesamt 150, das waren 38 Prozent.

Die zweite größere Gruppierung war die Bauernvereinigung mit Kārlis Ulmanis an der Spitze, dem ersten Ministerpräsidenten. Die »Bauernvereinigung« – *Zemnieku savienība* – kandidierte nicht in Lettgallen. Dort stellte sich die *Latgales zemnieku partija* – »Lettgallische Bauernpartei« – zur Wahl. Deren 17 Mandate kann man im Prinzip zu den 26 von Ulmanis' Bauernvereinigung hinzuzählen. Den Lettgallern war es wichtig, ihre Position als Katholiken gegenüber den übrigen, größtenteils protestantischen Bewohnern des Landes zu vertreten. Neben Ulmanis wären bei der Bauernvereinigung noch zu erwähnen Jānis Balodis (1881–1965), Alberts Kviesis (1881–1944) und, von den jüngeren, Alfrēds Bērziņš (1899–1977). Balodis hatte während des Freiheitskrieges nach dem Tod von Kalpaks die lettischen Einheiten kommandiert, mit denen von der Goltz zu tun hatte. Kviesis war von 1930–1936 Staatspräsident der Republik, der letzte frei gewählte. Bērziņš avancierte später zum Organisationsleiter der *Aizsargi* – des »Schutzkorps« – und spielte beim Putsch von 1934 eine zentrale Rolle. Alle anderen Parteien und Gruppen erhielten je 6 Sitze oder weniger.

Von den großen Minderheiten waren eigentlich nur die Deutschen mit 6 Mandaten ihrem Bevölkerungsanteil entsprechend vertreten, weil sich ihre politischen Gruppierungen auf einer Wahlliste vereinigt hatten. Im Gegensatz zu den Juden z. B., die vier verschiedene Wahlvorschläge eingereicht hatten und so trotz ihres höheren Bevölkerungsanteils doch nur auf insgesamt 6 Sitze in der Verfassunggebenden Versammlung – *Satversmes sapulce* – kamen.

Auch in Lettland stand die Agrarreform an. Die Sozialdemokraten waren dagegen, daß den Gutsbesitzern ein Restgut von 100 ha mit dem Gutshaus als Mittelpunkt belassen werden sollte. Sie waren auch dagegen, daß für enteignetes Land Entschädigung gezahlt wurde.

Am 16. September 1920 wurde in der Verfassunggebenden Versammlung das Gesetz zur Schaffung eines Bodenfonds – *Zemes fonds* – verabschiedet und damit die Bodenreform in Gang gesetzt. Jedem Gutsbesitzer blieb ein Restgut mit einem Areal von ca. 50 ha. Das war immer noch das Zweieinhalbfache eines Neubauernhofes. Das Gutshaus selber konnte enteignet werden. Eine Entschädigung wurde nicht gezahlt. Eine volle Entschädigung in Höhe des Verkehrswertes – auch das war im Parlament vorgeschlagen worden – hätte die finanziellen Möglichkeiten des Staates weit überstiegen. Außerdem hätte dies dem Sinn der Agrarreform widersprochen, die zwar auch als eine wirtschaftliche Maßnahme gedacht war, in erster Linie aber eine gesellschaftliche Reform darstellte. Etwa 1500 Güter und 170 Pfarreien fielen unter das Enteignungsgesetz. Mit dem enteigneten Boden wurden 66000 Neubauernhöfe gegründet. Die Folgen der Umstellung vom Großbetrieb auf den Kleinbetrieb wurden in Lettland relativ schnell überwunden. Bereits in den dreißiger Jahren lag die Produktivität in verschiedenen Bereichen der Landwirtschaft über der von 1914 (vgl. u. a. The Baltic States, 1938, S. 109 ff.).

Für die Ausarbeitung einer Verfassung brauchte man auch in Lettland eine gewisse Zeit. Jedoch wurde in erster Sitzung bereits eine »Deklaration zum Staat Lettland« in namentlicher Abstimmung angenommen:

»1. Lettland ist eine unabhängige Republik mit demokratischer Staatsform.

2. Die Staatsgewalt in Lettland geht vom lettländischen Volk aus.«

Wie schon in der »Politischen Plattform« von 1918 ist auch hier ausdrücklich die Rede vom »lettländischen« Volk und nicht vom lettischen Volk. Damit ist von vornherein definiert, daß das Staatsvolk Lettlands alle im Lande ansässigen Nationalitäten umfaßt.

In der zweiten Sitzung wurde eine vorläufige Verfassung verabschiedet. Diese legte unter Punkt 9 folgende Grundrechte fest: Unverletzlichkeit der Person und der Wohnung, Freiheit von Presse, Wort, Gewissen, Versammlung, Vereinigung und Streik. Diese Grundrechte wurden damit auf dem

Territorium von Lettland erstmals in der Geschichte gesetzlich verankert.

Die eigentliche Verfassung verabschiedete die Versammlung am 15. Februar 1922, sie trat am 7. November 1922 in Kraft. Vorbild bei der Ausarbeitung war besonders die deutsche Verfassung von Weimar, daneben aber auch viele andere zeitgenössische und ältere Staatsverfassungen. In den Debatten wurden erwähnt die Schweiz, Finnland, England, USA, Polen, Estland, Tschechoslowakei, ja sogar die Verfassung Japans wurde angeführt.

Durch eine unglückliche Verkettung von Umständen der Augenblickspolitik fand der zweite Teil der Verfassung im Parlament keine ausreichende Mehrheit. Gerade in diesem Teil der Verfassung aber waren die Rechte der Bürger festgelegt, die Abschaffung der Todesstrafe, eine erweiterte Schulpflicht u. a. Zwar richteten sich die folgenden Regierungen stillschweigend nach diesem zweiten Teil der Verfassung, doch blieb die unglückliche Abstimmung von 1922 eine Belastung, praktisch bis heute.

Im Gegensatz zur estnischen Verfassung erhielt in Lettland der Staatspräsident, der vom Parlament zu wählen war, den Oberbefehl über die Streitkräfte und das Recht, während der Parlamentsferien Notverordnungen zu erlassen. Desgleichen hatte er das Recht, in besonderen Fällen das Kabinett zu einer außerordentlichen Sitzung einzuberufen.

Die Regierung unter Leitung des Ministerpräsidenten war dem Parlament direkt verantwortlich. Das Parlament bestand aus 100 Abgeordneten.

Am 7. und 8. Oktober 1922 wurde die erste *saeima* (Parlament) gewählt. An der Verteilung der Sitze auf die einzelnen Parteien hatte sich gegenüber der Verfassunggebenden Versammlung wenig geändert. Stärkste Partei mit 30 Sitzen wurde wieder die Sozialdemokratische Partei, an zweiter Stelle die Bauernvereinigung mit 16 Mandaten. Die Deutschen konnten auch diesmal 6 Sitze erringen, was bei nur 100 Abgeordneten mehr bedeutet als bei den 150 der Verfassunggebenden Versammlung. Die Juden kamen ebenfalls wieder auf 6 Mandate, aber verteilt auf vier Gruppen.

Insgesamt waren in der ersten Saeima 20 Parteien und Gruppierungen vertreten, sieben davon mit je einem Abgeordneten. Die Regierungsbildung war entsprechend schwierig. Wie in Estland und Litauen und auch in Deutschland wechselten in Lettland die Ministerpräsidenten rasch. Von 1918 bis 1934 waren 18 Regierungen im Amt. Trotz dieses häufigen Wechsels verabschiedete das Parlament nach und nach eine den Staat stabilisierende Gesetzgebung. So konnte allein die erste Saeima (1922–25) 319 zum Teil wichtige Gesetze verabschieden.

Auch die Wirtschaft fand relativ schnell wieder Boden unter den Füßen, obwohl sich Lettland zum Zeitpunkt des Friedensschlusses mit Rußland in einem noch trostloseren Zustand befand als Litauen oder Estland. Drei Jahre lang hatte sich die Front längs durch das Land gezogen. Die Bolschwiken waren weit nach Westen vorgedrungen, und schließlich hatte noch die Bermontiade im Süden des Landes Verwüstungen hinterlassen. Die Hauptstadt Riga hatte sich drei Jahre lang in unmittelbarer Frontnähe befunden, die meisten Industriebetriebe waren in das Innere Rußlands evakuiert worden. Die Stadt hatte nicht einmal halb so viele Einwohner wie vor dem Krieg.

Der Wiederaufbau, der mehr als zur Hälfte ein Neubau war, ging zügig voran. In 15 Jahren (1921–1936) hatte sich die Zahl der in der Industrie Beschäftigten mehr als verdreifacht, ebenso die Anzahl der Betriebe: Waggonbau, Werften, Metallindustrie, Nahrungsmittel, Textilien, Gummi, Lederwaren, Holzverarbeitung, Zündhölzer. Eine der wichtigsten Firmen war der staatliche Elektrokonzern VEF – *Valsts Elektrotehniska Fabrika*. Von VEF wurde zum Beispiel die Kleinbildkamera »Minox« entwickelt und auf den Markt gebracht. Eine eigene Flugzeugindustrie war kurz vor dem Zweiten Weltkrieg im Aufbau.

Der bedeutendste Produktionszweig aber blieb die Landwirtschaft, deren Entwicklung von allen Regierungen gefördert wurde. Entsprechend groß war ihr Anteil am Export. Vor allem Butter, Häute, Flachs und Bacon wurden ausgeführt. Speziell für den Baconexport züchtete man besondere

Schweine. Ein weiterer wichtiger Ausfuhrartikel war Holz. Industrieprodukte machten knapp ein Drittel des Exportvolumens aus.

Die hauptsächlichen Handelspartner Lettlands waren Deutschland und England mit je 30% des Gesamtvolumens. Im Ansteigen begriffen war der Handel mit den USA, bis zu 7%. Dagegen sank der Warenaustausch mit der Sowjetunion in den dreißiger Jahren unter 3%.

Wie auch in Litauen und Estland war in Lettland der Aufbau eines leistungsfähigen Schulwesens ein brennendes Problem. Bereits 1919 war die Schulpflicht von drei auf sechs Jahre heraufgesetzt worden. In der Verfassunggebenden Versammlung schlug man vor, sie bis zum 18. Lebensjahr auszudehnen, was aber keine Mehrheit fand.

Die Unterrichtssprache war an allen Schulen Lettisch, mit Ausnahme der Schulen für nationale Minderheiten. Diese waren den lettischen Schulen gleichgestellt und wurden wie diese vom Staat finanziert. Dort war die Unterrichtssprache die der jeweiligen Minderheit, also Russisch, Deutsch etc. Obligatorisch war an diesen Schulen vom zweiten Schuljahr an zusätzlich der Unterricht in der Landessprache, d. h. Lettisch.

Bemerkenswert ist die Regelung (1919), daß Kinder vom Religionsunterricht befreit werden konnten, wenn ihre Eltern es wünschten.

Die Universität von Lettland war schon am 28. September 1919 eröffnet worden und hatte zwei Jahre später über 4000 Studenten. Für die Letten und entsprechend auch für die Esten war es das erste Mal in ihrer Geschichte, daß sie ein wissenschaftliches Studium in ihrer Muttersprache aufnehmen konnten. Die im Februar 1919 unter kommunistischer Herrschaft gegründete Universität konnte mit einem geordneten Lehrbetrieb nicht mehr beginnen.

Vorher hatte auf dem Territorium von Lettland keine Universität existiert. In Riga gab es seit der Mitte des 19. Jahrhunderts ein Polytechnikum. Dieses wurde nun durch neu eingerichtete Fakultäten für Medizin und Geisteswissenschaften zur Volluniversität erweitert.

Die Unterrichtssprache am Rigaer Polytechnikum war im neunzehnten Jahrhundert Deutsch. Im Zuge der Russifizierung mußte bei den Lehrveranstaltungen russisch gesprochen, Examensarbeiten auf russisch geschrieben werden. Seit 1919 war an der Universität Lettisch die Sprache der Lehrveranstaltungen und Prüfungen.

Für die Pflege von Kontakten mit Hochschulen und Wissenschaftlern anderer Länder war der »Kulturfonds« – *Kultūras fonds* – zuständig. Das Gesetz dazu war am 4. November 1921 verabschiedet worden. Die Mittel für den Kulturfonds wurden durch eine besondere Abgabe von 3 % auf alle Transportleistungen der Eisenbahn, im Passagier- und im Güterverkehr aufgebracht sowie durch eine zusätzliche Steuer von 3 % auf alkoholische Getränke. Die Verwendung der Mittel bestimmte ein Kulturfonds-Rat, der seit 1922 aus 16 Mitgliedern bestand. Vorsitzender war der jeweilige Präsident des Parlaments. Zu den Mitgliedern des Rates gehörten der Ministerpräsident und der Bildungsminister. Die weiteren Mitglieder bestimmte das Parlament.

Die Aufgaben des Kulturfonds beschränkten sich nicht auf den akademischen Austausch, sondern reichten in alle Zweige von Bildung und Kunst. Bibliotheken wurden eingerichtet, Archive, Bühnen, Stipendien vergeben an Schriftsteller, Maler, Musiker etc.

Internationalen Ruf erlangte mit der Zeit die lettische Oper, besonders das Ballett der Oper. Die lettische Musik konnte bereits auf eine gewisse Tradition zurückblicken. Als Komponist wäre Jāzeps Vītols (1863–1948) an erster Stelle zu nennen. Das Konservatorium in Riga, dessen erster Rektor Vītols war, trägt heute seinen Namen.

Im gleichen Jahr 1919, als Universität und Konservatorium erstmals ihre Tore öffneten, wurde auch die Kunstakademie gegründet. Die Studenten konnten allerdings erst 1921 mit dem Studium beginnen. Da sich in der bildenden Kunst unter Letten bereits seit dem 19. Jahrhundert eine Tradition herausgebildet hatte – Zentrum war die Kunstakademie in Petersburg –, fanden sich schnell namhafte Künstler, die bereit waren, an der neuen Akademie zu unterrichten.

Von Bedeutung war auch der Aufschwung des Verlagswesens. Die Zahl der produzierten Bücher im Vergleich zur Bevölkerung gehörte in den 30er Jahren zu den höchsten in Europa, sie lag höher als in Deutschland, Frankreich oder England.

Der Ulmanis-Putsch

»Nun, Putschistengeneral, wann kommt der Umsturz? Er sollte doch schon am Montag sein?« – »Dann machen wir ihn eben am Dienstag«, war die Antwort. Dieser Dialog spielte sich am 15. Mai 1934 im Foyer des Parlaments in Riga ab. Der als »Putschistengeneral« Angeredete wußte, daß dies für lange Zeit die letzte Parlamentssitzung sein würde. Er wußte, daß für die folgende Nacht – die Nacht von Montag, dem 15., auf Dienstag, den 16. Mai – der Putsch geplant war. Am gleichen Abend also. Er gehörte zu den engsten Vertrauten des Ministerpräsidenten Ulmanis: Alfrēds Bērziņs. Er hatte die Gespräche mit zwei Divisionskommandeuren geführt, die bereit waren, sich am Putsch zu beteiligen. Er hatte alle zu treffenden Anordnungen koordiniert, bestimmt, welche Einheit welches Gebäude besetzen sollte. Jede Gegenmaßnahme war ausgeschaltet worden. So gehörte u. a. zum Plan, den Parlamentspräsidenten Pauls Kalniņš festzusetzen, damit er nicht ein Notparlament zusammenrufen konnte.

Als gegen Mitternacht alle Telefonleitungen unterbrochen waren, wußten die Putschisten – sie hatten ihren Stab in einem Hinterzimmer des Außenministeriums eingerichtet –, daß die Telefonzentrale besetzt war, daß der Umsturz stattgefunden hatte.

Das war das Ende der Demokratie in Lettland.

Der andere Gesprächspartner, der nicht ahnte, wie zutreffend seine scherzhafte Anrede war, der Sozialdemokrat Bruno Kalniņš, mußte nach dem Putsch zweieinhalb Jahre im Gefängnis verbringen.

Jede Betätigung der politischen Parteien wurde verboten, Versammlungen aller Art bedurften der vorherigen Genehmigung, Demonstrationen wurden generell verboten. Für alle periodischen Schriften wurde die Vorzensur eingeführt.

Die Herrschaft von Ulmanis entwickelte sich jedoch nicht zu einem Terrorregime deutschen Ausmaßes. Zwar waren direkt nach dem Putsch »Isolierungslager« eingerichtet worden, sie wurden aber einige Monate später wieder aufgelöst.

Es gilt wohl als sicher, daß Hitler nicht als Vorbild für Ulmanis gegolten hatte, dann schon eher Mussolini. Aber auch Ulmanis ließ sich *vadonis* nennen – »Führer«. Auf einer Briefmarke ist er abgebildet, den Arm zum faschistischen Gruß erhoben.

Im Gegensatz zu Estland, aber auch zu Litauen, wo die Diktatur noch einen Schein von parlamentarischer Kontrolle aufrecht erhielt, muß man für Lettland von einer Einmanndiktatur sprechen. Alle Fäden liefen bei Ulmanis zusammen. Alle letzten Entscheidungen fällte er – ein Grund für die Schwäche des Staates in den entscheidenden Tagen.

Das Minderheitenrecht

Estland, Lettland und Litauen waren von Anfang an, wie es im Völkerrecht heißt, »echte Minderheitenstaaten«. Das bedeutet, daß in allen drei Staaten von ihrer Zahl her relevante Minderheiten anderer Nationalität als das Staatsvolk lebten. Die Angehörigen dieser Minderheiten wohnten, abgesehen von einigen mehrheitlich russisch bewohnten Landstrichen, im Osten von Estland und Lettland, jedoch nicht in geschlossenen Gebieten, sondern einzeln, verstreut, vor allem in den Städten. Ein Minderheitenrecht in diesen Staaten mußte also personal konzipiert sein, nicht territorial.

Um einen solchen personalen Gültigkeitsbereich für ein entsprechendes Gesetz bestimmen zu können, muß man festlegen, welche Bürger des Staates zu welcher Minderheit gehören. Das kann durch eine »Nationalitätserklärung« jedes einzelnen geschehen, d. h. jeder erklärt »ich bin Deutscher«, »ich bin Jude« u. s. f. Diese Erklärung müssen die Bürger frei abgeben können, ohne Druck, ohne Drohung, ohne Manipulation.

Das am eigenen Leib erfahrene Unrecht mag, neben anderen allgemein menschlichen und politischen Erwägungen, die Gründer der neuen Republiken Estland, Lettland und Litauen dazu bewogen haben, sich von Anfang an für eine Gesetzgebung zum wirksamen Schutz der nationalen Minderheiten einzusetzen.

Nach dem Ersten Weltkrieg schlossen die westlichen Alliierten, allen voran England und Frankreich, mit einer Reihe von Staaten sogenannte »Minderheitenverträge«. Und zwar handelte es sich dabei um solche Staaten, in deren Gebiet, z. B. durch neue Grenzziehungen, verschiedene nationale Minderheiten geraten waren, also Polen, die Tschechoslowakei, Rumänien. Diese Staaten mußten sich verpflichten, in ihrer Gesetzgebung den Minderheiten nicht nur volle Gleichberechtigung als Staatsbürger zu garantieren, sondern ihnen auch besondere Rechte zuzugestehen, insbesondere in bezug auf den Gebrauch der Sprache und auf die Einrichtung öffentlicher Schulen für die Angehörigen der jeweiligen Minderheit. Diese Minderheitenrechte sollten durch den Völkerbund garantiert werden.

Der amerikanische Präsident Woodrow Wilson hatte vorgeschlagen, in den Völkerbundvertrag eine Bestimmung zu den Minderheitenrechten aufzunehmen, doch die übrigen Siegermächte verhinderten dies, denn das hätte bedeutet, daß sie selber zur Gewährung von Minderheitenrechten in ihren eigenen Staaten verpflichtet gewesen wären.

Als die Minderheitenverträge unterzeichnet wurden, waren die baltischen Staaten noch nicht international anerkannt, hatten also solche Verträge nicht abgeschlossen. Deshalb verlangte der Völkerbund von ihnen, als sie ihre Aufnahmeanträge stellten, eine verbindliche Erklärung über die Einführung von Minderheitenrechten in ihren Ländern. Eine solche Erklärung konnten Estland, Lettland und Litauen ohne weiteres abgeben, da in allen drei Ländern ohnehin eine Gesetzgebung zum Schutz der Minderheiten geplant oder schon durchgeführt war.

Estland: Mit seinem Gesetz zur »Kulturautonomie« der nationalen Minderheiten vom 2. Februar 1925 tat Estland in der allgemeinen Entwicklung des Minderheitenrechts einen wesentlichen Schritt vorwärts. Das Gesetz galt international als wegweisend und wird bis heute als vorbildlich angesehen.

Auch noch als Konstantin Päts seit 1934 das Land mehr oder weniger autoritär regierte, blieb die »Kulturautonomie« der Minderheiten in allen wesentlichen Punkten erhalten.

Eine nationale Minderheit, die sich als solche organisieren wollte, mußte nach dem Gesetz mindestens 3000 Personen umfassen.

Zu einer nationalen Minderheit gehörte nach dem Gesetz jeder Bürger Estlands über 18 Jahre, der sich freiwillig in das betreffende »Nationalregister« eintragen ließ.

Auf freiwilliger Basis geschah auch die Konstituierung einer Minderheit. Die Angehörigen einer Volksgruppe hatten das Recht, sich als Minderheit zu organisieren, aber das Gesetz zwang sie nicht dazu. Die Autonomie der Minderheiten war streng begrenzt auf kulturelle Belange.

Eine Minderheit konstituierte sich in Estland, indem die Zugehörigen aus ihrer Mitte nach vorgegebenem Wahlmodus einen »Kulturrat« wählten. Bereits damit stellte die betreffende Minderheit eine öffentlich-rechtliche Körperschaft dar. Der Kulturrat bildete aus seinen Mitgliedern die »Kulturverwaltung«, deren Sitz in der Hauptstadt war, in Tallinn also. Die unterste Verwaltungsebene stellten die örtlichen »Kulturkuratorien« dar. Die Kompetenz der örtlichen Kulturselbstverwaltung umfaßte

1. Einrichtung, Verwaltung und Inspektion der öffentlichen und privaten Schulen der betreffenden Minderheit,
2. die allgemeinen Kulturaufgaben: Bildungsmöglichkeiten außerhalb der Schule, gegebenenfalls Hochschulangelegenheiten, wissenschaftliche Gesellschaften, Museen und alle übrigen kulturellen Belange, bis hin zu Aktivitäten im Sport.

Finanziert wurde die Kulturautonomie
1. durch den Staat, in Form von gesetzlichen Leistungen für die Schulen, auch für die höheren Schulen der Minderheit

sowie durch Zuschüsse und Unterstützung weiterer kultureller Aktivitäten;
2. durch die Minderheit selbst, und zwar einmal durch Steuern, die eine Minderheit bei ihren Angehörigen erheben konnte, außerdem durch Spenden, Erbschaften und Einnahmen aus den der jeweiligen Kulturverwaltung gehörenden Vermögen und Unternehmen.

Als erste konstituierte sich die deutsche Minderheit. Sie wählte ihren Kulturrat am 3.–5. Oktober 1925. Seine 41 Mitglieder traten am 1. November des gleichen Jahres zu ihrer ersten Sitzung zusammen, »als erstes Kulturparlament in der Geschichte des Minderheitenrechts« (Mintz, 1927, S. 129).

Die Juden Estlands konstituierten ihre Kulturselbstverwaltung am 6. Juni 1926. Russen und Schweden besaßen dadurch, daß sie in geschlossenen Siedlungsgebieten lebten – die Russen vor allem südlich des Peipussees und die Schweden auf einigen Inseln –, bereits örtliche Selbstverwaltungen. Sie machten von der zusätzlichen Möglichkeit der »Kulturautonomie« keinen Gebrauch.

Lettland: Schon in der »Politischen Plattform« der Tautas padome (Volksrat) von 1918 wurden in Teil IV die Rechte der nationalen Minderheiten umrissen. Im Abschnitt 3 wird ausdrücklich gefordert, für die Minderheiten »kulturelle und nationale Rechte« gesetzlich zu sichern.

Am 8. Dezember 1919, also noch vor dem Zusammentreten der Verfassunggebenden Versammlung, verabschiedete die Tautas padome das Gesetz über die Schulautonomie für nationale Minderheiten.

Das Gesetz sah für jede Minderheit die mögliche Entwicklung eines eigenen Schulwesens vor. Die Oberaufsicht lag beim Bildungsministerium. Innerhalb des Bildungsministeriums wurde für jede Minderheit eine eigene »Minderheitenabteilung« eingerichtet.

Der Leiter einer Minderheitenabteilung wurde von den Angehörigen der jeweiligen Minderheit bestimmt. Anschließend wurde er vom Ministerkabinett in seinem Amt bestätigt.

Er vertrat die Minderheit über das Schulwesen hinaus in

allen die Minderheit betreffenden Kulturfragen. Er hatte das Recht, mit beratender Stimme an Sitzungen des Kabinetts teilzunehmen, wenn seine Minderheit betreffende Kulturfragen auf der Tagesordnung standen.

Das Verhältnis zwischen Staat und minderheitlichem Schulwesen gestaltete sich nach diesem Gesetz wie folgt:
– Alle obligatorischen Minderheitenschulen werden als staatliche Schulen in vollem Umfang vom Staat unterhalten.
– Höhere Schulen von Minderheiten erhalten entsprechend ihrem Anteil an der Bevölkerung einen Prozentsatz des insgesamt für den Unterhalt von höheren Schulen vorgesehenen Etats.
– Die Lehrpläne müssen in ihren Anforderungen denen der lettischen Schulen mindestens entsprechen, ebenso die der Lehrerausbildung.
– Die Beamten im Schulwesen werden vom Staat ausgewählt und besoldet, die jeweilige Minderheit hat aber in den sie betreffenden Fällen ein Vorschlagsrecht.

In der Folgezeit reichten die größeren Minderheiten Entwürfe für ein Kulturautonomiegesetz zur Diskussion in der Saeima ein. Dabei stellte sich heraus, daß für jede Volksgruppe einige Besonderheiten zu berücksichtigen waren. Den Russen ging es darum, daß Nationalität und Konfession zusammenfielen, d. h. »jeder Russe ist orthodox«. Für die Juden ergab sich zusätzlich ein Sprachproblem, das sie vor allem bei der Einrichtung von Schulen vor Schwierigkeiten stellte. Zur Debatte standen Jiddisch oder Hebräisch oder aber Deutsch, Russisch oder Lettisch. Viele Juden sprachen zu Hause Deutsch oder Russisch, auf dem Lande auch Lettisch.

Die Schulautonomie blieb während der lettisch-nationalistisch geprägten Ulmanis-Diktatur bestehen, in wesentlichen Teilen zumindest.

Litauen: Auch Litauen mußte vor der Aufnahme in den Völkerbund eine Erklärung über die Rechte der Minderheiten im Lande abgeben. Auch hier rannte der Völkerbund mehr oder minder offene Türen ein. In Litauen ging es hauptsächlich um die Juden, die nicht nur die wirtschaftlich und kulturell bedeutendste, sondern auch die zahlenmäßig größte Minderheit darstellten. Nach der Volkszählung von 1923 lebten im damaligen Litauen 154000 Juden, das entsprach 7,5 Prozent der Bevölkerung (The Baltic States, 1938, S. 30).

Schon in der »Pariser Deklaration«, welche die litauische Delegation 1919 vor der Friedenskonferenz abgab, wurde die Autonomie für die jüdische Minderheit definiert. Sie bezog sich auf »innere Angelegenheiten« der Minderheit, »insbesondere die Angelegenheiten der Religion, der Wohltätigkeit, der sozialen Hilfe und auf allgemeine kulturelle Angelegenheiten«. Von Bedeutung war auch, daß der jüdischen Minderheit das Recht zugebilligt wurde, ihre Angehörigen zu besteuern. Der Staat hatte also, wie in Estland, ein Hoheitsrecht teilweise auf die Organe der Minderheit übertagen (Mintz, 1927, S. 101).

Die Organisation der jüdischen Minderheit in Litauen baute sich, umgekehrt wie in Lettland und Estland, von unten her auf. Kern der Organisation war die einzelne Gemeinde. Sie galt bereits als juristische Person.

Mitglied der Gemeinde und somit Angehöriger der Minderheit war jeder, der in staatlichen Personenstandsakten und Familienverzeichnissen als Jude eingetragen war. Das heißt, anders als in Estland und Lettland – wo ein positives Erklärungsprinzip galt und der einzelne sich freiwillig in die Liste der Minderheitsangehörigen eintrug – herrschte in Litauen das negative Erklärungsprinzip: zunächst war man automatisch Mitglied der Minderheit. Wer dies nicht wollte, mußte seinen Austritt erkären, was zumeist auf einen Wechsel des Glaubens hinauslief.

Die Gemeinden wurden zum »Gemeindebund« zusammengefaßt. Die oberste Vertretung der jüdischen Minderheit war der Jüdische Nationalrat. Ihm oblag es, die jüdische Bevölkerung betreffende Gesetzesvorlagen auszuarbeiten, den Haushalt zu verabschieden und das Budget der Minderheit festzulegen.

Als Bindeglied zwischen Staat und Minderheit fungierte das Jüdische Nationalministerium, an dessen Spitze der »Minister ohne Portefeuille für jüdische Angelegenheiten« stand (Mintz, 1927, S. 105).

Die litauische Minderheitenregelung sah also eine weitgehende Autonomie vor, die aber auf oberster Ebene, durch den Minister nämlich, fest in das Staatsgefüge eingebunden war.

Bereits 1926 begann ein allmählicher Abbau dieser Minderheitenautonomie. Der Jüdische Nationalrat wurde aufgelöst, dann auch das Jüdische Nationalministerium. Schikanen durch die Behörden, das Unterlaufen von Rechten der Minderheiten waren die Folge. Ein ähnlicher Verfall des Minderheitenrechts war auch im Verhältnis des litauischen Staates zu den Deutschen des Memelgebietes zu beobachten.

Die Baltische Entente

Die estnische Armee hatte 1919 entscheidend geholfen, Lettland zu befreien. Esten und Letten hatten jahrhundertelang ein in vieler Hinsicht ähnliches politisches Schicksal gehabt. Da lag es nahe, daß die beiden jungen Republiken sich enger aneinander anschlossen.

Nach dem Ersten Weltkrieg neu entstanden waren auch Finnland, Litauen und Polen. Eine Allianz hatten die fünf neuen Staaten schon früh, noch bevor sie sich konsolidiert hatten, ins Auge gefaßt. Hinzu kam, daß Frankreich in diesen fünf Staaten – die Randstaaten wurden sie auch genannt, weil sie den Rand des ehemaligen Russischen Reiches gebildet hatten – einen europäischen Schutzgürtel gegen den Bolschewismus sah, einen »cordon sanitaire«. Im Februar 1921 schloß Frankreich ein Militärbündnis mit Polen.

Gegen eine baltische Allianz sträubten sich zunächst sowohl die Sowjetunion als auch Deutschland. Beide Seiten versuchten mit verschiedensten Mitteln, ein Zustandekommen des Bündnisses zu verhindern.

Schon im Januar 1920 hatten sich Vertreter der fünf Länder in Helsinki getroffen, um die Möglichkeiten für ein gemeinsames Verteidigungsbündnis zu besprechen.

Die nächste Zusammenkunft fand im August 1920 statt, in Bulduri (Bilderlingshof), einem Strandort bei Riga. Es wurden bereits konkrete Einzelheiten für eine diplomatische, wirtschaftliche und militärische Allianz besprochen.

Als der polnische General Żeligowski am 9. Oktober 1920 Vilnius durch einen militärischen Handstreich besetzte, waren auch die Pläne für eine große baltische Allianz mit einem Schlag zunichte.

Am 7. Juli 1921 unterzeichneten Estland und Lettland einen politischen und militärischen Pakt, den sie jeweils im November 1923 und im Februar 1934 verlängerten und erweiterten.

Die Versuche zur Herstellung einer größeren Allianz wurden zwar eine Zeitlang fortgesetzt, vor allem auf Betreiben Frankreichs, allerdings beteiligten sich nur noch vier Länder. Litauen weigerte sich, mit polnischen Delegierten an einem Tisch zu sitzen.

Am 17. März 1922 unterzeichneten die vier Länder in Warschau einen Nichtangriffspakt, der auch, insbesondere im Falle eines Angriffs von außen, gegenseitige Konsultationen vorsah. Doch wurde dieser Vertrag nie ratifiziert.

Weitere Bemühungen um einen großen baltischen Block kamen nicht zustande. Finnland orientierte sich nach Skandinavien. Auch Estland hätte gerne eine engere Bindung an die skandinavischen Länder gefunden, doch war diesen ein Engagement auf der anderen Seite der Ostsee zu riskant. Neutralität und Sicherheit lag ihnen näher.

Zigfrīds Meierovics, der lettische Außenminister jener Jahre und einer der profiliertesten Politiker im baltischen Raum, war sich wie kaum jemand der Tatsache bewußt, daß Gefahr für die baltischen Staaten und ihre Unabhängigkeit sowohl von seiten der Sowjetunion als auch von Deutschland her bestand. Schon Anfang der 20er Jahre sagte er voraus, daß in dem Augenblick, in dem die Sowjetunion und Deutschland sich einigen würden, der Zweite Weltkrieg beginne.

So versuchte Meierovics, beim Völkerbund Unterstützung für die Sicherheit der baltischen Staaten zu finden. Die Erkenntnis, daß auch das vergeblich war, blieb ihm erspart. Er starb 1925 im Alter von nur 38 Jahren bei einem Autounfall.

Es kam schließlich doch noch zu einem Zusammenschluß der baltischen Staaten im engeren Sinn, nämlich zwischen Estland,

Lettland und Litauen. Am 12. September 1934 unterzeichneten die Außenminister Seljemaa, Munters und Lozoraitis in Genf, wo sie sich anläßlich einer Völkerbundtagung aufhielten, einen Freundschafts- und Kooperationsvertag, der später »Baltische Entente« genannt wurde. Möglich wurde das Bündnis der drei baltischen Staaten dadurch, daß man in einem besonderen Paragraphen des Vertrages die litauischen Problemzonen Vilnius und Klaipeda ausklammerte. Der Vertrag bezog sich nicht auf militärischen Beistand.

Von 1934 an fanden regelmäßige Außenministerkonferenzen statt. Die Außenpolitik der drei Staaten wurde, wo es möglich war, koordiniert. International fand das Bündnis rasch Anerkennung. 1936 erhielt Lettland einen Sitz im Völkerbundrat, gewissermaßen als Repräsentant der baltischen Staaten.

Vilhelms Munters (1898–1967) war nach Meierovics die zweite interessante Figur in der baltischen Politik. Seit 1934 verwaltete Munters das lettische Außenministerium für Ulmanis, der auch das Amt des Außenministers übernommen hatte. 1936 wurde Munters dann selber zum Außenminister ernannt.

Seine Ernennung war nicht ohne Widerspruch geblieben. Munters stammte aus einer deutschen Familie, hatte während des Freiheitskrieges in der estnischen Armee gedient, und seine Frau war Russin.

Es ist müßig zu fragen, inwieweit die Geschichte der baltischen Länder anders verlaufen wäre, wenn diese schon früher zu einem engen Zusammenschluß gefunden hätten. Die seinerzeitige Baltische Entente könnte aber ein Anknüpfungspunkt für die zukünftige Politik der baltischen Staaten sein.

Das »Jahr des Grauens«

Der Hitler-Stalin-Pakt

Der Reichsaußenminister, Joachim von Ribbentrop, im behördeninternen Schriftwechsel kurz »RAM« genannt, hatte wenig Geduld. Die sowjetische Führung wollte ihn für den 26. August 1939 zum Staatsbesuch nach Moskau einladen. Dort sollte ein Nichtangriffspakt zwischen Deutschland und der UdSSR unterzeichnet werden. Bereits seit dem 18. August hatte Ribbentrop sich für den Flug nach Moskau bereitgehalten. Schließlich, in der Nacht vom 21. auf den 22. August, kam ein Telegramm von Stalin »an den Reichskanzler, Herrn Adolf Hitler«. Er, Stalin, sei einverstanden mit dem Eintreffen des Außenministers, Herrn von Ribbentrop, am 23. 8. in Moskau.

Es mutet eigenartig an, daß ausgerechnet diese beiden Staaten, deren System und deren Ideologie – zumindest nach deren jeweiliger Propaganda – einander weitgehend ausschlossen, nun miteinander paktieren wollten. Dahinter steht aber, wie wir jetzt wissen, eine Logik, die wir aus heutiger Sicht nachvollziehen können.

Damals ergab sich in beiden Ländern, nachdem der Pakt zwischen Deutschland und der UdSSR zustandegekommen war, die Notwendigkeit, diese plötzliche Wende der Bevölkerung plausibel zu machen. In der Sowjetunion wurde als Begründung ausgegeben, daß England und Frankreich die Sowjetunion in einen Krieg gegen Deutschland ziehen wollten, während Deutschland sich mit der Neutralität der Sowjetunion zufriedengebe. Die Parteifunktionäre schulte man mit Hilfe eines fiktiven Dialogs:

Frage: Ob sich die Ziele der Komintern geändert hätten.
Antwort: Nein, die Tätigkeit der Komintern sei nach wie vor auf die Weltrevolution gerichtet. Ob man den Beginn einer Revolution durch Agitation beschleunigen könnte? Nein, weil

dies von den Bedingungen im jeweiligen Lande abhänge. Was die natürlichen Voraussetzungen für eine Revolution seien? Ein längerer Krieg. »Ist ein Krieg in Europa im Interesse der Komintern?« – »Ja, denn er bringt den Augenblick näher, da die Stimmung der Massen umschlägt.« – »Würde ein Pakt der Sowjetunion mit England und Frankreich den Ausbruch eines Krieges beschleunigen?« – »Nein, denn eine Verbindung zwischen diesen Ländern würde Deutschland von einem militärischen Unternehmen abhalten.« – »Würde ein Pakt zwischen Deutschland und der UdSSR den Ausbruch des Krieges beschleunigen?« – »Ja, mit der UdSSR als neutraler Macht wäre Deutschland in der Lage, seine Pläne auszuführen.« – »Was würde geschehen, wenn die UdSSR mit keiner Seite einen Pakt abschließt?« – »Bis bekannt wird, was die UdSSR macht, ist eine friedliche Lösung des Konflikts jederzeit möglich.« – »Was also sollte die Haltung der UdSSR sein, um die Weltrevolution zu beschleunigen?« – »Deutschland soweit unterstützen, bis es einen Krieg anfängt, und Maßnahmen ergreifen, die den Krieg in die Länge ziehen.« (Nach Zalcmanis, 1979, S. 21f.)

Im Frühjahr 1939 gaben England und Frankreich eine Garantieerklärung für die Unabhängigkeit Polens ab.

Am 28. April 1939 kündigte Hitler den 1934 mit Polen geschlossenen Nichtangriffspakt.

In der Nacht vom 23. auf den 24. August 1939 unterzeichneten Molotow und Ribbentrop in Moskau den deutsch-sowjetischen »Nichtangriffsvertrag«, dessen Artikel 1 in seiner deutschen Fassung lautet:

Die beiden vertragschließenden Teile verpflichten sich, sich jedes Gewaltaktes, jeder aggressiven Handlung und jeden Angriffs gegeneinander, und zwar sowohl einzeln als auch gemeinsam mit anderen Mächten, zu enthalten. Und der entscheidende 2. Artikel lautet: *Falls einer der vertragschließenden Teile Gegenstand kriegerischer Handlungen seitens einer dritten Macht werden sollte, wird der andere vertragschließende Teil in keiner Form die dritte Macht unterstützen.*

Artikel 7 schreibt vor, daß der Vertrag »sofort mit seiner Unterzeichnung in Kraft« tritt. Das ist für die folgenden Ereignisse wichtig (nach Oberländer, 1989, S. 125 f.).

Der Vertrag gab Hitler freie Hand. Er brauchte, vorerst wenigstens, keinen Zweifrontenkrieg wie 1914 zu befürchten. Am 1. September 1939 bombardierten deutsche Flugzeuge polnische Städte, deutsche Truppen überschritten die Grenze Polens. Am 3. September erklärten England und Frankeich entsprechend ihrem Garantievertrag für Polen Deutschland den Krieg. Der Zweite Weltkrieg hatte begonnen.

Am 17. September, nachdem die polnische Armee im wesentlichen von den Deutschen geschlagen war, begann die Sowjetunion ihrerseits den Krieg gegen Polen und fiel damit den noch übriggebliebenen polnischen Verteidigern in den Rükken.

Molotow rechtfertigte diesen sowjetischen Angriff damit, daß der polnische Staat aufgehört habe zu existieren, eine polnische Regierung nicht mehr in der Lage sei, für Sicherheit und Ordnung zu sorgen, und die sowjetische Armee zum Schutz der weißrussischen und ukrainischen Bevölkerung in den Ostgebieten Polens eingreifen müsse. Tatsache ist, daß große Teile der damals von den Sowjets besetzten Gebiete mehrheitlich von Weißrussen und Ukrainern bewohnt waren, allerdings auch von Polen.

Die Frage, wieweit jeweils deutsche beziehungsweise sowjetische Truppen in Polen vorzurücken hatten, warf keine Probleme auf, das war vorher geregelt worden. Gleichzeitig mit dem offiziellen Nichtangriffsvertrag zwischen Deutschland und der UdSSR war nämlich, ebenfalls in der Nacht vom 23. auf den 24. August 1939, also bereits eine Woche vor dem deutschen Angriff auf Polen, das »Geheime Zusatzprotokoll« von Ribbentrop und Molotow unterzeichnet worden. Der Artikel 2 dieses Protokolls lautet:

Für den Fall einer territorial-politischen Umgestaltung der zum polnischen Staate gehörenden Gebiete werden die Interessensphären Deutschlands und der UdSSR ungefähr durch die Linie der Flüsse Narew, Weichsel und San abgegrenzt. Die

Frage, ob die beiderseitigen Interessen die Erhaltung eines unabhängigen polnischen Staates erwünscht erscheinen lassen und wie dieser Staat abzugrenzen wäre, kann endgültig erst im Laufe der weiteren politischen Entwicklung geklärt werden... (Nach Oberländer, 1989, S. 127f.)

Der Überfall auf Polen war also von beiden Seiten geplant, sowohl von Deutschland als auch von der Sowjetunion.

Der Artikel 1 dieses »Geheimen Zusatzprotokolls« bezog sich auf das Baltikum. Er hat das Schicksal dieser Länder und seiner Bewohner für die nächsten 50 Jahre entschieden. Der Artikel 1 des »Geheimen Zusatzprotokolls« lautet:

Für den Fall einer territorial-politischen Umgestaltung in den zu den baltischen Staaten (Finnland, Estland, Lettland, Litauen) gehörenden Gebieten bildet die nördliche Grenze Litauens zugleich die Grenze der Interessensphären Deutschlands und der UdSSR. Hierbei wird das Interesse Litauens am Wilnaer Gebiet beiderseits anerkannt. (Nach Oberländer, 1989, S. 127)

Die baltischen Staaten als Spielball der Großmächte

Dadurch, daß sich die Deutschbalten nach 1906 emotional mehr nach Deutschland hin orientierten, fand die jeweilige politische Entwicklung in Deutschland einen merklichen Niederschlag unter den Deutschen in Estland und Lettland.

Bei erstaunlich vielen von ihnen fanden auch die Ideen und Vorstellungen des Nationalsozialismus positiven Anklang, und zwar um so mehr, je mehr äußere Erfolge Hitler zu verzeichnen schien. So entstand in Lettland, intensiver als in Estland, neben der »Volksgemeinschaft« die nationalsozialistische »Bewegung«. Zu verschiedenen Anlässen trugen die Mitglieder der »Bewegung« schwarze Schaftstiefel und entsprechende schwarze Hosen. Die Angehörigen der dazugehörenden Jugendorganisation, der »Jungschaft«, trugen kurze schwarze Hosen, darüber allerdings nicht braune, sondern weiße Hemden.

Seit März 1939 standen England und Frankreich mit der Sowjetunion in Verhandlungen, mit dem Ziel, ein Waffenhilfeabkommen mit der UdSSR zu schließen, so daß Hitlerdeutschland im Falle eines Krieges von Anfang an zu einem Zweifrontenkrieg gezwungen war. Die Verhandlungen zogen sich hin. Das Haupthindernis für einen Vertragsabschluß zwischen der UdSSR und England/Frankreich bildeten die baltischen Staaten. Die Sowjetregierung bestand nämlich darauf, eine gemeinsame »Garantie« der drei Mächte für die baltischen Staaten in den Vertrag aufzunehmen. Gemeint war damit, daß alle drei oder auch nur eine der drei Mächte bei einem Angriff auf einen der baltischen Staaten die Pflicht und das Recht erhalten sollten, in dem betreffenden Staat auch militärisch einzugreifen. Diese Garantie sollte, so die Vorstellungen von Stalin und Molotow, den baltischen Staaten auch gegen deren Willen, eventuell auch ohne deren Wissen auferlegt werden.

Im Juli 1939 führte Molotow zusätzlich zum Begriff »Aggression« den Begriff der »indirekten Aggression« ein. Als solche sei zum Beispiel ein bevorstehender Staatsstreich in einem der baltischen Länder oder eine Veränderung der Politik dieser Staaten zugunsten des »Angreifers« zu verstehen. Da als Garantiemacht für die baltischen Staaten zuerst und vor allen anderen die Sowjetunion in Frage kam, hätte das nichts anderes bedeutet als ein Einbeziehen dieser Länder in die sowjetische Interessensphäre. Ein Vorwand zum Einmarsch wäre leicht zu finden gewesen, zum Beispiel ein Regierungswechsel in einem der Länder. In der ersten Phase der Verhandlungen ging es um Finnland, Estland und Lettland, später wurde Litauen miteinbezogen.

Schon Ende April war die französische Seite bereit, die baltischen Staaten auf die eben beschriebene Weise den Sowjets zu überlassen. Die Franzosen versuchten, auch die englische Regierung in dieser Richtung zu beeinflussen. Die Engländer aber mochten nicht nachgeben. Doch Ende Mai erklärte Churchill noch einmal, daß es ohne eine effektive Ostfront keine zufriedenstellende Verteidigung der britischen Interessen im Westen geben könne und ohne Rußland keine Ostfront. Es war klar, das Garantieabkommen mit Polen würde zwar für

Deutschland eine Ostfront schaffen, aber keine »effektive« Ostfront (vgl. Meißner, 1956, S. 37).

Am 6. Juni 1939 überreichte der estnische Gesandte in London eine Note seiner Regierung, in der festgehalten wird, daß Estland jede unerbetene Hilfe als Aggression betrachten werde.

Am 24. Juli war schließlich auch England bereit, die baltischen Staaten und Finnland zu opfern. Der Vertrag wurde paraphiert, in einem geheimen Zusatzprotokoll war eine Vereinbarung über die Garantien für die genannten Ostseestaaten vorgesehen.

Das politische Abkommen sollte jedoch, so war man übereingekommen, mit einem Militärabkommen gekoppelt sein, das noch auszuhandeln war. Der Sowjetunion ging es um gewisse militärische Handlungsfreiheiten in Ostpolen. Das Abkommen kam schließlich nicht zustande, weil Polen ein Durchmarschrecht für sowjetische Truppen durch sein Territorium verweigerte.

Am 25. August 1939 wurden die Verhandlungen zwischen der UdSSR und England/Frankreich abgebrochen. Inzwischen, eineinhalb Tage vorher, hatte die Sowjetunion ihren Vertrag mit Hitlerdeutschland geschlossen. Dieses war bereit, den von Stalin geforderten Preis zu zahlen: Finnland, das Baltikum, Ostpolen, Bessarabien. Hinzu kam, daß England und Frankreich Waffenhilfe verlangten, während Deutschland mit der Neutralität der Sowjetunion zufrieden war.

Im September 1939 hatten die Regierungen der drei baltischen Staaten und auch Teile der Bevölkerung begriffen, daß sowohl die Westmächte als auch Deutschland bereit waren, die Ostseeländer der sowjetischen Herrschaft, also »den Bolschewiken« auszuliefern. Was das hieß, hatten viele Balten noch lebhaft in Erinnerung: 1919 lag erst 20 Jahre zurück, und für eine »Modifizierung« des sowjetischen Kommunismus gab es keinerlei Anzeichen.

Über das »Geheime Zusatzprotokoll« zum deutsch-sowjetischen Nichtangriffsvertrag, das die Länder Finnland, Estland, Lettland und seit einem weiteren Zusatzprotokoll vom 28. 9. 1939 auch Litauen betraf, sickerte doch bald die eine oder andere Nachricht durch.

Sowohl der finnische als auch der lettische Außenminister richteten eine diesbezügliche Anfrage an den jeweiligen deutschen Gesandten. Die Antwort ließ auf sich warten, weil die Gesandten zuerst in Berlin anfragen mußten, was zu antworten sei, Berlin seinerseits, in diesem Falle Staatssekretär von Weizsäcker, telegraphierte an den deutschen Botschafter in Moskau, er möchte die sowjetische Regierung fragen.

Unruhe herrschte auch bei der Führung der Deutschbalten in Estland und Lettland. Sowohl der Präsident der »Kulturverwaltung« in Estland, Hellmuth Weiß, als auch der Präsident der »Volksgemeinschaft« in Lettland, Alfred Intelmann, die höchsten Vertreter der Deutschbalten also, reisten Mitte September 1939 nach Berlin, um sich dort Klarheit zu verschaffen.

Und noch ein Vertreter der Deutschbalten reiste am 23. September 1939 nach Berlin: Erhard Kroeger. Er schreibt von sich, daß er »als Leiter der Bewegung in Lettland damals wohl der einzige Baltendeutsche aus der Heimat« gewesen sei, der »unmittelbar Zugang zu wirklich entscheidenden Persönlichkeiten, wenn notwendig, erhalten konnte«. Jahre vor Kriegsbeginn sei er von Heinrich Himmler und Reinhard Heydrich empfangen worden und habe mit ihnen über »baltische Volksgruppen« gesprochen. »Sie kannten mich.« (Kroeger, 1967, S. 45).

Himmler und Heydrich waren für Kroeger die richtigen Ansprechpartner, denn die für alle im Ausland ansässigen Deutschen zuständige Behörde, die »Volksdeutsche Mittelstelle«, war ein Hauptamt der SS.

Kroeger hatte seit einigen Jahren Kontakt zu Behörden und nationalsozialistischen Organisationen in Deutschland unterhalten, und zwar durch einen in Berlin ansässigen Verbindungsmann, Friedrich Buchardt, ebenfalls ein Deutschbalte. Dieser Buchardt meldete sich am Abend des 23. September 1939 telefonisch bei Kroeger: er, Kroeger, möge, wenn irgend möglich, sofort nach Königsberg kommen. Am 24. September mittags saß Kroeger im Zug.

In Königsberg wurde er von einem Abgesandten Buchardts empfangen und weitergeleitet, zunächst in das gerade erst von den Deutschen besetzte Gdingen. Das Führerhauptquartier befinde sich zur Zeit in Zoppot, im Casino-Hotel, wurde ihm bedeutet. Er werde dort zu einer Unterredung erwartet.

Ich fand Heinrich Himmler allein. Nach einer kurzen Begrüßung sagte er: ›Sie kommen gerade zur rechten Zeit. Wir müssen überlegen, was wir mit Ihnen machen.‹ Ich sah ihn fragend an. ›Was ich Ihnen jetzt sage, ist ein strenges Geheimnis der deutschen Reichspolitik und muß geheim bleiben.‹ Ich erfuhr, was ich kurz zuvor erfahren hatte, daß Estland und Lettland in einem geheimen Zusatzvertrag als Interessengebiet der Sowjetunion anerkannt worden waren. (Kroeger, 1967, S. 49)

Kroeger beschreibt den weiteren Verlauf der Unterredung und wie es zur Idee der »Umsiedlung« gekommen sei, wie dieser Vorschlag von Hitler und von Stalin gutgeheißen worden sei.

Himmler sei keineswegs davon überzeugt gewesen, daß sich bei einer Besetzung Estlands und Lettlands die dort ansässige deutsche Bevölkerung in Gefahr für Leib und Leben befunden hätte. Kroeger möge doch den Kreis von tatsächlich gefährdeten Baltendeutschen benennen. Denen und ihren Angehörigen wolle man eine Möglichkeit zur Ausreise verschaffen. Und natürlich würde er gerne junge wehrfähige deutschbaltische Männer in die Waffen-SS übernehmen.

Als Reaktion auf Kroegers Bericht über die Bolschewikenzeit 1919, von den Massakern in Riga, fragte Himmler, ob die Bolschewiken nicht seitdem ihre »Umgangsformen« geändert hätten. Worauf Kroeger geantwortet haben will, daß man dies nicht ausprobieren könne. Auch über die Sinnlosigkeit eines von Himmler vorgeschlagenen »Schutzversprechens«, das die Sowjets für die Deutschen im Baltikum geben sollten, will Kroeger den Reichsführer SS aufgeklärt haben.

Und wenn eine Umsiedlung aller Deutschbalten, dann wohin? »... keine Zerstreuung über alle Gaue des Reiches«, erwiderte Kroeger, und »wenn irgend möglich die Zuweisung einer volkspolitischen Aufgabe« möchte er für seine Landsleute, »die mit der bisherigen Zielsetzung parallel ginge, und zwar nicht im Inneren des deutschen Volksraumes, sondern an den Marken« (Kroeger, 1967, S. 53). Das alles müsse dem Führer vorgetragen werden, sei die Antwort Himmlers gewesen.

Am anderen Vormittag erfährt Kroeger den Beschluß des Führers: Er sei mit einer Umsiedlung aller Baltendeutschen einverstanden, sie solle aber im Einvernehmen mit den Sowjets vollzogen werden. Als Ansiedlungsgebiete würden die neu zum Reich kommenden Gebiete des ehemaligen polnischen Staates sich eignen, deren Abgrenzung noch nicht feststehe, in jedem Falle aber die früheren preußischen Provinzen Posen und Westpreußen. Wieder die Provinz Posen!

Am 27. September 1939 wird Kroeger von Heydrich empfangen. Dieser teilt ihm mit, er habe Meldung erhalten, wonach stündlich mit einem Einmarsch sowjetischer Truppen nach Estland und anschließend wohl auch nach Lettland zu rechnen sei. Und dann habe Heydrich die gleiche Frage gestellt wie am Vortage Himmler: ob denn alle Deutschen im Baltikum gefährdet seien, auch wenn man mit der Sowjetregierung »Schutz und Verschonung des deutschen Bevölkerungsteils« vereinbaren würde (Kroeger, 1967, S. 61).

Einen weiteren Tag später, am 28. September, kamen die Nachrichten aus Moskau. Litauen war der sowjetischen Interessensphäre zugeschlagen worden. Bezüglich der Baltendeutschen hatten Deutschland und die Sowjetunion ein weiteres »Vertrauliches Protokoll« unterzeichnet:

Die Regierung der UdSSR wird den in ihren Interessengebieten ansässigen Reichsangehörigen und anderen Persönlichkeiten deutscher Abstammung, sofern sie den Wunsch haben, nach Deutschland oder in die deutschen Interessengebiete überzusiedeln, hierbei keine Schwierigkeiten in den Weg legen. Sie ist damit einverstanden, daß diese Übersiedlung von Beauftragten der Reichsregierung im Einvernehmen mit den zuständigen örtlichen Behörden durchgeführt wird und daß dabei die Vermögensrechte der Auswanderer gewahrt bleiben. Eine entsprechende Verpflichtung übernimmt die Deutsche Reichsregierung hinsichtlich der in ihren Interessengebieten ansässigen Personen ukrainischer oder weißrussischer Abstammung. Moskau den 28. September 1939 (Nach Oberländer, 1989, S. 136)

Unterschrieben von Ribbentrop und Molotow.

Estland

Wenn man damals im September 1939 nach allem, was trotz Geheimhaltung an Informationen durchgesickert war, annehmen mußte, daß zwischen Deutschland und der Sowjetunion geheime Abmachungen bezüglich des Baltikums getroffen worden waren, so vertrauten die Regierungen der drei baltischen Länder doch auf ihre Verträge mit der Sowjetunion – die Friedensverträge und die Nichtangriffspakte. Doch dann trug sich folgendes zu:

In den Hafen von Tallinn hatte sich das polnische U-Boot »Orzel« gerettet und war internationalem Brauch entsprechend interniert worden. Dieses U-Boot entfloh einige Tage später und soll in den britischen Gewässern ausgemacht worden sein. Für die Sowjetunion war dies Vorwand genug für ein erstes massives Vorgehen gegen einen der baltischen Staaten. Die sowjetische Regierung ließ am 18. September durch ihren Gesandten in Tallinn der estnischen Regierung erklären, daß Estland offenbar nicht in der Lage sei, seine Hoheitsgewässer unter Kontrolle zu halten, deshalb müßten sowjetische Marineeinheiten diese Kontrolle übernehmen. Sowjetische Kriegsschiffe näherten sich der Küste Estlands, an der Landgrenze wurden auf der sowjetischen Seite Truppen zusammengezogen und sowjetische Kriegsflugzeuge flogen über Estland unter Verletzung des estnischen Luftraumes.

Den Mitgliedern der estnischen Regierung war sehr bald die Ausweglosigkeit der Situation klar: Von den Westmächten war keine wirksame Hilfe zu erwarten, und Deutschland hatte sich gerade mit der Sowjetunion verbündet. Niemand zweifelte mehr daran, daß dieses Bündnis die Grundlage für das sowjetische Vorgehen gegen Estland darstellte.

Eine Reise des estnischen Außenministers Kaarel Selter nach Moskau war ohnehin für den 23. und 24. September geplant gewesen, wegen eines Handelsabkommens mit der UdSSR. In Moskau wurde dem estnischen Außenminister, ohne daß auf ein anderes Thema eingegangen wurde, ein bereits fertig konzipierter »gegenseitiger Beistandspakt« vorgelegt, nach dem Estland der Sowjetunion eine Reihe militärischer Stützpunkte einzuräumen hatte und die Stationierung von 35 000 sowjetischen Soldaten auf seinem Territorium dulden sollte. Molotow wies unmißverständlich darauf hin, daß die Sowjetunion nicht lange warten könne. Er rate der estnischen Seite, den Wünschen der Sowjetunion zu entsprechen, um Schlimmeres zu vermeiden.

Vier Tage Bedenkzeit wurden der estnischen Regierung zugestanden. Selter begab sich auf dem Luftwege nach Riga, wo bereits ein estnisches Militärflugzeug auf ihn wartete. Während seines kurzen Aufenthaltes in Riga beauftragte er den dortigen estnischen Botschafter, den lettischen Außenminister über das Vorgefallene umgehend zu unterrichten.

Die Regierung Estlands beschloß, sich in das Unvermeidbare zu fügen, und erteilte ihrem Außenminister die entsprechenden Vollmachten. Er solle versuchen, die Bedingungen des Vertrages soweit wie irgend möglich abzumildern. Während das estnische Kabinett beriet, kreisten sowjetische Militärmaschinen über Tallinn (vgl. Bērziņš, 1963, S. 272). Selter gelang es bei den anschließenden Verhandlungen in Moskau, die Zahl der in Estland zu stationierenden Sowjetsoldaten auf 25 000 zu reduzieren.

Am 28. September 1939 wurde in Moskau der Beistandspakt zwischen Estland und der Sowjetunion unterzeichnet. Estland räumte der Sowjetunion Stützpunkte auf den Inseln Saaremaa (Ösel) und Hiumaa (Dagö) sowie im Hafen von Paldiski (Baltischport) ein. Die sowjetischen Soldaten sollten keinen Kontakt zur Bevölkerung haben, um Reibereien vorzubeugen, lautete die offizielle sowjetische Begründung. Die Souveränität Estlands, insbesondere auch seine Wirtschafts- und Gesellschaftsform sollten nicht angetastet werden, hieß es im Vertragstext. In der Präambel wurde ausdrücklich bestätigt, daß der Friedensvertrag von 1920 und der Nichtangriffspakt von 1932 weiterhin die Grundlage der estnisch-sowjetischen Beziehungen bilden sollten.

Stalin, der später in den Verhandlungsraum gekommen war, soll sich befriedigt über die Unterzeichnung des Vertrages geäußert haben. Estland habe klug gehandelt. Und er verwies auf Polen. Polen sei ein großes Land gewesen. Und wo sei Polen heute?

Am gleichen Tage, dem 28. September 1939, unterzeichnete in Moskau eine deutsche Delegation unter Leitung von Außenminister Ribbentrop einige Zusatzprotokolle zum sowjetisch-deutschen Vertrag, darunter die Vereinbarung über die Umsiedlung der Baltendeutschen und die Eingliederung Litauens in die sowjetische Interessensphäre. Deutschland erhielt dafür zusätzliche polnische Gebiete und einen Grenzstreifen Litauens, um Mariampole. Diesen Grenzstreifen trat Deutschland einige Monate später ebenfalls an die Sowjetunion ab. Die UdSSR zahlte dafür an das Deutsche Reich 7 500 000 Dollar in Gold.

Lettland

Nur wenige Tage später wurde der lettische Gesandte in Moskau zu Molotow bestellt. Molotow drückte als erstes sein Erstaunen darüber aus, daß sich die Regierung Lettlands verhalte, als habe sich in der Welt nichts verändert. Anschließend informierte er den lettischen Gesandten darüber, daß man mit Estland einen für beide Seiten höchst vorteilhaften Vertrag abgeschlossen habe. Er erwarte deshalb in den nächsten Tagen von der lettischen Regierung die Entsendung einer entsprechend bevollmächtigten Person nach Moskau.

Die Verhandlungen im Kreml begannen am 3. Oktober 1939. Auf sowjetischer Seite war diesmal auch Stalin von Anfang an anwesend. Molotow betonte als erstes, es bestehe ein sowjetisches Interesse daran, das Verhältnis zwischen seinem Land und Lettland zu ordnen, etwa auf der gleichen Grundlage, wie das mit Estland geschehen sei. Vor allem brauche die Sowjetunion eisfreie Marinestützpunkte. Stalin habe sich in das Gespräch eingeschaltet und von dem guten Verhältnis der Sowjetunion zu Deutschland gesprochen. Mit Deutschland sei alles abgeklärt, Mißverständnisse könnten keine mehr auftreten, auch nicht in bezug auf die baltischen Staaten. Er bemerkte noch, daß Litauen, sollte es ebenfalls einen solchen Stützpunktvertrag mit der Sowjetunion unterschreiben, wahrscheinlich Wilna zugesprochen bekäme.

Auf das Argument des lettischen Außenministers Vilhelms

Munters, daß, nachdem das Verhältnis der Sowjetunion zu Deutschland so gut sei, doch keine weiteren Sicherheitsmaßnahmen vonnöten seien, erwiderte Molotow, daß ihnen neutrale baltische Staaten zu unsicher seien.

Liepāja (Libau) und Ventspils (Windau) benötige die Sowjetunion, ließ Stalin wieder vernehmen.

Während Munters mit Molotow um Einzelheiten rang, insbesondere um die Zahl der in Lettland zu stationierenden Sowjetsoldaten, sei Stalin im Raum auf und ab gegangen und habe schließlich gesagt:»Gut, Sie trauen uns nicht, wir trauen Ihnen nicht. Sie denken, wir wollen Ihr Land besetzen. Wenn wir das wollten, wir könnten es sofort tun, aber wir möchten das nicht.« Im übrigen sei Riga ein Zentrum antisowjetischer Propaganda (Bērziņš, 1963, S. 274).

Am dritten Verhandlungstag, dem 5. Oktober 1939, unterschrieben Munters und Molotow einen Vertrag, der mit dem von Estland unterschriebenen praktisch identisch war. In Liepāja und Ventspils sollten sowjetische Stützpunkte eingerichtet und dazu im Norden von Kurland Küstenbatterien aufgestellt werden.

Nach der Unterzeichnung des ungleichen Vertrages, so berichtete Munters später dem lettischen Kabinett, habe Stalin ihn beiseite genommen und gesagt, daß die baltischen Staaten froh sein könnten, daß auch er, Stalin, aus einem kleinen Volk stamme und somit Verständnis für die Interessen kleiner Völker habe. Er gebe sein Ehrenwort als Bolschewik, daß die Sowjetunion keinerlei böse Absichten gegen die baltischen Staaten hege, sondern daß sie sich nur gegen alle Eventualitäten in Kriegszeiten absichern wolle.

Die Verhandlungen zwischen der UdSSR und Lettland wurden innerhalb von drei Tagen zum Abschluß gebracht, weil Vilhelms Munters weitgehende Vollmachten seiner Regierung besaß, die ihm erlaubten, vor Ort die nötigen Entscheidungen zu treffen.

Litauen

Noch während sich die lettische Delegation in Moskau befand, war Litauen an der Reihe. Über die Verhandlungen der Litauer in Moskau besitzen wir in den Erinnerungen des seinerzeitigen litauischen Außenministers Juozas Urbšys, der die litauische Delegation leitete, eine genaue und eindrucksvolle Schilderung der Vorgänge im Kreml.

Für Litauen schienen die Verhältnisse zunächst anders zu liegen als für Estland und Lettland, denn das Wilna-Problem harrte einer Lösung. Schon kurz nach Beginn des Krieges mit Polen hatte Litauen von Deutschland mehrere Aufforderungen bekommen, die Stadt Wilna und das dazugehörende Gebiet zu besetzen. Dies wäre durchaus möglich gewesen, denn die polnische Armee war fast geschlagen und hätte sich einem litauischen Angriff gegenüber nicht zur Wehr setzen können. Litauen jedoch lehnte das ab und blieb bei seiner erklärten Neutralität. Das war am 11. September 1939. Am 17. September trat die Sowjetunion aktiv in den Krieg gegen Polen ein. Sowjetische Truppen besetzten unter anderem das Wilna-Gebiet. Dadurch gelangten erstmals seit 1920 sowjetische Truppen an die Grenze Litauens.

Die litauische Regierung vertraute auf ihre mit der UdSSR abgeschlossenen Verträge und hielt den Augenblick für geeignet, das 1920 im Friedensvertrag mit der Sowjetunion Litauen zugesprochene Gebiet in Besitz zu nehmen. Die litauische Regierung trat also ihrerseits mit dem Wunsch nach Verhandlungen an die sowjetische Führung heran.

Ende September wurde der litauische Gesandte in Moskau zu Molotow gebeten. Dieser wünschte die Entsendung des Ministerpräsidenten oder zumindest des Außenministers von Litauen nach Moskau. Wilna erwähnte er mit keinem Wort.

Außenminister Urbšys berichtet von seinem Eintreffen im Kreml:

Ein weiträumiger Saal. In der rechten Ecke, von der Tür aus gesehen, ein großer, reichlich mit Telefonen ausgestatteter Schreibtisch, in der linken Ecke eine offene Tür zu einem weite-

ren Raum. Fast genau gegenüber dieser offenen Tür befand sich ein langer Konferenztisch. Das war das Arbeitszimmer des Vorsitzenden des Rates der Volkskommissare und Volkskommissar des Äußeren W. Molotow. Dort erwarteten uns Molotow selbst, der stellvertretende Volkskommissar des Äußeren, Potjomkin, und der sowjetische Geschäftsträger in Litauen, Poznjakow. Wir setzten uns an den Konferenztisch, an das jenseitige Ende, nicht weit von der offenen Tür. In dieser erschien bald darauf Stalin. Graumelierte, recht dichte, nach oben gekämmte Haare, buschiger Schnurrbart, recht stämmig von Wuchs; eine bis zum Hals zugeknöpfte sandfarbene Jacke mit umgelegtem Kragen, aus dem ein schmaler, weißer Streifen hervorschaute; Hosen von gleicher Farbe, die, wie bei den Bauern üblich, in die weichen schwarzen Stiefel gesteckt waren. Als ich näher hinschaute, sah ich, daß die Kleider und Stiefel auf den ersten Blick zwar wie die eines Durchschnittsmenschen wirkten, aber daß sowohl das Material als auch die Verarbeitung von hoher Qualität waren. (Urbšys, »Baltica« 3/1991)

Stalin nahm als erster das Wort und erklärte, daß man sich mit Deutschland dahingehend geeinigt habe, daß der größte Teil Litauens der Sowjetunion zufalle, nur ein schmaler Grenzstreifen Deutschland. Er breitete eine Karte auf dem Tisch aus, in der mitten durch litauisches Territorium die Grenze der »Interessensphären« verlief.

Urbšys versuchte gegen eine derartige Aufteilung eines unabhängigen Staates zu protestieren, Stalin verwies ihn darauf, daß die Deutschen auf ihrem Grenzstreifen bestünden. Er könne aber sofort den deutschen Botschafter kommen lassen und diese Angelegenheit mit ihm besprechen.

Dann habe Molotow, wie schon vorher der estnischen und der lettischen Delegation, gesagt:

Jeder imperialistische Staat hätte Litauen besetzt, und damit Schluß. Wir tun das nicht. Wir wären nicht Bolschewiken, wenn wir nicht nach neuen Wegen suchen würden. (Urbšys, »Baltica« 3/1991)

Urbšys kam dabei in den Sinn, ob diese neuen Wege nicht letztendlich doch in die alten ausgefahrenen mündeten, womit er, wie sich zeigen sollte, recht behielt.

Darauf sei eine zweite Landkarte auf dem Tisch ausgebreitet worden, die »ein dem Herz eines Litauers wohlgefälligeres Bild zeigte«. Nach der hier eingezeichneten Grenze war Litauen zwar nicht das ganze im Friedensvertrag von 1920 vereinbarte Gebiet zugesprochen worden, aber Vilnius war litauisch.

Zwei Verträge seien abzuschließen, erklärte Stalin, einer über Vilnius und ein gegenseitiger Beistandspakt. Dieser Beistandspakt glich dem mit Estland und Lettland abgeschlossenen. 50000 Soldaten wollte Stalin zuerst in Litauen stationieren, ließ sich aber auf 35000 herunterhandeln – er habe nicht gewußt, daß die litauische Armee so klein sei, entschuldigte er sich. Die stationierten Sowjetsoldaten sollten gegenüber der einheimischen Armee nicht in allzu großer Überzahl sein.

Nach Unterzeichnung der beiden Verträge gab Stalin ein Dinner für die litauische Delegation – bis zum frühen Morgen. Vor Stalin auf dem Tisch habe eine besondere Flasche gestanden, ihm sei nur aus dieser eingeschenkt worden. Das Gespräch sei auch auf die Rechte der einzelnen Republiken innerhalb der Sowjetunion gekommen. Ob, habe er, Urbšys, gefragt, eine Republik, die dies wünsche, aus der Union austreten könne. Das könne sie, wenn sie dies wünsche, habe Stalin ihm geantwortet, aber in jeder dieser Republiken gebe es eine Kommunistische Partei, die dafür sorge, daß die Republik dies niemals wünscht.

Urbšys fragte Stalin nach seiner Nationalität. Ja, habe Stalin geantwortet, der Abstammung nach sei er Georgier, er lebe aber nun schon fünfundzwanzig Jahre in Rußland und fühle sich jetzt mehr als Russe denn als Georgier. (Alle Zitate von Urbšys nach »Baltica«, Heft 3, 1991).

Finnland

Nachdem die UdSSR ihre »Beistandspakte« mit allen drei baltischen Staaten durchgesetzt hatte, fehlte noch ein Land, das ebenfalls einst zum Russischen Reich gehört hatte und das auch im »Geheimen Zusatzprotokoll« als Teil der sowjetischen Interessensphäre erwähnt ist: Finnland.

Finnland lehnte das sowjetische Ansinnen zum Abschluß eines »Beistandspaktes« ab. Die finnische Ausgangsposition war günstiger als die der baltischen Staaten. Seine Grenzen schienen wegen der Sümpfe, Seen und Wälder geeigneter für eine eventuelle Verteidigung. Und Finnland hatte ein Hilfsabkommen mit Schweden, und über Schweden erhoffte es Hilfe aus dem Westen.

Am 30. November 1939 begann der sowjetische Angriff auf Finnland. Am 14. Dezember 1939 wurde die UdSSR wegen dieses Angriffs als Aggressor aus dem Völkerbund ausgeschlossen.

Aufgrund ihrer Übermacht hatten die Sowjets gehofft, Finnland im ersten Anlauf überrennen zu können. Vergleicht man die Einwohnerzahlen, so standen 150 Millionen Einwohner der Sowjetunion 3 Millionen Finnen gegenüber. Dennoch gelang der Roten Armee eine rasche Beendigung des Krieges nicht. Als hilfreich für die Finnen erwies sich die Jahreszeit. Die finnischen Soldaten waren auf ihren Skiern wesentlich beweglicher als die Rotarmisten. Zudem waren im Zuge der sowjetischen »Säuberungen« in den 30er Jahren die fähigsten Heerführer der Sowjets umgebracht worden. Schlechte Ausrüstung, mangelnde Organisation, Nachschubschwierigkeiten und die geringe Motivation der Soldaten taten ein übriges. Drei Monate konnten die Finnen sich halten. Dann gewann die sowjetische Luftwaffe schließlich die Herrschaft über den finnischen Luftraum, Bomben fielen auf Helsinki. Am 13. März 1940 kam es zum Frieden von Moskau. Die Sowjetunion war bereit, auf eine vollständige Eroberung Finnlands zu verzichten, nicht zuletzt wohl, um eine Konfrontation mit den Westmächten zu vermeiden. Diese planten, sich in Nordnorwegen festzusetzen, um Deutschland die Zufuhr an Eisenerz über Narvik abzuschneiden. Im Zusammenhang mit dieser Maßnahme ließen die Westmächte, vor allem England, die Absicht durchblicken, Finnland zu unterstützen. Die Moskauer Friedensbedingungen waren dennoch hart. Westkarelien mit der Hauptstadt Viipuri und das Gebiet von Salla, weiter nördlich, sowie der finnische Teil der Fischer-Halbinsel vor Petsamo wurde der Sowjetunion einverleibt. Nur wenige Monate später fanden sich viele Finnen aus diesen Gebieten in den Todeslagern an der sibirischen Eismeerküste wieder. Finnland wurde außerdem gezwungen, die Hanko-Halbinsel als Stützpunkt an die Sowjetunion zu verpachten.

Die Umsiedlung der Deutschbalten

Am Morgen des 7. Oktober 1939 klingelte bei Ulrich von Kotze, dem Gesandten des Deutschen Reiches in Riga, das Telefon. Er wurde mit Vilhelms Munters, dem lettischen Außenminister, verbunden. Kurz nach Mitternacht, erklärte der Minister, habe eine Flotte von zum Teil großen Schiffen unter deutscher Flagge Kolkasrags (Kap Domesnäs) passiert und sei in den Rigaschen Meerbusen eingefahren. Keinerlei Vorankündigung oder Anmeldung liege bisher von deutscher Seite vor. Der Minister bitte um Aufklärung.

Am gleichen Tage, dem 7. Oktober, ging folgendes Telegramm vom Auswärtigen Amt in Berlin an die deutschen diplomatischen Vertretungen in Riga und in Tallinn:

Die Volksdeutsche Mittelstelle erläßt hiermit folgende Weisung an die Volksgruppe: Schiffe zum Abtransport unterwegs, eintreffen 7.10. Schnelle Abwicklung notwendig, aber keine Panik verursachen. Mitfahren können alle Volksdeutschen, die Mitgliedsausweis haben, andernfalls werden bei Verladung Verhältnisse überprüft und Ausweise ausgestellt. Es wird betont, daß Abwanderung freiwillig geschieht. Koskull soll als Kroegers Vertreter zur Gesandtschaft gehen. Konsulat Libau und Bankdirektor Gutschmidt, Windau, verständigen, daß mit der Verladung sofort begonnen wird. Twardowski (Loeber, 1972, S. 67, Dok. 63).

Einen Tag vorher, am 6. Oktober 1939, hatte Hitler am Schluß einer Rede vor dem Deutschen Reichstag davon gesprochen, daß verschiedene deutsche Volksgruppen und Volkstumssplitter umgesiedelt werden sollten, »um auf diese Weise wenigstens einen Teil der europäischen Konfliktstoffe zu beseitigen«. (Nach Loeber, 1972, S. 80, Dok. 72)

Was die deutschen Dampfer im Rigaschen Meerbusen betrifft, so waren diese auf Veranlassung der volksdeutschen Mittelstelle sofort nach dem Beschluß, die Umsiedlung durchzuführen, in Marsch gesetzt worden, man ging wohl davon aus, daß ein sowjetischer Einmarsch in die baltischen Staaten unmittelbar bevorstehe. Die Verhandlungen in Moskau um die »Beistandspakte« waren noch im Gange.

Die Bekanntmachung der bevorstehenden Umsiedlung erfolgte in beiden Ländern noch vor dem Abschluß der entsprechenden Verträge, fast unmittelbar nach den Gesprächen zwischen dem jeweiligen deutschen Gesandten und den Regierungen von Estland und Lettland. Die estnische Regierung gab eine offizielle Mitteilung heraus, in Lettland wurde die Nachricht als erstes über den Rundfunk verbreitet und gleichzeitig über die amtliche Telegraphenagentur.

Am gleichen Tag wie Erhard Kroeger waren auch Hellmuth Weiss, Präsident der »Kulturverwaltung« in Estland, und Alfred Intelmann, Präsident der »Volksgemeinschaft« in Lettland, aus Berlin zurückgekehrt. Beide beriefen sogleich Präsidiumssitzungen ein, auf denen sie den Umsiedlungsbeschluß bekanntgaben. Als Grund für die plötzliche und unerwartete Aktion führten sie an, was ihnen in Berlin aufgetragen worden war: »Heimkehr ins Reich«, »Berufung zu neuen Aufgaben«, »Ruf des Führers«. Den wahren Grund nannten weder Weiß noch Intelmann. Nur einer im Präsidium der »Volksgemeinschaft« soll spontan ausgerufen haben, daß »nur die unabwendbare Gefahr der Bolschewisierung des Landes« ihn veranlasse, die Heimat zu verlassen (von Hehn, 1982, S. 94).

Der erste offizielle Aufruf zur Umsiedlung erfolgte ebenfalls noch vor Abschluß der Verträge von Moskau, und zwar am 9. Oktober in der »Rigaschen Rundschau«, auf der ersten Seite:

Deutsche Volksgenossen!
Gemäß der Reichstagsrede des deutschen Führers vom 6. dieses Monats hat das Deutsche Reich eine Rücksiedlung der außerhalb seiner Grenzen ansässigen deutschen Volksgruppen vorgesehen. Mit dieser gewaltigen Maßnahme wurde ein Befriedigungswerk in Angriff genommen, das eine Quelle zahlloser Konfliktstoffe mit anderen Staaten endgültig beseitigen wird. Im Zuge der großen Rücksiedlungsmaßnahmen wird auch unsere Volksgruppe ihren Heimatraum verlassen. Sie blickt mit Stolz auf ein vielhundertjähriges Aufbauwerk in diesem Lande zurück. Vom großen Gesamtvolk aber ist ihr nunmehr eine neue Aufgabe gestellt. Geschlossen beieinander siedeln, werden wir am Wiederaufbau und der Besiedlung des vom Reich zurückgewonnenen Ostraums wirken. Die Umsiedlungsaktion wird im engsten Einvernehmen zwischen der lettischen Regierung und der Deutschen Reichsregierung durchgeführt. Die Volksgruppenführung sieht ihre Pflicht darin, auf Innehaltung einer vorbildlichen Disziplin in der Abwicklung zu achten. Volkgenossen! Jeder fühlt, was es bedeutet, von einem Dreivierteljahrtausend deutscher Aufbauarbeit in diesem Lande Abschied zu nehmen. Aber unsere Blicke sind in stolzer Erwartung dem neuen geschichtlichen Auftrag zugewandt. Und wir wollen uns der großen Stunde gewachsen zeigen.
Der Präsident der Deutschen Volksgemeinschaft: A. Intelmann
Der Landesleiter: Erhard Kroeger (Loeber, 1972, S. 163, Dok. 129).

Am 14. Oktober erschien ein Aufruf des gleichen Inhalts in der »Revalschen Zeitung«, gezeichnet von Hellmuth Weiß. Der endgültige Aufruf zur Umsiedlung, der nach dem Abschluß des Umsiedlungsvertrages mit Lettland erschien, enthält bereits eine Drohung. Dort heißt es:

... Wir nehmen nicht leichten Herzens Abschied von dieser Erde. Aber wir blicken nicht rückwärts, sondern nach vorne. Wir stehen unter dem Befehl unseres Volkes. Wer sich in diesen Tagen von seiner Volksgruppe löst, um im Lande zu bleiben,

scheidet sich für alle Zeiten vom deutschen Volke. Er muß das wissen, denn sein Entschluß gilt für Kinder und Kindeskinder. Und er ist nicht rückgängig zu machen. Der Abtransport ins Großdeutsche Reich wird in wenigen Tagen einsetzen. Bis dahin hat jeder auf seinem Platz zu bleiben, sich fertig zu machen und in unbedingter Disziplin auf den Befehl zur Abfahrt zu warten. Er wird ihm durch Zeitung oder durch seinen Nachbarnführer zugehen. Volksgenossen! Wir alle erleben die Größe dieser Stunde. Es ist eine Stunde des Handelns und nicht der Worte. Der Führer hat uns gerufen. Wir folgen. (Loeber, 1972, S. 164, Dok. 130)

Es ist ein »Befehl des Führers«, sagen die Funktionäre der »Bewegung«, ein »Befehl des Volkes«, sagen die Vertreter der »Volksgemeinschaft«, ein »Befehl Gottes«, sagt der deutschbaltische Bischof Poelchau. Und wer dem Befehl nicht folge, der werde aus der Gemeinschaft ausgestoßen, wie es seit Urzeiten die Stämme der Menschen gehalten hätten:

Der Tag nähert sich, an dem ihr das Anrecht auf euer Deutschsein gewinnt – oder für alle Zeiten, für Kind und Kindeskind verliert. (»Rigasche Rundschau« vom 25.11.39, nach Loeber, 1972, S. 165)

Tue also, was du glaubst verantworten zu können. Scheide dich von deinem Volke, wenn dir dein fragwürdiges Fortkommen hier wichtiger ist als die kraftvolle Zukunft im Großdeutschen Vaterland. Bleibst du, so wissen wir, daß wir in dir keinen Deutschen verlieren. Denn ins Reich soll mit, wer seinem Volke dienen will... (Handzettel, nach Loeber, 1972, S. 172)

Aus einer gesicherten Existenz hätte uns der Führer nicht herausgerissen. Wenn er das tut, so hat er dazu seine Gründe, und er wird es besser wissen, ob das für uns nötig ist, als wir. (Handzettel, nach Loeber, 1972, S. 170)

Den Umsiedlern war vom Deutschen Reich, also von der zuständigen SS-Stelle, der »Volksdeutschen Mittelstelle«, zugesagt worden, »wieder in den gleichen Stand« eingesetzt zu werden. Das heißt, bisherige Grundbesitzer sollten wieder Grundbesitz erhalten, Fabrikbesitzer wieder eine Fabrik – überhaupt sollte alles Eigentum, das ein Umsiedler nicht mitnehmen konnte in der »neuen Heimat« ersetzt werden. Woher das Deutsche Reich die entsprechenden Ländereien und Fabrikbetriebe nehmen wollte, darüber haben sich wohl nicht alle Deutschbalten Gedanken gemacht. Einige allerdings ahnten schon sehr bald, mit wessen Eigentum sie entschädigt werden sollten. Dem Reich solle, hieß es in einer Ressortbesprechung zur Umsiedlung, »nur eine geringe Belastung zufallen... da die Rückwanderer in entschädigungslos enteignetes polnisches Vermögen eingewiesen werden sollen« (Loeber, 1972, S. 46).

Das Verhalten der Umsiedler in der »neuen Heimat« war unterschiedlich. Die einen nahmen, ohne viel zu fragen, was ihnen geboten wurde. Einige aber versuchten, das den betreffenden Polen oder Juden zugefügte Unrecht so gut sie konnten zu mildern, indem sie das fremde Eigentum für den Eigentümer zu bewahren suchten, indem sie mit den ihnen zugewiesenen polnischen Dienstboten in würdiger Weise umgingen. Diese Vorgehensweise war für sie nicht ungefährlich.

Am 18. Oktober 1939 lief das erste Umsiedlerschiff aus dem Hafen von Tallinn aus. Am 7. November verließ das erste Schiff Riga. Das letzte Schiff dieser ersten Umsiedlungswelle legte am 16. Dezember 1939 in Riga ab. 11 984 Personen waren aus Estland, 52 583 Personen aus Lettland ausgesiedelt worden. Jeder in Riga kannte die Namen der Schiffe, bei jedem Gespräch wurden sie erwähnt. Einige waren Passagierdampfer, wie die »Gneisenau«, die »Steuben«, andere waren Frachtschiffe, wie die »Bremerhaven«, ein alter Bananendampfer. Dort lagen die Umsiedler auf Strohsäcken im Laderaum.

In Lettland gab es eine »Nachumsiedlung«. Deutsche, die sich bei der Umsiedlung 1939 noch nicht zum Weggehen entschieden hatten, bekamen im Frühjahr 1940 eine letzte Chance. Nur wenige nutzten diese Möglichkeit, insgesamt 506 Personen.

Einer, der blieb, war Paul Schiemann. In einem Interview mit der schwedischen Zeitung »Sydsvenska Dagbladet« erklärte Schiemann, daß er es als ein Unrecht betrachte, gerade zu einer so kritischen Zeit die Heimat zu verlassen und für diese auch durch die Kapitalflucht, die im Zusammenhang mit der Umsiedlung stattfinde, ernste wirtschaftliche Schwierigkeiten für das Land herbeizuführen. Und er fügte hinzu, daß er nicht in ein Land reisen wolle, dessen Bürgern eine Weltanschauung aufgezwungen werde, »die unseren Vorstellungen von Religion, Lebensführung und Recht entgegengesetzt ist« (von Hehn, 1982, S. 208).

Daß es Unrecht sei, in schwerer Zeit sein Land zu verlassen, war auch das Motiv der meisten Regierungsmitglieder in den drei baltischen Staaten dafür, daß sie die Möglichkeit zur Flucht nicht wahrnahmen, die sie zweifellos vor der Besetzung ihrer Länder durch die Sowjettruppen hatten. Viele von ihnen bezahlten dies mit dem Leben, fast alle mit jahrzehntelanger Verbannung.

Eine zweite Nachumsiedlung aus Estland, Lettland und dieses Mal auch für Deutsche aus Litauen fand im Winter 1940/41 statt, als die drei Länder bereits von den Sowjets besetzt und annektiert waren. Die im »Vertraulichen Zusatzprotokoll« erwähnten »zuständigen örtlichen Behörden« waren inzwischen sowjetische Dienststellen. Bei den Verhandlungen und bei der Durchführung der Ausreise hatte man es nun mit Russen zu tun. Im Gegensatz zu den estnischen und lettischen Zollbehörden der ersten Umsiedlung, die unkompliziert und großzügig abfertigten, kontrollierten die sowjetischen Beamten kleinlich und genau, machten Schwierigkeiten bei jedem einzelnen, waren voller Willkür und Unberechenbarkeit.

Der Kreis der Aussiedler sollte, nach den Anordnungen der immer noch zuständigen SS, eng begrenzt sein, sich auf Personen deutscher Abstammung und deutschen Familienhintergrunds beschränken. Doch wurden bei dieser zweiten Evakuierungswelle von deutscher Seite alle diesbezüglichen Beschränkungen fallengelassen. Die deutsche Delegation versuchte, für jeden, der sich um Aussiedlung bewarb, die Ausreisegenehmigung der Sowjets zu bekommen, denn wer sich einmal bei der deutschen Umsiedlungsbehörde gemeldet hatte, war gefährdet, ihm drohten Repressalien und Verhaftung.

Insgesamt konnten bei dieser letzten Nachumsiedlung noch etwa 65 000 Personen das Baltikum verlassen: 50 000 aus Litauen, 17 000 aus Estland und Lettland. Sie galten allerdings nicht mehr als »Umsiedler« mit allen dazugehörenden Rechten, sondern auch offiziell als »Flüchtlinge«. Sie durften sich ausschließlich im »Altreich« ansiedeln, also nicht im »Wartegau«, wie die erweiterte Provinz Posen inzwischen bezeichnet wurde, und auch nicht mehr in Westpreußen.

Die Okkupation 1940

Dieses Mal kam Litauen zuerst an die Reihe. Warum, das sollte bald klarwerden. Der litauische Außenminister Juozas Urbšys führte auch diese Verhandlungen in Moskau – sofern man hier überhaupt noch von Verhandlungen sprechen kann.

Eines Tages »erschien der sowjetische General Laktjonow in Litauen und kam auch zu mir«, schreibt Urbšys in seinen Erinnerungen. »Nach ein paar Worten über die Reise erzählte der General, daß in Litauen eine Reihe von sowjetischen Soldaten in irgendeinen Keller gelockt und dort mehrere Tage lang festgehalten worden seien. Schließlich sei es zwei von ihnen gelungen, durch Röhren der Kanalisation oder der Wasserversorgung aus diesem Keller zu entkommen und zu ihren Garnisonen zurückzukehren.« Der General habe seine Erzählung ohne irgendeinen Vorwurf in der Stimme vorgetragen, so wie jemand von einem eben gehörten unwahrscheinlichen Ereignis berichtet oder eine Anekdote wiedergibt. Für ihn, Urbšys, habe sich das angehört wie ein Märchen aus »Tausend und einer Nacht«. Und als solches habe es sich schließlich auch erwiesen.

Der zweite Akt beginnt am 25. Mai 1940 in Moskau.

Der litauische Gesandte, Natkevičius, wird in den Kreml bestellt, zu Molotow. Dieser empfängt ihn äußerst kühl, nimmt ein Schreiben vom Tisch, liest es mit lauter Stimme vor und überreicht es dem Gesandten. Der Inhalt:
1. Kürzlich seien in Litauen wieder zwei sowjetische Soldaten verschwunden.

2. Der Regierung der UdSSR sei bekannt, daß das Verschwinden der Soldaten von Personen organisiert werde, die unter der Obhut der litauischen Regierung stehen. Sie würden die sowjetischen Soldaten aushorchen, sie in Straftaten verwickeln und anschließend ihre Flucht vorbereiten oder sie vernichten.

Die Regierung der UdSSR sehe dies als provokatorisches Verhalten an. Die Regierung der UdSSR verlange die sofortige Einstellung dieser Provokationen und die unmittelbare Überstellung der verschwundenen Soldaten zu ihrer jeweiligen Garnison. Die Regierung der UdSSR erwarte, daß die litauische Regierung umgehend geeignete Maßnahmen einleite, um diese Forderungen zu erfüllen, die regierung der UdSSR sehe sich sonst gezwungen, zu anderen Mitteln zu greifen.

Der dritte Akt beginnt damit, daß Litauen beabsichtigte, seinen Außenminister nach Moskau zu schicken, damit dieser kläre, was die Sowjets nun wirklich wollten. Molotow seinerseits verlangte jedoch, daß der litauische Ministerpräsident Merkys persönlich im Kreml erscheint. Als dieser am 7. Juni 1940 in der sowjetischen Hauptstadt eintrifft, konfrontiert ihn Molotow mit neuen Vorwürfen: Litauen habe mit Estland und Lettland eine gegen die UdSSR gerichtete Konvention abgeschlossen.

Heute weiß man, daß diese »Konvention« ebensowenig existierte wie die verschwundenen Sowjetsoldaten.

Am 12. Juni flog Ministerpräsident Merkys nach Kaunas zurück. Außenminister Urbšys blieb in Moskau und versuchte, mit Hilfe anderer sowjetischer Stellen Näheres zu erfahren, ohne Erfolg allerdings.

Am 14. Juni, kurz vor Mitternacht, wird Urbšys in den Kreml zitiert, zu Molotow. Die Tragödie erreicht ihren Höhepunkt.

Wieder nimmt Molotow ein Papier vom Tisch und liest es vor. »Es war ein Ultimatum der schlimmsten Art«, berichtet Urbšys, »es kam einer Kriegserklärung gleich.«

Im ersten Teil des Ultimatums wurde Litauen der Vorwurf gemacht, daß es ein Militärbündnis mit Lettland und Estland eingegangen sei und daß in den jeweiligen Ländern ein Überfall auf die dort stationierten sowjetischen Garnisonen organisiert werde. Dies sei eine grobe Verletzung des Beistandpaktes.

Der zweite Teil des Ultimatums enthielt die sowjetischen Forderungen:

1. Der litauische Innenminister und der Direktor der Sicherheitsabteilung seien als die Schuldigen an der gegen die sowjetischen Garnisonen gerichteten provokatorischen Aktivitäten vor Gericht zu stellen.
2. Litauen habe umgehend eine Regierung zu bilden, die in der Lage sei und den Willen habe, für die Einhaltung des Beistandspaktes zu sorgen.
3. Ab sofort sei für Einheiten der sowjetischen Streitkräfte freier Zugang zu litauischem Territorium zu schaffen, so daß diese an den wichtigsten Zentren Litauens in genügender Stärke postiert werden können, um die Realisierung des Beistandspaktes zu gewährleisten.

Die UdSSR erwarte den Rücktritt der litauischen Regierung bis zum 15. Juni 1940, 10 Uhr morgens, das hieß in knapp zehn Stunden. Sollte bis zu diesem Zeitpunkt keine Antwort von der litauischen Regierung eingegangen sein, werde dies als eine Weigerung aufgefaßt, die Forderungen der UdSSR zu erfüllen. Urbšys habe noch versucht, mit Molotow über den Inhalt des Ultimatums zu sprechen, doch es sei gewesen, »als werfe man Erbsen gegen eine Wand«.

Als der litauische Außenminister darauf hinwies, daß es kaum möglich sein würde, innerhalb der kurzen Frist eine verbindliche Antwort aus Kaunas zu bekommen, soll Molotow nur die Schultern gezuckt haben. »Und im übrigen«, sagte er, »wie auch immer Ihre Antwort ist, die Armee wird so oder so morgen in Litauen einmarschieren.«

Den letzten Akt erlebt Urbšys auf dem Heimweg. In seinen Erinnerungen schreibt er:

Auf dem Flugplatz von Šiauliai stehen dicht bei dicht sowjetische Militärmaschinen. In Kėdainiai hält neben dem Bahnhofsgelände, halb schon auf den Bahnsteig gefahren, ein Gegenseitiger-Beistands-Panzer. Unheimlich. Hinter Jonava, auf einem

Feldweg im Roggenfeld, in Richtung Landstraße röhren einige Ultimatumspanzer... (Uršbys, Avots 5/1989, S. 71)

Und als er das Außenministerium betritt, um seinen Diplomatenpaß abzugeben, steht rechts und links neben dem Eingang ein Sowjetsoldat.

Einen Tag später, am 16. Juni 1940, der Einmarsch sowjetischer Truppen in Litauen war in vollem Gange, erhielten Lettland und Estland ihre Ultimaten. Der Inhalt war fast wörtlich der gleiche, die Anschuldigungen die gleichen, nur hatte man auf die verschwundenen Sowjetsoldaten verzichtet. Am 17. Juni begann von Süden her, aus Litauen also, der Einmarsch nach Lettland und von Osten her der nach Estland.

Jetzt war klar, warum die Sowjets bei ihrem Einmarsch mit Litauen angefangen hatten. Den lettischen und estnischen Truppen sollte für den Fall, daß sie Widerstand leisteten, der Rückzug nach Deutschland, nach Ostpreußen abgeschnitten werden. Von seiten der Letten war in Berlin angefragt worden, ob gegebenenfalls lettische Einheiten vorübergehend auf deutsches Gebiet übertreten dürften, was Deutschland ablehnte.

Seit dem 17. Juni 1940 rückt das Schicksal die drei baltischen Staaten zusammen. Man kann für die nächsten 45 Jahre tatsächlich von einer »Geschichte des Baltikums« sprechen.

Auffallend ist der Zeitpunkt, den die UdSSR für die Besetzung des Baltikums wählte. Am 17. Juni war der deutsche Einmarsch nach Frankreich fast beendet. Die Niederlande und Belgien waren besetzt, die geflüchtete französische Regierung wurde durch ein Kabinett unter Marschall Pétain abgelöst, das am 22. Juni Frankreichs Kapitulation unterzeichnete. Das hieß für die baltischen Länder: Deutschland führte Krieg im Westen, Frankreich hatte als politischer Faktor aufgehört zu existieren, d. h. seine Situation unterschied sich nur wenig von der der baltischen Länder. Und England hatte bei Dünkirchen gerade seine schwerste Niederlage einstecken müssen – die Sowjets konnten sicher sein: Hilfe von außen war für das Baltikum nicht in Sicht.

In allen drei Ländern wurde neben den sowjetischen Gesandten jeweils ein hochrangiger Sonderbeauftragter eingesetzt:

Für Estland Andrej Schdanow (1896–1948), der seit 1946 als Leiter der Propaganda-Abteilung beim ZK in Moskau für die Verschärfung des »Sozialistischen Realismus« verantwortlich zeichnete. Für Lettland Andrej Wyschinskij (1883–1954), berüchtigt als Generalstaatsanwalt bei den Schauprozessen und »Großen Säuberungen« in den Jahren 1935–1938, an deren Durchführung auch Schdanow maßgeblich beteiligt war. Für Litauen Wladimir Dekanosow (1898–1953), stellvertretender Außenminister der UdSSR. Diese drei sorgten für die Zusammensetzung einer kommunistischen »Regierung«, jeder in »seinem« Land.

Urbšys erinnert im Verlauf seines Berichtes mehrfach an den Artikel 7 des »Beistandspaktes«, in dem bestimmt wurde, daß bei der Realisierung des Vertrages in keiner Weise die Souveränitätsrechte einer der vertragschließenden Seiten verletzt werden dürften, insbesondere sollten die Staatsform, das Wirtschafts- und das Sozialsystem nicht angetastet werden, auch sollte das Prinzip der Nichteinmischung in die inneren Angelegenheiten eines anderen Staates gewahrt bleiben.

In einer Informationsbroschüre des Baltischen Komitees in Skandinavien (1972) werden 14 Verträge aufgezählt, die seitens der Sowjetunion mit der Besetzung und der Sowjetisierung der baltischen Staaten gebrochen wurden. Als 15. Punkt wird die Verletzung der Völkerbundkonvention angeführt. Zum Zeitpunkt des Einfalls in das Baltikum traf das nicht mehr zu: die UdSSR war bereits am 14.12.1939 wegen ihres Angriffskrieges gegen Finnland aus dem Völkerbund ausgeschlossen worden.

Die einrückenden sowjetischen Truppen besetzten als erstes die Post- und Telegraphenämter und die Rundfunksender. Die jeweils laufenden Programme wurden abgebrochen.

Die Präsidenten von Estland und Lettland bleiben noch einige Tage im Amt. Man brauchte sie zur Bestätigung der unter Leitung von Schdanow resp. Wyschinskij zusammengestellten »Regierungen«. Beide Präsidenten weigerten sich zunächst, bis von der Besatzungsmacht »Demonstrationen« befohlen wurden. Päts gab schließlich nach und bestätigte das neue Kabinett. Ulmanis scheint eine solche Bestätigung vermieden zu haben.

In Litauen lagen die Verhältnisse anders. Smetona hatte bereits das Land verlassen. Dekanosow veranlaßte den bisherigen Ministerpräsidenten, wohl nicht ohne entsprechende Drohung, auch die Funktionen des Staatspräsidenten zu übernehmen.

Die baltischen Staaten waren seit 1934 mehr oder minder autoritär regiert worden. Nun, so verkündeten die neuen moskaugenehmen Regierungen, werde es wieder Wahlen geben.

Es wurden Wahlen ausgeschrieben. Auch nichtkommunistische Wahlvorschläge waren zugelassen, doch verbot man eine nach der anderen die oppositionellen Listen, mal mit einem Vorwand, mal ohne. Die Kandidaten wurden in der Regel verhaftet. Als die Wahlen am 14. und 15. Juli 1940 stattfanden, gab es nur noch eine Liste: die Kommunisten. Um eine möglichst hohe »Wahl«-Beteiligung zu erreichen, sorgten Wahlhelfer dafür, daß jeder, der irgendwie gehen konnte, zur Wahlurne ging. Kranken wurde die Urne ans Krankenbett getragen. Wenn die Hand zitterte, halfen die Wahlhelfer beim Einwerfen des Wahlzettels. Es war nichts auszufüllen, nichts anzukreuzen, es gab nur eine Liste. Die Wahlergebnisse waren bereits den sowjetischen Gepflogenheiten angepaßt: sie lagen zwischen 93 % der abgegebenen Stimmen in Estland und 98 % in Lettland für die kommunistische Einheitsliste.

Die Sowjetisierung ging zügig voran. Am 20. Juli traten die neuen Parlamente zusammen und deklarierten als erstes ihr jeweiliges Land zur Sozialistischen Sowjetrepublik. Am nächsten Tag beschlossen die drei Parlamente, um Aufnahme der Republik in die Sowjetunion zu ersuchen. Darüber war übrigens vor der Wahl nichts gesagt worden. Einen Tag später einigten sich die Parlamente über die Verstaatlichung allen Grundbesitzes und aller privaten Industrie- und Handelsunternehmen.

Den Anträgen auf Aufnahme als Unionsrepubliken in die Sowjetunion wurde von Moskau »stattgebeben«: Litauen wurde am 3. August 1940 zur 14. Republik der Sowjetunion, Lettland am 5. August 1940 zur 15. Republik und Estland am

6. August 1940 zur 16. Republik der Sowjetunion. Die drei baltischen Staaten hatten damit aufgehört, de facto als solche zu existieren, de jure jedoch blieben sie als souveräne Staaten bestehen.

Boris Meißner, der sich bisher am intensivsten mit der völkerrechtlichen Position der baltischen Staaten befaßt hat, kommt zu dem Schluß,

daß, abgesehen von einigen Fällen, die überwiegende Mehrheit der souveränen Staaten, mit den führenden Mächten der außersowjetischen Welt an der Spitze, die sowjetische Annexion der baltischen Staaten de jure nicht anerkannt hat. Mit der Verweigerung der de-jure-Anerkennung hat die Völkerrechtsgemeinschaft die Rechtmäßigkeit der sowjetischen Intervention angefochten und die Heilung der Annexion als eines Unrechttatbestandes abgelehnt. Im Rahmen der de-facto-Anerkennung haben sich nur einzelne Staaten bereit erklärt, die Gebietsherrschaft der Sowjetunion im Baltikum und die damit verknüpften Rechtsfolgen zeitweilig und unverbindlich hinzunehmen. Somit haben die baltischen Staaten auch vom Standpunkt des positiven Völkerrechts ihre Völkerrechtssubjektivität nicht eingebüßt. ... Mit der Völkerrechtssubjektivität ist auch die territoriale Souveränität der baltischen Staaten erhalten geblieben. Sie ruht für die Dauer der Okkupation und würde mit der Aufhebung der Interventionsbesetzung automatisch wieder aufleben. Die Gebietsherrschaft, die von der Sowjetunion im Baltikum ausgeübt wird, ist nur im Bereich der gepachteten Stützpunkte als eine de-jure-Gebietshoheit anzusehen. Darüber hinaus hat sie nur faktischen Charakter, da das Interventionsübereinkommen, das nur als ein Provisorium gedacht gewesen ist, einerseits durch den sowjetischen Rechtsbruch, andererseits durch das Kriegsende als Rechtsgrundlage der Interventionsbesetzung hinfällig geworden ist. Die Sowjetunion übt somit im Baltikum eigene Staatsgewalt ohne völkerrechtliche Legitimation aus. (Meißner, 1956, S. 309)

Zwei vorbeugende Maßnahmen, die kurz vor der Besetzung von den Regierungen der drei baltischen Staaten ergriffen wur-

den, kommen diesen Staaten heute, nach der Wiedererlangung ihrer Unabhängigkeit im Jahre 1991, zugute:
1. Die Botschaften in London, Paris und Washington wurden derart mit Vollmachten versehen, daß sie, als es nötig wurde, die Funktion einer Exilregierung übernehmen konnten.
2. Die Goldreserven der Staatsbanken wurden zu einem großen Teil ins westliche Ausland geschafft. Es gehörte zu den ersten Maßnahmen der sowjetischen Besatzungsmacht, die Keller der Staatsbanken auszuräumen und das verbliebene Gold nach Moskau zu schaffen. In Lettland soll den Sowjets noch ein Rest im Wert von zehn Millionen Lat in die Hände gefallen sein, das entsprach etwa fünf Millionen Reichsmark.

Soweit die Entwicklung von ihrer formalen und von ihrer rechtlichen Seite her.

Was aber bedeutet die sowjetische Herrschaft für den einzelnen Bewohner der baltischen Länder?

Für einen großen Teil der Bevölkerung schien es Möglichkeiten zu geben, sich mit den neuen Verhältnissen und Herren zu arrangieren. Zwar brachten die Maßnahmen der neuen Herren fast allen oft schmerzliche Nachteile und Belastungen, nicht nur materieller Art, doch schien es vielen, daß die neue »Russenzeit« zu ertragen sein würde. Niemand konnte sich jedoch vorstellen, daß diese »Russenzeit« ein halbes Jahrhundert dauern würde.

Für die meisten Kleinunternehmer änderte sich die Situation dahingehend, daß sie in den Betrieben, die ihnen gehört hatten, nun vom Staat als Direktor mit einem monatlichen Gehalt angestellt wurden.

Einen beträchtlichen Verlust erlitten die Einwohner der baltischen Staaten durch die Abschaffung der einheimischen Währung. In Lettland zum Beispiel gab es für einen goldgedeckten, konvertierbaren Lat einen sowjetischen Rubel, dessen Wert schon damals begrenzt war. Der Wechselkurs vor der Okkupation betrug zehn Rubel für einen Lat. Die wichtigste Folge dieser Umtauschaktion war, daß die Angehörigen der Besatzungsmacht und andere Sowjetbürger, die mit ins Land gekommen waren, einige Tage lang ausgesprochen preiswert einkaufen konnten, bis das Warenangebot dem in der Sowjetunion angeglichen war, was auch damals bedeutete, daß die Läden zunächst einmal leergekauft wurden.

Schwierigkeiten bereitete vielen auch, daß die neuen Herren eine fremde Sprache sprachen: Russisch. Die jüngere Generation hatte zumeist Englisch als erste Fremdsprache gelernt.

Die tatsächlich einflußreichen Stellen in Politik und Wirtschaft wurden gleich zu Anfang der Sowjetzeit mit Russen besetzt oder mit Letten, die sich während oder nach der Oktoberrevolution in der Sowjetunion niedergelassen hatten. Die Jüngeren sprachen ihre Muttersprache häufig nur noch gebrochen. Im Laufe der Jahre wanderten immer mehr Fremde, vor allem Russen, zu.

Es gab Bürger, die schon bald nach der Besetzung das erfahren mußten, was man später »Repression« nannte. Zu diesen gehörten Mitglieder der letzten baltischen Regierungen. Noch einmal aus den Erinnerungen des litauischen Außenministers Juozas Urbšys:

Es war der 17. Juli 1940. Ein sonniger Morgen. Ein Blick durchs Fenster. Um das Sommerhaus herum standen Sowjetsoldaten mit aufgepflanzten Bajonetten... Drei oder vier Männer in Zivil kamen herein. Wie sich später herausstellte, war einer von ihnen Litauer – Guzevičius [...] Guzevičius teilte uns etwas gezwungen wirkend mit, vielleicht kam mir das auch nur so vor, daß meine Frau und ich, daß wir in die Sowjetunion verbannt werden... Die Beamten des NKWD befahlen uns derweil, unsere Sachen zusammenzupacken. Dabei gingen sie ironisch lächelnd und mit herablassenden Blicken in den Zimmern umher. Als sie auf unsere langjährige, in Tränen aufgelöste Haushälterin trafen, machten sie sich über sie lustig: ›Was trauerst du um deine Ketten? Schließlich können wir auch dich mitnehmen, wenn du willst...‹. (Urbšys, »Baltica«, 4/1991, S. 16)

Urbšys und seine Frau saßen in verschiedenen Gefängnissen Rußlands, getrennt voneinander. In denselben Gefängnissen waren auch andere ehemalige Angehörige der baltischen Regierungen. Nach zwölf Jahren im Gefängnis wurde Urbšys sein Urteil vorgelegt: 25 Jahre »wegen aktiver Teilnahme an den internationalen Bemühungen der Bourgoisie, die den Umsturz der Unionsregierung zum Ziel hatten«. 1954, nach Stalins Tod, wurden die Überlebenden in ihre Heimatländer entlassen. Dazu gehörten Urbšys und seine Frau, der lettische Außenminister Munters und dessen Frau, der lettische General Balodis. Nicht überlebt haben der estnische General Laidoner, der litauische Ministerpräsident Merkys, der lettische Präsident Ulmanis, der estnische Präsident Päts, um nur einige Namen zu nennen.

Vom ersten Tag der sowjetischen Besetzung an wurden laufend Menschen verhaftet. Täglich verschwanden Männer und Frauen, viele blieben für immer verschwunden, von einigen kam noch ein Lebenszeichen, meist aus weit entfernten Regionen der UdSSR.

Der 14. Juni 1941

Die Anwohner des Verschiebebahnhofs Šķirotava in Riga hatten schon tagelang pausenloses Rangieren gehört, auch nachts.

Stalins Mittel zur Beherrschung seiner Untertanen war die Angst. Viele Sowjetbürger verschwanden einige Jahre in einem Straflager, in Workuta, in den Goldgruben an der Kolyma, in Magadan, beim Bau des Weißmeerkanals und Hunderten von anderen Orten. Diese Namen verbreiteten Schrecken. Alle diese Lager wurden zentral verwaltet von der GULAG –»Hauptverwaltung der Besserungs- und Arbeitslager«. Wer einmal in einem dieser Lager war, der litt unter der Angst, dort wieder hin zu müssen. Als die Angst aufhörte, 1985 etwa, begann das Ende der Sowjetunion.

Der geheime Befehl zur »Säuberung von konterrevolutinären und feindlichen Elementen« war bereits am 11. Oktober 1939 ergangen, einen Tag nach dem Abschluß des letzten der drei »Beistandpakte«. Unterzeichnet war der Befehl von NKWD-General Serow. Folgende Personenkreise waren laut

Befehl betroffen: Führende Mitglieder von konterrevolutionären Organisationen, nationalen Vereinigungen und politischen Parteien, höhere Beamte in Regierung und Verwaltung, Großgrundbesitzer, Industrielle, Kaufleute und Hausbesitzer, Personal von Polizei und Strafvollzug, ehemalige Beamte der zaristischen »Ochrana« (die politische Geheimpolizei), russische Emigranten und Angehörige der »Weißen Garde«, Personen, die im diplomatischen Dienst tätig waren, Vertreter ausländischer Firmen, kriminelle Elemente, Spekulanten, Schwarzhändler, Prostituierte – alle einschließlich ihrer Familien.

Allein in der Nacht vom 13. auf den 14. Juni 1941 wurden in Estland mehr als 11000, in Lettland mehr als 16000 und in Litauen mehr als 21000 Menschen verhaftet und in das Innere der Sowjetunion deportiert. Das war jeweils etwa 1 Prozent der Bevölkerung. Die genauen Zahlen sind immer noch nicht ermittelt.

Der Abtransport erfolgte in Viehwaggons, deren Fenster mit Stacheldraht vergittert waren. Die erwachsenen Männer wurden noch vor Abgang der Transporte von ihren Familien getrennt und in der Regel zu anderen Bestimmungsorten gebracht als die Frauen und Kinder.

14. Juni. Gegen vier Uhr morgens weckte mich meine Mutter. Sie weinte, wer weiß warum. In den Nebenzimmern hörte ich die Stimmen fremder Männer. Meine kleine Schwester und Erika weinten laut. Meine Großmutter jammerte. Was war geschehen, so früh am Morgen? Wir sollten uns schnell anziehen, befahlen die bewaffneten Männer, und sie trieben uns an. Mein Vater saß am Schreibtisch. Einer der fremden Männer durchsuchte die Schubladen des Schreibtisches. Der andere hielt einen Sack offen. Da hinein warf er Bleistifte und andere Arbeitsgeräte meines Vaters, Medaillen und Orden. In die leeren Schubladen räumten sie das Familiensilber und versiegelten dann die Schubladen. Sie sagten, daß sie später den Inhalt abholen würden. Die anderen beiden waren nebenan im Zimmer und schüttelten aus den Schubladen des Buffets alles, was sie offensichtlich für sich haben wollten: Knäule von Stopfgarn, Garnrollen, die silbernen Halter der Teegläser... Der Lastwagen fährt auf das Gelände des Güterbahnhofs von Tornakalns, dort stehen auf verschiedenen Gleisen Züge mit roten, zweiachsigen Güterwagen. Zwischen diesen Zügen ein Heer von Menschen, Soldaten mit aufgepflanztem Bajonett, Schreie von Frauen, Kinderweinen, Befehle, Drohungen. Die Waggons sind schnell voll. Was soll das alles bedeuten? Unsere Familie wird in einen Waggon gedrängt, der schon voll Menschen ist. Die Wagentür wird zugeschoben. Durch die kleinen vergitterten Fenster kommt nur wenig Licht, es herrscht Halbdunkel. Wir vier ertasten einander, halten uns fest an den Händen. Mein Vater beruhigt uns. In dem kleinen halbdunklen Viehwagen konnte ich etwa dreißig Menschen erkennen, oder mehr – Erwachsene und Kinder. Sie hockten auf den eingebauten zweistöckigen Pritschen, aber auch auf dem Boden, in der Mitte des Waggons, alle schauten mit verweinten Augen auf die Neuankömmlinge. Manche hatten einen Koffer oder einen Korb, so einen, mit dem man damals die Wäsche zur Wäscherei trug. Die meisten hatten nur das, was sie in der Eile und Aufregung anziehen konnten. Den ganzen Tag über nieselte es. Am anderen Tag, dem 15. Juni, wurde uns erklärt, daß die Männer vorläufig, bis zum Ende der Fahrt, von ihren Familien getrennt würden und in besonderen Waggons fahren sollten (damit keine Unbequemlichkeiten entstehen...). Es folgten neue Klagen und Ströme von Tränen, aber sich dem Befehl zu widersetzen, war unmöglich. Auch wir trennten uns von meinem Vater. Im letzten Augenblick gab er meiner Mutter seine goldene Taschenuhr, mir aber gab er das Taschenmesser, das er schon lange aufgehoben hatte, um es mir zu meinem Eintritt bei den Pfadfindern zu schenken. Dann ging die Waggontür auf, die Namen der Männer, die getrennt von ihren Angehörigen fahren sollten, wurden aufgerufen. Als die Tür wieder zugeschoben, es wieder halb dunkel war, sah ich die Gestalt meines Vaters immer noch vor mir, in optimistischer Haltung. So blieb er mir für immer im Gedächtnis – wie stets ordentlich angezogen, grauer Anzug, Weste, helles Hemd mit Krawatte und die schwarze Hornbrille. (Līce, 1990, S. 291f.)

Einer von Zehntausenden. Ein Trauma für jeden Esten, Letten, Litauer.

Die Zahl der Opfer insgesamt in diesem ersten Jahr sowjetischer Besatzung, der Toten und Deportierten wird für Estland auf 60000 für Lettland auf 34000 und für Litauen auf 75000 Menschen geschätzt – Männer, Frauen, Jugendliche, Kinder, Säuglinge, Greise. Dieses Jahr wird das »Jahr des Grauens« genannt.

Unter deutscher Besatzung

Einmarsch der Deutschen

Die einrückenden deutschen Soldaten wurden in Litauen, Lettland und später auch in Estland von der Bevölkerung mit Blumen empfangen. Viele Menschen, vor allem Frauen, standen in den Städten am Straßenrand. Die deutschen Soldaten waren die Befreier. Wer von den Sowjets deportiert werden sollte, wer dem entgangen war, sich versteckt hielt, der konnte nun aufatmen, sich wieder zeigen, in ein relativ normales Leben zurückkehren. So schien es.

Nicht wenige der so begrüßten deutschen Soldaten blickten erstaunt und voller Unverständnis auf die ihnen gereichten Blumen. Ihnen hatte man von »slawischen Untermenschen« erzählt, von Primitivvölkern auf niedriger Kulturstufe. Nun aber begegneten ihnen Menschen, die aussahen wie sie selber, und deren Kulturstufe durchaus europäisch zu sein schien. Die Letten zum Beispiel wurden von deutschen Soldaten die »Nessaprotten« genannt, von Lettisch »es nesaprotu« – »ich verstehe nicht«.

Am 22. Juni 1941 hatten deutsche Truppen die Grenze überschritten, am 24. Juni besetzten sie Kaunas und Vilnius, am 27. Juni gab es keine sowjetischen Truppen mehr in Litauen. Auch Lettland wurde rasch besetzt. Riga fiel am 1. Juli, am 8. Juli waren die Deutschen schon in Pskow (Pleskau).

In Estland kam der deutsche Vormarsch vorübergehend zum Stehen, auf der Linie Tartu (Dorpat) – Viljandi (Fellin) – Pärnu (Pernau). Die hauptsächliche Vormarschrichtung verlief jetzt östlich des Peipussees, auf russischem Gebiet. Ziel war Leningrad. Als am 17. August die Deutschen Narva eroberten, waren die in Estland stehenden sowjetischen Truppen abgeschnitten. Sie leisteten gebietsweise noch Widerstand bis Ende August. Dann war das ganze estnische Festland unter deutscher

Kontrolle. Mit der Einnahme der Insel Hiiumaa (Dagö) am 21. Oktober war die Besetzung des Baltikums durch deutsche Truppen abgeschlossen.

Nur allzu bald stellte sich heraus, daß die »Befreier« keine Befreier waren. Die Pläne, was mit den eroberten Gebieten geschehen solle, variierten zu diesem Zeitpunkt noch, sicher aber war, daß nicht daran gedacht wurde, den baltischen Staaten zur Wiederherstellung ihrer Unabhängigkeit zu verhelfen, auch nicht zur Etablierung als eine Art von Vasallenstaaten nach dem Vorbild der Slowakei. Zumindest letzteres hatte eine Reihe von baltischen Politikern erhofft.

Um die Vorgänge während des Zweiten Weltkrieges in Osteuropa und auch im Baltikum zu verstehen, sollte man sich zunächst ein Bild von den Vorstellungen über den »Osten« machen, die bei der deutschen Führung zu Beginn des Krieges gegen die Sowjetunion und auch schon vorher herrschten.

Im Frühjahr 1940 hatte Himmler seine Ideen in einer Denkschrift niedergelegt. Das »rassisch wertvolle Menschenmaterial« aus diesen nicht genau umrissenen Gebieten sollte nach Deutschland geschafft und dort »assimiliert« werden. Für die restliche nichtdeutsche Bevölkerung im »Osten« sollten vor allem die Bildungsmöglichkeiten begrenzt werden. Es genüge, wenn die Leute ihren Namen schreiben und mit Zahlen bis 500 rechnen könnten. Eine derartige Bevölkerung ohne Führungsschicht wäre dann leicht zu beherrschen. Himmler hatte dabei wohl hauptsächlich an Polen und die Ukraine gedacht (Myllyniemi, 1973, S. 51).

Alfred Rosenberg (1893–1946) stammte aus Tallinn (Reval), war aber in jungen Jahren bereits nach Deutschland gegangen. 1921 wurde er Hauptschriftleiter, d. h. Chefredakteur des »Völkischen Beobachters«. Neben Goebbels war er der wichtigste Ideologe und Progagandist der Nationalsozialisten. Im Juli 1941 wurde er zum Minister für die besetzten Ostgebiete ernannt und war somit auch der für die baltischen Länder zuständige Minister. Auch Rosenberg hatte abstruse Vorstellungen von dem, was aus den »Ostgebieten« zu machen sei. Man erkennt allerdings einige Gedankengänge wieder, die schon im Ersten Weltkrieg während der deutschen Besetzung in bestimmten deutschbaltischen Kreisen verfolgt wurden. Der baltische Raum solle, vor allem in seinen westlichen Teilen, von Deutschen besiedelt werden. Die einheimischen Völker seien zu germanisieren. Bei den Esten sah Rosenberg in dieser Beziehung wenig Schwierigkeiten, die seien zur Hälfte ohnehin mit Dänen, Schweden und Deutschen vermischt. Bedenken hatte er besonders bei der lettischen Intelligenz. Die sei, befand er, am besten nach Rußland zu deportieren. Ähnliche Ansichten hegten auch einige höhere Chargen im »Ostministerium«, die zum Teil deutschbaltischer Herkunft waren, unter ihnen der ehemalige Abgeordnete im estnischen Parlament Werner Hasselblatt in seiner Denkschrift »Verschiedene Vorschläge und Anregungen zur Organisation der besetzten Ostgebiete« vom Juli 1941 (vgl. Myllyniemi, 1973, S. 58).

Wichtigstes Nahziel in den besetzten Ostgebieten, also auch im Baltikum, war die wirtschaftliche Ausbeutung, um den Krieg im Westen weiterhin erfolgreich führen zu können.

Alle damals in Deutschland politisch maßgebenden Personen gingen davon aus, daß die Sowjetunion innerhalb kurzer Zeit »niedergerungen« sein würde. Auch Hitler war davon überzeugt. Schon Mitte Juli 1941 sah er den »Ostfeldzug« als praktisch gewonnen an. Nur einige Militärs dürften damals die Lage realistischer eingeschatzt haben.

Die Verantwortung für die deutsche Besatzungspolitik in den »Ostgebieten« war auf drei Personen verteilt, die sich allerdings ihre jeweiligen Kompetenzen zuweilen streitig machten:

1. Hermann Göring war auch verantwortlicher Minister für den Vierjahresplan, ihm waren alle wirtschaftlichen Maßnahmen in den Ostgebieten übertragen worden.
2. Heinrich Himmler, Reichsführer SS und »Reichskommissar für die Festigung des deutschen Volkstums«, war zuständig für die »physische Vernichtung der jüdisch-bolschewistischen Führungsschicht«, für die Eindeutschung der dafür vorgesehenen Bevölkerungsteile sowie für die Neuansiedlung deutscher Bevölkerung. Als Chef der deutschen Polizei unterstand ihm auch die Polizeigewalt in den besetzten Gebieten.
3. Alfred Rosenberg als Ostminister war für die allgemeine

Politik und Verwaltung im besetzten Osteuropa verantwortlich.

Sowohl die weitreichenden Pläne bezüglich der eroberten Gebiete als auch die Aufteilung der entsprechenden Kompetenzen gelangten zunächst nicht an die Öffentlichkeit. Sogar die Existenz des »Ostministeriums« wurde erst Monate nach seiner Gründung im Juli 1941 bekanntgegeben. Deshalb hatten die politischen Führer in Litauen, Lettland und Estland zunächst keinerlei Vorstellungen von den tatsächlichen Absichten der Deutschen.

In Litauen begannen gleich nach dem Ausbruch der Feindseligkeiten am 22. Juni 1941 Aufständische hinter den sowjetischen Linien für die Befreiung Litauens zu kämpfen. Noch vor dem Eintreffen der deutschen Truppen konnten die Aufständischen in Kaunas die wichtigsten Verwaltungsgebäude und vor allem den Rundfunk besetzen. Über den Rundfunk teilten sie mit, daß bereits eine provisorische litauische Regierung gebildet sei, mit Kazys Škirpa – ehemals litauischer Gesandter in Berlin – als Ministerpräsident. Ziel der Litauer war, denn sie besaßen ja keinerlei Information über irgendwelche deutschen Pläne, noch vor dem Eintreffen deutscher Truppen vollendete Tatsachen zu schaffen, d. h. einen möglichst funktionierenden litauischen Staat aufzubauen.

Auch in Lettland hatten einige Verbände des Militärs sich in kurzer Zeit reorganisieren können, die Rundfunkstation in Riga besetzt und die Wiederherstellung der Unabhängigkeit Lettlands ausgerufen. Es wurde auch sogleich damit begonnen, die Verwaltung des Landes in eigener Regie wieder aufzubauen.

Besonders wirkungsvoll war die Tätigkeit der Freiwilligenverbände in Estland, denen es gelang, die »Taktik der verbrannten Erde« zu verhindern, die von den Sowjets angeordnet worden war.

Beim deutschen militärischen Kommando war man dankbar für die Aktivitäten der nationalen Freiwilligenverbände hinter den Linien der Sowjets. In Estland hatten die deutschen Truppen mit den estnischen Einheiten sogar Verbindung aufgenommen.

Auch über den raschen Aufbau einer einheimischen zivilen Verwaltung in den baltischen Ländern war man beim deutschen Militär froh, denn es gehört – nach der Haager Landkriegsordnung – zu den Aufgaben des Militärs, das ein Land besetzt hat, dort Ruhe und Ordnung aufrechtzuerhalten. Diese Aufgabe übernahmen nun großenteils die litauischen, lettischen und estnischen Behörden. Die Zusammenarbeit funktionierte offenbar. Nur – das deutsche Militär hatte strenge Anweisung, keinerlei bindende Zusagen zu machen, nichts zu versprechen.

Die deutsche politische Führung, auch Hitler selbst, war daran interessiert, die eroberten Gebiete so bald wie möglich der Zuständigkeit des Heeres zu entziehen und sie einer deutschen Zivilverwaltung zu unterstellen.

Die baltischen Länder und Weißrußland waren zum »Reichskommissariat Ostland« zusammengefaßt. Sitz des Reichskommissars Hinrich Lohse – vorher Gauleiter von Schleswig-Holstein – war Riga. Das Reichskommissariat wurde aufgegliedert in die Generalkommissariate Estland, Lettland, Litauen und Weißrußland, mit den jeweiligen Generalkommissaren in Tallinn, Riga, Kaunas und Minsk.

Noch während der Militärverwaltung, parallel zu dieser, nahm die »Wirtschaftsinspektion Ostland« ihre Tätigkeit auf.

Fast gleichzeitig mit den ersten deutschen Soldaten kamen auch die Kommandos von Himmlers Einsatzgruppe A nach Litauen, Lettland und Estland.

Die Juden in Riga

Der größte Teil der Bevölkerung in den baltischen Ländern konnte nach der Besetzung durch deutsche Truppen zunächst aufatmen – es fanden keine Deportationen mehr statt, keine Verhaftungen großen Stils, man war sich, so das allgemeine Gefühl, seines Lebens wieder sicher. Sogar die Eigentumsverhältnisse, so wie sie vor dem Einmarsch der Sowjets im Jahre zuvor bestanden hatten, wurden nach und nach wieder hergestellt.

Für einen Teil der Bevölkerung allerdings tat sich seit dem ersten Tag des Einmarsches der Deutschen ein Abgrund nie geahnten Grauens auf: für die Juden.

Es ist eine Frage, die von den Historikern noch nicht eindeutig geklärt ist: waren wirklich nur die Deutschen Anstifter, und die einheimischen Täter nur Angestiftete? Oder haben die Einheimischen, in diesem Falle vor allem die lettischen Täter, von sich aus spontan, nach eigener Planung, eventuell noch vor dem Eintreffen der Deutschen gehandelt?

Die Thesen der Historiker lassen sich grob in drei Positionen gliedern. Erstens sei es für die deutschen Einsatzkommandos zunächst schwierig gewesen, unter den Einheimischen so schnell Komplizen und Kollaborateure für die Mordaktionen zu gewinnen. Es fanden sich dann aber doch genügend Willige. Die zweite Version geht davon aus, daß der SS daran gelegen habe, angeblich »spontane« antijüdische Ausschreitungen von Einheimischen vorweisen zu können, und sie sei bestrebt gewesen, von ihr selbst initiierte und organisierte Aktionen im Nachhinein als »spontan« erfolgte darzustellen. Die dritte These geht davon aus, daß – wiederum besonders in Lettland – aktive Judenverfolgungen schon vor dem Eintreffen deutscher Truppen von Letten in eigener Regie begonnen worden seien und von den deutschen Stellen nur noch hätten koordiniert werden müssen.

Zwei neuere Historikerarbeiten bringen Genaueres zu diesem Thema. Marǵers Vestermanis untersucht in seinem Aufsatz von 1992 Morde an Juden, die von Letten während der ersten Tage der deutschen Besatzung begangen wurden. Sein Fazit: »Dabei dürfte die ganz selbständige Eigeninitiative wohl eine seltene Ausnahme gewesen sein.« (Vestermanis 1992, S. 107). Andrew Ezergailis bringt im Rahmen seiner 1996 in englischer Sprache erschienenen Monographie »Holocaust in Latvia« Licht in die Ereignisse am Tag des Einrückens der deutschen Truppen und am Tag danach hinsichtlich der von der Bevölkerung gegen die Juden gerichteten Aktivitäten. Danach sei es den unmittelbar hinter der Front einrückenden deutschen Einsatzgruppen nicht geglückt, bei der Bevölkerung »spontane« Ausschreitungen gegen die jüdischen Einwohner zu organisieren. Später allerdings fanden die Deutschen zahlreiche Helfershelfer unter der einheimischen Bevölkerung. Ezergailis selbst weist darauf hin, daß trotz seiner umfangreichen Forschungen immer noch Lücken in der Aufklärung der Ereignisse geschlossen werden müssen. (Ezergailis 1996, S. XX, 154 ff. und 211)

Eine Schwierigkeit bei der Aufklärung der Vorgänge bereitet die sowjetische Geschichtsschreibung. Sie spricht von den baltischen Völkern als Sowjetbürgern, und die konnten nach sowjetischer Darstellung nichts mit den Morden an Juden zu tun haben. Hinzu kommt, daß in der ganzen Sowjetunion offiziell nur von »Sowjetbürgern«, von »den Opfern des Faschismus«, nicht jedoch von »Juden« gesprochen oder geschrieben wurde.

Die ersten Anordnungen, die ausschließlich den jüdischen Teil der Bevölkerung betrafen, wurden zumeist nicht von der SS, sondern vom Heer oder von der Marine erlassen. In Liepāja (Libau) zum Beispiel erließ der Kommandant, Korvettenkapitän Brückner, am 5. Juli 1941, nur wenige Tage nach der Besetzung durch die deutschen Truppen, folgenden Befehl: Juden hatten ab sofort »gelbe Tuchflecken, mindestens 10 mal 10 cm groß«, auf ihre Kleidung aufzunähen, je einen auf der Brust und einen auf dem Rücken. Alle jüdischen Bürger wurden zu Zwangsarbeiten herangezogen. Ihre Häuser durften sie nur von 10 bis 12 und von 15 bis 17 Uhr verlassen. Öffentliche Verkehrsmittel durften sie nicht benutzen. Wenn ihnen ein Deutscher in Uniform entgegenkam, hatten sie den Bürgersteig zu verlassen. Später durften sie überhaupt nur im Rinnstein gehen. Und: ihre Radioapparate und Schreibmaschinen mußten sie abgeben (nach Vestermanis, 1990, S. 428).

Das weitere beschreibt Bernhard Press in seinem Buch »Judenmord in Lettland«:

Ein hemmungsloses, entfesseltes Morden setzte jetzt ein und dauerte jahrelang an. Bewaffnete Männer drangen bei Tag und bei Nacht in jüdische Wohnungen ein. Auf den Straßen, in den Läden, Fabriken und Werkstätten machten sie Jagd auf uns. Sie schreckten uns aus dem Schlaf auf und erschossen uns in unseren Betten. Juden – Männer und Frauen, Kinder und Greise – trieb man in die Wäldchen in den Vororten großer und kleiner Städte, wo man sie Massengräber graben ließ oder wo man sie am Rand bereits ausgehobener Gräber aufstellte und zu Hunderten und Tausenden erschoß. Wer nicht an Ort und Stelle erschossen wurde, kam ins Gefängnis und fand dort den Tod. Neugeborenen und Säuglingen zerschmetterte man den Schädel an der Wand oder warf sie in die Luft und schoß auf sie wie auf Tontauben oder fing sie auf Bajonettspitzen auf (Press, 1988, S. 40).

Ende Juli 1941 wurde in Riga ein Ghetto eingerichtet, auch mit auf Betreiben von Juden. Sie erhofften, so bessere Überlebenschancen zu haben. Von deutscher Seite wurde das Ghetto angelegt, um einfacher über jüdische Arbeitskräfte verfügen zu können. Ein weiterer, nicht unwesentlicher materieller Faktor kam hinzu: für jeden Ghettobewohner war zunächst eine Wohnfläche von 3–4 Quadratmetern vorgesehen, d. h. sie mußten das meiste ihres Eigentums in den Wohnungen zurücklassen. Diese Wohnungen wurden dann von den entsprechenden deutschen Dienststellen ausgeräumt. Noch bis in die letzten Tage vor der Räumung Rigas am 13. Oktober 1944 gingen Transporte mit diesem Diebesgut nach Deutschland.

In sogenannten »Aktionen« wurde die Ghettobevölkerung »dezimiert«. Die erste dieser »Aktionen« fand am 29. und 30. November 1941 statt. Ihr fielen die Frauen, Kinder und Alten der ersten Ghettobelegschaft, d. h. der Rigaer Juden, zum Opfer. Noch einmal sei Bernhard Press zitiert:

Zuerst drangen die schwer betrunkenen Polizisten in das Altersheim im Gebäude der Gemeinde und in die anliegenden Häuser ein. Im Altersheim erschossen sie mit Maschinengewehren Alte, Kranke und Invaliden in ihren Betten. Aus den Nachbarhäusern jagten sie die Menschen, die noch mitten in den Vorbereitungen zur angeblichen Evakuierung waren, mit Kolbenschlägen und Schüssen, Flüchen und Drohungen aus den Wohnungen. Wer nicht schnell genug Folge leistete, wurde an Ort und Stelle erschossen, kleine Kinder aus den Fenstern auf die Straße geschleudert. Im Dunkeln der Nacht jagten die lettischen Polizisten zu Fuß und zu Pferde, unter ihnen der erwähnte H. Cukurs, die

Menschen wie eine aufgescheuchte Herde die Straße entlang. Wer nicht mitkonnte, dem machte man mit einem Genickschuß ein Ende. Einen Teil der Alten stieß man in Autobusse und fuhr mit ihnen davon, ohne daß die Unglücklichen ahnten, wohin. In Angst und Schrecken wurden die Todgeweihten vorwärts gehetzt, warfen ihre Bündel weg, um schneller laufen zu können, um nicht geschlagen und von einer Kugel ereilt zu werden – wußten sie doch nicht, daß die ihnen bestimmte ohnehin schon in einem anderen Gewehrlauf auf sie wartete. (Press, 1988, S. 89f.)

Der von Press erwähnte Herberts Cukurs galt ursprünglich als eine Art lettischer Nationalheld. Als Hauptmann der Luftwaffe war er in den 30er Jahren in einer kleinen Maschine von Riga nach Gambia in Westafrika geflogen, der einstigen kurländischen Kolonie. Nach dem Zweiten Weltkrieg glückte es ihm, nach Brasilien zu entkommen, bis einige der einstigen Opfer ihn 1965 in Uruguay aufspürten und umbrachten. Wie geriet Herberts Cukurs, ein bis dahin wohl unbescholtener Offizier, unter die Judenmörder?

Das Phänomen des Antisemitismus spielte in der Geschichte der baltischen Völker keine Rolle. Woher kam er nun bei den Letten, auch unter Litauern, kaum bei Esten? Auch dies ist ein bisher wenig hinterfragtes oder gar erforschtes Gebiet. Noch zu Beginn des Jahrhunderts gab es in Lettland keinen Antisemitismus. Während der Revolution von 1905 standen Letten und Juden solidarisch miteinander im Kampf gegen die Macht des Zarenreiches. Auch die lettische Literatur jener Zeit liefert keine ernsten Anhaltspunkte für eine Judenfeindlichkeit.

Antisemitische Äußerungen sind in den 20er Jahren in Lettland zu verzeichnen. Besonders ein gewisser Jānis Dāvis hat durch seine auf eigene Kosten veröffentlichten Pamphlete eine traurige Berühmtheit erlangt. 1922 wurde in Riga ein »Nationaler Club« mit antijüdischer Tendenz gegründet, bald darauf aber von den Behörden geschlossen. 1923 ist ein Teil der, auch damals schon als Fälschung entlarvten, »Protokolle der Weisen von Zion« ins Lettische übersetzt worden.

Als Argument für antijüdische Ressentiments, die während

des Zweiten Weltkrieges im Baltikum auftraten, wird häufig angeführt, daß während der Zeit der sowjetischen Besatzung 1940/41 Juden in sowjetischen Institutionen überproportional vertreten gewesen seien, besonders beim NKWD, das für die meisten Unterdrückungsmaßnahmen, für Deportationen, Verhaftungen, Folter, Erschießungen etc. verantwortlich war. Dem steht gegenüber, daß auch Letten in diesen Institutionen zahlreich vertreten und aktiv waren. Und, was oft vergessen wird, der jüdische Bevölkerungsanteil wurde von der Deportationswelle am 14. Juni 1941 mindestens ebenso heimgesucht wie die übrige Bevölkerung.

Überhaupt lassen sich keinerlei Fakten ausmachen oder Belege dafür finden, daß unter denen, die sich während der sowjetischen Besatzung von 1940/41 schuldig gemacht haben, ein überproportionaler Anteil an Juden gewesen wäre. Nicht einmal dem unter deutscher Besatzung 1941 in Riga gegründeten »Antisemitischen Institut« gelang es, auch nur irgendwelche wie auch immer gearteten Belege für die These von einer Verbindung zwischen Kommunismus und Judentum zu finden. Vielmehr konnte man inzwischen weitgehend eindeutig nachweisen – sowohl Vestermanis als auch Ezergailis zeigen dies –, daß die Konstruktion »Kommunist« gleich »Jude« ausschließlich ein Produkt der deutschen nationalsozialistischen Propaganda ist.

In den 30er Jahren gab es in allen drei baltischen Ländern faschistische Organisationen, in deren Ideologie auch Antisemitismus einen Nährboden fand. Zwar waren diese Organisationen in allen drei Ländern verboten, ihr Gedankengut verschwand dadurch aber nicht und kam unter der deutschen Besatzung verstärkt an die Oberfläche.

Die berüchtigten Erschießungskommandos von Viktors Arājs (1910–1988, der 1980 in einem Prozeß in Hamburg zu lebenslanger Freiheitsstrafe verurteilt wurde und im Gefängnis in Kassel gestorben ist) setzten sich, zumindest in der Anfangsphase, aus Polizisten, Mitgliedern von Studentenverbindungen und Militärs zusammen. Arājs hatte bereits am 1. Juli 1941, dem Tag der Einnahme Rigas durch die deutsche Wehrmacht, eine Gruppe von Männern im Polizeipräsidium versammelt.

Am Tag darauf wurde er von dem deutschen Brigadeführer Walter Stahlecker, dem Leiter der Einsatzgruppe A, mit der Bildung eines Sonderkommandos beauftragt. Dieses sollte den »inneren Feind«, d. h. Juden und Kommunisten bekämpfen. Die Aktivitäten des Sonderkommandos richteten sich unter Anleitung von deutscher Seite zunächst und vor allem gegen die Juden. Die Truppe von Arājs hat nach Schätzungen von Ezergailis mindestens 26 000 Menschen, vorwiegend Juden ermordet. (Ezergailis 1996, S. 181 u. passim)

Schließlich sei noch angemerkt, daß sich die Überlebenden nur retten konnten, weil sie nach einer geglückten Flucht von Menschen aus der lettischen bzw. litauischen Bevölkerung versteckt und versorgt wurden, oft ein oder zwei Jahre lang, obwohl für das Verstecken von Juden die Todesstrafe angedroht war.

Von den etwa 250 000 insgesamt im Baltikum ansässigen Juden haben vielleicht 50 000 die Zeit der deutschen Besatzung überlebt (von Rauch, 1977, S. 216).

Die Legionen

Schon nach dem ersten Winter des Krieges im Osten war klar, daß an eine schnelle »Niederwerfung« der Sowjetunion nicht zu denken war.

Nicht nur im Baltikum, sondern auch in Rußland selbst hatten viele auf eine Befreiung von Stalins Terrorregime gehofft, als die deutschen Truppen einmarschierten. Nicht von ungefähr gab es in den ersten Wochen des Krieges Hunderttausende von Überläufern, doch die damalige deutsche Führung begriff dieses Phänomen nicht. Die Überläufer wurden in Gefangenenlager gesperrt und unmenschlichen Bedingungen ausgesetzt. Bald waren die ersten verhungert.

Nirgends breiten sich Gerüchte, aber auch Nachrichten so schnell aus, wie durch die Fronten im Krieg. Bald wußte jeder russische Soldat, was mit seinen Landsleuten auf der anderen Seite der Front geschah, er hörte von den Lebensbedingungen in den Kriegsgefangenenlagern und von den Vergeltungsmaßnahmen der deutschen Besatzung. Die Reaktion: lieber unter dem Terror der eigenen Landsleute als unter dem wahrscheinlich noch erbarmungsloseren eines fremden Volkes. Innerhalb von zwei Monaten hatte sich die Front weitgehend stabilisiert. Die Kampfmoral der Sowjetarmisten war nun mindestens so hoch wie die der deutschen Soldaten. Hitler hatte Stalin und damit das sowjetische System für weitere fünfzig Jahre gerettet.

In den drei baltischen Ländern waren verhältnismäßig weite Kreise der Bevölkerung daran interessiert, eigene nationale bewaffnete Verbände aufzustellen und sich am Kampf gegen die Sowjetunion zu beteiligen. Der Zwiespältigkeit eines solchen Unterfangens war man sich dabei durchaus bewußt, das heißt, man hatte inzwischen in Litauen, Lettland und Estland begriffen, daß die Deutschen nicht als Freunde gekommen waren. Entsprechend reagierte die deutsche Seite auch auf die Angebote aus Kaunas, Riga und Tallinn: Deutschland würde den Endsieg auch ohne die Letten, Litauer und Esten erringen.

Die deutsche Besatzungsmacht stellte, nachdem sie zunächst alle einheimischen Verbände entwaffnet und aufgelöst hatte, noch 1941 einheimische Polizeieinheiten auf, zunächst wohl tatsächlich für den Polizeidienst im jeweiligen Land. Doch bald schon, Anfang 1942, wurden estnische und lettische Polizeibrigaden, »Schutzmannschaften« genannt, an der Front vor Leningrad eingesetzt.

Dann kam Stalingrad. Die Vertreter der deutschen Besatzungsmacht traten den Abgesandten der einheimischen Bevölkerung gegenüber nun nicht mehr so arrogant auf. Auch zeigten sie jetzt Interesse an der Aufstellung von Heeresverbänden durch die baltischen Völker. Auch Hitler selber hatte zugestimmt.

Von den Bedingungen, unter denen diese nationalen Verbände aufzustellen waren, hatten beide Seiten – Deutsche auf der einen, Litauer, Letten und Esten auf der anderen – unterschiedliche Vorstellungen. Den Deutschen schwebte eine Truppe unter rein deutschem Kommando vor, in Deutschland ausgebildet, möglichst mit Deutsch als Kommandosprache, einzusetzen an jedem beliebigen Frontabschnitt zwischen Murmansk und dem Schwarzen Meer. Die Balten wiederum stellten sich Truppen unter dem Kommando einheimischer Offiziere vor, die in der Heimat von ihren eigenen Vorgesetzten ausgebildet wurden, Kommandosprache selbstverständlich die Landessprache – Estnisch, Lettisch, Litauisch –, Einsatz dieser Truppen nur zur unmittelbaren Verteidigung der eigenen Landesgrenzen. Dazu die Wiederherstellung der Unabhängigkeit von Litauen, Lettland und Estland.

In Litauen kam es zu keiner Einigung. Die Litauer waren nicht bereit, von ihren Forderungen abzugehen, und den Deutschen gelang es nicht, trotz wiederholt angewandten Zwanges – es kam sogar zu Schießereien zwischen Deutschen und Litauern –, über längere Zeit hinweg litauische Heereseinheiten aufzustellen. Die rekrutierten Soldaten verschwanden nach kurzer Zeit, verliefen sich in den Wäldern und Dörfern. Gekämpft haben litauische Soldaten schließlich doch, aber anders als es sich die Deutschen vorgestellt hatten.

Eine Woche nach der Kapitulation von Stalingrad am 31. Januar bzw. 2. Februar 1943 unterzeichnete Hitler die Befehle zur Aufstellung einer estnischen und einer lettischen Legion aus Freiwilligen innerhalb der Waffen-SS. Die Eingliederung der Legionen in die Waffen-SS erfolgte auch aus juristischen Gründen: man wollte in diesem Fall wenigstens formell nicht gegen internationales Völkerrecht verstoßen. Die Waffen-SS galt nicht als Bestandteil der deutschen Wehrmacht, sondern als internationaler Verband, was weitgehend sogar den Tatsachen entsprach. So wurden zum Beispiel die ersten lettischen Einheiten an der Leningrader Front zeitweise dem Kommando einer Division der niederländischen Waffen-SS unterstellt.

Die Bedingungen für das Formieren der Legionen stellten einen Kompromiß zwischen den deutschen und den estnisch-lettischen Forderungen dar. Kommandiert wurden die Einheiten weitgehend von estnischen bzw. lettischen Offizieren, die Ausbildung fand, bis auf wenige Ausnahmen, im eigenen Lande statt. Eingesetzt wurden die Legionen an Frontabschnitten, die für die Verteidigung Estlands bzw. Lettlands wichtig waren. Die Kommandosprache war Estnisch bzw. Lettisch. Von deutscher Seite her wurde vor allem anfänglich immer wieder versucht, die ausgehandelten Bedingungen zu unterlaufen.

Daß es sich um Verbände von Freiwilligen handelte, blieb praktisch von Anfang an Illusion. Schon im Februar 1943 wurden die ersten Jahrgänge in Lettland eingezogen. Es handelte sich beim weitaus größten Teil der Legionäre nicht um Freiwillige – was den internationalen Gepflogenheiten widersprach. Im Gegensatz dazu kämpften estnische Soldaten, etwa 10000, als Freiwillige in der finnischen Armee.

Die Legionäre waren, bis auf wenige, keine Anhänger des Faschismus. Daß sie trotzdem an der Front ihr bestes gaben, lag daran, daß sie wenigstens den Versuch machen wollten, ihr Land vor einer Wiederholung dessen, was 1940/41 geschehen war, zu bewahren. Sie kämpften gegen die UdSSR notgedrungen auf deutscher Seite. Es gab kaum einen unter ihnen, der in seiner Familie, in seinem Freundeskreis nicht ein Opfer der NKWD zu beklagen gehabt hätte. Im Juni 1940 hatten sie keine Gelegenheit gehabt, sich zu verteidigen. Jetzt, von vielen war es so zu hören, wollten sie wenigstens mit der Waffe in der Hand untergehen. Sie hatten keinen Zweifel mehr daran, daß ihnen ein – immer weniger wahrscheinlicher – deutscher Sieg nicht die Freiheit und das endgültige Überleben bringen würde. Sie vertrauten aber in verzweifelter Hoffnung auf die Westalliierten, darauf, daß nach dem Krieg wenigstens ein Teil ihres Landes nicht von den Sowjets, sondern von Engländern oder Amerikanern besetzt werden würde. Sie konnten nicht ahnen, daß auf der Konferenz von Jalta im Februar 1945 die baltischen Staaten von den Westalliierten praktisch den Sowjets ausgeliefert werden würden.

Überhaupt, schreibt der Generalinspekteur der lettischen Legion, der damals 65jährige General Bangerskis, in seinen Erinnerungen

war das Schicksal unseres Volkes und unseres Staates in tiefe Nebel gehüllt. Schrecken drohte vom Osten, und nichts Positives war bei einem Sieg der Deutschen zu erwarten.

Oder an anderer Stelle:

Angesichts des schrecklichen Unglücks, der furchtbaren Verwüstungen, die sich nun vom Osten her näherten, mußten wir viel auf uns nehmen, mußten wir viel opfern, damit wir nicht noch einmal ein Jahr des Grauens erlebten. Mich persönlich stärkte und stützte bei schweren Erfahrungen und in Augenblicken der Erniedrigung der Gedanke, daß der Heimat alles zu opfern sei – Leben, Gesundheit, Eigenliebe, daß Schmerzen, Verachtung und Erniedrigung ertragen werden müssen. (Bangerskis, 1959, Bd. 2, S. 334 und S. 351)

Die estnische Legion hielt lange die Narva-Front. Die Letten kämpften am Wolchow, an der Welikaja und schließlich, bis zuletzt, im Brückenkopf von Kurland.

Wer von den Legionären in sowjetische Gefangenschaft geriet, der kehrte lange nicht zurück. Viele kamen nicht mehr wieder.

Von den Legionären, die sich übers Meer in das neutrale Schweden retten konnten, wurden die meisten von den Schweden an die Sowjets ausgeliefert. (Vgl. auch »Spiegel« 51/1991, S. 165–174) Aus Angst vor der Abschiebung auf sowjetische Dampfer gab es Selbstverstümmelungen und Selbstmorde. Gerettet waren die, denen es gelang, sich nach Deutschland durchzuschlagen, in das von den Westalliierten besetzte Gebiet.

Als am 8. Mai 1945 die Legionäre in Kurland erfuhren, daß Deutschland kapituliert hatte, setzten viele den Kampf fort, ohne Deutschland und ohne Waffen-SS. Wie ihre Schicksalsgenossen in Estland und in Litauen gingen sie in die Wälder als Partisanen. Sie hielten sich noch jahrelang und hofften immer noch auf Hilfe von den Westalliierten.

Noch einmal Russenzeit

Nach dem Einmarsch

Mit der Eroberung Narvas am 20. Januar 1944 hatte die sowjetische Armee wieder baltischen Boden betreten. Noch ein Jahr und drei Monate dauerte es, bis das ganze Baltikum in der Hand der Sowjets war. Am 13. Juli 1944 nahmen sie Vilnius, am 1. August Kaunas. Ende Juli erreichten sie vorübergehend den Rigaschen Meerbusen, am 13. Oktober rückten sie in Riga ein. Im Rahmen der Gesamtkapitulation des Deutschen Reiches am 8. Mai 1945 kapitulierten auch die Truppenverbände in Kurland, zumindest die deutschen. Was von der sowjetischen Besatzungsmacht zu erwarten war, davon hatte die Bevölkerung im Gegensatz zu 1940 nun recht genaue Vorstellungen. Nur, wie lange dieses Mal die Okkupationszeit dauern würde, das hat kaum jemand richtig eingeschätzt.

Die Sowjets betrachteten das Baltikum als ihr Land, als einen Teil der Sowjetunion. Deshalb war eine ihrer ersten Maßnahmen die Rekrutierung von Soldaten aus der Bevölkerung. Manch einer, der gerade die deutsche Uniform ausgezogen hatte, mußte nun die sowjetische anziehen. Wem nachgewiesen wurde, daß er in der estnischen oder lettischen Legion gedient hatte, der kam in ein Straflager nach Sibirien oder in den Norden des europäischen Rußland, meist nach Workuta. Die Rekrutierungsbehörden allerdings interessierten sich nicht sonderlich für die jüngste Vergangenheit ihrer neuen Soldaten. 1944/45 sind im Baltikum insgesamt etwa 20000 Männer mobilisiert worden, die Hälfte davon in Estland.

Direkt im Gefolge der sowjetischen Armee kamen die Beamten des NKWD. Das NKWD – »Narodnyj kommissariat wnutrennich del« – »Volkskommissariat des Inneren« – wurde 1946 wie alle Volkskommissariate in Ministerium umbenannt: »Innenministerium« – »Ministerstwo wnutrennich del« – »MWD«.

Die Beamten vom NKWD nahmen ihre Arbeit sofort auf. Bevor die 1941 unterbrochene Aktion der Massendeportationen fortgesetzt wurde, nahmen sie sich die »aktuellen« Fälle vor. Es begann die Suche nach »Kriegsverbrechern« und nach »Volksfeinden«. »Kriegsverbrecher« war, wer mit den Nazis zusammengearbeitet hatte, und »Volksfeinde« die, die zwar gegen die Nazis Widerstand geleistet hatten, aber nicht als kommunistische Parteigänger. Jeder Einwohner über 12 Jahre kam für diese Delikte in Frage. Wer für schuldig befunden war, der wurde deportiert.

Über die Zahl der bei dieser zweiten Welle, in den Jahren 1944–1946, Verschleppten gehen die Meinungen der einzelnen Historiker weit auseinander. Es dürften insgesamt um die 15000 Männer, Frauen und Kinder im gesamten Baltikum gewesen sein.

Besonders tragisch war das Schicksal der zahlreichen jüdischen Einwohner des Baltikums, die, nachdem es ihnen geglückt war, Ghetto und Vernichtungslager der Nazis zu überleben, nun gleich wieder im Lager landeten, dieses Mal in einem sowjetischen.

Wie viele Einwohner die baltischen Länder durch Deportation, Emigration und Mord in den Jahren 1940 bis 1945 verloren haben, läßt sich nur grob schätzen. Im Durchschnitt dürften es 20 Prozent sein, in Estland etwas mehr, in Litauen etwas weniger (vgl. Misiunas/Taagepera, 1983, Tabelle 1 auf S. 272). Davon ist knapp der Hälfte die Flucht und damit Emigration in westliche Länder geglückt. Die übrigen wurden auf die eine oder andere Weise umgebracht, wobei ein Drittel auf das Konto der deutschen Vernichtungsmaschinerie geht – in der Mehrzahl gehören dazu die baltischen Juden –, während zwei Drittel Opfer der Sowjets wurden.

Ein Ziel des sowjetischen Terrors nach der erneuten Besetzung des Baltikums muß darin gesehen werden, die Bevölkerung einzuschüchtern und damit jede Opposition im Keim zu ersticken. Nicht zuletzt mag, wie in der Ukraine, eine Dezimierung der nichtrussischen Völker auch im Baltikum Stalins Ziel gewesen sein.

1944, nach dem Einmarsch, erfolgte eine Grenzkorrektur.

Von Estland wurde das Gebiet jenseits des Narvaflusses mit der Stadt Iwangorod sowie Setumaa, der Bezirk um Petseri (Petschory), abgetrennt und der Russischen Republik zugeschlagen. Das Transnarva-Gebiet war auch schon vor dem Zweiten Weltkrieg mehrheitlich russisch bevölkert. Heute gibt es dort allenfalls kleine Enklaven mit estnischer Bevölkerung. Die Esten jenseits der Narva gehören der orthodoxen Kirche an. Im Petseri-Gebiet waren vor dem Krieg etwas mehr als die Hälfte der Bevölkerung Esten. Sie gehören zum estnischen Stamm der Setukesen, die einen sehr eigenen estnischen Dialekt sprechen.

Von Lettland wurde das Gebiet um Abrene (dt. Abrehnen, russ. Pytalowa) abgetrennt, etwa 1200 Quadratkilometer. Das Gebiet, im späten Mittelalter umkämpft von dem Deutschen Orden und den Moskowitern, war ursprünglich lettisch bevölkert. Vor dem Krieg lebten dort noch etwa 55 Prozent Letten, heute sind es 12 Prozent. Ironie der Geschichte: auch der russische Name von Abrene, »Pytalowa«, ist lettischer Herkunft: »Pytalowo« – »pie Talava«, deutsch »bei Talava«. Talava hieß das direkt angrenzende altlettische Fürstentum.

Der Widerstand im Untergrund

Der aktive, bewaffnete Widerstand gegen die sowjetische Besatzungsmacht seitens der Bevölkerung in allen drei baltischen Ländern war größer, als man sich dies im Westen vorstellte. Nur spärlich waren die Nachrichten, die aus dem Baltikum in die »freie Welt« gelangten. Und diejenigen im Westen, die Nachrichten erhielten, es waren in der Regel die Geheimdienste und durch sie die politischen Führungen vor allem Englands und der USA, schwiegen, denn sie konnten nicht helfen oder wollten es unter den damaligen Umständen nicht – zu mächtig war die Sowjetunion.

Die Widerstandsbewegung in den baltischen Ländern Ende der vierziger Jahre kann zur Zeit ihres Höhepunktes mit der des Vietcong in Südvietnam verglichen werden, der Stärke nach, der Ausrüstung nach und der Unterstützung nach, die sie aus der Bevölkerung erhielt. Etwa 1 Prozent der Bevölkerung war aktiv im Widerstand tätig. 1946 rechnet man nach allem, was bisher bekannt ist, für Estland mit etwa 10000 Partisanen, für Lettland mit 20000 und für Litauen mit 30000 – also eine Größenordnung von mehreren Divisionen. Ein Licht auf die Intensität der baltischen Partisanenbewegung wirft die Tatsache, daß die Sowjetmacht allein in Litauen für ihre Bekämpfung zum Schluß über 100000 Mann benötigte (vgl. Misiunas/ Taagepera, 1983, S. 81 ff.).

Den Kern der Widerstandsbewegung bildeten einerseits diejenigen Gruppen, die bereits während der deutschen Besetzung gegen die Nazis aktiv waren, andererseits, in Estland und Lettland, Teile der estnischen und lettischen Legion. In Litauen formierte sich die Widerstandsbewegung in ihrer Gesamtheit schon während der Deutschen Besetzung. Die ersten Einheiten bildeten sich aus den Männern, die bei den deutschen Mobilisierungsversuchen rekrutiert worden waren und sich dann in die Wälder abgesetzt hatten.

Die Bewaffnung stammte anfänglich aus den umfangreichen Waffenlagern der deutschen Wehrmacht, die von den Sowjets nicht entdeckt worden waren. Als die Vorräte zur Neige gingen, versorgten sich die Partisanen mit erbeuteten sowjetischen Waffen.

Ziel der Guerilla-Aktivitäten waren an erster Stelle die Beamten des MWD (NKWD) und die Miliz. Auch gegen Kollaborateure aus den eigenen Reihen gingen sie vor. Vermieden wurde jeder Zusammenstoß mit der Armee. Einmal war die sowjetische Armee ohnehin als Gegner zu mächtig, auf der anderen Seite dienten in der Armee Wehrpflichtige aus allen Völkern der Sowjetunion, auch aus den baltischen. Das hätte den Kampf Bruder gegen Bruder bedeutet.

Der sowjetischen Führung bereitet die Tätigkeit der Partisanen Probleme. Abgesehen davon, daß die Sowjetisierung der Länder nicht schnell genug voranging, mußte soweit irgend möglich verhindert werden, daß Näheres über die baltische Guerilla bekannt wurde, sowohl im eigenen Machtbereich als auch im Westen.

Zur Bekämpfung der Partisanen wurden spezielle Einheiten

aufgestellt, deren Angehörige eine besondere Ausbildung erhielten, die »Istrebiteli« – »Vernichter«.

Eine Partisanenbewegung braucht, um erfolgreich zu sein, drei Dinge: starke Motivation ihrer Mitglieder, reichliche Unterstützung durch die Bevölkerung und allmählich sich steigernde Hilfe von außen.

Die Hilfe von außen blieb von Anfang an aus, obwohl die »Waldbrüder« – wie sie in allen drei Ländern genannt wurden, im Gedenken an die Revolution von 1905 – lange verzweifelt darauf hofften.

Die Unterstützung durch die Bevölkerung war in großem Maße vorhanden. Vor allem die Bauern versorgten die Partisanen und versteckten sie notfalls. Dafür halfen ihnen die Partisanen auf dem Hof, bei der Einbringung der Ernte. Die Versorgung der Partisanen durch die Bauern hörte auf, als die Kollektivierung der Landwirtschaft weiter fortschritt. Die Bauern wurden durch sie zu abhängigen Landarbeitern, sie besaßen nichts mehr, was sie hätten geben können. Hinzu kam die Angst vor Bespitzelung.

Als am 17. Juni 1953 bei der Niederschlagung des Ostberliners Arbeiteraufstandes die Westmächte nicht zugunsten der Aufständischen eingriffen, war dies für die Partisanen im Baltikum ein moralischer Schock. Als dann 1956 auch beim Aufstand in Ungarn die Westmächte tatenlos zusahen, bedeutete dies das endgültige Ende des aktiven bewaffneten Widerstandes in den baltischen Ländern. Ein Übriges tat die inzwischen zusammengezogene vielfache Übermacht der Sowjets.

Immerhin hatten es die baltischen Völker fertiggebracht, auf sich allein gestellt der Sowjetmacht über ein Jahrzehnt lang Widerstand zu leisten.

Die Kollektivierung

Um die Bildung von Kollektivwirtschaften – »Kolchosen« – in Gang zu setzen, ging die Sowjetmacht von zwei Ausgangspositionen aus. Zum einen wurde der Begriff des »Kulaken«, des »Großbauern«, mit dem schon während der Kollektivierung der Landwirtschaft in Rußland und der Ukraine gearbeitet worden war, wieder aktiviert. Damals in Rußland und vor allem in der Ukraine Anfang der dreißiger Jahre, hatte man die »Kulaken« fast alle auf die eine oder andere Weise umgebracht, wodurch der russische und ukrainische Bauernstand praktisch ausgelöscht wurde, die Tradition abgebrochen. Das ist eine der Ursachen für die bis heute andauernde wirtschaftliche Misere in diesen Ländern. Als »Kulak« konnte jeder Landwirt eingestuft werden. Im Baltikum gab es eine Reihe von Kriterien, dazu gehörte die Größe des Anwesens. Die 20 Hektar, die einem Neubauern 1920 zugewiesen worden waren, konnten schon ausreichen. Ein weiteres Kriterium war, ob ein Bauer oder einer seiner Vorfahren irgendwann einmal nicht zur Familie gehörige Arbeitskräfte gegen Entgelt beschäftigt hatte.

Der zweite Ansatz war eine »Neuverteilung« des Bodens. Von einem großen Teil der Bauernhöfe wurde jeweils Land abgetrennt und enteignet, daraus wurde ein »Landfonds« gebildet. Etwa die Hälfte dieses Landfonds wurde zur Bildung von Staatsgütern – »Sowchosen« – verwendet. Der Rest sollte an landlose Bauern verteilt werde. Die Größe der neuen Bauernhöfe betrug etwa 5 ha. Diese neuen Bauernhöfe wurden auf so kleiner Fläche konzipiert, in der Hoffnung, daß sie sich wirtschaftlich nicht tragen könnten, und der betreffende Bauer dann freiwillig einer Kolchose beiträte. Es meldeten sich nur wenige Interessenten für die Landverteilung, sei es, weil man die Unwirtschaftlichkeit der angebotenen Betriebe erkannte, sei es, weil man von der Besatzungsmacht nichts nehmen wollte, zumal bekannt war, wem das weggenommene Land gehört hatte.

Ein weiteres Druckmittel waren die Steuern und die Pflichtablieferungen. Beides wurde langsam gesteigert, in größerem Maße bei den größeren Bauernhöfen. Diese mußten schließlich, 1947, 45 Prozent Steuern auf ihr Einkommen zahlen, wobei das »Einkommen« von der Steuerbehörde »geschätzt« wurde. Im Jahr darauf waren es bereits 75 Prozent Steuern. Auf diese Weise mußten die meisten Betriebe bald mehr an Steuern zahlen, als sie überhaupt einnahmen. Die Bauern gaben auf und traten einer Kolchose bei.

Diese Entwicklung ging den Verantwortlichen offenbar nicht schnell genug. Sie holten zu einem letzten, wirkungsvollen Schlag aus: neue Massendeportationen. Besonders schwer traf Estland die Welle der Deportationen Ende der 40er Jahre.

Kurz darauf war die Landwirtschaft der baltischen Staaten oder, wie es jetzt hieß, der baltischen Republiken, vollständig kollektiviert. Die Produktivität der Landwirtschaft sank bis 1955 auf gut die Hälfte des Wertes vor der Sowjetisierung 1940 (Misiunas/Taagepera, 1983, Tabelle 8, S. 287).

Zu diesem Effektivitätsverlust trugen auch die stalinistischen Methoden der Planwirtschaft bei. Der Zeitpunkt für Aussaat und Ernte wurde nach Plan festgesetzt, ohne Rücksicht auf Wetter, Klima und Bodenbeschaffenheit. So wurde das Heu z. B. naß und verdarb. Das Vieh hungerte im Winter. Zu früh ausgesätes Getreide verfaulte im Boden etc. Sogar Chruschtschow befahl noch den Anbau von Mais im Baltikum. Große Flächen wurden mit Mais bepflanzt, der halbreif im Winter untergepflügt werden mußte.

Das persönliche Interesse der Beschäftigten war nicht gefragt und damit jede Regung von Verantwortungsgefühl und Kreativität im Keim erstickt.

Noch einmal Deportationen

»Die Höfe der Kulaken wurden expropriiert«, heißt es in einer 1986 erschienenen »Geschichte der Lettischen SSR«, »ihr Inventar und ihr Vieh in das Eigentum von Kolchosen überführt. Den nicht nachlassenden Forderungen der Werktätigen entsprechend, wurden ein Teil der Kulaken und andere antisowjetische Elemente zeitweise außerhalb des Territoriums der Republik verbracht« (Latvijas PSR vēsture, 1986, Bd. 2, S. 241). Was tatsächlich geschah in den Tagen zwischen dem 20. und 27. März – in Lettland speziell war es die Nacht vom 24. auf den 25. März des Jahres 1949 – war eine Wiederholung des 14. Juni 1941. In Estland wurden etwa 60000 Personen deportiert, in Lettland 50000 und in Litauen 40000, dort allerdings im Sommer 1949 nochmals 40000. Allein in diesen Tagen verloren die baltischen Länder etwa 3 Prozent ihrer Einwohner (vgl. Misiunas/Taagepera, 1983, S. 96).

Ungefähr die Hälfte der Verschleppten überlebte und kehrte nach fünf, zehn oder mehr Jahren zurück. Die Rückkehrer waren völlig mittellos, ihre bewegliche Habe, Möbel, Geschirr, Bücher, Kleidung, hatte der Staat requiriert, als sie deportiert wurden.

Nach Riga kehrten wir zurück am 29. Mai 1956. Diesmal für immer. Seit dem 24. März waren mehr als sieben Jahre vergangen ... Nach unserer Rückkehr in die Heimat mußten wir Arbeit suchen. Einen Platz zum Wohnen hatten wir nicht. Zuerst dachten wir, daß es leicht sein würde, Arbeit zu finden. Nach dem Krieg war Riga schnell gewachsen, an allen Ecken und Enden wurden Arbeitskräfte gebraucht. Es war aber gerade umgekehrt. Deportierten gab man nirgends Arbeit. Das gleiche Schicksal hatte auch mein Mann. Viele Behördenvorsteher erstarrten, wenn sie in meinem Paß den entsprechenden Eintrag sahen: ›Nein, danke, solche wie Sie brauchen wir nicht...‹ Alle, so schien uns, wandten sich von uns ab. Uns war, als wollten selbst Freunde und Bekannte aus früherer Zeit uns nicht mehr kennen. Allerdings nicht alle (Līce, 1990, S. 526).

Mit dem Tod Stalins wurden die Lebensbedingungen in den Verbannungsorten zum Teil leichter. Nach und nach kehrten die Überlebenden in die Heimat zurück. Die »Urteile«, meist »25 Jahre«, waren aufgehoben.

Massendeportationen im Stile des 14. Juni 1941 oder des 25. März 1949 gab es nicht mehr. Sicher war noch lange niemand. Die Furcht blieb.

Tauwetter

Nach dem Tod Stalins am 5. März 1953 beginnt sich die in Angst und Schrecken erstarrte sowjetische Gesellschaft in vielerlei Hinsicht zu lockern. Es begann die nach dem Roman von Ilja Ehrenburg – erschienen im Mai 1954 in der Zeitschrift

»Znamja« – benannte Epoche: das Tauwetter. Die Willkürherrschaft des MWD – der Chef dieser Behörde, Innenminister Lawrentij Berija wurde 1953 aus dem Amt entfernt und später erschossen – fand im wesentlichen ein Ende, auch im kulturellen Leben löste sich die Erstarrung begrenzt. Das Signal für die Befeiung der Literatur von den Fesseln des schlimmsten »sozialistischen Realismus« schdanowscher Prägung war ein Aufsatz vom Wladimir Pomeranzow, der 1953 in der Dezembernummer von »Nowyj mir« erschien: »Über die Aufrichtigkeit in der Literatur«. Die wichtigste Forderung dieses Aufsatzes war »Subjektivität« in der Literatur.

Die Auswirkungen auf die Literatur der baltischen Völker waren unübersehbar. Die eigene kulturelle Tradition wagte sich wieder zu äußern. Bisher von den Sowjets verbotene Klassiker konnten allmählich wieder erscheinen. So kamen die Dramen der Dichterin Aspazija wieder auf den Spielplan lettischer Bühnen.

In Vilnius z. B. wurden die Werke des Komponisten und Malers Mykalojus Čiurlionis (1875–1911), der während der Stalinzeit wegen »Individualismus« und »Symbolismus« als negative Erscheinung eingestuft worden war, wieder aufgeführt und gezeigt.

Auch einige Autoren, die in der Emigration lebten, wurden gedruckt und aufgeführt. So z. B. einige Stücke des zeitgenössischen lettischen Dramatikers Mārtiņš Zīverts (1903–1990), der in Stockholm lebte und alles andere als ein prosowjetischer Autor war.

Und, wohl das wichtigste Ereignis der Tauwetter-Periode, auch unbequeme Nachwuchsautoren kamen zu Wort.

Der Este Jaan Kross (geb. 1920) – er ist inzwischen auch in Deutschland bekannt – debütierte damals mit satirischen Versen. In Lettland konnte Ojārs Vācietis (1933–1983) seine lange Erzählung »Tās dienas acīm« – »Mit den Augen jenes Tages« – in der Zeitschrift »Karogs« veröffentlichen. Die Erzählung ist eine Anklage gegen die Methoden der Kollektivierung und die Deportationen von 1949.

Doch Chruschtschow bemühte sich nicht um mehr Selbständigkeit für die nichtrussischen Republiken. Er soll sogar erwogen haben, die Republiksgrenzen ganz aufzuheben und statt dessen neue Verwaltungseinheiten nach wirtschaftlichen Gesichtspunkten zu organisieren. Im Jahre 1959 begann im Baltikum wieder ein kalter Wind aus dem Osten zu wehen.

»Stagnation«

Während der Tauwetterperiode war Vilis Krūmiņš Zweiter Sekretär der lettischen KP geworden. In den nichtrussischen Sowjetrepubliken konzentrierte sich die Macht auf den Posten des Zweiten Sekretärs. Deshalb wurde diese Position in allen drei baltischen Republiken grundsätzlich mit Russen besetzt, die keinerlei Bindung an die namengebende Republik hatten. Der Posten des Ersten Sekretärs, dem mehr die repräsentativen Pflichten oblagen, wurde zumeist mit Esten bzw. Letten besetzt, die in Rußland geboren und dort aufgewachsen waren und kaum oder gar nicht Estnisch bzw. Lettisch sprachen, aber einen estnischen oder lettischen Familiennamen vorweisen konnten.

Im Zuge der Liberalisierung während der Tauwetterperiode waren die Posten des Ersten Sekretärs des Komsomol, der kommunistischen Jugendorganisation, und der des Ersten Gewerkschaftssekretärs mit einheimischen Letten besetzt worden.

Ministerpräsident der Sowjetrepublik Lettland war seit 1946 der lettische Romanautor und Kommunist Vilis Lācis, während der Posten seines Stellvertreters, der bis dahin ausschließlich mit Russen besetzt worden war, von dem Letten Eduards Berklavs eingenommen wurde.

Diese durch das Tauwetter in höhere Positionen aufgerückten Letten setzten sich nun dafür ein, daß auch die lettische Sprache in den staatlichen Gremien Lettlands wieder gesprochen werden sollte, dafür, daß höhere Funktionäre der Lettischen Sowjetrepublik dazu angehalten würden, die Landessprache wenigstens teilweise zu erlernen. Sie wandten sich gegen die übermäßige Zuwanderung von Russen ins Baltikum und gegen die forcierte Ansiedlung von Schwerindustrie. Mit der Industrialisierung war auch ein massenweiser Zuzug von russischen Arbeitskräften verbunden – Maßnahmen einer verdeckten Russifizierung. Letten wurden stattdessen, allerdings in geringerem Ausmaß, nach Zentralasien versetzt.

Diese Forderungen nach Gebrauch der Landessprache, nach Ernennung einheimischer Funktionäre, nach Begrenzung fremder Zuwanderung wurden nun, 1959, von Moskau zu Vergehen erklärt und unter der Bezeichnung »bourgeoiser Nationalismus« zusammengefaßt.

Hauptzielscheibe von Beschuldigungen und Angriffen war Eduards Berklavs. Allen anderen wurde vorgeworfen, daß sie Berklavs nicht energisch genug widersprochen hätten. Jānis Kalnbērziņš, Erster Parteisekretär von 1940 bis 1959, übte »Selbstkritik« und erklärte auf dem Plenum des ZK der lettischen KP am 7. Juli 1959:

Wenn ich so einer gewesen wäre, wie ich hätte einer sein sollen als Erster Sekretär, als Mitglied des Büros, als ein mit dem Präsidium des ZK der KPdSU Verbundener, dann hätte ich es geschafft, diese Fehler von Berklavs nicht zuzulassen. Mir fehlte das Pulver, weshalb ich mich sehr schuldig fühle vor der Partei, vor Ihnen, denn Sie haben mir ein so großes Vertrauen entgegengebracht, und ich habe die höchste Strafe verdient für eine so liberale Einstellung gegenüber einer vielfach unrichtigen Darstellung der Frage im ZK-Büro... (»Komunists«, 2/1989, S. 88)

Unter anderem hatte er zugelassen, daß von Beamten in leitender Stellung verlangt wurde, innerhalb von zwei Jahren nach ihrer Ernennung die Landessprache zu erlernen.

Doch Selbstkritik und Selbsterniedrigung halfen. Kalnbērziņš wurde zwar von seinem Posten als Erster Sekretär der Partei abgelöst, dafür aber zum Vorsitzenden des Obersten Sowjets von Lettland gemacht und war damit nominelles Staatsoberhaupt der Republik. Erster Sekretär wurde Arvīds Pelše, ein Rußlandlette, der sich mit stets angepaßter Linientreue durch alle stalinschen Säuberungen hatte retten können.

Abgelöst wurden auch alle anderen Letten in führenden Positionen: Vilis Krūmiņš, der Zweite Parteisekretär, an dessen Stelle wieder ein Russe trat, der Komsomolsekretär, der Gewerkschaftssekretär u. s. f. Krūmiņš übrigens gehörte 1988 zu den Gründungsmitgliedern der Volksfront Lettlands. Persönlich besonders hart traf es Berklavs. Er wurde aus der Partei ausgeschlossen, und der Aufenthalt in Lettland wurde ihm verboten. Eduards Berklavs verbrachte zwangsweise acht Jahre in Rußland.

Eine ähnlich scharfe Zäsur gab es in Estland und Litauen zu dieser Zeit nicht. In Estland hatte eine Liberalisierung zu dieser Zeit gar nicht stattgefunden.

Die nächsten zehn Jahre waren wieder von einer zielstrebigen Russifizierungspolitik geprägt.

Wieder Russifizierung

Als die Sowjets die baltischen Länder besetzten, sprachen außer der russischen Minderheit nur die älteren Gebildeten russisch. Im Laufe der Jahre lernten notgedrungen immer mehr die Sprache der Besatzungsmacht. Wer es zu etwas bringen wollte, mußte Russisch können. Und nur allzu bald kam man auch im täglichen Leben nicht mehr ohne russische Sprachkenntnisse aus. Zwar hatten die MWD-Beamten, als sie die auf ihren Listen zur Deportation vermerkten Einwohner aus den Häusern holten, noch 1949 meist einen Dolmetscher dabei, doch wer sich, vielleicht in Not, an einen »Milizionär«, d. h. an einen Polizisten an der Straßenecke wenden wollte, der wurde nicht verstanden, der »Milizionär« war der Landessprache nicht mächtig. Wer am Bahnhof eine Fahrkarte kaufen wollte, mußte damit rechnen, von der Dame hinter dem Schalterfenster nicht verstanden zu werden.

Die Schulpolitik wurde nicht so rigoros gehandhabt wie unter den Zaren. Es gab neben den russischen, estnische, lettische und litauische Schulen. Doch beklagten sich z. B, in den siebziger Jahren Esten darüber, daß für die Ausbildung von Russischlehrern an estnischen Schulen die Kapazitäten verdoppelt wurden, während die Ausbildung von Estnischlehrern an russischen Schulen eingestellt wurde. So sollten an estnischen Schulen möglichst zwei Fächer nur in russischer Sprache unterrichtet werden, während der Russifizierung unter dem Zaren waren es alle Fächer.

Allein nach Lettland, das am stärksten industrialisiert wurde, kamen im Laufe der Jahre fast eine Million fremder Arbeitskräfte, zumeist Russen. Nicht gezählt das Militär, über dessen Größe nie Angaben gemacht wurden. Es bestand die Gefahr, daß die Letten in ihrem eigenen Land zur Minderheit werden. Auch die Esten machten am Ende der Sowjetzeit nur noch gut 60 Prozent der Bevölkerung in ihrem Land aus. In Estland konzentrierte sich die Ansiedlung von Russen auf den Nordosten des Landes. In Narva soll es nur noch 3 Prozent Esten geben.

Viele Zuwanderer der letzten Jahre, »Migranten« werden sie im Baltikum genannt, sind in ihrer Mehrheit Menschen, die in Deutschland als »Wirtschaftsemigranten« bezeichnet würden. In den fünfzig Jahren der Sowjetzeit war der Lebensstandard in den baltischen Ländern immer noch höher als z. B. in Rußland.

Die zum Zwecke der Russifizierung in den baltischen Ländern angesiedelte Industrie – die Ausgangsstoffe wurden eingeführt, die Produkte wieder außer Landes gebracht – hat auch die Umwelt sehr belastet. Ebenso wie das Militär. Die Beseitigung dieser Schäden dürfte Jahrzehnte, wenn nicht Generationen in Anspruch nehmen.

Von der Helsinki-Konferenz
zu den Volksfronten

1972, am 14. Mai, mittags, auf einem Platz in Kaunas, übergießt sich der 19jährige Student Romas Kalanta mit Benzin und zündet sich an. Er stirbt wenige Stunden später im Krankenhaus. Am Tage seiner Beerdigung zogen Tausende von Jugendlichen durch Kaunas. Sie riefen: »Freiheit für Litauen!« Die gegen sie eingesetzte Miliz wurde durch KGB-Einheiten und Fallschirmjäger verstärkt. 500 Demonstranten wurden festgenommen.

Die Nachricht von diesem Ereignis drang auch in den Westen, ließ dort zum ersten Mal weitere Kreise aufhorchen. Der Name »Litauen« war – vorübergehend – wieder zu hören.

Tatsächlich hatte der Widerstand gegen die Sowjetmacht seit 1956, als die Partisanen den bewaffneten Kampf aufgegeben hatten, in allen drei baltischen Ländern weitergeschwelt, wenn auch mehr passiv als aktiv: es gab Demonstrationen, Streiks, Proteste, Untergrundliteratur. Auch war Romas Kalanta nicht der erste, der sich aus Protest gegen das Moskauer Regime verbrannte. Am 13. April 1969 hatte sich der jüdische Student Ilia Rips vor dem Rigaer Freiheitsdenkmal in Brand gesetzt. Unmittelbarer Anlaß seines Protestes war die Besetzung der Tschechoslowakei. Ilia Rips überlebte und konnte später nach Israel ausreisen.

Im März 1985, nach dem Tod Konstantin Tschernjenkos, des letzten Vertreters der »Stagnation«, wie die Epoche der Gerontokratie an der Spitze der Sowjetunion genannt wurde, trat Michail Gorbatschow als Generalsekretär der KPdSU an und wurde damit der führende Mann in der UdSSR. Gorbatschow hatte schon vor seiner Ernennung gesehen, daß die Sowjetunion einem Desaster zusteuerte. Er erkannte aber nicht, daß diese Entwicklung systemimmanent war und zur Auflösung der Sowjetunion führen mußte. Gorbatschow vertrat die Auffassung, das System sei zu reorganisieren, zu reformieren. »Perestroika« – Umbau – war die Losung. Der Staat und vor allem die Partei, deren Chef er war, sollten von Grund auf »umgebaut« werden. Seine andere Forderung war mit Sicherheit die bedeutsamere, eigentlich die Voraussetzung für alles weitere: »Glasnost« – die »Öffentlichkeit«, das Durchsichtigmachen und Offenlegen des Staatsapparates, die Aufdeckung der Wahrheit in der Geschichte und das Aufbrechen der Tabus in der Gegenwart. Der Aufruf zur Offenheit sollte ungeahnte Folgen haben.

Vor allem im Baltikum fiel dieser Aufruf auf fruchtbaren Boden. Nach und nach formulierten immer mehr Menschen und vor allem auch Gruppen ihren Protest in der Öffentlichkeit. Eines der Hauptanliegen war, daß die sowjetische Geschichtsfälschung offengelegt werden sollte. Die Menschen wollten endlich wissen, was in der Vergangenheit ihres Lebens und ihres Landes tatsächlich abgelaufen war. So forderte man die Wahrheit über historische Ereignisse, vor allem im Zusammenhang mit der Eingliederung der baltischen Staaten in die Sowjetunion. Daß die baltischen Staaten 1940 nicht freiwillig der UdSSR beigetreten waren, wie es die sowjetische »Geschichtsschreibung« darstellte, war den meisten klar. Wie es sich aber im einzelnen wirklich abgespielt hatte, das wußten vor allem die Jüngeren nicht.

1986 bildete sich in Liepāja (Libau) die Gruppe »Helsinki 86«. Sie war am konsequentesten mit ihren Forderungen, die sie auf der Grundlage der Schlußakte von Helsinki erhob, die ja auch von der Sowjetunion unterzeichnet worden war: keine Verletzung der Menschenrechte mehr, Demokratisierung und, das Wichtigste, die Wiederherstellung der Unabhängigkeit der drei baltischen Staaten.

Im Februar 1987 besuchte Gorbatschow Riga und Tallinn. Er zeigte großes Interesse für die Sorgen der Bevölkerung. Nur für die »nationalen Bestrebungen«, wie er es nannte, hatte er absolut kein Verständnis. Auch wird erzählt, daß er sich in Tallinn, der Hauptstadt Estlands, an die Bevölkerung auf der Straße wandte mit den Worten: »Liebe Letten...«. Der Besuch Gorbatschows in Estland und Lettland war kein Erfolg, so wenig wie der in Vilnius im Januar 1990, und das Verhältnis zwischen Balten und Gorbatschow blieb bis zuletzt gestört.

»Helsinki 86« organisierte 1987 die erste größere Demonstration am Freiheitsdenkmal in Riga zum 14. Juni, dem Jahrestag der Deportationen von 1941. Der Fuß des Denkmals war überdeckt mit Blumen, Tausende waren gekommen. Ein älterer Mann trug ein kleines Bündel bei sich, das Notwendigste, erklärte er, das man im Gefängnis brauche, falls... Als er niederkniete, um ein Gebet zu sprechen, nahm ihn die Miliz fest. Sie löste anschließend die Demonstration auf. Am 23. August, dem Jahrestag des Hitler-Stalin-Paktes, wurde wieder demonstriert.

Am 1. Juni 1988 begann in Riga, organisiert vom lettischen Schriftstellerverband, das »Plenum der kulturell Schaffenden Lettlands«. Neben Schriftstellern waren Komponisten und Bildende Künstler vertreten. Seit der Sowjetisierung hatte man solche Reden nicht gehört, sie wurden anschließend im Organ des Schriftstellerverbandes, der Zeitschrift *Literatūra un māksla*, veröffentlicht. Unter der Leitung des Vorsitzenden Jānis Peteris verabschiedete die Versammlung eine Resolution. Dort heißt es unter anderem:

Im Namen des politischen Umbaus fordern wir die Regierung der Lettischen SSR und die Regierung der UdSSR auf, aktiv eine Politik und eine Diplomatie zu betreiben, die es, dem Status der Republik entsprechend, erlaubt, Lettland international als einen souveränen Staat innerhalb der sowjetischen Förderation anzuerkennen... (Literatūra un māksla, 24/1988, S. 1)

In der Resolution wird auch die Einrichtung eines eigenständigen lettischen Außenministeriums verlangt. Außerdem solle der lettischen Presse, dem Rundfunk und dem Fernsehen gestattet werden, Vertreter mit dem Status eines ständigen Korrespondenten ins westliche Ausland zu entsenden. Solche und ähnliche Forderungen bezogen sich auf eine Autonomie innerhalb der »Sowjetischen Förderation«.

Am 2. Oktober 1988 hält in Estland die Volksfront – *Rahvarinne* – ihren ersten Kongreß ab. Am 8. Oktober 1988 wird in Lettland die Volksfront – *Tautas fronte* – gegründet. In Litauen bildet sich im Laufe des Jahres die *Sajudis*. In allen drei Ländern arbeiten zunächst Teile der jeweiligen Kommunistischen Parteien in den Volksfronten mit. Die Volksfronten fordern zwar die Unabhängigkeit, aber noch nicht die Lösung der baltischen Republiken aus dem Verband der Sowjetunion.

In allen drei Ländern entstehen neben den Volksfronten bald Gruppen, die eine völlige Trennung von der Sowjetunion verlangen.

Einem wichtigen Phänomen wurde von vielen Beobachtern der Sowjetunion nicht genügend Bedeutung beigemessen. Es gab in jeder Republik der Union eine eigene Kommunistische Partei, mit eigenem Zentralkomitee und eigenem Ersten Sekretär. Es gab eine Estnische, Lettische, Litauische KP, eine Kasachische KP, eine Usbekische KP etc. Nur eine Russische Kommunistische Partei gab es nicht. Diese war identisch mit der Kommunistischen Partei der Sowjetunion. Alle anderen KPs der Union galten als Teile dieser KPdSU, mithin waren sie Teil der Russischen Kommunistischen Partei. Mit bissiger Zunge könnte man sagen, daß die Kommunisten die Idee eines »Russischen Reiches« von den Zaren übernommen und weitergeführt haben.

Auf dem Wege von den Volksfronten über die Abspaltung der Kommunistischen Parteien zu den Unabhängigkeitserklärungen und schließlich zur Unabhängigkeit der baltischen Staaten gab es mancherlei Hürden.

Am 16. November 1988, gut einen Monat nach Gründung der Volksfront Estlands, erklärt Estland seine Souveränität, wobei das Verhältnis zur Sowjetunion offen blieb. Die Reaktion in Moskau: Estland solle diese Erklärung widerrufen.

Im Januar 1989 formiert sich in allen drei Ländern eine Gegenorganisation zu den Volksfronten: die »Internationale Front«, kurz »Interfront« genannt. »International« steht für »russisch« und »national« für »nichtrussisch«, das ist, ein wenig vereinfacht, die Sprachregelung seit Beginn der sowjetischen Russifizierungspolitik nach dem Zweiten Weltkrieg.

Die Interfront erhält die volle Unterstützung Moskaus, genauer gesagt, die Unterstützung der konservativen Kreise innerhalb der KPdSU. Ihre Anhänger sind russische Funktionäre im Baltikum, pensionierte Arbeitnehmer. Das Organ der Interfront, »Jedinstwo« – »Einheit« –, erscheint ausschließlich in russischer Sprache. Ziele der Interfront waren: Erhaltung der Sowjetunion, Verbleiben der baltischen Länder wie bisher als Republiken in der Sowjetunion. Natürlich war auch der eine oder andere Este, Lette oder Litauer in der Interfront, ebenso wie – in höherem Prozentsatz – Russen Anhänger der Volksfronten waren.

Bei den Wahlen zum Volksdeputiertenkongreß der Sowjetunion am 25. März 1989 erhielten in den baltischen Ländern die Kandidaten der Volksfronten eine beachtliche Mehrheit. So wird deutlich, daß, vor allem in Lettland mit ca. 50 Prozent nichtlettischer Bevölkerung, nicht wenige Russen für die Volksfront gestimmt haben.

Am 23. August 1989 (Tag des Hitler-Stalin-Paktes) bilden etwa eine Million Menschen eine Kette von Tallinn über Riga bis Vilnius – das sind mehr als 600 Kilometer. Diese demonstrative Menschenkette findet auch im Westen Beachtung.

Am 19. Dezember spaltet sich die Litauische KP in einen unabhängigen litauischen Teil unter dem Vorsitz von Algirdas Brazauskas und einen weiterhin Moskau unterstellten Teil.

Ein erster Erfolg der baltischen Politiker ist, daß der Volksdeputiertenkongreß in Moskau am 24. Dezember 1989 den Hitler-Stalin-Pakt für »von Anfang an ungültig« erklärt.

Algirdas Brazauskas wird Parlamentspräsident in Litauen und nimmt somit das höchste Amt im Staate ein.

Weitere Schritte zur Wiederherstellung der nationalen Selbständigkeit sind: Ein Gesetz über die Flagge in allen drei Ländern. Die alten Nationalfarben sind wieder amtlich, für Estland blau-schwarz-weiß, für Lettland dunkelrot mit einem weißen Streifen in der Mitte, für Litauen gelb-grün-rot. Anläßlich des siebzigsten Jahrestages des estnisch-sowjetischen Friedensvertrages von 1920 wird eine Resolution über die Unabhängigkeit Estlands verkündet. Am 7. Februar 1990 erhält die Universität Tartu (Dorpat) wieder eine Theologische Fakultät. Per Pressegesetz wird in Litauen die Zensur abgeschafft.

Am 23. Februar und am 4. März 1990 werden in Litauen freie Wahlen zum Parlament abgehalten. »Sajudis« erhält die absolute Mehrheit. Brazauskas bekommt in seinem Wahlkreis fast alle Stimmen.

Am 11. März erklärt der Oberste Rat von Litauen die Unabhängigkeit Litauens von der Sowjetunion.

Alle drei baltischen Staaten sprechen bewußt nicht von einem »Austritt« aus der Sowjetunion, denn sie sind ja nie »eingetreten«.

Zwei Tage nach der Unabhängigkeitserklärung beschließt das litauische Parlament, daß für Litauer eine Wehrpflicht in der sowjetischen Armee nicht mehr besteht. Die Reaktion aus Moskau läßt nicht lange auf sich warten. Die Sowjetarmee macht Jagd auf junge Männer, die nach ihrer Auffassung Deserteure sind. Am 13. April 1990 verlangt Gorbatschow, daß Litauen innerhalb von 48 Stunden seine Unabhängigkeitserklärung zurücknimmt. Sonst, so droht er, verhänge er eine Wirtschaftsblockade.

Inzwischen hatte es auch in Estland und Lettland Wahlen gegeben. In Lettland erhielt die Volksfront die absolute Mehrheit, in Estland verfehlte sie sie knapp. Am 3. April wählte das estnische Parlament den Volksfrontabgeordneten Edgar Savisaar zum Ministerpräsidenten.

In Litauen wird Kazimiera Prunskiene Ministerpräsidentin, Vytautas Landsbergis löst Brazauskas als Präsident ab.

Am 30. März erklärt Estland den Fortbestand der 1918 gegründeten Estnischen Republik. Die illegale Besetzung von 1940 wird in einem Parlamentsbeschluß verurteilt. Das kommt einer Unabhängigkeitserklärung gleich. Am 8. April 1990 spaltet sich die lettische KP. Gorbatschow macht seine Drohung wahr, die Blockade Litauens beginnt am 17. April: die Lieferung von Erdöl und Erdgas wird um 70 Prozent reduziert, die Kohlelieferungen werden am 28. April ganz eingestellt. Das führt in Litauen zu Energieproblemen, wirkt sich aber auch auf bestimmte Wirtschafts- und Versorgungszweige in Rußland aus, denn Litauen war im Verband der sowjetischen Wirtschaft nicht nur der nehmende Teil, sondern eben auch der gebende. Die Lebensmittelversorgung von Moskau und Leningrad wurde zu einem nicht geringen Teil von den baltischen Ländern bestritten.

Am 4. Mai 1990 erklärt auch Lettland seine Unabhängigkeit. Ministerpräsident wird Ivars Godmanis. Sowohl Estland als auch Lettland haben für die Realisierung ihrer Unabhängigkeit eine Übergangsperiode eingeräumt, um das Verhältnis zu Moskau zu klären. Gorbatschow erklärt die Unabhängigkeitserklärungen für ungültig und weiß Unterhandlungen immer wieder zu verhindern.

Das Kräftegleichgewicht verschiebt sich, als Boris Jelzin zum Präsidenten der Russischen Föderativen Republik gewählt wird und aus der Kommunistischen Partei austritt. Im Laufe des Jahres können die baltischen Staaten Handlungsverträge mit Rußland abschließen. Damit wird das Handelsvolumen für 1991 geregelt.

Im Frühsommer 1990 reisen baltische Politiker in die Hauptstädte des Westens, um für diplomatische Unterstützung zu werben. Kazimiera Prunskiene reist durch westeuropäische Hauptstädte, gibt Fernsehinterviews. Der estnische Außenminister Lenard Meri trifft sich in Washington mit Außenminister Baker. Der lettische Ministerpräsident Godmanis und sein Außenminister Jurkāns werden in Washington von Präsident Bush empfangen. Das Ergebnis der Reisen ist zunächst mager. Das zeigt sich auf der KSZE-Konferenz in Paris vom 19. und 20. November 1990. Die baltischen Staaten werden auf Verlangen der Sowjetunion nicht einmal als Beobachter zugelassen. Bis auf die Tschechoslowakei, Dänemark und Polen schließen sich alle Staaten der Forderung der Sowjetunion an.

Der Westen glaubt, das Sowjetreich retten zu müssen. Man glaubt, mit einem einheitlichen Sowjetstaat ergiebiger Handel und Politik treiben zu können. Vor allem fürchtet man um die Rückzahlung der Kredite, die der Sowjetunion gewährt wurden. Die Medien im Westen übernehmen weitgehend die Formel vom »gefährlichen Nationalismus« der baltischen Staaten und übersehen dabei die Färbung, die das Wort im sowjetischen Sprachgebrauch bekommen hat.

Die Lage im Baltikum spitzt sich zu. Am 13. Januar 1991 besetzen Einheiten der sowjetischen Armee die Fernsehstation in Vilnius. Das litauische Volk schützt mit seinen Leibern das Parlament und die Parlamentarier vor den Panzern. 14 Tote sind zu beklagen. Am 20. Januar stürmen OMON-Einheiten – eine Spezialtruppe des sowjetischen Innenministeriums – das lettische Innenministerium in Riga: Fünf Tote. In Vilnius, Riga und Tallinn werden Barrikaden errichtet. Weitere Überfälle durch sowjetische Einheiten folgen.

In den drei baltischen Ländern werden Abstimmungen zur Unabhängigkeit durchgeführt. In Litauen fand das Referendum am 9. Februar 1991 statt. 90,5 % der Wähler stimmten für ein unabhängiges Litauen. 80 % der Bevölkerung sind Litauer. 6,5 % Gegenstimmen. Wahlbeteiligung: 85 %.

Am 3. März stimmten Estland und Lettland ab. Das Ergebnis in Estland: 77,8 % für die Unabhnägigkeit, 21,4 % Gegenstimmen. Wahlbeteiligung: 83 %. Bevölkerungsanteil der Esten in Estland: 62 %.

Das Ergebnis in Lettland: 73,6 % für die Unabhängigkeit, 24,8 % Gegenstimmen. Wahlbeteiligung: 87,5 %. Bevölkerungsanteil der Letten in Lettland: 53 %.

Am 11. Februar 1991 beschloß das isländische Parlament, Litauen als unabhängige Republik anzuerkennen.

Gorbatschow erklärt die Referenden in den baltischen Ländern für ungültig, und ein Sprecher des sowjetischen Außenministeriums protestiert gegen die Haltung Islands.

Am 30. April 1991 stirbt in Kaunas im Alter von 95 Jahren Juozas Urbšys, der letzte Außenminister des unabhängigen Litauens.

Das Fernsehgebäude in Vilnius bleibt weiterhin besetzt. Bei einem Überfall von OMON-Truppen auf einen litauischen Grenzposten werden sechs Grenzwächter umgebracht.

Am 29. Juli 1991 unterzeichnen Litauen und Rußland einen Vertrag über ihre gegenseitigen Beziehungen. Unter anderem wird Rußland ein Zugang zur Enklave Nordostpreußen – das ist das Gebiet Kaliningrad – garantiert.

Island erklärt sich bereit, zwischen den baltischen Staaten und der Sowjetunion zu vermitteln.

Der sowjetische Innenminister Boris Pugo (1937–1991) – ein Lette übrigens – weist alle Vorwürfe über Gewalttaten der OMON-Einheiten zurück.

Wieder unabhängig

Zumindest Europa erstarrte, als am 19. August 1991 die Nachricht kam: Putsch in der Sowjetunion. Doch schon am Mittag des 21. August fliehen einige der Putschisten aus Moskau. Innenminister Pugo begeht Selbstmord. In Litauen besetzen sowjetische Truppen alle Medienzentren. Das Parlament ruft die Bevölkerung zum Generalstreik auf, falls die Regierung handlungsunfähig werden sollte. In allen drei baltischen Republiken werden von den ortsansässigen reformfeindlichen Kräften sogenannte »Notstandskomitees« eingerichtet. Die Regierungen der drei baltischen Staaten bevollmächtigen für den Notfall Vertreter im westlichen Ausland zur Bildung von Exilregierungen – wie schon einmal, 1940. Die Regierungen von Estland und Lettland erklären am 20. bzw. 21. August die Übergangsfrist als beendet und ihre Länder für endgültig unabhängig.

In allen drei Ländern wird nach dem Putsch die Kommunistische Partei verboten, das KGB aufgelöst und die geheimen Archive soweit möglich sichergestellt. Rußland erkennt am 24. August die Unabhängigkeit der baltischen Staaten an. Als erstes nimmt Island mit den baltischen Staaten diplomatische Beziehungen auf, am 25. August. Am 26. August wird der dänische Botschafter in Riga akkreditiert. Die Außenminister der drei baltischen Staaten treffen sich in Bonn mit dem deutschen Außenminister Genscher. Am 28. August nehmen Schweden und Deutschland diplomatische Beziehungen mit den drei baltischen Staaten auf. Am 4. September erkennt der in Moskau neu gebildete Unionsrat der UdSSR formell die Unabhängigkeit der baltischen Staaten an. Am 17. September halten die Präsidenten von Estland, Lettland und Litauen – Rüütel, Gorbunovs und Landsbergis – ihre Antrittsreden vor der Vollversammlung der Vereinten Nationen. Estland, Lettland und Litauen werden Mitglieder der UNO. Das Ringen um die Unabhängigkeit hat – juristisch zumindest – sein erfolgreiches

Ende gefunden. Nun ist auch für die baltischen Länder das Ende des Zweiten Weltkrieges gekommen.

Allerdings beginnt nun die »Nachkriegszeit«. Noch steht eine gewaltige Besatzungsmacht in den drei Ländern. Die Landwirtschaft hat durch die erzwungene Kollektivierung viel von ihrer Effektivität verloren. Die medizinische und soziale Versorgung beginnt auf Grund der Umstellung vom kollektiven zum individuellen Versorgungssystem zu versagen. Eine weitere Spannung ergibt sich zunächst auch daraus, daß das sowjetische bzw. russische Militär sich noch in voller Stärke in den baltischen Ländern befindet.

Als bedrohlich, vor allem für Estland und Lettland, erweisen sich die während der Sowjetzeit zu Hunderttausenden angesiedelten Zuwanderer, wodurch das ethnische Gleichgewicht innerhalb der Bevölkerung stark verschoben ist.

Und noch ein nicht zu unterschätzender Faktor erschwert den wirtschaftlichen und geistigen Wiederaufbau der drei Länder: 1918 und 1919, als die baltischen Staaten gegründet wurden, mußten sie wirtschaftlich mehr oder minder bei Null anfangen. Die Länder hatten durch den Ersten Weltkrieg und den anschließenden Befreiungskrieg stark gelitten, der größte Teil der Industrieanlagen war demontiert und vor dem deutschen Vormarsch ins Innere Rußlands transportiert worden. Eins aber war den Bewohnern geblieben: der Wille zum Aufbau, der Wille zum Neubeginn, Unternehmungsgeist und Eigeninitiative des einzelnen. Eigeninitiative jedoch war im sowjetischen System prinzipiell nicht gefordert, war oft gefährlich, zog Sanktionen nach sich. Für die große Mehrheit der einheimischen Bevölkerung galt es vor allem, nicht aufzufallen und darauf zu achten, aus welcher Richtung Druck erfolgte, und diesem Druck auszuweichen oder nachzugeben. Der Glaube an den Eigenwert und ein gesundes Selbstbewußtsein sind die Grundlage für jede Demokratie. Beides war während der Sowjetzeit beschädigt worden.

Die Sprachen

Sprache ist ein Faktor der nationalen Identifikation. Mit Gründung der drei Republiken wurden 1918 Estnisch, Lettisch und Litauisch im betreffenden Land Staatssprache, Amtssprache.

Bei der Eingliederung der baltischen Staaten 1940 in die Sowjetunion blieben die jeweiligen Landessprachen zwar Amtssprache, es kam aber als zweite Amtssprache das Russische hinzu. Die offiziellen Erklärungen zur Zweisprachigkeit ließen eine Gleichberechtigung der Landessprache – »Nationalsprache« hieß sie jetzt, im Gegensatz zum Russischen, das als »internationale« Sprache galt – mit dem Russischen vermuten. Daß es sich anders entwickelte und auch anders gedacht war, zeigte sich bald. (Vgl. das Kapitel »Wieder Russifizierung«.) In vielen sozialen und vor allem beruflichen Bereichen wurde das Russische rasch zur einzigen Verständigungssprache, im Verwaltungsapparat, in den Führungen von Industriebetrieben, im Transportwesen, vor allem natürlich im Parteiapparat, in der Schiffahrt, in der Luftfahrt, Gebiete, die im wesentlichen Russen vorbehalten waren, denn man hielt Einheimische im allgemeinen für politisch weniger zuverlässig. Beim sowjetischen Militär war Russisch die einzige Kommandosprache.

Unter diesen Umständen war es eine der dringendsten Forderungen, die die Volksfrontbewegungen in Estland, Lettland und Litauen erhoben, daß die jeweilige Landessprache wieder einzige Amtssprache werde. Tatsächlich wurde noch während der Sowjetherrschaft vom Obersten Rat eines jeden der drei Länder die Landessprache wieder zur einzigen Amtssprache erklärt. Darauf wurde vor allem von russischer Seite, ebenso aber aus anderen Ländern, auch westlichen, die Frage aufgeworfen, warum man nicht das Russische wenigstens als zweite Amtssprache zulassen wolle. Die Antwort ist: wenn man Russisch als zweite Amtssprache einführen würde, wäre es bald wieder zur dominierenden Sprache geworden. Der Großteil der zugewanderten Russen oder russifizierten Angehörigen anderer Völker würde es nach wie vor für überflüssig halten, die Sprache eines kleinen Landes zu erlernen, denn, so wurde betont, diese sei ohnehin zum Aussterben verurteilt. Inzwischen bemüht sich ein nicht geringer Teil der Zugewanderten um den Erwerb der jeweiligen Landessprache.

In allen drei Ländern wird versucht, die Verhältnisse durch ein Sprachengesetz zu regeln. In jedem Fall soll erreicht werden, daß Personen, die mit Publikum zu tun haben, die Landessprache wenigstens in dem Ausmaß beherrschen, wie es ihre jeweilige Aufgabe verlangt.

In Estland und Litauen gibt es Gegenden, in denen Angehörige der Minderheit in hohem Maße konzentriert sind und dort die große Mehrheit der Bewohner stellen. Das sind in Estland die Städte Narva, Sillemäe und Kohtla Järve, deren Bevölkerung nunmehr fast rein russisch ist, und in Litauen das Gebiet um Vilnius, das von alters her einen starken polnischen Bevölkerungsanteil hat. Es ist offensichtlich, daß hier sprachliche Sonderregelungen nötig sind, um den Verhältnissen gerecht zu werden.

Der Abzug der Armee

Nachdem die Sowjetunion am 6. September 1991 die Unabhängigkeit der baltischen Staaten anerkannt hatte, wurde allgemein angenommen, daß nun der Abzug der Besatzungstruppen beginnen werde. Zwar hatte der sowjetische Verteidigungsminister schon am 30. August 1991 angeordnet, alle aus den baltischen Staaten rekrutierten Soldaten der sowjetischen Armee zu demobilisieren, doch der Abzug der sowjetischen – später dann russischen – Militäreinheiten aus dem Baltikum zog sich über drei Jahre hin.

Im Februar 1992 finden in Moskau verbindliche Gespräche über den Abzug der nunmehr russischen Truppen aus dem Baltikum statt. Man einigte sich darauf, noch 1992 mit dem Abzug der Truppen zu beginnen. Im Mai gab es in Moskau wiederum Besprechungen zwischen Vertretern Rußlands und Vertretern der einzelnen baltischen Staaten. Der hier von Rußland vorgelegte Abmarschplan sah ein Ende des Truppenabzugs für 1999 vor. Von baltischer Seite wurde der Herbst 1993 vorgeschlagen. Zu einer Einigung kam es nicht. Die russische Seite machte organisatorische und allgemein wirtschaftliche Schwierigkeiten geltend.

Am 28. Juni 1992 erläßt der in Tallinn tagende Rat der Baltischen Staaten eine Aufforderung an die »Großen Sieben« (G-7-Staaten), darauf zu dringen, daß die im Baltikum stationierten Militäreinheiten abgezogen werden. Desgleichen kamen die Vertreter der baltischen Staaten überein, sich in dieser Sache gemeinsam auf dem OSZE-Gipfel in Helsinki stark zu machen.

Am 1. Juli dann beschließt der Senat der USA, die Finanzhilfe für Rußland einzuschränken, wenn nicht in der allernächsten Zeit beim Abzug der russischen Truppen aus dem Baltikum sichtbare Erfolge einträten.

München, 7. Juli: Der Rat der sieben führenden Wirtschaftsmächte fordert Rußland auf, einen Plan für den Abzug seines Militärs aus dem Baltikum zu erarbeiten. Am folgenden Tag verspricht Jelzin den G-7-Mächten, daß der Abzug des russischen Militärs aus Estland, Lettland und Litauen bis Mitte des Jahres 1993 beendet sein werde. Vorrang aber habe der Abzug des russischen Militärs aus Deutschland.

Am 17. Juni 1993 startet die letzte Maschine der russischen Luftwaffe im Baltikum vom Fliegerhorst Lielvarde nach Rußland. Es bleiben die Bodentruppen und die Marine.

Nachdem im Februar 1994 die »Partnerschaft für den Frieden« geschaffen und die baltischen Staaten beigetreten waren, ist es Ende April schließlich soweit. Die baltischen Staaten erklären sich bereit, einen Vertrag über den völligen Abzug der russischen Truppen, über »Termine und Ordnung« dieses Truppenabzuges und über die »rechtliche Stellung« dieser Truppen »während der Zeit des Abzuges« und über die soziale Absicherung und den Schutz der Angehörigen der Streitkräfte und des russischen Grenzschutzes sowie deren Familien sowie über die im jeweiligen baltischen Staat »lebenden russischen Militärpensionäre und deren Familien sowie deren soziale Absicherung« zu unterzeichnen.

Für Lettland kommt noch ein Punkt über den rechtlichen Status des Frühwarnsystems in Skrunda hinzu, das teilweise noch bis 1998 in Betrieb bleiben soll.

Der Punkt »Militärpensionäre« in dem Vertrag ist von den Vertretern der baltischen Staaten erst auf Druck der USA und anderer Westmächte akzeptiert worden. Es handelt sich dabei um sowjetische Offiziere, die sich bei ihrer Pensionierung zur sowjetischen Zeit das Baltikum als Wohnort ausgesucht hatten. Allein in Lettland ging es um 20 000 Offiziere und deren Familien. Das bedeutet rein zahlenmäßig mehr als die eigenen Streitkräfte. Die Pensionen dieser Offiziere werden von Rußland in Dollar an die jeweilige Regierung gezahlt, die ihrerseits die Auszahlung der Pensionen in Landeswährung an die betreffenden Personen zu regeln hat.

Am 31. August 1994 verläßt der letzte russische Soldat das Baltikum. Obwohl es zu einigen Unregelmäßigkeiten kam – einige hundert Militärpersonen waren unangemeldet doch im Lande geblieben –, kann die Aktion als abgeschlossen gelten. Die letzten Bauten des Frühwarnsystems im lettischen Skrunda wurden, wie es der Vertrag vorsah, im Sommer 1998 gesprengt.

Staatsangehörigkeit

Während der Sowjetzeit wurden, wie schon erwähnt, in den baltischen Republiken Menschen aus allen Teilen der Sowjetunion, vor allem Russen, angesiedelt. Am meisten in Lettland, am wenigsten in Litauen. Dabei handelt es sich um Menschen aus verschiedenen Berufen: Industriearbeiter, Facharbeiter, höhere Beamte, Parteifunktionäre, Wissenschaftler, Ärzte, Milizionäre (d. h. Polizisten) u. a. Dieser Personenkreis wird unterschiedlich benannt – man spricht von »Minderheit«, von »Migranten«, von »Zugewanderten«, von »Russischsprachigen« oder einfach von »Russen« –, denn ein solches Phänomen war bisher nicht bekannt, jeder Vergleich mit Vorgängen in anderen Staaten erweist sich schnell als untauglich, selbst der mit den französischen Siedlern in Algerien, da diese zum überwiegenden Teil Algerien verließen, nachdem es unabhängig geworden war.

Für sie selber stellte sich ihre Situation wie folgt dar: Sie kamen als Kolonisten in ein von ihrem Staat neu erworbenes Gebiet. Sie blieben also theoretisch im »Inland«, sie befanden sich nach wie vor in der Sowjetunion. Da Russisch in der Sowjetunion die lingua franca war, sahen sie keine Notwendigkeit, eine andere Sprache zu erlernen. Ihre Staatsangehörigkeit war die sowjetische, d. h. die damals auch in den baltischen Sowjetrepubliken gültige.

Als die baltischen Staaten wieder unabhängig wurden, waren diese Menschen – nennen wir sie die Zugezogenen – Ausländer und befanden sich unversehens in einem anderen Land. Weshalb das so war, und daß es durchaus seine historische Folgerichtigkeit hatte, das konnten oder wollten sie nicht einsehen, denn sie waren über die geschichtlichen Vorgänge nicht informiert.

Eine Möglichkeit, aus diesem Dilemma herauszukommen, schien die sogenannte »Null-Option« zu bieten, die besagte, daß alle im Moment des faktischen Wiederbeginns der Unabhängigkeit im Lande sich befindenden Personen automatisch die Staatsbürgerschaft dieses Landes erhalten. Ungefähr nach dem Konzept der »Null-Option« verfuhr man in Litauen. Das war dort im wesentlichen unproblematisch, da der Anteil der Zugewanderten nur knapp 10 Prozent betrug.

Besonders schwierig zeigten sich die Verhältnisse in Lettland, wo 1991 nur noch 53 Prozent der Gesamtbevölkerung Letten waren (1938 waren es 77 Prozent). Allen, die am Tag der Besetzung durch die sowjetischen Truppen, am 17. Juni 1940, die lettische Staatsangehörigkeit besessen hatten, sowie deren unmittelbaren Nachkommen, wurde die Staatsangehörigkeit erneuert. Hinsichtlich der angeheirateten Familienmitglieder verfuhr man großzügig, so stieg der Anteil der Russen, die die lettische Staatsangehörigkeit haben, von 12 Prozent vor dem Kriege auf etwa 20 Prozent. Der Rest von 28 Prozent der Einwohner Lettlands besitzt die lettische Staatsangehörigkeit nicht, das sind etwa 680000 Personen. Nur wenige von ihnen haben sich für die russische Staatsangehörigkeit entschieden. Nach einem im August 1994 erlassenen Gesetz kann die Staatsangehörigkeit Lettlands im Verfahren der Naturalisation erworben werden. Die Bedingungen: der Antragsteller muß mindestens fünf Jahre legal im Lande ansässig sein, bis zu einem gewissen Grade die Landessprache beherrschen (Sprachprüfung), den Text der zweistrophigen Nationalhymne auswendig kennen, über Geschichte und Regierungsform des Landes Bescheid wissen und mit einem Eid seine Loyalität zum Land bestätigen.

Um eine plötzlich einsetzende Flut von Anträgen zu vermeiden und die Möglichkeit zu haben, die neuen Staatsbürger besser in die Gesellschaft zu integrieren, wurden sogenannte »Fenster« eingerichtet. In jedem Jahr konnten nur jeweils bestimmte Geburtsjahrgänge einen Antrag auf Staatsbürgerschaft stellen. Das hätte sich bis zum Jahr 2003 hingezogen. Diese Regelung wurde 1998 abgeschafft, denn sie war überflüssig: von den 93 000 Personen, die 1995–1996 nach dieser Regelung einen Antrag hätten stellen können, bewarben sich nur 7170 Menschen um die lettische Staatsangehörigkeit.

Durchaus ähnlich sind die Verhältnisse in Estland. Dort sind insgesamt 35 Prozent der Gesamtbevölkerung Angehörige von Minderheiten, von denen ein Teil durch eine ähnliche Regelung wie in Lettland die Staatsangehörigkeit erneuern konnte. Für die übrigen sind die Bedingungen zum Erwerb der estnischen Staatsangehörigkeit ähnlich wie in Lettland, jedoch kann jeder sie sofort und jederzeit beantragen. Auch hier ist die Anzahl der Antragsteller erstaunlich gering.

1998 beschloß das lettische Parlament, daß alle nach 1991 in Lettland geborenen Kinder die lettische Staatsbürgerschaft automatisch erhalten sollen, falls dies von den Eltern gewünscht wird. Darüber entstand ein Streit, der über ein Referendum zu einem Volksentscheid führte, in dem über Annahme oder Ablehnung dieses Parlamentsbeschlusses abgestimmt werden sollte. Am 3. Oktober 1998 entschied sich – bei einer Stimmbeteiligung von 69 Prozent – die Bevölkerung für die automatische Staatsbürgerschaft. In Estland ist sie seit dem 8. Dezember 1998 Gesetz.

NATO und Europäische Union

Ein Trauma blieb für die Balten, daß sie 1939 und 1940 seitens der Westmächte ihrem Schicksal überlassen wurden. Auch zur Unterstützung Finnlands rührte sich damals praktisch kein Finger. Doch welche Möglichkeiten hätten die Westmächte im Herbst 1939 oder gar im Sommer 1940 gehabt? Nicht zufällig wurde der sowjetische Überfall auf die baltischen Staaten mit dem Angriff der deutschen Wehrmacht in Frankreich koordiniert. Und 1945? Wieder – in Teheran, in Jalta, in Potsdam – blieben die Balten ihrem Schicksal überlassen. Verständlich, daß sie nichts mehr fürchten als eine Wiederholung der Ereignisse von 1940 und 1945. Wäre der Westen denn willens und in der Lage, den baltischen Staaten Schutz zu bieten?

Zwei Organisationen bieten sich für die baltischen Länder als Zufluchtsstätte an: die NATO und die Europäische Union.

Für jeden der drei Staaten würde die Mitgliedschaft in der NATO den sichersten Schutz vor einem Angriff aus dem Osten bedeuten. Das ist allen Beteiligten bewußt, auch in Rußland.

Vorläufig sind sowohl Estland als auch Lettland und Litauen von ihrer wirtschaftlichen Situation her und vor allem die beiden letzteren vom Zustand ihrer Landesverteidigung her nicht in der Lage, die Bedingungen für eine Aufnahme als Mitglied in das Bündnis zu erfüllen.

Und – das erweist sich auf die Dauer als schwerwiegender – Rußland wehrt sich entschieden gegen den Beitritt eines Staates des »Nahen Auslandes« zur NATO. »Nahes Ausland« ist für Moskau die Bezeichnung für alle Länder, die einmal zur Sowjetunion gehörten.

Schließlich fand man seitens der NATO eine Zwischenlösung: es wurde die »Partnerschaft für den Frieden« geschaffen, und alle osteuropäischen Staaten – auch Rußland – zur Teilnahme eingeladen. Als erster von den baltischen Staaten unterschrieb am 27. Januar 1994 Litauen das Beitrittsdokument. Es folgten Estland am 3. Februar und Lettland am 14. Februar. Die »Partnerschaft für den Frieden« ermöglicht in gewissem Rahmen einen militärischen Kontakt zwischen der NATO und den baltischen Staaten.

Am 11. September des gleichen Jahres treffen sich in Kopenhagen die Verteidigungsminister von Dänemark, Großbritannien, Finnland, Schweden und Norwegen sowie die der baltischen Staaten, um ein Absichtsprotokoll für die Hilfe bei der Aufstellung einer gesamtbaltischen Militäreinheit – des »Baltischen Batallions« (BALTBAT) – zu unterschreiben.

Am 3. September 1995 erklärt der stellvertretende Außenminister Rußlands, Sergej Krylow, daß Rußland kategorisch eine Aufnahme der baltischen Staaten in die NATO ablehne. Über Rußlands Bemühungen, einen NATO-Beitritt Estlands, Lettlands und Litauens zu verhindern, wird noch in dem Kapitel über die Beziehung zwischen Rußland und dem Baltikum zu reden sein.

Am 8. Juli 1997 wird von seiten der NATO vorgeschlagen, Polen, Tschechien und Ungarn noch vor dem Ende des Jahrhunderts in das Bündnis aufzunehmen. Gleichzeitig wird erklärt, daß die nächsten Kandidaten für eine Mitgliedschaft in der NATO Estland, Lettland und Litauen seien.

Am 16. Januar 1998 schließlich wird von den Präsidenten der USA, Estlands, Lettlands und Litauens die »US-Baltic Charter of Partnership« unterzeichnet, in der die USA ihre Unterstützung bei der Integration der baltischen Staaten in westeuropäische Institutionen, darunter auch die NATO, zusagen.

Wesentlich weiter und problemloser als die Eingliederung in die NATO ist die Annäherung an die Europäische Union fortgeschritten.

Alle drei Staaten haben ihre Aufnahme als Mitglied in die Europäische Union beantragt: Lettland am 13. Oktober 1995, Estland am 24. November 1995 und Litauen am 8. Dezember 1995. Damit begann die Phase der Vorbereitung der Länder auf den Eintritt in die EU.

Ein Europa-Abkommen, d.h. ein Assoziierungsvertrag zwischen Estland, Lettland und Litauen einerseits und der EU andererseits wurde am 12. Juni 1995 unterzeichnet. Ratifiziert hat dieses Abkommen Estland am 1. August, Litauen am 5. August und Lettland am 30. August 1995. (Vgl. »Stellungnahme der Kommission zum Antrag Litauens/Lettlands/Estlands auf Beitritt zur Europäischen Union«, jeweils S. 11)

Im Dezember 1997 beschließen die EU-Staaten in Luxemburg, Estland im Rahmen der ersten Osterweiterung der EU zu den Aufnahmegesprächen einzuladen. Die beiden anderen baltischen Staaten sollen erst im zweiten Zug der Osterweiterung berücksichtigt werden.

Im Juni 1993 hatte der EU-Rat auf seiner Tagung in Kopenhagen beschlossen, daß die assoziierten Länder, die dies wünschen, Mitglied der Europäischen Union werden können, sobald sie in der Lage sind, den mit einer Mitgliedschaft verbundenen Verpflichtungen nachzukommen und die erforderlichen wirtschaftlichen und politischen Bedingungen zu erfüllen. (»Stellungnahme ...«, jeweils S. 9)

Im Rahmen des Beitrittsverfahrens werden von der EU Kommissionen in die betreffenden Länder gesandt, die an Ort und Stelle untersuchen, wie weit das Land schon den Anforderungen für einen Beitritt entspricht. Die Voraussetzungen für eine Mitgliedschaft in der EU sind erstens »... institutionelle Stabilität als Garantie für demokratische und rechtsstaatliche Ordnung, für die Wahrung der Menschenrechte sowie die Achtung und den Schutz von Minderheiten ...«, zweitens »... eine funktionsfähige Marktwirtschaft sowie die Fähigkeit, dem Wettbewerbsdruck und den Marktkräften innerhalb der Union standzuhalten ...« und drittens »... daß die Beitrittskandidaten die aus einer Mitgliedschaft erwachsenden Verpflichtungen übernehmen und sich auch die Ziele der politischen Union sowie der Wirtschafts- und Währungsunion zu eigen machen können.« (»Stellungnahme ...« jeweils S. 9)

Die Bewertung in den Punkten »Demokratie und Rechtsstaatlichkeit« sowie »Menschenrechte und Minderheitenschutz« ist für alle drei Länder positiv. Überall haben mehrmals ordnungsgemäß Wahlen stattgefunden, gingen Regierungswechsel reibungslos über die Bühne, arbeiten die Gerichte weitgehend ordnungsgemäß.

Für Estland wird empfohlen, die Korruption noch stärker zu bekämpfen, das Einbürgerungsverfahren zu beschleunigen und die Nicht-Esten besser zu integrieren.

Für Lettland wird ebenfalls empfohlen, die Korruption noch energischer zu bekämpfen sowie den Nichtstaatsbürgern freieren Zugang zu bestimmten Berufen zu gewähren. Desgleichen wird eine Integration der Zugewanderten empfohlen.

Allen drei Ländern, auch Litauen, wird empfohlen, das Justizwesen zu verbessern, was tatsächlich nötig ist, sich aber naturgmäß nicht so rasch bewerkstelligen läßt, wie man am Beispiel Deutschlands nach 1945 gesehen hat. Bei der Empfehlung, eine bessere Integration der Zugewanderten zu erreichen, ist offensichtlich nicht berücksichtigt worden, daß zwar ein Teil der Betroffenen bereit ist, sich integrieren zu lassen, ein anderer – nicht geringer – Teil sich aber durchaus nicht integrieren möchte.

Was die Wirtschaft betrifft, so muß in allen drei Ländern noch eine Menge aufgearbeitet werden. Zur Illustration seien hier einige Zahlen von 1996 angeführt.

Estland – Bevölkerung: 0,4 Prozent der EU; Wirtschaftsleistung: 0,1 Prozent der EU; Pro-Kopf BIP: 23 Prozent vom EU-Durchschnitt; durchschnittlicher Monatslohn: 179 ECU.

Lettland – Bevölkerung: 0,7 Prozent der EU; Wirtschaftsleistung: 0,1 Prozent der EU; Pro-Kopf BIP: 18 Prozent vom EU-Durchschnitt; durchschnittlicher Monatslohn; 170 ECU.

Litauen – Bevölkerung: 1 Prozent der EU; Wirtschaftsleistung: 0,2 Prozent der EU; Pro-Kopf BIP: 24 Prozent vom EU-Durchschnitt; durchschnittlicher Monatslohn: 140 ECU. (»Stellungnahme ...« jeweils S. 21)

Die »Stellungnahme der Kommission zum Antrag Estlands/Lettlands/Litauens auf Beitritt zur Europäischen Union« kommt für Lettland und Litauen zu dem Schluß, »daß Beitrittsverhandlungen eröffnet werden sollten, sobald Lettland/Litauen genügend Fortschritte bezüglich der Erfüllung der Mitgliedschaftsvoraussetzungen gemacht hat ...« (»Stellungnahme ...«, S. 82, S. 84)

Für Estland werden genügend Fortschritte in der Wirtschaft konstatiert, Fazit: die Kommission »empfiehlt ... die Eröffnung der Beitrittsverhandlungen mit Estland.« (»Stellungnahme ...«, S. 84)

Währung – Wirtschaft

Im Gegensatz zu den ehemaligen Satellitenstaaten der Sowjetunion wie Polen, Ungarn, Tschechoslowakei u. a. befanden sich die baltischen Staaten – ebenso wie die anderen Nachfolgestaaten der UdSSR – gewissermaßen hinter einem »doppelten Eisernen Vorhang« (Lieven S. 216). Neben dem »normalen« Eisernen Vorhang, der z. B. zwischen Helmstedt und Marienborn verlief und den »Osten« vom »Westen« trennte, bildete die sowjetische Grenze zu den Satelliten einen zweiten, nicht minder schwer durchdringbaren Vorhang. Alle Kontakte mit der Außenwelt, auch wirtschaftliche, verliefen ausschließlich über Moskau, wobei unter »Außenwelt« zunächst die Staaten des »Sozialistischen Lagers«, die Satelliten also, zu verstehen waren.

Das zweite große wirtschaftliche Handicap war eine Folge der fein verästelten Einbindung der Sowjetrepubliken in das gesamtsowjetische Wirtschaftssystem. Für viele Produktionen gab es eine und meistens nur eine Stelle im ganzen sowjetischen Imperium, wo dieses Produkt produziert wurde. Ausgangsstoffe und Ausgangsprodukte kamen wiederum jeweils von einem und häufig wieder nur einem anderen Ort des Sowjetreiches.

Das dritte Hindernis beim Übergang von der Sowjetwirtschaft zur Marktwirtschaft waren die extrem niedrigen Preise für Rohstoffe, insbesondere für Energie und Energieträger in der Sowjetunion. Diese Preise wurden von Rußland recht bald weitgehend den Weltmarktpreisen angeglichen.

Als erstes gerieten die großen, sogenannten »Unionsbetriebe«, die während der Sowjetzeit nicht nur aus wirtschaftlichen, sondern vorwiegend aus politischen Gründen im Baltikum angesiedelt worden waren, in Schwierigkeiten. Aber auch alteingesessene größere Industrieunternehmen mußten nach 1991 um ihr Überleben kämpfen, waren sie doch inzwischen überaltert und ihre Produktbreite stark geschmälert.

Die Folgen waren entsprechend: bis 1992 sank die Produktivität der Industrie in Lettland um 35 Prozent, in Estland um 40 Prozent und in Litauen um 50 Prozent (Lieven S. 316).

Ähnlich verlief die Entwicklung in der Landwirtschaft. Die Bauern waren nach dem Krieg zwangsweise in Kollektivwirtschaften zusammengelegt worden, die häufig unter der Leitung eines zugewanderten, meist russischen oder ukrainischen Direktors standen. Der größte Teil der Kolchosen ist heute aufgelöst. Die neuen Einzelbauern kämpfen mit großen materiellen Schwierigkeiten, und vielen fehlt es an Erfahrung. Hinzu kommt eine unzureichende Agrarpolitik der Regierungen. Die Bauern verfügen nicht über ein funktionierendes Vertriebssystem für den Absatz ihrer Produkte. 1994 war ein diesbezüglicher Tiefpunkt, der in Estland noch am glimpflichsten ausfiel. In Lettland war ein Rückgang in der Landwirtschaft um 28,1 Prozent zu verzeichnen, in Litauen um 18 Prozent und in Estland um 10,7 Prozent. (»Baltijas valstis liktengriežos«, S. 86ff.)

In den ersten Jahren hatte die Wirtschaft auch hinsichtlich der Währung kaum eine reale Basis für einen Neuanfang, denn die Landeswährungen waren 1940 abgeschafft worden, und der sowjetische Rubel, der nach dem 21. August 1991 in den baltischen Ländern zunächst immer noch als Zahlungsmittel galt, befand sich im Zustand einer zügigen, zumeist dreistelligen Inflation. Vom Internationalen Währungsfonds kam die dringende Empfehlung, so rasch wie möglich für eine stabile Währung zu sorgen.

Diesem Rat folgte Estland als erstes Land. Am 20. Juni 1992 erfolgte dort der Währungsschnitt. Die estnische Krone (Kroon) war wieder einziges gesetzliches Zahlungsmittel. Ihr Kurs wurde an die Deutsche Mark gebunden, im Verhältnis 1 DM = 8 Kr. Dieser Wechselkurs ist auch sechs Jahre später (1998) der gleiche.

Als nächstes folgte Lettland. Laut Verfassung ist die Staatsbank in Lettland weitgehend unabhängig von politischer Kontrolle. Sie wurde nach dem Vorbild der Deutschen Bundesbank aufgebaut. Der Präsident der Staatsbank, Einars Repše, führte im Juli 1992 eine Übergangswährung ein, die zunächst parallel zum sowjetischen Rubel als Zahlungsmittel galt. Die Parität zum Sowjetrubel war zunächst 1:1. Repše befolgte ziemlich genau die Ratschläge des IWF und bekam die Inflation langsam in den Griff. Im Januar 1993 war der lettische Rubel auf einem Stand von 140 für einen US-Dollar, während der sowjetische Rubel bereits auf 700 für einen Dollar abgesackt war. Ab März wurden die lettischen Rubel allmählich durch die endgültige Währung, den Lat (so hieß die Währung auch vor 1940) ersetzt. Ein Lat hatte die Parität von 200 lettischen Rubeln, was einem Kurs von knapp 0,60 Lat für einen US-Dollar entspricht. Fünf Jahre später, 1998, gilt auch dieser Kurs noch.

Litauen hat zunächst, 1992, eine Übergangswährung – den »Talonas« – eingeführt, brauchte aber länger, um die Finanzwirtschaft zu stabilisieren. Am 20. Juni 1993 wurde der Litas (ebenfalls die alte Bezeichnung von vor 1940) wieder eingeführt. Er hält sich auf einer Parität von etwa 4 Litas für einen US-Dollar.

Desgleichen neu aufgebaut werden mußte das Bankensystem. Es entstanden rasch eine Reihe von privaten Geldinstituten. Bis 1994 betätigten sich auch private Firmen als Kreditinstitute.

Als erstes der drei Länder machte Estland eine Bankenkrise durch, in den Jahren 1992 bis 1994 gingen eine Reihe von Banken in Konkurs. Danach wurde die Bankenaufsicht durch die Zentralbank intensiviert, die Anforderungen bezüglich des Eigenkapitals von Banken wurden schrittweise heraufgesetzt.

Um einiges später begann die Bankenkrise in Lettland. Dafür erschütterte sie das Wirtschaftsleben des Landes in merkbarem Maße. Kleinanleger und Sparer verloren ihr Geld. Der Höhepunkt war der Konkurs der Banka Baltija 1995 – damals die größte Geschäftsbank des Landes. Man rechnet mit einem Gesamtverlust von etwa 150 Mio. Lat durch diesen Bankzusammenbruch.

Auch Litauen kam nicht ohne Bankenkrise davon. Am 20. Dezember 1995 wurden die beiden größten Banken des Landes, die Litimpeks und die Lietuvos Akcinis Inovacinis, für zahlungsunfähig erklärt.

In beiden Ländern, in Lettland und in Litauen, wurden die Vorsitzenden der betreffenden Banken unter dem Verdacht des Betruges festgenommen.

Alle drei baltischen Länder verfügen über Goldreserven,

vor allem deshalb, weil sie vor dem Einmarsch der sowjetischen Armee 1940, der abzusehen war, ihr Gold in England oder Frankreich deponiert hatten. Nach der Erneuerung ihrer Unabhängigkeit erhielten sie dieses Gold zurück.

Nach den Bankenkrisen entwickelt sich das Finanzwesen in den baltischen Ländern zwar nicht mehr so stürmisch, dafür auf soliderer Grundlage. Auch ausländische Geldinstitute werden im Baltikum vermehrt tätig. Auf diese Weise entsteht in den drei Ländern ein Kreditwesen auf fester Grundlage, ein Kredit kostet 1998 etwa 12 Prozent im Jahr, wenn es viel ist 15 Prozent. Mitte der 90er Jahre galt dieser Zinssatz für einen Monat. Die billigeren Kredite verschaffen dem wirtschaftlichen Aufbau einen neuen Anschub.

Die baltischen Staaten und Rußland

Zunächst schien alles einen positiven Verlauf zu nehmen: die baltischen Staaten und Rußland als gute Nachbarn. Jelzin hatte die Unabhängigkeit der drei Staaten anerkannt. Rußland war im Prinzip bereit, seine Truppen aus dem Baltikum abzuziehen. Die Handelsbeziehungen, so hoffte man, würden sich auf eine neue Art entwickeln.

Doch dann tauchten die ersten Schwierigkeiten auf. Das hat materielle, machtpolitische und historische Gründe. Unter denen, die in Rußland das politische Klima bestimmen, kristallisieren sich grundsätzlich drei Richtungen heraus. Da gibt es die, die zurück zum Kommunismus und zurück zur Sowjetunion wollen. Dann diejenigen, die ein mehr oder minder reformiertes Rußland befürworten, aber wieder als Imperium, in den »alten« Grenzen, einschließlich aller »Gebiete«, also auch einschließlich des Baltikums. Und endlich diejenigen, die einen wirklichen Reformkurs fordern und ein neues Rußland wollen, ohne »Kolonien«, demokratisch, marktwirtschaftlich, einen modernen Rechtsstaat. Zur Zeit der Staatskrise im September 1998 kommen letztere kaum zum Zuge.

Etwa seit 1992 wird bei Verhandlungen mit den baltischen Staaten auf russischer Seite folgende Taktik verfolgt: ein überschaubares und lösbares Problem wird mit einem anderen Problem gekoppelt, das unlösbar erscheint oder zumindest unlösbar gemacht werden kann. Die wichtigsten Themen: Die Russen im Baltikum, d. h. der abwechselnd gegen Lettland oder Estland erhobene Vorwurf, daß die russischsprachige Minderheit im jeweiligen Land nicht entsprechend den Menschenrechten behandelt werde. Dann der Vertrag über die Grenze Rußlands mit Estland bzw. Lettland. Die Unterschrift unter diesen Vertrag wird auf Grund verschiedener Vorbehalte immer wieder verzögert. Und schließlich die wirtschaftlichen Sanktionen: keine Lieferung von Erdöl, Erdgas, Kohle oder Boykott von lettischen respektive estnischen Waren.

Beim Vertrag über die gemeinsame Grenze zwischen Rußland und Estland oder Rußland und Lettland geht es weniger um den Verlauf der Grenze – darüber ist man sich im wesentlichen einig –, sondern um die Erwähnung der Friedensverträge von 1920, der Rußland um keinen Preis zustimmen möchte. Rußland argumentiert: die Eigenstaatlichkeit Estlands und Lettlands habe 1940 aufgehört, womit die Friedensverträge hinfällig geworden seien. Nicht anerkennen will zur Zeit die russische Seite, daß 1940 die Eigenstaatlichkeit Estlands und Lettlands durch Gewaltanwendung seitens der UdSSR unterbrochen wurde, wobei es zum Bruch eben jener Friedensverträge durch die Sowjetunion kam. Das heißt, man versucht russischerseits die Fiktion vom freiwilligen Beitritt der baltischen Staaten zur Sowjetunion aufrechtzuerhalten.

Der russische Vorwurf der »Verletzung der Menschenrechte« in Estland und Lettland gegenüber den russischsprachigen Bewohnern gründet weniger auf realen Tatsachen – sowohl Kommissionen der UNO wie auch mehrere Kommissionen der EU haben festgestellt, daß es Menschenrechtsverletzungen weder in Estland noch in Lettland gebe – als vielmehr auf dem Versuch, die Lösung eines anderen Problems zu verzögern oder von innerrussischen Schwierigkeiten, vor allem wirtschaftlicher Natur, abzulenken.

Hintergrund dieser Kampagnen ist die Auffassung der meisten russischen Politiker, daß das Baltikum zum »nahen Ausland« gehöre und damit zur russischen Einflußsphäre. So ist es auch wichtig für Rußland, einen Beitritt der baltischen Staaten zur NATO mit allen Mitteln zu verhindern. Denn ein Mitgliedstaat der NATO kann per definitionem nicht gleichzeitig zur Einflußzone eines anderen Staates außerhalb der NATO gehören. Wenn das Baltikum einmal vollkommen aus der Einflußsphäre Rußlands herausgebrochen ist – so offenbar der Gedankengang der Poliker –, besteht kaum noch Aussicht, es wieder in ein wie auch immer geartetes russisches Reich einzugliedern. So dürfte auch ein weiterer Grund dafür, die Klärung der Grenzfrage möglichst lange zu verhindern, sein, daß eine ungeklärte Grenze zu Rußland für Estland und Lettland ein ernstes Hindernis für die Aufnahme in die NATO wäre.

Die Staaten

Im folgenden ist die allgemeine politische Entwicklung in den drei baltischen Staaten chronologisch zusammengestellt, und zwar wurden die Ereignisse aufgenommen, die für diese Entwicklung wichtig und bezeichnend waren.

1991
Am 17. September wurden die drei Länder in die UNO aufgenommen. Seit dem 18. September sind sie wieder Mitglieder des Internationalen Olympischen Komitees.

Die jeweiligen Regierungen waren schon vorher gebildet worden, noch unter dem Dach der Sowjetunion, ebenso die Parlamente, die Obersten Räte noch nach sowjetischem Muster. Nun war das Dach fort, und die Regierungen arbeiteten weiter, die Obersten Räte funktionierten weiter als Legislative. Oberstes Ziel war eine brauchbare Verfassung. In Estland wurde bereits im September 1991 eine Verfassunggebende Versammlung gebildet. Deren Aufgabe war es, auf der Basis der Verfassung von 1922 eine neue auszuarbeiten, bei der die Fehler jener ersten Verfassung, die seinerzeit zum Verfall der Demokratie beigetragen hatten, vermieden werden sollten.

Am 8. Oktober 1991 traf sich zum ersten Mal die »Baltische Versammlung«, die als interparlamentarische »konsultative Institution« gedacht war. Es war ein erster Zusammenschluß der drei Staaten untereinander, die durch das gemeinsame Schicksal der sowjetischen Okkupation und die gemeinsame Freiheitsbewegung einander nähergerückt waren.

Am 21. Dezember 1991 unterzeichnen elf Republiken – Rußland, Ukraine, Weißrußland, Kasachstan, Moldawien, Armenien, Aserbeidschan, Kirgisien, Turkmenistan, Tadschikistan und Usbekistan – das Protokoll zur Bildung einer »Gemeinschaft unabhängiger Staaten« (GUS), womit die Sowjetunion endgültig aufhört zu bestehen.

1992

Der Oberste Rat Lettlands, das vorläufige Parlament, beschließt am 14. Januar, das Bürgerliche Gesetzbuch von 1937 wieder in Kraft zu setzen. Allen Abgeordneten ist dabei klar, daß nach fünfzig Jahren ein Gesetzbuch der Zeit angeglichen werden muß. Es bleibt noch eine Menge legislativer Arbeit, um dieses Gesetzbuch der heutigen Zeit anzugleichen.

In Estland ist der politische Jahresbeginn durch einen Wechsel gekennzeichnet: die Regierung unter Ministerpräsident Edgar Savisaar tritt zurück. Geführt hatte dazu einmal Savisaars Befürwortung der »Null-Option« in Sachen Staatsangehörigkeit sowie zum anderen seine eher prorussische Haltung in bezug auf die fast ganz russifizierten nordestnischen Bezirke Narva, Sillemäe und Kohtla Järve, die eine kleinere oder größere Autonomie innerhalb des estnischen Staates forderten, wenn nicht eine Angliederung an Rußland. In der Folgezeit verbreitete sich unter der russischen Bevölkerung dieser Gebiete allerdings eine Loyalität zum estnischen Staat. Ein Kuriosum in diesem Zusammenhang ist die im Sommer 1998 erhobene Forderung eines Teils der Bevölkerung von Ivangorod – das ist die russische Stadt gegenüber von Narva, am anderen Ufer des Narvaflusses, der die Grenze zu Rußland bildet –, ihre Stadt doch an Estland anzugliedern. Die Bevölkerung von Ivangorod ist fast rein russisch. Zur Begründung dieser Forderung hieß es, daß die Regierung in Moskau nicht für die Bevölkerung sorge und sie vernachlässige. Vor dem Zweiten Weltkrieg hatte Ivangorod zu Estland gehört.

Am 30. Januar bestätigte das estnische Parlament eine neue Regierung unter Ministerpräsident Tiit Vähi.

Mit viel Enthusiasmus wurde in allen drei baltischen Ländern gefeiert, daß seit über einem halben Jahrhundert erstmals wieder baltische Sportler unter ihrer eigenen Flagge an den Olympischen Winterspielen teilnehmen.

Ein Schwerpunkt der baltischen Außenpolitik lag in diesen ersten Jahren auf dem Ausbau der Handelsbeziehungen mit den umliegenden Ländern. So schloß Estland im März ein Freihandelsabkommen mit Finnland und Schweden. Lettland schloß ebenfalls mit Schweden einen Handelsvertrag ab und dann, im Juni, auch mit Norwegen. Zahlreiche Handelsverträge der baltischen Staaten mit verschiedenen Ländern folgten in den kommenden Jahren.

Am 26. März unterzeichneten die drei baltischen Ministerpräsidenten ein Protokoll zur Entwicklung einer das ganze Baltikum umfassenden Freihandelszone und ein weiteres über ein gemeinsames Visumsgebiet. Das hieß, daß ein Reisender, der das Visum eines der baltischen Staaten in seinem Paß hat, auch die beiden anderen bereisen darf.

Vorher schon, am 6. März, hatten die zehn Anrainerstaaten – Norwegen, Schweden, Finnland, Rußland, Estland, Lettland, Litauen, Polen, Deutschland und Dänemark – den Ostseerat gegründet.

Anfang April traten die baltischen Staaten in Straßburg der Europäischen Kulturkonvention bei. Damit wurde das Kulturerbe des Baltikums als ein Teil des gesamteuropäischen Kulturerbes anerkannt.

In Estland löste sich am 14. April die Verfassunggebende Versammlung nach getaner Arbeit auf. Die neue Verfassung wurde am 28. Juni in einer Volksabstimmung gebilligt.

Noch im Mai fand der erste Staatsbesuch eines westeuropäischen Staatsoberhauptes statt: Frankreichs Präsident Francois Mitterand besucht vom 13. bis 17. Mai die baltischen Staaten.

Ein weiteres Zusammenrücken der drei Länder erfolgte Anfang Juni (1./2. Juni) bei einer Zusammenkunft der Verteidigungsminister. Der Aufbau eines gemeinsamen Verteidigungssystems wurde beschlossen.

Bei den Olympischen Sommerspielen in Atlanta gelang es den baltischen Sportlern, je eine goldene Medaille für Estland und Litauen zu gewinnen.

Ein russisch-estnisches Freihandelsabkommen wurde am 7. September zwar geschlossen, es kam bis 1998 aber nicht zur Realisierung.

Am 20. September begannen in Estland die ersten Präsidentenwahlen nach dem Krieg. Der Präsident wird vom Parlament gewählt. Obwohl Arnold Rüütel, der Präsident des Obersten Rates, im ersten Wahlgang die meisten Stimmen erhielt, wurde schließlich doch der Dichter und Schriftsteller Lennart Meri gewählt, der sich vorher schon als kluger und besonnener Politiker einen Namen gemacht hatte.

Im September besuchte ein weiteres Staatsoberhaupt Lettland: König Carl XVI. Gustav und Königin Silvia von Schweden. Fast schon traditionell, denn sein Großvater, Gustav V., war schon 1929 auf Staatsbesuch in Riga gewesen. Im April hatte das Königspaar Litauen besucht, im Oktober begab es sich nach Estland.

Im Oktober trat in Estland der Riigikogu – so die offizielle Bezeichnung des Parlaments vor dem Krieg und jetzt auch wieder – in Tallinn zusammen. Dort wurde Lennart Meri am 6. Oktober als Präsident der Republik vereidigt. Am 7. Oktober verkündete der Riigikogu die Erneuerung der Republik als konstitutioneller Staat und erklärte diesen Staat als identisch mit der Republik Estland zwischen 1918 und 1940. Am 20. Oktober wurde Mart Laar mit seiner Regierung als Ministerpräsident bestätigt.

In Litauen findet am 25. Oktober bei den Wahlen ein Erdrutsch statt: die Volksfrontbewegung Sajudis unter Führung von Vytautas Landsbergis verliert gegen die Demokratische Arbeitspartei – die Nachfolgerin der von Moskau abgespaltenen KP Litauens. Die Welt ist erstaunt bis entsetzt. Doch die neue Linkspartei unter Algirdas Brazauskas vollzieht keine Kehrtwendung. Brazauskas hält an der Marktwirtschaft fest und an allen demokratischen Institutionen.

Am 29. Oktober erklärt Moskau, daß die geheimen Zusatzprotokolle zum Hitler-Stalin-Pakt von 1939 gefunden seien.

Damit erkennt Rußland die Existenz der Protokolle und deren Inhalt an – die Aufteilung Osteuropas in Interessensphären zwischen Deutschland und der UdSSR.

Am 11. November treffen sich die Justizminister der baltischen Staaten und vereinbaren eine enge Zusammenarbeit auch auf juristischem Gebiet.

1993

Am 14. Februar wird in Litauen – dort wird der Präsident vom Volk direkt gewählt – mit großer Mehrheit Algirdas Brazauskas zum Präsidenten der Republik gewählt.

Am 3. März unterschreiben die Außenminister der drei baltischen Staaten ein Protokoll, demzufolge sie sich verpflichten, regelmäßig zweimal im Jahr zusammenzukommen.

Mitte Mai erreicht die Annäherung an das vereinigte Europa eine neue Station: die baltischen Staaten werden in den Europarat in Straßburg aufgenommen.

Nur folgerichtig ist, daß die drei Präsidenten bei ihrer Konferenz in Jūrmala (am Meer bei Riga) eine Aufforderung an die EU-Staaten aussprechen, mit ihnen Gespräche über einen Assoziierungsvertrag aufzunehmen. Das war am 2. Juni.

Wenige Tage darauf finden in Lettland Parlamentswahlen statt. Der Oberste Rat hört auf zu existieren. Aufgerufen ist zu den Wahlen zur 5. Saeima. Die Zahl 5 bedeutet einfach ein Weiterzählen: das letzte Parlament vor dem Krieg war die 4. Saeima.

Die Parteienlandschaft ist naturgemäß in allen drei Staaten noch kaum entwickelt. Stärkste Gruppierung wurde »Latvijas ceļš« – »Der Weg Lettlands« –, die eine gemäßigte Politik ankündigte und deren Abgeordnete größtenteils aus der Volksfrontbewegung kamen.

Am 6. Juli trat die Saeima erstmalig zusammen und wählte einen Tag später Guntis Ulmanis, einen Großneffen des letzten Staatsoberhauptes, Karlis Ulmanis, zum Präsidenten der Republik. Am 29. September wird Ulmanis seine erste Rede vor der UNO-Vollversammlung halten. Am 20. Juli spricht die Saeima dem Ministerpräsidenten Valdis Birkavs von »Latvijas ceļš« das Vertrauen aus.

Papst Johannes Paul II. besucht vom 4. bis 8. September Litauen. Anschließend, vom 8. bis 10. September, ist er in Lettland, vor allem in Latgale (im Südosten), Lettlands einziger katholischer Provinz. Noch am 10. September besucht er kurz die estnische Hauptstadt.

Im Oktober wurden in Estland Kommunalwahlen abgehalten, bei denen auch die Zugewanderten stimmberechtigt waren. Sowohl in Nordestland als auch in Tallinn zeigte sich, daß die prokommunistischen, aus der Interfront hervorgegangenen Gruppierungen bei den Zugewanderten wenig Unterstützung fanden (10 Prozent).

Am 29. November treffen sich in Helsinki die Verkehrsminister von Finnland, Estland, Lettland, Litauen und Polen als Vertreter der fünf am Straßenbauprojekt »Via Baltica« beteiligten Länder und beschließen die Weiterführung des Projekts. Der erste Abschnitt dieser von Helsinki bzw. Tallinn über Riga und Vilnius nach Warschau geplanten Autobahn soll bis zum Jahr 2000 fertig werden.

Bei einem Treffen der Präsidenten von Estland, Lettland und Litauen in Tallinn am 15. Dezember wird die Notwendigkeit einer engen Zusammenarbeit mit den Nordischen Staaten betont. Desgleichen erklären die Präsidenten, daß sie die NATO als die wichtigste Sicherheitseinrichtung für ihre Länder betrachten.

1994

Das Jahr steht in seiner ersten Hälfte unter dem Zeichen des russischen Truppenabzugs aus dem Baltikum.

Als Teil der Vergangenheitsbewältigung und als Bereinigung des Verhältnisses zwischen Schweden und den baltischen Ländern werden 39 ehemalige baltische Legionäre vom 20. bis 29. Juni nach Stockholm eingeladen und von König Carl XVI. Gustav und der schwedischen Außenministerin empfangen. Sie hatten wie viele andere Legionäre 1945 in Schweden Zuflucht gesucht, gehörten aber zu den 140 am 25. Januar 1945 von den schwedischen Behörden an die Sowjetunion Ausgelieferten. Jahrzehntelange Lagerhaft war die Folge.

In Lettland bahnt sich eine Regierungskrise an. Am 13. Juli

tritt die Regierung Birkavs zurück. Die Mehrheitsverhältnisse im Parlament sind schwierig, so daß erst am 15. September eine neue Regierung unter Māris Gailis gebildet werden kann.

Alle drei baltischen Staaten haben nun gezeigt, daß sie zu einem demokratischen und reibungslosen Regierungswechsel auch unter schwierigen Umständen fähig sind. Dies wird, wie erwähnt, von der zuständigen Kommission der EU positiv gewürdigt.

Am 28. September erschüttert das Baltikum und Skandinavien eine Katastrophe in der Seeschiffahrt: der Untergang des Fährschiffs »Estonia«. 910 Todesopfer. Die Ursache ist auch Jahre später nicht schlüssig geklärt.

1995

Auch in diesem Jahr vertieft sich die Zusammenarbeit zwischen den baltischen Staaten.

Am 8. Februar wird in Ādaži (südlich von Riga) unter Anwesenheit der drei Präsidenten das »Baltische Batallion« – BALT-BAT – gegründet.

Am 13. Februar beschließt der Baltische Ministerrat, im Jahre 1998 die baltische Zollunion einzuführen.

Ein weiterer großer Schritt in Richtung Europa-Union wird am 12. Juni in Luxemburg getan. Dort unterzeichnen die drei Außenminister der baltischen Staaten den »Europa-Vertrag«, d. h. einen Assoziierungsvertrag mit der EU.

Das lettische Parlament spricht am 3. August dem Präsidenten der Staatsbank, Einars Repše, das Vertrauen aus. Dadurch bleibt der streng monetäre Kurs der Bankpolitik im Rahmen der IWF-Richtlinien erhalten.

Am 14. Oktober unterschreiben in der lettischen Saeima alle Fraktionen eine Erklärung, daß das wichtigste außenpolitische Ziel die Aufnahme in die EU ist.

Noch zwei neue Regierungen gibt es in diesem Jahr: In Estland wird am 11. Oktober eine Regierung wieder unter Tiit Vähi bestätigt, während das lettische Parlament dem parteilosen Andris Šķēle das Vertrauen ausspricht. Šķēle gilt als Wirtschaftsfachmann.

1996
Die Regierung in Litauen unter Adolfas Šleževičius gerät in Schwierigkeiten, als ruchbar wird, daß er seine Ersparnisse in Höhe von etwa 34 000 US-Dollar von einer der bankrottgehenden Banken noch zwei Tage vor Schalterschluß abgehoben hat. Am 8. Februar erteilt ihm das Parlament das Mißtrauensvotum.

Am 25. November tritt das neugewählte litauische Parlament zusammen. Landsbergis wird wieder Parlamentspräsident. Drei Tage später bestätigt der Seimas (das Parlament) den neuen Ministerpräsidenten Gediminas Vagnorius. Algirdas Brazauskas bleibt Staatspräsident.

Am 18. Juni wird in Lettland Guntis Ulmanis vom Parlament als Präsident wiedergewählt, und in Estland wird am 20. September Lennart Meri im Präsidentenamt bestätigt.

1997 und Anfang 1998
Im September 1997 lädt Litauens Präsident Brazauskas in Vilnius zu einem Treffen mit zehn Staatspräsidenten der osteuropäischen Region. Der russische Präsident Jelzin sagt ab und schickt als Vertretung seinen Ministerpräsidenten Tschernomyrdin.

Am 4. Januar 1998 wird Valdas Adamkus als Nachfolger von Algirdas Brazauskas zum Präsidenten der Republik Litauen gewählt. Adamkus ist der erste aus der Emigration Heimgekehrte, dem im Baltikum ein so hohes Amt zugesprochen wird. Er verzichtet offiziell auf seine US-amerikanische Staatsangehörigkeit.

Zeittafel

vor 2000 v. Chr.	Einwanderung finno-ugrischer Stämme in den baltischen Raum
um 1800 v. Chr.	Allmähliches Vorrücken indogermanischer Stämme zur östlichen Ostsee
ab 500 v. Chr.	Beginn des Bernsteinhandels vom Baltikum nach Südeuropa
430 v. Chr.	Herodot berichtet von den »Neuriern«
1. u. 2. Jhdt. n. Chr.	Die Goten als Nachbarn der Balten
um 600	Beginn der Wikingerzüge durch das Baltikum
ab 700	Die Esten und Kuren unternehmen Raubzüge über die Ostsee
1030	Der Kiewer Fürst Jaroslaw dringt mit einem russischen Heer nach Estland ein und baut die Burg Jurjew an der Stelle einer estnischen Burg auf dem heutigen Domberg von Tartu
1106	Sieg der Semgaller über ein russisches Heer
1180	Beginn der »Aufsegelung« der baltischen Küste und der Düna durch deutsche Kaufleute und Missionare
1198	Gründung des Deutschen Ordens vor Akkon in Palästina
1201	Gründung von Riga durch Bischof Albert
1202	Gründung des Schwertbrüderordens
1205	Eintreffen Heinrichs von Lettland in Riga
1217	Ein gesamtestnisches Heer von Deutschen besiegt
1219	Dänen unter König Woldemar II. landen an der Nordküste Estlands
1222–1223	Aufstand der Esten
1230	Beginn der Unterwerfung der Preußen durch den Deutschen Orden
1236	22. Sept.: Sieg der Litauer und Semgaller bei Saule über den Schwertbrüderorden
1237	Aufgehen des Schwertbrüderordens im Deutschen Orden
1253	Mindaugas wird getauft und zum König von Litauen gekrönt

1260	13. Juli: Schlacht bei Durbe. Vernichtende Niederlage des Ordens gegen Litauer und Kuren
1316–1341	Gediminas Großfürst von Litauen
1385	Unionsvertrag von Krewo zwischen Litauen und Polen
1386	15. Febr.: Jogaila in Krakau getauft
	18. Febr.: Hochzeit Jogailas mit Jadwiga, der Königin von Polen
	4. März.: Jogaila zum König von Polen gekrönt
1410	14. Juli: Schlacht bei Tannenberg. Endgültiger Sieg der Litauer und Polen über den Deutschen Orden
1430	Vytautas gestorben
1434	Jogaila gestorben. Ende der »klassischen Zeit« Litauens
1492	Iwan III. läßt am rechten Ufer des Narva-Flusses die Festung Iwangorod erbauen, gegenüber der Ordensfestung Narva
1502	Schlacht am Smolina-See: letzter Sieg des Ordens über ein russisches Heer
1530	Erstes evangelisches Gesangbuch in Riga
1533	Iwan IV. zum Zaren von Rußland gekrönt
1535	Erstes Buch in estnischer Sprache: ein lutherischer Katechismus
1547	Martynas Mažvydas gibt das erste Buch in litauischer Sprache heraus: Katechismus und Kirchenlieder
1558–1583	Der Livländische Krieg
1562	5. März: Der letzte Ordensmeister, Gotthard Kettler, löst den Orden auf und übergibt die Insignien des Ordens an den Abgesandten des Königs von Polen
	Beginn der »Polenzeit«
	Gründung des Herzogtums Kurland und Semgallen mit Gotthard Kettler als erstem Herzog
1569	Unionsvertrag von Lublin zwischen Litauen und Polen, durch den Litauen den größten Teil seiner Selbständigkeit verliert
1582	15. Januar: Friede von Zapolje. Ende des Livländischen Krieges
	1. April: Stephan Batory, König von Polen, reitet feierlich in Riga ein
1585	Das erste Buch in lettischer Sprache: ein katholischer Katechismus.
1587	Erster lutherischer Katechismus in lettischer Sprache

1629	Estland und Livland bis auf Lettgallen werden schwedisch
	Beginn der »Schwedenzeit«
1631	Das »Lettisch Vademecum« von Georg Mancelius erscheint und legt die Rechtschreibung des Lettischen fest
1632	Gründung der Universität Dorpat
	Güterreduktion
	Einführung der »Wackenbücher«, wodurch die Bauern teilweise vor der Willkür ihrer Herren geschützt werden
1640–1682	Herzog Jakob regiert in Kurland
1651–1661	Kurländische Kolonie in Gambia
1639–1693	Tobago kurländische Kolonie
1689	Erste Ausgabe der von Ernst Glück übersetzten lettischen Bibel
1700–1721	Der Große Nordische Krieg
1709	Schlacht bei Poltawa
1710	14./24. Juli: die Bürger Rigas und der livländische Adel huldigen dem Zaren
	Beginn der »Russenzeit«
1772	Die erste Polnische Teilung: Lettgallen wird russisch
1795	Die dritte Polnische Teilung: Litauen und Kurland werden russisch
1797	»Die Letten« von Garlieb Merkel erscheint
1802	Die Universität Dorpat nimmt ihren Lehrbetrieb wieder auf
1817	Aufhebung der Leibeigenschaft in Estland
1818	Aufhebung der Leibeigenschaft in Kurland
	Erscheinen der »Metai« von Donelaitis
1820	Aufhebung der Leibeigenschaft in Livland
1830–1831	Polnischer Aufstand gegen die russische Herrschaft
1856	Die erste lettische Zeitung, der »Mājas viesis«, beginnt zu erscheinen
1857	Erscheinen des estnischen Nationalepos »Kalevipoeg«
	Erscheinen des ersten estnischen Wochenblattes »Perno Postimees«
1863	Zweiter polnischer Aufstand gegen die russische Herrschaft
1883	Die litauische Zeitschrift »Aušra« beginnt in Königsberg zu erscheinen. Sie wird von den »knygne-

	šai«, den »Bücherträgern«, nach Litauen geschmuggelt
1904–1905	Russisch-japanischer Krieg
1905	Revolution im Russischen Reich
1906	Blutige Niederschlagung der Revolution im Baltikum
1914–1918	Der Erste Weltkrieg
1915	Litauen und der links der Düna gelegene Teil Lettlands werden von deutschen Truppen besetzt
	Oktober: die ersten lettischen Schützenbataillione gehen an die Front
1917	26.–27. Februar: Februarrevolution. Der Zar dankt ab
	3. September: Riga wird von deutschen Truppen eingenommen
	25. Oktober/7. November: Oktoberrevolution. Die Bolschewiken unter Lenin und Trotzkij übernehmen die Macht in Rußland
1918	16. Februar: Unabhängigkeitserklärung Litauens
	24. Februar: Unabhängigkeitserklärung Estlands
	18. November: Ausrufung der Republik Lettland
1918–1920	Freiheitskriege der baltischen Staaten gegen Sowjetrußland und deutsche Freischärler
1919	Landreform in Estland
1920	2. Februar: Friedensvertrag von Tartu zwischen Sowjetrußland und Estland
	12. Juli: Friedensvertrag von Moskau zwischen Sowjetrußland und Litauen
	1. August: Friedensvertrag von Riga zwischen Sowjetrußland und Lettland
	9. Oktober: der polnische General Zeligowski besetzt im Handstreich die litauische Hauptstadt Vilnius
	Landreform in Lettland
1921	22. September: Die baltischen Staaten werden in den Völkerbund aufgenommen
1922	Landreform in Litauen
1923	10. Januar: Litauische Freischärler besetzen das Memelgebiet
1926	17. Dezember: Staatsstreich in Litauen. Beginn der Diktatur von Voldemaras und Smetona
1934	16. März: Ende der estnischen Demokratie. Päts regiert per Dekret

	15. Mai: Staatsstreich in Lettland. Beginn der Ulmanis-Diktatur
1939	23. August: Nichtangriffspakt zwischen Deutschland und der UdSSR. »Zusatzprotokoll«: die baltischen Staaten und Finnland kommen zur sowjetischen »Interessensphäre«
	November: Umsiedlung der Deutschbalten aus Estland und Lettland
	28. September, 5. Oktober, 10. November: Estland, Lettland und Litauen werden »Beistandspakte« aufgezwungen. Die drei Länder müssen der Sowjetarmee Stützpunkte einräumen
13. 11. 1939 – 13. 3. 1940	Sowjetischer Angriffskrieg gegen Finnland. Die Sowjetunion wird deshalb aus dem Völkerbund ausgeschlossen
1940	15.–17. Juni: Besetzung der baltischen Staaten durch sowjetische Truppen
1941	14. Juni: Deportationswelle in den baltischen Staaten. Etwa 65 000 Opfer an diesem Tag
1941–1944	Besetzung durch die deutsche Wehrmacht Vernichtung fast der gesamten jüdischen Bevölkerung in den baltischen Ländern
1945	Beginn des Partisanenkampfes gegen die Sowjetunion in den baltischen Ländern
	Das Baltikum ist wieder von sowjetischen Truppen besetzt
1949	März: Zweite Deportationswelle. Etwa 90 000 Opfer
1958–1959	»Säuberung« in der Kommunistischen Partei Lettlands vom »Nationalismus«. Verstärkte Russifizierung
1987	Erste öffentliche Proteste gegen die sowjetische Herrschaft in Litauen, Lettland und Estland
1988	Gründung der Volksfronten in den drei baltischen Ländern
1989	23. August: »Der Baltische Weg« – eine 600 km lange Kette von Tallinn über Riga bis Vilnius wird von einer Million Menschen gebildet, aus Protest gegen die Nichtannullierung des Hitler-Stalin-Pakts
1991	13. Januar: OMON-Einheiten besetzen in Vilnius das litauische Fernsehen, schießen auf die

Bevölkerung. 14 Tote
20. Januar: OMON-Einheiten stürmen in Riga das Innenministerium. 5 Tote
20. August: Nach dem sog. Putsch in Moskau werden die baltischen Staaten wieder unabhängig
17. September: Aufnahme der baltischen Staaten in die UNO
21. Dezember: Gründung der »Gemeinschaft Unabhängiger Staaten« (GUS)

1992 14. Februar: Algirdas Brazauskas wird Präsident der Republik Litauen
6. März: Die Ostseeanrainerstaaten gründen den Ostseerat
5. Oktober: Lennart Meri wird Präsident der Republik Estland

1993 7. Juli: Guntis Ulmanis wird Präsident der Republik Lettland

1994 Januar/Februar: Die baltischen Staaten treten der »Partnerschaft für den Frieden« bei
6. Juli: Bill Clinton, Präsident der USA, besucht Riga und trifft sich mit den Präsidenten Meri, Ulmanis und Brazauskas
31. August: Der letzte russische Soldat verläßt das Baltikum
28. September: Untergang der »Estonia«

1995 12. Juni: Assoziierungsvertrag der baltischen Staaten mit der EU

1997 13. Dezember: EU-Gipfel beschließt, Estland zu Aufnahmegesprächen einzuladen

1998 4. Januar: Valdas Adamkus wird Präsident der Republik Litauen
16. Januar: Die Präsidenten der USA, Estlands, Lettlands und Litauens unterzeichnen die US-Baltic Charter of Partnership

Bibliographie

Allgemein weiterführende Literatur

ARBUSOW, Leonid: Grundriß der Geschichte Liv-, Est- und Kurlands. Mitau 1890, 4. verb. Aufl., hg. v. L. Arbusow jun., Riga 1918

The Baltic States, A survey of the political and economic structure and the foreign relations of Estonia, Latvia, and Lithuania. Prepared by the Information Department of the Royal Institute of International Affairs. London 1938

BIEZAIS, Haralds: Die himmlische Götterfamilie der alten Letten. Uppsala 1972

BILMANIS, Alfreds: A History of Latvia. Princeton 1951

DREIFELDS, Juris: Latvia in transition. Cambridge 1996

EISEN, Mathias J.: Estnische Mythologie. Vom Verf. rev. u. m. Anm. vers. Übertragung a. d. Estn. von Ed. Erkes. Leipzig 1925

EZERGAILIS, Andrew: The Holocaust in Latvia 1941–1944. Riga 1996

GERUTIS, Albertas (Hg.): Lithuania 700 Years. New York 1969

GIMBUTAS, Marija: Die Balten. Geschichte eines Volkes im Ostseeraum. (Original 1963) München–Berlin 1983. Um den Bildteil gekürzte Ausgabe: Frankfurt/M.–Berlin 1991

HALECKI, Oskar: Grenzraum des Abendlandes. Eine Geschichte Ostmitteleuropas. (Original 1929) Salzburg 1957

HELLMANN, Manfred: Grundzüge der Geschichte Litauens und des litauischen Volkes. Darmstadt 1966, 4. Aufl. 1990

JUNGFER, Viktor: Litauen. Antlitz eines Volkes. 1. Aufl. 1938, 2. Aufl. Tübingen 1948

KRUUS, Hans: Grundriß der Geschichte des estnischen Volkes. Tartu 1932

LEWERENZ, Jürgen: Banken im Baltikum. Frankfurt/M. 1997

LIEVEN, Anatol: The Baltic Revolution. New Haven–London 1993

LOORITS, Oskar: Grundzüge des estnischen Volksglaubens. 3 Bde., Lund 1949, 1951, 1957

MANNHARDT, Wilhelm: Letto-Preußische Götterlehre. Riga 1936

MEISSNER, Boris: Die Sowjetunion, die baltischen Staaten und das Völkerrecht. Köln 1956

MEISSNER, Boris (Hg.): Die baltischen Nationen. Estland – Lettland –

Litauen. Köln 1990

MISIUNAS, Romuald J./TAAGEPERA, Rein: The Baltic States. Years of Dependence: 1940–1980. London 1983

NODEL, Emanuel: Estonia. Nation on the Anvil. New York 1963

OBERLÄNDER, Erwin (Hg.): Hitler-Stalin-Pakt 1939. Das Ende Ostmitteleuropas? Frankfurt/M. 1989

RAUCH, Georg von: Geschichte der baltischen Staaten. Stuttgart 1970. 3. Aufl. München 1990

RUTENBERG, Otto von: Geschichte der Ostseeprovinzen Liv-, Esth- und Kurland ... 2 Bde., Leipzig 1859–60

SENN, Alfred Erich: The Emergence of Modern Lithuania. New York 1959

SERAPHIM, Ernst: Geschichte Liv-, Est- und Kurlands ... 2 Bde., Reval 1895

SPEKKE, Arnolds: History of Latvia. An Outline. Stockholm 1951

VESTERMANIS, Marģers: Der Holocaust in Lettland. In: HERZIG, A. und LORENZ, I. (Hg.): Verdrängung und Vernichtung der Juden unter dem Nationalsozialismus. Hamburg 1992, S. 101–130

WITTRAM, Reinhard: Baltische Geschichte. Die Ostseelande Livland, Estland, Kurland 1180–1918. München 1954

Zeitschriften

ACTA BALTICA. Liber annalis Instituti Baltici. Hg.: Albertus-Magnus-Kolleg. Königstein i. T. seit 1961

BALTIC REVIEW. Hg.: Commitee for a Free Estonia, Latvia and Lithuania. New York 1953–1971

BALTICA. Die Vierteljahresschrift für baltische Kultur. Hg.: Horst Freitag. Hamburg seit 1988

BALTISCHES JAHRBUCH. Hg.: Baltischer Christlicher Studentenbund. Bonn seit 1985

JOURNAL OF BALTIC STUDIES. Hg.: Association for the Advancement of Baltic Studies. Hackettstown N. J. seit 1970

Literatur, aus der zitiert wurde

The Baltic States. A survey of the political and economic structure and the foreign relations of Estonia, Latvia, and Lithuania. London 1938

Baltijas valstis liktegriežos (Red. Talavs Jundzis). Riga 1998

BANGERSKIS, Rudolfs: Mana mūža atmiņas. 4 Bde., Kopenhagen 1958–1960

BASTJĀNIS, Voldemārs: Dzīves straumē. Atmiņas. Stockholm 1970

BAUMGART, Winfried: Deutsche Ostpolitik 1918. Von Brest-Litowsk bis zum Ende des Ersten Weltkrieges. Wien–München 1966

BĒRZIŅŠ, Alfreds: Labie gadi. Pirms un pēc 15. Maija. o. O. 1963

BIEZAIS, Haralds: Die himmlische Götterfamilie der alten Letten. Uppsala 1972

DELLINGSHAUSEN, Eduard von: Im Dienste der Heimat. Erinnerungen. Stuttgart 1930

EINHORN, Paul: Reformatio Gentis Letticae in Ducatu Curlandiae. Ein Christlicher Unterricht ... Riga 1636. Abdruck in: Über die religiösen Vorstellungen der alten Völker in Liv- und Esthland. Riga 1857

ERDMANN, Yella: Der livländische Staatsmann Johann Reinhold von Patkul. Berlin 1970

EZERGAILIS, Andrew: The 1917 Revolution in Latvia (East European Monographs, 8). Boulder 1974

EZERGAILIS, Andrew: The Holocaust in Latvia 1941–1944. Riga 1996

FOELKERSAHM, Hamilkar, Baron: Die Entwicklung der Agrarverfassung Livlands und Kurlands und die Umwälzung der Agrarverhältnisse in der Republik Lettland. Greifswald 1923

GERMANIS, Uldis: Oberst Vacietis und die lettischen Schützen im Weltkrieg und in der Oktoberrevolution (Stockholm Studies in History, 20). Stockholm 1974

GOLTZ, Rüdiger Graf von der: Meine Sendung in Finnland und im Baltikum. Leipzig 1920

HEHN, Jürgen von: Die Umsiedlung der baltischen Deutschen – das letzte Kapitel baltisch-deutscher Geschichte. Marburg/Lahn 1982

HEHN, Jürgen von: Das baltische Deutschtum zwischen den Revolutionen von 1905 und 1917. In: EZERGAILIS, A./PISTOHLKORS, G. von (Hg.): Die baltischen Provinzen Rußlands zwischen den Revolutionen von 1905 und 1917. Köln–Wien 1982, S. 43–57

HEINRICH VON LETTLAND: Livländische Chronik. Neu übersetzt von Albert Bauer. Würzburg 1959

HELLMANN, Manfred: Grundzüge der Geschichte Litauens und des litauischen Volkes. Darmstadt 1966, 4. Aufl. 1990

KALNIŅŠ, Bruno: Latvijas sociāldemokrātijas piecdesmit gadi. Stockholm 1956

KLĪVE, Ādolfs: Brīvā Latvija. Latvijas tapšana. Atmiņas, vērojumi un atzinumi. New York 1969

Kroeger, Erhard: Der Auszug aus der alten Heimat. Die Umsiedlung der Baltendeutschen. Tübingen 1967

Latvijas PSR vēsture. 2 Bde., Riga 1986

Līce, Anda: Via dolorosa. Riga 1990

Lieven, Anatol: The Baltic Revolution. New Haven–London 1993

Loeber, Dietrich André: Diktierte Option. Die Umsiedlung der Deutsch-Balten aus Estland und Lettland 1939–1941. Dokumentation. Neumünster 1972

Mauriņa, Zenta: Die weite Fahrt. Eine Passion. Memmingen/Allgäu 1951, 3. Aufl. 1958

Meissner, Boris: Die Sowjetunion, die baltischen Staaten und das Völkerrecht. Köln 1956

Mintz, Moritz: Die nationale Autonomie im System des Minderheitenrechts unter besonderer Berücksichtigung der Rechtsentwicklung in den baltischen Randstaaten. Heidelberg 1927

Misiunas, Romuald J. / Taagepera, Rein: The Baltic States. Years of Dependence: 1940–1980. Los Angeles–London 1983

Myllyniemi, Seppo: Die Neuordnung der baltischen Länder 1941–1944. Zum nationalsozialistischen Inhalt der deutschen Besatzungspolitik. Helsinki 1973

Niedra, Andrievs: Tautas nodevēja atmiņas. 3 Bde., Riga 1923–1930

Oberländer, Erwin (Hg.): Hitler-Stalin-Pakt 1939. Das Ende Ostmitteleuropas? Frankfurt/M. 1989

Press, Bernhard: Judenmord in Riga 1941–1945. Berlin 1988

Pistohlkors, Gert von: Zielkonflikte deutschbaltischer Politik nach der revolutionären Krise von 1905. In: Ezergailis, A., Pistohlkors, G. v. (Hg.): Die baltischen Provinzen Rußlands zwischen den Revolutionen von 1905 und 1917. Köln 1982

Rauch, Georg von: Geschichte der baltischen Staaten. Stuttgart 1970, 3. Aufl. München 1990

Rimscha, Hans von: Die Staatswerdung Lettlands und das baltische Deutschtum. Riga 1939

Rutenberg, Otto von: Geschichte der Ostseeprovinzen Liv-, Esth- und Kurland ... 2 Bde., Leipzig 1859–1860

Salomon, Ernst von: Die Geächteten. Hamburg 1962

Schiemann, Paul: Zwischen zwei Zeitaltern. Erinnerungen 1903–1919. Bearbeitet von Helmut Krause. Lüneburg 1979

Šilde, Ādolfs: Latvijas vēsture 1914–1940. Stockholm 1976

Stellungnahme der Kommission zum Antrag Estlands auf Beitritt zur Europäischen Union. Luxemburg 1997

Stellungnahme der Kommission zum Antrag Lettlands auf Beitritt zur

Europäischen Union. Luxemburg 1997

Stellungnahme der Kommission zum Antrag Litauens auf Beitritt zur Europäischen Union. Luxemburg 1997

Švābe, Arveds: Latvijas vēsture 1800–1914. Uppsala 1958

(Transehe-Roseneck, Astaf von) anonym: Die lettische Revolution. 2 Bde., Berlin 1907

Venner, Dominique: Söldner ohne Sold. Die deutschen Freikorps 1918–1923. Kiel 1984

Vestermanis, Marģers: Der lettische Anteil an der »Endlösung«. Versuch einer Antwort. In: Backes, U., Jesse, E., Zitelmann, R. (Hg.): Die Schatten der Vergangenheit. Frankfurt/M.–Berlin 1990, S. 426–449

Vestermanis, Marģers: Der Holocaust in Lettland. In: Herzig, A. und Lorenz, I. (Hg.): Verdrängung und Vernichtung der Juden unter dem Nationalsozialismus. Hamburg 1992, S. 101–130

Wilhelm, Hans-Heinrich: Offene Fragen der Holocaust-Forschung. Das Beispiel des Baltikums. In: Backes, U., Jesse, E., Zitelmann, R. (Hg.): Die Schatten der Vergangenheit. Frankfurt/M.–Berlin 1990, S. 403–425

Wittram, Reinhard: Baltische Geschichte. Die Ostseelande Livland, Estland, Kurland 1180–1918. München 1954

Zalcmanis, Janis: Die Preisgabe der baltischen Staaten 1939. Eine bewußte Handlung der Hitler Regierung. Stockholm 1979

Namenregister

A

Adamkus, Valdas 375
Akel, Friedrich 256
Albert von Buxhövden, Bischof in Livland 52f., 55, 57-60
Albrecht von Preußen, Herzog 97
Aldona(Anna), Königin von Polen 67
Aleksejew, Michail, General 177, 179
Alexander I., Zar 115
Alexander II., Zar 106
Alexander III., Zar 121, 137
Alexander, Harold Rupert, Lord, Feldmarschall 224
Alexej, Zar 92
Algirdas (Olgerd), Großfürst von Litauen 68f.
Alunāns, Juris 117f.
Angarietis, Zigmas 242
Anna (Iwanowna) I., Zarin 103
Antonescu, Jon 234
Anvelt, Jaan 190, 256
Arājs, Viktors 322f.
Aspazija(Elsa Rozenberga) 121, 135, 138, 148, 337
August III., König von Sachsen 103
Avots 303

B

Baker, James, amerikanischer Außenminister 349
Balduin, Bischof von Riga 60
Balodis, Janis 219, 221f., 261, 309
Bangerskis, Rudolfs, General 184, 326f.
Barclay de Tolly, Michael Andreas, Feldmarschall 112
Barons, Krišjānis 39, 117f.
Basanavičius, Jonas 117, 125, 143f., 169
Basilios II., Kaiser von Byzanz 44
Bastjānis, Voldemārs 133, 224
Baumgart, Winfried 194
Bellegarde, Alexej Walerianowitsch 130
Berija, Lawrentij 337
Berklavs, Eduards 338ff.
Bermondt-Awaloff, Pawel, Fürst 225f., 229
Berthold, Abt von Loccum, Bischof in Livland 51f.
Bērziņš, Alfreds 194f., 203, 261, 267, 287, 289
Birkavs, Valdis 372
Biron, Ernst Johann, Herzog von Kurland 103f.
Biron, Peter, Herzog von Kurland 104
Birute, Mutter von Vytautas 70
Bischoff, Major 214
Bismarck, Otto von 215
Böckmann, Generalgouverneur von Kurland 138
Brazauskas, Algirdas 347f., 371f., 375

Brückner, Korvettenkapitän 319
Buchardt, Friedrich 283
Bush, George 349

C

Čakste, Jānis 151, 169, 179
Carl XVI. Gustav, König von Schweden 371, 373
Caune, Voldemārs 147
Christina, Königin von Schweden 92
Chruschtschow, Nikita 335, 337
Churchill, Sir Winston 281
Čiurlionis, Mykalojus 337
Cukurs, Herberts 320 f.
Curzon, Lord 236

D

Danševskis, Julijs 183, 211
Dāvis, Janis 321
Dekanosow, Wladimir 304 f.
Dellingshausen, Eduard Baron von 136 f., 145 f., 150 ff., 188, 192, 198
Denikin, Anton, General 185
Diebitsch, Johann Karl Friedrich Anton, Graf, General 112
Dievkocins, Julijs 147
Donelaitis, Kristijonas 25

E

Eberhard, General 231
Ehrenburg, Ilja 336
Einhorn, Paul 15
Eisen, Johann Georg 109
Erich XIV., König von Schweden 78
Erzberger, Matthias 177, 207
Ezergailis, Andrievs 183, 318 f., 322 f.

F

Fischer, Johann, Generalsuperintendent 95
Fletcher, Alfred, Major 214, 224
Foelckersahm, Hamilkar von 82, 93
Franco, Francisco 234
Friedrich der Große, König von Preußen 215
Friedrich II., König von Dänemark 79, 97
Fröse, Gouverneur von Vilnius 145
Fürecker, Christoph 102 f.

G

Gabrys, Juozas 171 f., 241, 244
Gailis, Māris 374
Galvanauskas, Ernestas 246
Gediminas, König von Litauen 66–69, 252
Genscher, Hans Dietrich 351
Ģermanis, Uldis 182, 184
Geyer, Florian 82
Glück, Ernst, Prediger 95, 105
Godmanis, Ivars 349
Goebbels, Joseph 314
Goldmanis, Janis 179
Goltz, General Graf Rüdiger von der 214 ff., 220, 225, 231, 261
Gorbatschow, Michail 191, 343 f., 348 ff.
Gorbunovs, Anatolijs 351
Göring, Hermann 315
Grabbe, Oberst Graf 146
Gulbis, Ansis 162 f.
Gustav II. Adolf, König von Schweden 90 ff.
Gustav V., König von Schweden 371
Gutschmidt, Bankdirektor 294

H

Hamann, Johann Georg 112
Hartknoch, Johann Friedrich, Verleger 110
Hasselblatt, Werner 315
Hehn, Jürgen von 159, 295, 299
Heinrich von Lettland 38, 41–45, 49f., 52, 55–58, 63
Hellmann, Manfred 69, 247
Herder, Johann Gottfried 110, 112 f.
Herman von Salza 61
Herodot 34 ff.
Hertling, Georg, Reichskanzler Graf 175
Heydrich, Reinhard 283
Himmler, Heinrich 283 ff., 314 f., 317
Hitler, Adolf 234, 251, 268, 277–280, 284, 295, 315, 317, 324
Hupel, August Wilhelm, Pastor 108 f.
Hurt, Jakob, Pastor 120

I

Igor, Fürst von Nowgorod-Sewersk 69
Innozenz IV., Papst 64
Intelmann, Alfred 283, 295 f.
Iwan III., Großfürst von Moskau 74 f.
Iwan (der Schreckliche) IV., Zar 77 f., 86 f., 97

J

Jadwiga (Hedwig), Königin von Polen 70 f., 73
Jakob I., König von England 99
Jakob, Herzog von Kurland 99–102
Jakobson, Carl Robert 120
Jannsen, Johann Woldemar 119 f.
Jelzin, Boris 349, 375
Jogaila, Großfürst von Litauen, König von Polen 69–74, 78
Johann, König von Böhmen 68
Johannes Paul II., Papst 373
Judenitsch, Nikolaj, General 185, 201
Jurkāns, Jānis, lettischer Außenminister 349
Juška, A. 39

K

Kalanta, Romas 343
Kalnbērziņš, Janis 339
Kalniņš, Alfred 163
Kalniņš, Bruno 131, 134 f., 147, 154, 206, 208, 267
Kalniņš, Klara 134
Kalniņš, Paul 134, 205 f., 261, 267
Kalpaks, Oskars, Oberst 213, 215, 217, 219
Kant, Immanuel 112
Kark, Karl 256
Karl IV., Kaiser 68
Karl X., König von Schweden 92
Karl XI., König von Schweden 92, 94 f.
Karl XII., König von Schweden 106
Karl (von Södermannland) IX., König von Schweden 89
Kasimir II., König von Polen 67
Kasimir III., König von Polen 70
Katharina I., Zarin 105
Katharina II., Zarin 104
Kaupo, Livenfürst 56 f., 59
Kerenskij, Aleksandr 183
Kestutis, Großfürst von Litauen 68 ff.
Kettler, Gotthard, Ordensmeister 78 f., 81, 97 ff.

Kingissepp, Viktor 190
Konstantin, Großfürst 118
Koskull, Andreas, Baron von 294
Kotze, Ulrich von 294
Kotzebue, August von 112
Kotzebue, Otto von 112
Krangeris, Kārlis 318
Kreutzwald, Friedrich Reinhold 119
Kroeger, Erhard 283 ff., 294 ff.
Kronvalds, Atis 119
Kross, Jaan 337
Krūmiņš, Vilis 338 ff.
Krusenstern, Adam Johann von 112
Krylow, Sergej 360
Kühlmann, Richard von 198
Kukk, Juhan 192 f.
Kurschat, Friedrich 124
Kviesis, Alberts 261
Kyrill I., Zar 226

L

Laar, Mart 371
Lācis, Vilis 338
Laidoner, Johan General 191, 201 f., 255, 259, 309
Laktjonow, General 300
Lampsacus, Xenophon von 27
Landsbergis, Vytautas 348, 351, 371
Lednicki, polnischer Abgeordneter 151
Leitāns, Ansis 117
Lembit, Führer der Esten 57
Lencmanis, Jānis 211
Lenin, Wladimir Iljitsch 121, 153, 155 f., 176, 183 f., 189, 211, 217
Līce, Anda 311, 336
Lieven, Fürst 221
Loeber, Dietrich André 294–297

Lohse, Hinrich 317
Lozoraitis, Stasys 276
Ludendorff, General Erich 170
Ludwig, König von Ungarn und Polen 70
Luther, Martin 75 ff.

M

Magnus von Holstein, König von Livland 97
Mancelius, Georg 102 f.
Manteuffel, Baron Hans von 220 f.
Maria, Königin von Ungarn 70
Martow, Führer der Menschewiken 153
Mauriņa, Zenta 169 f.
Max von Baden, Prinz 234
Maximilian II., Kaiser 85
Mažvydas, Martynas 77
Meierovics, Zigfrīds 205, 207, 275 f.
Meinhard, Bischof in Livland 50 f.
Meinhardt, General 146
Meißner, Boris 282, 306
Menschikow, Aleksandr Fürst 105
Meri, Lennart 349, 371, 375
Merkel, Garlieb 109
Merkys, Antanas, litauischer Ministerpräsident 301, 309
Metaxas 234
Meyendorf, Friedrich Baron von 159
Mickevičius-Kapsukas, Vincas Delegierter 144, 175, 228
Mindaugas (Mindowe), König von Litauen 63–66, 252
Mintz, Moritz 271, 273
Misiunas, Romuald J. 330, 332, 335 f.
Mitterand, Francois 370

Mockevicius, Antanas 124
Möller-Zakomelskij, Alexander Nikolajewitsch Baron 158
Molotow, Wjatscheslaw 278f., 281, 285, 287–291
Münchhausen, Bischof Johann 79
Munters, Vilhelms 276, 288ff., 294, 309
Mussolini, Benito 268
Myllyniemi, Seppo 314f.

N
Nameitis, König in Semgallen 60
Natkevičius, Ladislovas, litauischer Gesandter 300
Nesselmann, Georg Heinrich Ferdinand 124
Newskij, Alexander, Fürst von Nowgorod 65
Niedra, Pastor Andrievs 138, 221–224, 260
Nikolaj Nikolajewitsch, Großfürst 179
Nikolaus I., Zar 116
Nikolaus II., Zar 137, 173

O
Oberländer, Erwin 279f., 285
Orlow, A., General 146, 148
Ozols, Jānis 135

P
Päts, Konstantin 148, 189f., 192f., 199, 201, 259f., 270, 305, 309
Paul I., Zar 115, 159
Pelše, Arvids 339
Pétain, Philippe, französischer Marschall 303
Peter I., der Große, Zar 103, 105, 156

Peteris, Jānis 345
Pilar von Pilchau, Adolf Baron 207
Pilsudski, Jozef 234–237, 250
Pirogow, Nikolaj Iwanowitsch 116
Pistohlkors, Gert von 160
Pitka, Admiral Juhan 202
Plettenberg, Ordensmeister Wolter von 75, 77, 82
Pliekšāns (Rainis), Jānis 121, 138, 148
Plinius, der Ältere, Gaius Secundus 27
Plinius, der Jüngere 28
Pomeranzow, Wladimir 337
Poska, Jaan 187, 190
Potapow, General 179
Potjomkin, Wladimir, sowjetischer Volkskommissar des Äußeren 291
Poznjakow, Nikolaj, sowjetischer Geschäftsträger in Litauen 291
Press, Bernhard 319ff.
Prunskiene, Kazimiera 348f.
Pugo, Boris 350f.

R
Radziwill, Fürst Nikolaus 81
Rastrelli, Graf Bartolomeo Francesco 103, 226
Rauch, Georg von 323
Rennenkampff, Paul Edler von, General 112, 178
Repše, Einars 274
Ribbentrop, Joachim von 252, 277ff., 285, 288
Rimscha, Hans von 221, 223
Rimskij-Korsakov, Nikolaj 163
Rips, Ilia 343
Rosenberg, Alfred 314f.

Rosenplänter, Johann Heinrich, Pastor 110
Rutenberg, Otto von 50
Rüütel, Arnold 351, 371

S

Salazar, António de Oliveira 234
Salomon, Ernst von 225 f.
Sand, Karl Ludwig 112
Savisaar, Edgar 348
Schdanow, Andrej 304
Scheremetjew, Boris 105 f.
Schiemann, Paul 133, 148, 158–161, 163, 167, 225, 298 f.
Schiemann, Theodor 159 ff., 166
Schleicher, August 124
Seljemaa, Julius 276
Selter, Kaarel 286 f.
Serow, O. A., NKWD-General 309
Siemowit, Herzog von Masowien 70
Sigismund II. August, König von Polen 78, 83 f.
Sigismund III. Wasa, König von Schweden und Polen 89
Sigismund, Kaiser 73
Šilde, Adolfs 207, 218
Silvia, Königin von Schweden 371
Sirk, Artur 259
Sivers-Roemershof, Landrat Max von 157, 159 f., 166
Skalbe, Kārlis 155
Šķēle, Andris 375
Skirgaila, Großfürst von Litauen 71 f.
Skirpa, Kazys 316
Sleževičius, Adolfas 375
Sleževičius, Mykolas 227, 242 f., 245 f., 249 f.
Smetona, Antanas 170, 174, 241–245, 250 f., 305
Sologub, Generalgouverneur der baltischen Provinzen 148
Sophia, Tochter von Vytautas 71
Stahlecker, Walter 323
Stalin, Josef Wissarionowitsch 185, 281 f., 284, 287 ff., 291 f., 309, 323, 330, 336
Stender, Alexander Johann 109
Stenders, Jaunais 109
Stephan Báthory, König von Polen, Großfürst von Litauen 85 ff.
Strabo, griechischer Geograph 36
Stučka, Peteris 121, 211, 217 f., 223
Švābe, Arveds 147 f., 155
Sweginzew, Gouverneur von Livland 138
Swjatoslaw, Fürst 37

T

Taagepera, Rein 330, 332, 335 f.
Tacitus 28
Talivaldis, Herrscher von Tholowa 54
Tautvilas, Fürst der Schemaiten 64
Teemant, Jaan 140
Tolly, Barclay de, General 112
Tönisson, Jaan 140, 151, 187, 189 f., 259
Totleben, Franz Eduard Graf von 112
Traidenis, Fürst aus Hochlitauen 66
Transehe-Roseneck, Astaf Baron von 134, 146, 148
Trotzkij, Leo 175, 185, 192, 217
Tschaikowskij, Peter Iljitsch 163
Tschernjenko, Konstantin 343
Tschernomyrdin, Wiktor 375

Tschirsky, Heinrich von 160
Twardowski, Fritz von 294

U

Ulmanis, Guntis 372, 375
Ulmanis, Kārlis 148, 206 f., 212, 216 f., 219, 222 ff., 244, 251, 261, 267 f., 272, 309, 372
Ulrich von Jungingen, Hochmeister 72
Urbšys, Juozas 252, 290 ff., 300–304, 308 f., 350

V

Vacietis, Jukums, Oberst 184 f., 200
Vācietis, Ojars 337
Vagnorius, Gediminas 375
Vähi, Tiit 370, 374 f.
Vaišvilkas, Sohn von Mindaugas 65
Valdemārs, Krisjanis 116, 118
Valters, Miķelis 139, 220
Vasmer, Max 34
Venner, Dominique 215, 226
Vestermanis, Marģers 318 f., 322
Viesturs(Vester), Burgherr in Semgallen 59
Vilms, Jüri 192 f.
Visvaldis »Wissewalde«, Fürst von Jerzika 42
Vītols, Jāzeps 163, 266
Voldemaras, Augustinas 176 f., 241, 243, 245 f., 250 f.
Volquin, Ordensmeister 61
Vytautas, Großfürst von Litauen 69–74, 252
Vytenis, König von Litauen 66

W

Waldemar II., König von Dänemark 57 f.

Wassilij III., Großfürst von Moskau 71
Weiß, Helmut 283
Weiss, Helmuth 295 f.
Weizsäcker, Ernst Freiherr von 283
Wilhelm II., Kaiser 157, 176, 207
Wilhelm IV., Graf von Holland 68
Wilhelm von Urach(Mindaugas II.), Herzog 177
Wilhelm, Hans-Heinrich 153
Wilhelm, Herzog von Österreich 70
Wilson, Woodrow 269
Winnig, August 200, 206, 209, 216, 220
Witte, Sergej Juljewitsch Graf 112, 128, 137, 143
Wittram, Reinhard 83, 107, 148
Wrangel, Peter Baron von, General 185
Wyschinskij, Andrej 304

Y

Yčas, Martynas 169 f., 174, 177, 242, 246
York, von Wartenberg, Ludwig Graf von, General 215

Z

Zalcmanis, Jānis 278
Zālītis, Jānis 179
Zeligowski, General Lucjan 237, 275
Zemitans, Hauptmann Jorgis 222
Zimmerle, Dr. 227
Zinzendorf, Graf Nikolaus Ludwig von 110 f.
Ziverts, Mārtiņš 337

PIPER

Heiko Haumann
Geschichte Rußlands

736 Seiten mit 78 Schwarzweißabbildungen. Leinen.

Die über 1000 Jahre russischer Geschichte bieten Stoff für mindestens ebenso viele Dramen: die Besiedelung nach Osten, mit der das unendlich weite Land erobert wurde, der allmähliche Zusammenschluß unter den späteren Zaren, der Versuch, das riesige Reich zentralistisch zu regieren, die glanzvolle Epoche der großen Kaiser wie Peter oder Katharina, die Erstarrung in den Feudalgesellschaften, schließlich der Sturz der alten Ordnung und die Herrschaft des Kommunismus...
Es geht aber nicht nur um die »große Politik, sondern ebensosehr auch um den harten Alltag von Bauern, Leibeigenen und kleinen Gutsbesitzern. Heiko Haumann ist die seltene Synthese zwischen geschichtlicher Darstellung und farbiger historischer Erzählung gelungen.

SERIE PIPER

Biographien

Burkhard Nadolny
Louis Ferdinand
Das Leben eines preußischen Prinzen. 332 Seiten. SP 1741

Louis Ferdinand, kunstsinniger Liebling der Frauen und weitblickender Politiker, fiel 1806 im Alter von 34 Jahren im Krieg gegen Frankreich. Laut Nadolny war der schöne Prinz der erste Star der neuen Geschichte. Eine überzeugende Deutung des Lebens und Wesens Louis Ferdinands.

Heinz Ohff
Der grüne Fürst
Das abenteuerliche Leben des Hermann Pückler-Muskau. 327 Seiten mit 30 Abbildungen. SP 1751

Ein luxusverwöhnter, exzentrischer Snob, der Duelle focht und mehr Liebschaften hatte als Casanova; ein Abenteurer, der zu Pferd halb Afrika durchquerte, von höchstem Adel, aber republikanisch gesinnt, begabter Autor, genialer Gartenarchitekt: So jemanden wie den Fürsten Pückler-Muskau hat es im Deutschland des 19. Jahrhunderts nicht noch einmal gegeben.

Heinz Ohff
Ein Stern in Wetterwolken
Königin Luise von Preußen. Eine Biographie. 493 Seiten mit 34 Abbildungen. SP 1548

Zahllose Legenden ranken sich um das Leben Königin Luises von Preußen, die schon zu ihren Lebzeiten außergewöhnliche Popularität genoß: Schön und lebenslustig, charmant und wenig gebildet mußte sie bereits als junge Frau zusammen mit ihrem Mann, Friedrich Wilhelm III., in schwierigen Zeiten den Thron besteigen und starb mit vierunddreißig Jahren in der Blüte ihres Lebens. Bedeutende Zeitgenossen wie Kleist und von Arnim waren ihre Bewunderer, und Napoleon nannte sie respektvoll seine »ärgste Feindin«. Heinz Ohff zeichnet in seiner Biographie das Bild einer Frau zwischen Legende und Historie und vermittelt zugleich einen lebendigen Eindruck der damaligen Zeit.

»Ein lesenswertes, kluges Buch.«
Die Presse

Biographien

Vincent Cronin
Katharina die Große
Biographie. Aus dem Englischen von Karl Berisch. 423 Seiten.
SP 2319

Vincent Cronin porträtiert die schillernde Persönlichkeit der russischen Kaiserin, ihr ereignisreiches Privatleben und ihre großen Leistungen als Regentin – gerade auch bei der Verwirklichung weitreichender Sozialreformen.

Im Jahre 1762 bestieg die deutsche Prinzessin Sophie Friederike von Anhalt-Zerbst in Moskau den Thron der russischen Zaren und wurde Katharina II. Die Geschichte verlieh ihr den Beinamen »die Große«. Bis zu ihrer Thronbesteigung hatten erschreckende Brutalität, derbe Ausschweifungen und Günstlingswirtschaft das Leben am Zarenhof geprägt. Doch dann lenkte Katharina während einer glänzenden Regierungszeit von mehr als dreißig Jahren ihr Land mit politischem Weitblick. Das russische Volk verdankt ihr Reformen in Justiz und Verwaltung, die Verbesserung der sozialen Wohlfahrt und die Neuordnung des Bildungswesens. Katharina die Große war es auch, die 32 000 deutsche Bauern an der Wolga ansiedelte und ihnen je 142 Morgen Land gab. Unter Verwendung neuer Quellen korrigiert Vincent Cronin ein falsches Geschichtsbild und läßt vor dem Hintergrund von Katharinas widerspruchsvollem Leben die bewegte Epoche der europäischen Aufklärung und des höfischen Rokoko lebendig werden.

»Cronins Werk ist *das* Musterbeispiel einer geglückten ʻLebensbeschreibung überhaupt.«
Die Welt

Prinz Roman Romanow
Am Hof des letzten Zaren
1896–1919. Herausgegeben von Prinz Nikolai und Prinz Dimitri Romanow. Aus dem Dänischen von Lothar Schneider. 480 Seiten mit 32 Seiten Abbildungen.
SP 2460

Eine interessante Innenansicht der prächtigen, streng abgeschirmten, fast mystischen Welt der Zarenfamilie.

Gucken Sie mal über den Tellerrand.

Zwei Wochen kostenlos.

Tel. 0800/866 68 66.

Frankfurter Rundschau

Unabhängige Tageszeitung